DETLEF MITTMANN

DIE CHEMISCHE INDUSTRIE
IM NORDWESTLICHEN MITTELEUROPA
IN IHREM STRUKTURWANDEL

KÖLNER FORSCHUNGEN
ZUR WIRTSCHAFTS- UND SOZIALGEOGRAPHIE

HERAUSGEGEBEN VON ERICH OTREMBA
SCHRIFTLEITER: EGON RIFFEL

BAND XX

DIE CHEMISCHE INDUSTRIE IM NORDWESTLICHEN MITTELEUROPA IN IHREM STRUKTURWANDEL

VON

DETLEF MITTMANN

FRANZ STEINER VERLAG GMBH · WIESBADEN
1974

DIE CHEMISCHE INDUSTRIE IM NORDWESTLICHEN MITTELEUROPA IN IHREM STRUKTURWANDEL

VON
DETLEF MITTMANN

MIT 16 KARTEN UND 24 ÜBERSICHTEN

FRANZ STEINER VERLAG GMBH · WIESBADEN
1974

ISBN 3-515-01850-6

Inhaltsverzeichnis

Vorwort

In jüngster Zeit mehren sich Veröffentlichungen über geplante Chemie- und Raffinerieansiedlungen, die aufgrund von Protesten aus der Bevölkerung aufgeschoben oder gänzlich untersagt werden. Es sei hier nur an die nun schon Jahre währenden Diskussionen um den Bau eines Petrochemiekomplexes in Orsoy, an die Erweiterungspläne der Oberrheinischen Mineralölwerke in Karlsruhe und an das am Einspruch der Behörden gescheiterte Projekt einer Shell-Raffinerie in Worms erinnert.

Das Hauptargument der Gegner solcher Ansiedlungen und Erweiterungen von Raffinerien und Petrochemiewerken ist eine vermutete zu hohe Umweltbelastung durch diese Anlagen.

Ohne in die Diskussion eingreifen zu wollen, kann festgestellt werden, daß die zweifellos vorhandenen Umweltbelastungen bei Agglomerationen mehrerer großer Werke der chemischen und mineralölverarbeitenden Industrie - äquivalente Emissionsschutzmaßnahmen vorausgesetzt - entsprechend größer sind, als bei isoliert im Raum stehenden Anlagen.

Andererseits bieten solche Agglomerationsräume meist erhebliche, aber schwer quantifizierbare Fühlungsvorteile für die betreffenden Werke, wie die Möglichkeit eines intensiven Rohrleitungsverbundes untereinander - einige Chemikalien lassen sich nur über kurze Strecken gefahrlos und zu vertretbaren Kosten in Rohrleitungen transportieren - oder aber eines Produktaustausches mit flexiblen Transportmitteln über kurze Strecken und damit verbundenen relativ geringen Transportkosten.

In der vorliegenden Arbeit soll nun versucht werden, Räume mit Agglomerationen chemischer Werke im nordwestlichen Mitteleuropa näher zu analysieren und zwischenbetriebliche Verflechtungen darzustellen.

Da eine Generalisierung wegen der ungeheuren Produktvielfalt der chemischen Industrie nicht möglich ist [1], war es unumgänglich, sich der jeweiligen chemischen Spezialausdrücke zu bedienen. Letztere werden in einem alphabetischen Verzeichnis im Anhang der Arbeit näher erläutert.

Die Untersuchung soll auch den seit Ende der fünfziger Jahre begonnenen tiefgreifenden Strukturwandel der chemischen Industrie sichtbar machen, der zum einen geprägt ist durch den Rohstoffübergang von der Kohle zu petrochemischen Rohstoffen [2] und zum anderen durch einen Standortwandel zum seeschifftiefen Wasser.

Die Arbeit zeigt zum ersten Mal eine Gesamtübersicht über Chemiezentren im nordwestlichen Mitteleuropa und die dort ansässigen Chemiewerke mit ihren Produktionsprogrammen, Kapazitäten sowie den jeweiligen Bezugs- und Absatzverflechtungen.

Besondere Schwierigkeiten bereitete in vielen Fällen die empirische Materialbeschaffung. Dabei zeigten sich einmal mehr die erheblichen Informationswiderstände, auf die man bei einer Befragung bei den meisten Unternehmen trifft.

Entweder handelt es sich um grundsätzlich publizitätsfeindliche Unternehmen, wie schweizer oder amerikanische Chemiekonzerne, oder aber man befürchtet, daß Informationen in falsche Hände geraten und bei künftigen Umweltschutzkampagnen gegen das betreffende Unternehmen mißbraucht werden könnten.

Darüberhinaus werden genaue Lieferbeziehungen zu anderen Unternehmen aus Konkurrenzgründen generell nicht gerne genannt.

---

1) Vgl. Boesch, H.: Weltwirtschaftsgeographie, Braunschweig 1966, S. 247
2) Vgl. - Horn, O.: Eine Partnerschaft mit Zukunft, in: Oel-Z.F.d. Mineralölwirtschaft, Nr. 2, 1964, S. 47-50
   - Repenning, K.: Petrochemie in Deutschland, in: Oel - Nr. 2, 1969, S. 34-37
   - Schneider, K.W.: Bedeutung und Probleme der Petrochemie, in: Oel-, Nr. 12, 1969, S. 390-394
   - Staiger, F.: Mineralölindustrie und Petrochemie, in: Oel-, Nr. 2, 1964, S. 42-46

Zwangsläufig mußte die Arbeit so an einigen Stellen ungenau oder unvollständig bleiben.

Der Verfasser dankt daher um so mehr all den Unternehmen, Institutionen und
Persönlichkeiten, die durch wohlwollendes zur Verfügung Stellen von Informationsmaterial und durch bereitwillige schriftliche oder mündliche Auskünfte
die Arbeit unterstützt haben.

Mein besonderer Dank gilt jedoch meinem hochverehrten Lehrer,
Herrn Prof. Dr.Dr.hc. Erich Otremba, für viele wertvolle Hinweise und seine
stetige Anteilnahme am Fortgang der Arbeit.

1. Der industrielle Kernraum Nordwest-Europas

Das nordwesteuropäische Industriegebiet [1] hat kein eindeutiges Zentrum, sondern besteht aus einer Vielzahl vorwiegend schwerindustrieller Ballungsgebiete.

Während früher die großen Kohlenreviere mit der dort konzentrierten Eisen- und Stahlindustrie wachstumsbestimmend waren, haben in jüngster Zeit andere Industriezweige infolge ihrer überdurchschnittlichen Wachstumsraten die Führungsrolle übernommen und neue industrielle Ballungsräume entstehen lassen.

Neben der Elektroindustrie zählt vor allem die chemische Industrie zu den heute favorisierten Wachstumsindustrien.

Bis Ende der fünfziger Jahre waren die Betriebe der organischen Grundstoffchemie aufgrund der Rohstoffabhängigkeit vorwiegend in Kohlenrevieren ansässig. Durch das zunehmende Angebot petrochemischer Rohstoffe an revierfernen Standorten entstanden dort neue, auf der Mineralölverarbeitung und Petrochemie basierende Industrieballungen.

Daneben erhielten die durch Strukturkrisen geschwächten Zentren, wie vor allem das Rhein-Ruhr-Gebiet, durch die rege Investitionstätigkeit der dort ansässigen chemischen Industrie, neue positive Impulse.

Auch die traditionellen Standorte der Großchemie, wie der Rhein-Main- und der Rhein-Neckar-Raum wuchsen durch das seit Jahrzehnten ungebrochene Wachstum dieses Industriezweiges zu bedeutenden Ballungsgebieten heran.

---

1) Vgl. - Otremba, E.: Allgemeine Agrar- und Industriegeographie, in: Erde und Weltwirtschaft, Band 3, 2. Aufl. Stuttgart 1960, S. 336, 339 f.
    - Otremba, E.: Der Wirtschaftsraum - seine geographischen Grundlagen und Probleme, in: Erde und Weltwirtschaft, Band 1, Hrsg. Lütgens, R., 2. Auflg. Stuttgart 1969, S. 181

2. Wirtschaftsräume mit Agglomerationen chemischer Werke

2.1. Auswahlkriterien und Abgrenzung der behandelten Chemiezentren und Industriebetriebe

Da in der vorliegenden Arbeit nur Agglomerationen von chemischen Werken, nicht jedoch alle isoliert im Raum ansässigen Chemiewerke untersucht werden sollen, ergab sich eine zweifache Abgrenzungsproblematik.

Zum einen bestand das übliche Problem, die äußerst vielfältige chemische Industrie in sich und von anderen Industrien abzugrenzen.

Im wesentlichen wurde die von Obst, E. [1] gewählte Unterscheidung zwischen Industriechemikalien und chemischen Spezialerzeugnissen übernommen. Letztere sind für einen von vornherein festliegenden Sonderzweck hergestellt worden, wie Düngemittel, Pflanzenschutz- und Schädlingsbekämpfungsmittel, Pharmazeutika, Kosmetika, Farbstoffe, Leder- und Textilhilfsmittel, Chemiefasern, Waschmittel, Klebstoffe u.a. sowie alle Kunststoffe, die in ihrer endgültigen Form oder chemischen Zusammensetzung das Werk verlassen.

Wegen der meist ungeheueren Produktvielfalt, verbunden mit einem relativ kleinen Mengenausstoß und wegen der hier nur bruchstückhaft vorliegenden Informationen wurden Spezialchemikalienhersteller bzw. derartige Betriebsstätten von Chemiekonzernen mit einem universellen Produktionsprogramm nur kurz und generalisierend behandelt.

Um so eingehender wurden jedoch Werke für Industriechemikalien beschrieben.

Dabei handelt es sich um organische oder anorganische Grundchemikalien, die in großen Mengen zwischen einzelnen Chemiewerken ausgetauscht werden und die je nach Produktionsprogramm und Fertigungsverfahren des empfangenden Betriebes entweder Roh-, Hilfs- oder Betriebsstoff oder aber Zwischenprodukt sind.

---

1) Obst, E.: Allgemeine Wirtschafts- und Verkehrsgeographie, 3. Aufl.
Berlin 1965, S. 456

Die in Statistiken meist getrennt ausgewiesene Mineralöl- und Kohlenwertstoffindustrie wurde gemeinsam mit der chemischen Industrie behandelt, da viele
Raffinerien als Initialzünder für den Bau umfangreicher petrochemischer Anlagen wirken oder aber selbst in integrierten Anlagen die Erzeugung petrochemischer Produkte betreiben.

Als Kennzeichnungs- und Vergleichsgröße für alle Werke wurde neben der Beschäftigtenzahl der jährliche Mengenausstoß der jeweiligen Anlagen in Tonnen,
kurz to/a, gewählt bzw. bei Raffinerien die jährliche Rohölverarbeitungskapazität genannt.

Aus diesen Angaben lassen sich auch die teilweise sehr großen Auswirkungen auf
den Verkehrssektor ablesen.

Die zweite Abgrenzung betrifft den Schwellenwert, ab dem von einer Agglomeration chemischer Werke, einem "Chemiezentrum", gesprochen werden kann.

Rein äußerlich sind Chemiezentren meist daran erkennbar, daß sich die einzelnen
Chemiestandorte bis zur "physiognomischen Herrschaft in der Landschaft" [1]
verdichten und eine ganz spezifische Industrielandschaft bilden, die geprägt ist
von Destillationskolonnen, Krackanlagen, unzähligen Rohrleitungsbrücken und
Großtanklagern der Raffinerien und Petrochemiewerke ebenso wie von den rie-
senhaften Gebäude- und Hallenkomplexen der Großchemie mit ihren zahlreichen
qualmenden Schloten oder von anderen artspezifischen Anlagen chemischer
Werke.

Ein unterer Schwellenwert in Form von erfüllten Mindestkriterien wurde für die
Auswahl der Chemiezentren nicht exakt festgelegt, da durch eine solche, zwangsläufig starre Schematisierung entweder kleine, noch im Aufbau befindliche,
aber zukunftsträchtige Zentren nicht hätten behandelt werden können, oder
aber die Untersuchung durch eine zu große Zahl von Zentren überlastet worden
wäre.

----

1) Otremba, E.

In der Regel wurden Gebiete nur dann als Chemiezentren angesehen, wenn dort sowohl mehrere Tausend Arbeitsplätze in der chemischen Industrie als auch eine Vielzahl von chemischen Werken vorhanden sind, es sich also um Knotenpunkte der industriellen Struktur der Erde handelt.

Während in der Regel nur der Verbund zwischen verschiedenen Werken beschrieben wurde, mußte in einigen Fällen auch eingehend auf das Produktionsfluß-schema innerhalb einzelner Werke eingegangen werden, da dort ein so umfang-reicher Verbund zwischen den einzelnen Anlagen stattfindet, wie er in anderen Fällen nur räumlich getrennt zwischen mehreren Unternehmen und deren Werken stattfindet.

Es wäre daher ungenau und würde der jeweiligen Verflechtungssituation nicht gerecht, wenn man bei großen Werken nur die End- oder Zwischenprodukte nen-nen würde ohne auf den innerbetrieblichen Verbund einzugehen.

2.2. Die großen mitteleuropäischen Kohlengebiete in Verbindung mit wichtigen Binnen-Wasserstraßen als bevorzugte Chemiestandorte

Der Beginn der chemischen Verwertung von Kohle und Koks in den großen mittel-europäischen Kohlengebieten ist recht unterschiedlich (vgl. S. 157 , Tabelle 3 : Der Rohstoffwechsel der chemischen Industrie in ausgewählten Steinkohlen-revieren).

Besonders gut hat sich die chemische Industrie in solchen Kohlenrevieren ent-wickelt, die entweder durch natürliche Wasserstraßen bereits gut erschlossen waren, wie das Rhein-Ruhr-Gebiet, oder aber durch den Ausbau von Flüssen und den Bau von Kanälen ebenfalls den Standortvorteil eines kostengünstigen An- und Abtransportes von Massengütern erhielten, wie das belgische Revier an Sambre und am Kanal von Mons und wie das Limburger Kohlenrevier am Juliana-Kanal.

Das einzige bedeutende Kohlenrevier mit einer umfangreichen chemischen Industrie ohne Wasserstraßenanschluß ist bisher das Saar-Lothringische Industriegebiet geblieben.

Die jahrelangen Klagen, diesen Mangel durch den Bau eines Saar-Pfalz-Rhein-Kanals zu beheben, haben Mitte 1973 zu der von der saarländischen Industrie mit unterschiedlichem Echo aufgenommenen Entscheidung der Bundesregierung [1] geführt, die Saar bis zur Mosel schiffbar zu machen, deren schon vor Jahren erfolgte Kanalisierung bekanntlich der politische Preis für die Rückgliederung des Saargebietes von Frankreich an die Bundesrepublik Deutschland war.

Eine besondere Lagegunst besitzt das Rhein-Ruhr-Gebiet, der größte und bedeutendste industrielle Ballungsraum sowohl Deutschlands als auch von Mitteleuropa.

In West-Ostrichtung durch zwei Kanäle, den Rhein-Herne-Kanal und den nördlich verlaufenden Wesel-Datteln-Kanal sowie durch den Datteln-Hamm- und den nach Norden abzweigenden Dortmund-Ems-Kanal für den kostengünstigen Massentransport in Binnenschiffen erschlossen, und im Westen von der in Nord-Südrichtung verlaufenden Rheinschiene begrenzt und teils durchschnitten, besitzt dieses Gebiet eine außergewöhnlich gute Verkehrslage, gepaart mit den ehemals für die chemische Industrie sehr bedeutenden Steinkohlenvorkommen und dem im Raum westlich von Köln befindlichen Braunkohlentagebau, durch den eine konkurrenzlos preisgünstige Energieversorgung vieler elektroenergieintensiver Chemiebetriebe sichergestellt werden konnte.

---

1) Saar-Kanalisierung jetzt definitiv, in: Handelsblatt vom 4.6.1973

Diese Standortgegebenheiten waren mitentscheidend, daß sich das Rhein-Ruhr-Gebiet zum größten und bedeutendsten Chemiezentrum in Mitteleuropa entwickelt hat.

Im Land Nordrhein-Westfalen mit seinem von der Schwerindustrie geprägten Industriepotential rangierte die chemische Industrie 1968 mit einem Umsatz von 17,8 Milliarden DM knapp vor der eisenschaffenden Industrie mit 16,1 Mrd DM und dem Maschinenbau mit 14 Mrd DM [1].

Zählt man die meist immer getrennt ausgewiesene Mineralöl- und Kohlenwertstoffindustrie zur chemischen Industrie hinzu, so erhöht sich deren Umsatz sogar auf 25,6 Mrd. DM [2].

Der Zahl der Beschäftigten (insgesamt 1968 = 216.145 Mitarbeiter) nach wird die chemische Industrie allerdings weit vom arbeitsintensiven Maschinenbau (321.165), von der eisenschaffenden Industrie und noch vom schrumpfenden Bergbau übertroffen [3].

Der Bedeutung angemessen ist der relativ große Umfang des folgenden Kapitels über das Rhein-Ruhr-Gebiet.

Darüberhinaus wurde es als erstes der in der Arbeit analysierten Chemiezentren besonders ausführlich beschrieben und technische Verfahrenseinzelheiten hier eingehend erläutert.

---

1) Die Industrie in Nordrhein-Westfalen 1968, hrsg. vom Statistischen Landesamt Nordrhein-Westfalen, Düsseldorf 1969, in: Beiträge zur Statistik des Landes Nordrhein-Westfalen, Heft 248, S.31,37
2) Die Industrie in Nordrhein-Westfalen 1968, a.a.O., S.31, 37
3) Ebenda

2.2.1. Das Rhein-Ruhr-Gebiet

2.2.1.1. Der Wandel von der Kohlechemie zur Petrochemie im Rhein-Ruhr-Gebiet

Die räumliche Begrenzung des Rhein-Ruhr-Gebietes ist durch die Lage der äußeren, früher carbochemischen Werke gegeben:
die Ost-West-Achse wird von Bergkamen und Moers begrenzt, während Wesseling und Knapsack bei Köln die südliche und Marl-Hüls die nördliche Grenze bilden.

Da die geschichtliche Entwicklung der carbo- und petrochemischen Industrie im Rhein-Ruhr-Gebiet von ihren Anfängen bis zum Stand von 1968 bereits ausführlich von Broich, F. [1] beschrieben wurde, soll hier nur eine konzentrierte Darstellung der wesentlichen Entwicklungsphasen gegeben werden.

Die chemische Industrie des Ruhrgebietes basierte zunächst auf der Verarbeitung von Nebenprodukten der für den Koksbedarf der Eisenhütten arbeitenden Kokereien. Die erste Kokerei mit Nebenproduktgewinnung wurde 1881 in Gelsenkirchen errichtet; die übrigen Kokereien folgten mit ähnlichen Anlagen, in denen vor allem Ammoniak und Teer erzeugt wurde, wobei man aus dem Teer wichtige Aromaten wie Benzol, Toluol, Naphthalin, Anthracen und Phenol gewann.

Die zweite Phase begann 1926, als die ersten Stickstoffwerke im Ruhrgebiet gebaut wurden. Anstelle der ursprünglichen Gewinnung von Ammoniak als Nebenprodukt der Verkokung wurde in diesen Anlagen Ammoniak nach dem Haber-Bosch-Verfahren produziert. Die hierfür benötigten erheblichen Wasserstoffmengen gewann man zum einen nach dem Wassergasverfahren aus Koks, zum anderen aus Kokereigas, wobei das Restgas an die Stahlindustrie zum Betrieb von Siemens-Martin-Öfen weitergeleitet wurde. Um Stickstoffvolldünger herstellen zu können, erzeugten die Stickstoffwerke neben Ammoniak auch die erforderliche Salpetersäure.

---

1) Broich, F.: Die Petrochemie des Rhein-Ruhr-Gebietes, in: Jahrbuch für Bergbau, Energie, Mineralöl und Chemie 1968, Essen 1968, S. 13-55

Neben die synthetische Stickstoffgewinnung trat Mitte der dreißiger Jahre die synthetische Herstellung von Kohlenwasserstoffen aus Steinkohle und Braunkohle. Diese dritte Phase begann 1935 mit dem Bau des Hydrierwerkes der Scholven-Chemie AG, dem bald neun weitere Werke verteilt über das ganze Ruhrgebiet folgten (vgl. Übersicht Nr. 1: Die ehemaligen Hydrier- und Stickstoffwerke). Als letztes ging 1941 das auf Braunkohlenbasis arbeitende Hydrierwerk der Union Rheinische Braunkohlen Kraftstoff AG in Wesseling in Betrieb.

Drei der Hydrierwerke wurden neben den schon vorhandenen Stickstoffwerken errichtet. Je nach Verfahren erzeugten die Hydrierwerke Motorentreibstoffe, Treibgas oder höhere Kohlenwasserstoffe, wie Paraffine, die als Ausgangsstoff für Fettsäuren z.B. in der Seifenindustrie eingesetzt werden konnten.

In einem engen rohstoff- und absatzmäßigen Verbund mit den Hydrierwerken und Kokereien als Kohlenwasserstofflieferanten sowie den Stickstoffwerken und Hydrierwerken als Wasserstoffabnehmer entstanden 1938 die Chemischen Werke Hüls. Durch Spaltung von Kohlenwasserstoffen im Lichtbogen erzeugte man zunächst Acetylen, das über mehrere Zwischenprodukte zu Buna, einem synthetischen Kautschuk, verarbeitet wurde. Daneben stellte das Werk durch die Zerlegung von Koksofengas Äthylen und dessen Folgeprodukte her.

Durch das Verbot der Besatzungsmächte, nach dem Krieg in den nicht zerstörten Anlagen die Kohlehydrierung fortzusetzen, wurde die vierte Phase eingeleitet, die durch die allmähliche Umstellung der Werke auf petrochemische Rohstoffe gekennzeichnet ist.

Die ersten Anfänge dieser Rohstoffumstellung gehen bereits auf Anfang 1944 zurück, als die Chemischen Werke Hüls (CWH) eine Erdgasleitung aus dem Bentheimer Vorkommen in Betrieb nahmen und so die eingestellten Kohlenwasserstofflieferungen aus den zerstörten Hydrierwerken teilweise kompensierten.

Salzgitter Chemie,
.dann Veba-Chemie,seit 1970
stillgelegt

```
┌─────────────┐
│ Erokenschwick │
│ Stickstoff    │
└─────────────┘
```

Victor-Chemie
```
┌──────────────┐
│ Victor-Castrop-R. │
│ Stickstoff        │
│ FT-Hydrierwerk    │
└──────────────┘
```

```
┌ ─ ─ ─ ─ ─ ─ ─ ─ ─ ┐
│ Chem.Werke Essener   │
│ Steinkohlen,Bergkamen │
│ FT-Hydrierwerk        │
└ ─ ─ ─ ─ ─ ─ ─ ─ ─ ┘
```

```
┌ ─ ─ ─ ─ ─ ┐
│ Hoesch-Benzin │
│ Dortmund      │
│ FT-Hydrierwerk │
└ ─ ─ ─ ─ ─ ┘
```

CWH- Marl
```
┌──────────────┐
│ Buna - Werk   │
└──────────────┘
```

Veba-Ch. Wanne-E.
```
┌──────────────┐
│ Hibernia Wanne-E. │
│ Stickstoff        │
└──────────────┘
```

Veba-Ch. Wanne-E.
```
┌──────────────────┐
│ Krupp-Kohlechemie  │
│ Wanne-Eickel       │
│ FT-Hydrierwerk     │
└──────────────────┘
```

Union Kraftstoff AG
```
┌──────────────────────┐
│ Union Rheinische Braun- │
│ kohlenkraftstoff,Wesseling │
│ Hydrierwerk            │
└──────────────────────┘
```

Veba-Ch. Gelsenkirchen
```
┌──────────────┐
│ Scholven Gelsenkirchen │
│ Stickstoff            │
│ B-Hydrierwerk         │
└──────────────┘
```

Gelsenberg - Horst
```
┌──────────────┐
│ Gelsenberg    │
│ B-Hydrierwerk │
└──────────────┘
```

Veba-Ch. Bottrop
```
┌──────────────┐
│ Ruhröl - Bottrop │
│ B-Hydrierwerk    │
└──────────────┘
```

Ruhrchemie
```
┌──────────────┐
│ (Kohlechemie AG) │
│ Ruhrchemie Holten │
│ Stickstoff        │
├──────────────┤
│ Ruhrbenzin AG     │
│ FT-Hydrierwerk    │
├──────────────┤
│ Oxo - GmbH        │
└──────────────┘
```

Texaco
```
┌──────────────┐
│ Rheinpreussen  │
│ Meerbeck       │
│ FT-Hydrierwerk │
└──────────────┘
```

Legende

```
┌─────────────────────────────────────────
│ ─────── = wiederaufgebaute Anlagen
│
│ ─ ─ ─ ─ = zerstörte, nicht wieder-
│            aufgebaute Anlagen
│
│ B   = Bergius - Verfahren
│
│ FT  = Fischer-Tropsch - Verfahren
│
```

Übersicht 1 : Die ehemaligen Hydrier- und Stickstoffwerke im Rhein-Ruhr-Gebiet

Von den ehemals 10 Hydrierwerken wurden nach dem Krieg 7 Werke mit einigen
Umänderungen wieder aufgebaut. Die Mehrzahl der Werke stellte sich auf die
Erzeugung von chemischen Zwischenprodukten um, wobei zunächst carbochemi-
sche Rohstoffe eingesetzt wurden.

Bereits 1945 gingen einige chemische Anlagen der Rheinpreussen AG (heute
Texaco) in Meerbeck/Moers wieder in Betrieb; 1947 erhielt die Union Rheinische
Braunkohlen-Kraftstoff AG in Wesseling die Erlaubnis, in den vorhandenen Hoch-
druckanlagen Ammoniak und Methanol zu erzeugen; 1948 lief bei der Ruhröl in
Bottrop (heute Veba-Chemie) die Produktion von Phthalsäureanhydrid auf der
Basis des carbochemischen Naphthalins an.

Die Erzeugung von Motorentreibstoffen, allerdings auf der Basis von Erdöl,
durfte in drei der ehemaligen Hydrierwerke aufgenommen werden.

Bereits 1948 nahm die Union Kraftstoff in Wesseling auf Grund eines Lohnverarbeitungsvertrages mit der Deutschen Shell AG die Erdölverarbeitung auf, wobei
die Rückstände durch Hydrierung zu leichteren Fraktionen verarbeitet wurden.
Erst 1950 erhielt die Gelsenberg in Gelsenkirchen-Horst die Genehmigung zur
Verarbeitung von zunächst nur deutschem Erdöl durch Destillieren und Hydrieren
in den wiederaufgebauten Anlagen.

Ein Jahr später durfte auch die Scholven-Chemie (heute Veba-Chemie) in be-
grenztem Umfang in ihren Gelsenkirchener Hydrieranlagen Erdöl einsetzen.
Durch eine 1950 erteilte Genehmigung, das in den Ruhr-Kokereien anfallende
Rohbenzol aufzuarbeiten, blieb das Werk eng mit der Kohlechemie verbunden.
Auch die wiederaufgebauten Stickstoffwerke blieben zunächst bei der Kohlen-
basis und setzten weiterhin Koks- und Kokereigas ein.

Die endgültige Abkehr der Chemiewerke von der Kohlenbasis unter Beibehaltung des Produktionsprogrammes setzte erst 1959 ein, als durch den Bau neuer Raffinerien im Rhein-Ruhr-Gebiet größere Mengen petrochemischer Rohstoffe verfügbar wurden.

So wurde die seit 1930 bei der Chemischen Fabrik Holten in Oberhausen aus carbochemischem Äthylen betriebene Herstellung von Äthylenoxid 1959 durch den Einsatz von petrochemischem Äthylen abgelöst, das dem Werk bis zu seiner Stillegung 1970 durch eine Rohrleitung von der Esso Raffinerie in Köln zugeführt wurde.

Im Jahr 1961 lösten sich zwei Werke im Kölner Raum von dem carbochemischen Acetylen und setzten petrochemisches Äthylen ein: die Knapsack AG für die Acetaldehydherstellung und das Werk Dynamit Lülsdorf für die Erzeugung von Vinylchlorid.

Die Ruhröl in Bottrop wechselte ebenfalls 1961 zur Petrochemie über und stellte Phthalsäureanhydrid (PSA) anstatt aus Naphthalin aus Ortho-Xylol her.

Seit 1962 wurde bei der Scholven-Chemie in Buer Äthylen petrochemisch hergestellt.

Die Substitution des Koksofengases durch petrochemische Rohstoffe geschah im Ruhrgebiet erstmals 1963, als die Ruhrchemie in Oberhausen das für die Erzeugung von Ammoniak und Oxo-Verbindungen benötigte Synthesegas aus Heizöl und Leichtbenzin herstellte.

Zwei Jahre später nahm die Scholven-Chemie in Buer zwei Synthesegasanlagen zur Versorgung der Ammoniakanlagen auf petrochemischer Basis in Betrieb.

Im Jahr 1966 wurde auch bei der Ruhröl in Bottrop eine neue, mit Leichtbenzin arbeitende Synthesegasanlage in Betrieb genommen. Sie ersetzte die seit 1957 in einem Teil der ehemaligen Hydrieranlagen durchgeführte Synthesegasherstellung aus Koksofengas.

Erst 1969 verließ die Union Kraftstoff AG in Wesseling endgültig die Braunkohlenbasis und stellte, wie schon lange vorher die anderen Produkte, auch das Synthesegas petrochemisch her.

Das Stickstoff- und Düngemittelwerk Gewerkschaft Victor Chemische Werke in Castrop-Rauxel löste sich noch später von der Koksofengasbasis. Zwar wird dort seit Ende 1970 Erdgas als Rohstoff für die Ammoniakerzeugung eingesetzt, die Aufheizung der Anlagen erfolgte jedoch bis zur Stillegung der benachbarten Kokereien weiter mit Koksofengas und wurde erst im Herbst 1972 auf ein bei den Chemischen Werken Hüls anfallendes und von dort durch eine Rohrleitung geliefertes Gas umgestellt [1].

Die nach wie vor in den verbliebenen Kokereien des Ruhrgebietes anfallenden Nebenprodukte werden heute vorwiegend von Werken der Rütgerswerke AG weiterverarbeitet.

2.2.1.2.   Die chemischen Werke im Rhein-Ruhr-Gebiet

   2.2.1.2.1.   Chemiewerke mit ursprünglicher Kohlenbasis
      2.2.1.2.1.1.   Die Werke der Veba-Chemie AG

Die heutige Veba-Chemie AG wurde 1970 gegründet, um die Chemiebetriebe des Veba-Konzerns in einer Gesellschaft zu konzentrieren.

Im Ruhrgebiet besitzt das Unternehmen heute fünf räumlich getrennte Chemiewerke, die mit Ausnahme des Werkes Herne aus ehemaligen Hydrier- oder Stickstoffwerken entstanden sind.

---

1) Mündliche Auskunft der Gewerkschaft Victor Chemische Werke vom 15.1.73

Am ältesten sind die in Gelsenkirchen-Buer gelegenen Anlagen der ehemaligen Scholven-Chemie AG, einer Tochtergesellschaft der in der Veba aufgegangenen Hibernia AG, wo bereits 1929 ein Stickstoffwerk gebaut worden war [1]. "Diese Produktionskapazität wurde 1935/36 nach dem Hibernia-Stickstoffwerk bei Wanne-Eickel verlagert und auf dem frei gewordenen Fabrikgelände in Scholven erstmalig großtechnisch ein weiterer Zweig der Kohleveredelung, die Steinkohle-verflüssigung nach dem Bergius-I.G.-Verfahren bei 300 at, errichtet" [2].

Bis zur Zerstörung des Werkes im Juli 1944 wurden Autobenzin und im Krieg Flug-benzin hergestellt.

In den ersten Nachkriegsjahren mußte sich Scholven darauf beschränken, das in der Zentralkokerei Scholven anfallende Koksgas zu reinigen und in das Netz der Ruhrgas AG zu drücken [3].

Nach Aufnahme der Benzolraffination 1950 und der Erdölverarbeitung 1951 wurde das Werk Scholven zügig vergrößert und durch Pacht oder Erwerb von Betrieben anderer Unternehmen die Produktionsbasis des Unternehmens erheblich erweitert.

Durch den Erwerb der Krupp-Kohlechemie und Hinzupachtung des Stickstoff-werkes der Hibernia AG kam die Veba-Chemie zu ihren 3 Werken in Wanne-Eickel und Herne (insgesamt 2.800 Beschäftigte).

Zur Vergrößerung der Mineralölbasis erwarb Scholven in den fünfziger Jahren gemeinsam mit Gelsenberg die 1965 stillgelegte kleine Raffinerie (0,5 Mio To/a) der Ruhrchemie in Oberhausen-Holten [4] und beteiligte sich 1962 am Bau der DEA-Scholven Raffinerie in Karlsruhe.

---

1) Urban, W.: Wiederaufbau und Ausbau deutscher Mineralölwerke. Die Betriebe der Scholven-Chemie AG, in: Erdöl und Kohle, 7.Jahrg., 1954, Nr.5, S.293
2) Ebenda
3) Ebenda
4) Dürrfeld, W.: Vom Hydrierwerk zu Raffinerie und Petrochemie. Die Entwick-lung der Scholven-Chemie AG in den letzten 10 Jahren, in: Erdöl, Kohle, Erdgas, Petrochemie, Nr.1/1965, 18.Jahrg., S.20

Das ehemalige Hydrierwerk der Ruhröl in Bottrop wurde 1968 eingegliedert und Mitte 1969 die vier Werke der Salzgitter-Chemie GmbH übernommen [1], deren im Ruhrgebiet liegendes Vorkriegs-Stickstoffwerk in Oer-Erkenschwick aber inzwischen stillgelegt wurde.

Aus der Übersicht Nr. 2 ist die heutige Stellung der einzelnen Werke der Veba-Chemie und der zwischen diesen bestehende Verbund ersichtlich. Die Kapazitätsangaben beziehen sich auf 1971/72.

Hauptrohstofflieferant sind die im Werk Scholven (4.800 Beschäftigte) in Gelsenkirchen-Buer befindlichen Raffinerieanlagen, deren Rohöldurchsatzkapazitäten z. Zt. 7,0 Mio t/a betragen und bis 1971 auf 9,5-10,0 Mio to/a ausgebaut werden.

Die Rohölversorgung erfolgt seit 1958 durch die Nord-West-Oelleitung von Wilhelmshaven, in die auch ca. 300.000 to/a deutsches Rohöl für die Veba eingepumpt werden. Vorher wurde deutsches Rohöl in Kesselwagen und Importrohöl über eine 1953 in Betrieb gegangene Veba-Rohrleitung vom Duisburger Hafen nach Scholven transportiert.

Während die Motorenkraftstoffe vorwiegend über die Aral AG, an der die Veba-Chemie zu 27,95 % beteiligt ist [2], verkauft werden, dient das erzeugte Leichtbenzin (ca. 1,26 Mio to/a) als Rohstoff sowohl für die benachbarten Steam-Crack-Anlagen in Scholven, wo Olefine wie Äthylen und Propylen produziert werden, als auch über eine Rohrleitung für die Steam-Crack-Anlagen der Veba-Bottrop (600 Beschäftigte), in denen man Synthesegas für die Stickstofferzeugung herstellt. Die in Bottrop erzeugten Ammoniakmengen (130.000 to/a) werden ab 1973 vorwiegend durch eine Rohrleitung an die Ruhrchemie in Oberhausen-Holten geliefert [3].

1) Jung, H.: Konzentration und Abrundung im Chemie-Bereich der Veba. Die Entwicklung der Scholven-Chemie AG - jetzt Veba-Chemie AG - seit 1964, in: Erdöl, Kohle, Erdgas, Petrochemie, Nr. 10/1969, 22. Jahrg., S. 610
2) Veba-Chemie AG, Geschäftsbericht 1971, S. 29
3) Brief der Ruhrchemie AG vom 29.9.72

Ein großer Teil des in der Raffinerie zwangsläufig anfallenden schweren Heizöls, das am Markt wegen der steuerlichen Belastung nur schwer absetzbar ist, wird in Scholven in einer speziellen Anlage durch partielle Oxidation in Synthesegas überführt. Dieses dient sowohl zur Erzeugung von 200.000 to/a Methanol und 330.000 to/a Ammoniak (Basis N) in Scholven, als auch mittels einer Rohrleitung zur Versorgung des Düngemittelwerkes der Veba-Chemie in Wanne-Eickel. Der für die Oxidation benötigte Sauerstoff wird in einer eigenen Lufttrennanlage (1.500 to/tägl.) erzeugt, der zwangsläufig anfallende Stickstoff zusätzlich für die Ammoniakherstellung benötigt.

Zur Sicherheit ist das Werk an ein von Messer-Griesheim unterhaltenes Sauerstoffverbundsystem angeschlossen, das vorwiegend zur Versorgung der Stahlwerke im Ruhrgebiet dient.

Über eigene Rohrleitungen liefert Scholven auch Sauerstoff an die 50 %ige Veba-Chemie Tochter Phenolchemie in Gladbeck.

Der in Scholven bestehende Verbund zwischen Raffinerie und Chemieanlagen wird ergänzt durch eine enge Zusammenarbeit mit den benachbarten Veba Kraftwerken Ruhr. Dieses 1.600 MW Steinkohlenkraftwerk beliefert die Scholvener Anlagen mit Energie und Dampf und verfeuert in Spitzen anfallendes Raffineriegas sowie die als Rückstand in den Scholvener Synthesegasanlagen anfallenden Rußpellets.

Ab 1974 wird ein neuer Block von 715 MW mit Schweröl gefeuert werden, das dann durch eine geheizte Rohrleitung von der benachbarten Veba-Raffinerie bezogen werden wird.

An den erwähnten Scholvener Steam-Crack-Anlagen sind die CWH zu 50 % beteiligt. Die augenblickliche Kapazität von 180.000 to/a Äthylen wird

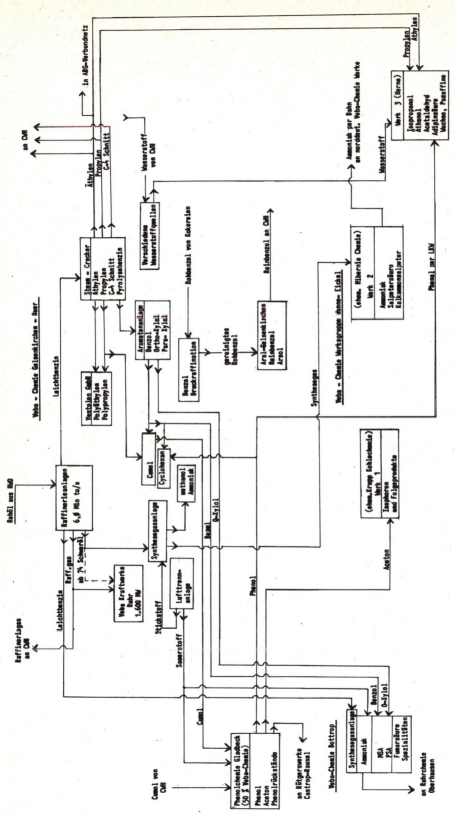

Übersicht 2 : Inner- und zwischenbetrieblicher Verbund der
Werke der Veba-Chemie AG im Ruhrgebiet

Ende 1973 auf 550.000 to/a vergrößert werden. Die hier aus Leichtbenzinen
der benachbarten Raffinerie erzeugten Produkte Äthylen, Propylen (to 320.000),
C_4-Schnitt (200.000 to) und Pyrolysebenzin (560.000 to) werden in einem verzweigten Verbundsystem weiterveredelt.

In Scholven selbst erfolgt die Polymerisation von Propylen zu 50.000 to/a Polypropylen und von Äthylen zu 105.000 to/a Polyäthylen [1]. Aus organisatorischen
Gründen werden die betreffenden Anlagen von der Vestolen GmbH, einer gemeinsamen Tochtergesellschaft von CWH und Veba-Chemie betrieben.

Der den CWH zustehende Teil der Äthylen- und Propylenerzeugung wird durch
eine Rohrleitung nach Marl gepumpt und dort zu PVC, Styrol, Äthylenoxid sowie
zu Propylenoxid weiterveredelt.

Die Veba-Chemie dagegen pumpt ihre Äthylen- und Propylenmengen zu ihrem
Werk Herne, einem Werk der ehemaligen Hibernia Chemie, wo die Erzeugung
organisch-chemischer Produkte konzentriert ist [2].

Äthylen wird hier zu 130.000 to/a Äthanol (Äthylalkohol) hydratisiert. Ein Teil
des Äthanols wird zu 80.000 to/a Acetaldehyd weiterverarbeitet.

Das aus Scholven bezogene Propylen dient zur Herstellung von 80.000 to/a
Isopropylalkohol.

Aus dem in Scholven erzeugten Propylen wird außerdem sowohl bei den CWH als
auch in Scholven Cumol erzeugt, das dann durch Rohrleitungen zu der 1952 gegründeten Phenolchemie GmbH in Gladbeck (50 % Veba-Chemie, 25 % Rütgerswerke, 25 % Harpener AG) [3] gepumpt wird, wo es unter Verwendung von Sauer-

1) Kaupper,A.; Bülow,v.,B.: Ausbau der Chemischen Werke Hüls AG seit
   1960, in: Erdöl, Kohle, Erdgas, Petrochemie, Juni 1971, S.395
2) Knopf, H.-J.: Scholven-Chemie AG, Raffinerie und Petrochemie im Verbund,
   in: Oel-Zeitschrift für die Mineralölwirtschaft, Februar 1968, S.38
3) Jahrbuch für Bergbau, Energie, Mineralöl und Chemie, 1971, a.a.O., S.504

stoff, den das Veba Werk Scholven wie erwähnt per Rohrleitung liefert, in die Kuppelprodukte Phenol und Aceton überführt wird.

Bei Kapazitäten von 320.000 to/a Phenol und 200.000 to/a Aceton beträgt der Bedarf an Cumol ca. 445.000 to/a [1]. Bei nur zum Teil ausgelasteten Kapazitäten wurden 1972 ca. 200.000 to/a Cumol per Rohrleitung und 60.000 to/a über Duisburg per Schiff und Tankwagen bezogen.

Ein Teil der beiden Produkte der Phenolchemie wird in Werken der Veba-Chemie weiterverarbeitet:

- Aceton (ca. 36.000 to/a) gelangt per LKW in das Werk 1 der Veba-Chemie in Wanne-Eickel, das frühere Hydrierwerk der Krupp-Kohlechemie, das nach Stillegung der Ammoniaksynthese für organische Produktionen umgebaut wurde, wo man es in Isophoron (12.000 to/a) und spezielle Folgeprodukte überführt.

- Phenol wird per LKW zum Werk Herne der Veba-Chemie transportiert und hier zu Adipinsäure weiterveredelt.
  Die Rückstände der Phenolverarbeitung werden in dem Werk Castrop-Rauxel der Rütgerswerke zu Acetophenon aufgearbeitet, das wiederum an die CWH in Marl geliefert wird und dort zur Kunstharzherstellung dient.

Neben Äthylen und Propylen fallen im Scholvener Steam-Cracker noch C_4-Fraktionen, die durch eine Rohrleitung an die CWH geliefert und dort zu Butadien aufgearbeitet werden, sowie Pyrolysebenzin an, das in einer Aromatenanlage in Scholven zu Benzol verarbeitet wird.

Der größte Teil des erzeugten Benzols wird in Scholven weiterverarbeitet, sowohl zu dem Kunstfaservorprodukt Cyclohexan (100.000 to/a), als auch zusammen mit Propylen zu Cumol (220.000 to/a), das dann, wie erwähnt, an die Phenolchemie gepumpt wird.

_____

1) Brief der Phenolchemie GmbH vom 28.9.72

Während das Benzol hier zu Maleinsäureanhydrid (50.000 to/a) oxidiert wird, dient Ortho-Xylol seit 1961 zur Herstellung von Phthalsäureanhydrid (40.000 to) und Fumarsäure (12.000 to/a).

Neben der Benzol-Eigenerzeugung betreibt die Veba-Chemie in Scholven immer noch die 1950 aufgenommene Benzoldruckraffination, die mit einer Kapazität von 286.000 to/a Rohbenzol [1] etwa 70 % des in den Kokereien des Ruhrgebietes anfallenden Rohbenzols entschwefelt [2].

Mit Ausnahme der Zeche Consolidation in Gelsenkirchen, die ihr Rohbenzol durch eine 13 km lange Rohrleitung nach Scholven pumpt, wird das Rohbenzol in Tankwagen und Kesselwagen angeliefert. Von der Veba-Chemie in Scholven wird das entschwefelte Benzol dann durch eine 10 km lange Rohrleitung zum Aral-Tanklager Gelsenkirchen gepumpt, wo man es in Destillationsanlagen zu 180.000 to/a Reinbenzol und 12.500 to/a Arsol aufarbeitet [3]. Während das Arsol in Tank- und Kesselwagen von der Aral AG an die Lack- und Farbenindustrie geliefert wird, fließt das gesamte Reinbenzol durch eine 23 km lange Rohrleitung an die CWH in Marl, wo man einen Teil davon mit Propylen zu Cumol verarbeitet und dieses dann an die Veba-Chemie Tochter Thenolchemie in Gladbeck pumpt.

Die anderen Benzolmengen werden in Marl sowohl zur Erzeugung von Äthylbenzol/ Styrol als auch zur Herstellung von leicht abbaubaren Waschmittelrohstoffen (Alkylbenzole) benötigt [4].

Neben den bisher beschriebenen Verbundsystemen sind mit Ausnahme des Werkes 1 in Wanne-Eickel alle Werke der Veba-Chemie und die Tochtergesellschaft Phenolchemie an das von den CWH in Marl ausgehende Wasserstoffverbundnetz angeschlossen.

---

1) Brief der Aral AG vom 21.9.72
2) Knopf, H.-J.: Scholven-Chemie AG, a.a.O., S 37
3) Brief der Aral AG vom 21.9.72
4) Broich, F.: Die Petrochemie des Rhein-Ruhr-Gebietes, a.a.O., S. 23

Darüberhinaus ist das Werk Scholven an das Äthylenverbundnetz der Äthylen-Rohrleitungs-GmbH (ARG) - Beteiligung der Veba-Chemie 16 2/3 % - angeschlossen (Karte 1). Während die Veba-Chemie früher größere Äthylenmengen von anderen Werken (Esso Köln, Erdölchemie Dormagen) fremd beziehen mußte, kann sie heute ihren Bedarf selbst decken und wird Ende 1973 nach Inbetriebnahme der auf 550.000 to/a Äthylen (gemeinsam mit CWH) erweiterten Anlagen größere Äthylenmengen in das ARG-Netz einspeisen können.

Die äußerst starke Stellung der Veba-Chemie AG in der Petrochemie und in der chemischen Verbundwirtschaft des Ruhrgebietes wird ergänzt durch ihre Bedeutung als Stickstoff- und Düngemittelhersteller.

Die Ammoniakanlagen in Scholven, Bottrop und Wanne-Eickel haben eine Gesamtkapazität von 700.000 to/a Ammoniak, bezogen auf N.

Die seit 1956 im Werk 2 Wanne-Eickel betriebene Herstellung von NPK-Volldüngern wurde inzwischen wegen zu hoher Kosten eingestellt und die Erzeugung auf Ammoniumnitrat, das an die Sprengstoffindustrie verkauft wird, und auf Kalkammonsalpeter (180.000 jato N) konzentriert, der über die Ruhrstickstoff AG, eine Verkaufsgesellschaft mehrerer Stickstoffhersteller [1], abgesetzt wird.

Die Stickstoffwerke der Veba im Ruhrgebiet versorgen seit 1970 auch noch die bis dahin mit eigener Stickstoffbasis versehenen norddeutschen Werke der ehemaligen Salzgitter-Chemie, die 1969 von der Veba-Chemie übernommen wurden, mit in Bahnkesselwagen transportiertem Ammoniak.

Diese Düngemittelwerke in Embsen bei Lüneburg (Phosphorsäure, Salpetersäure, NPK-Dünger) und in Langelsheim bei Goslar (Kalkammonsalpeter, 1969-1971 Harnstoff) wurden bis 1971 von Salzgitter-Drütte aus mit Primär-Stickstoff versorgt.

---

1) Vgl. Jahrbuch für Bergbau, Energie, Mineralöl und Chemie 1971, a.a.O., S.508

Die Pläne der Veba-Chemie AG, durch den Bau einer neuen Raffinerie und nach-
geschalteter petrochemischer Anlagen im Rheinbogen bei Orsoy ihre chemische
Rohstoffbasis und die schon bestehende intensive Verbundwirtschaft im Rhein-
Ruhr-Gebiet noch zu vergrößern, können durch die Initiativen übereifriger Umweltschützer vorerst nicht realisiert werden [1)2)3)4)].

Durch den Erwerb der Frisia-Raffinerie in Emden Mitte 1973 und den zur gleichen
Zeit gefaßten Entschluß, in Brunsbüttel eine Raffinerie (5 Mio to/a Rohöldurchsatz)
zu bauen, besitzt die Veba-Chemie jedoch zwei interessante Alternativstandorte.

2.2.1.2.1.2. Die Gelsenberg AG

Die heutigen Anlagen der Gelsenberg AG in Gelsenkirchen-Horst sind aus einem
1936 von der Gelsenberg Benzin AG, einer Tochtergesellschaft der Gelsenkirchener Bergwerks AG, erbauten Hydrierwerk entstanden [5)].

Nach der Umstellung auf Erdöl 1950 wurde das Werk ebenso wie das der Veba-
Chemie in Scholven zu einer Raffinerie ausgebaut, allerdings lag bei Gelsenberg
das Schwergewicht mehr auf der Erzeugung von Motorentreibstoffen und den sonst
üblichen Raffinerieprodukten - die petrochemische Weiterverarbeitung begann
in Horst erst 1961 mit der Inbetriebnahme einer Aromatenanlage.

Seit 1969 beträgt die Rohöldurchsatzkapazität 7 Mio to/a. Die Rohölversorgung
- vorwiegend mit nordafrikanischen Provenienzen aus teils eigenen Feldern in
Libyen - erfolgt ausschließlich von Rotterdam, wo Gelsenberg eigene Tanklager
unterhält, durch die RRP und eine von Wesel nach Horst führende Zweigleitung.

1) Große Ausbaupläne bei der Veba-Chemie, in: Handelsblatt vom 11.6.71
2) Veba Projekt am Niederrhein bleibt hart umkämpft, in: Handelsblatt vom
   30.7.71
3) Veba kämpft weiter um Orsoy, in: Handelsblatt vom 14.10.71
4) Standortwahl wird zur Standortqual: Modell Orsoy, in: Handelsblatt vom
   28.12.71
5) Broich, F.: a.a.O., S. 20

Der Absatz der erzeugten Motorentreibstoffe geschieht über die Aral AG (Gelsenberg Beteiligung 27,9 %), der des Heizöls über die Gelsenberg Tochtergesellschaft Raab Karcher GmbH. Der Versand dieser Produkte erfolgt neben der üblichen Bahn- und Straßenverladung teils direkt in Binnenschiffe über die eigenen Kaianlagen des am Rhein-Herne Kanal gelegenen Werkes und teils durch zwei Rohrleitungen für Otto- und Dieselkraftstoff zum Aral-Stadthafen in Gelsenkirchen [1]. Darüberhinaus ist die Raffinerie durch mehrere Rohrleitungen mit den Chemischen Werken Hüls verbunden und beliefert diese mit Flüssiggas, Raffineriegas, n-Butan und n-Paraffinen [2]. Insgesamt werden 20 % des Produktenversandes per Rohrleitung durchgeführt.

Der Umfang der im Horster Werk betriebenen petrochemischen Weiterverarbeitung ist vergleichsweise bescheiden. Ausgangspunkt ist die von der Raffinerie versorgte Aromatenanlage mit einer Kapazität von 85.000 to/a. Während Benzol, Toluol und p-Xylol in den Verkauf gehen, wird das O-Xylol zusammen mit zugekauften O-Xylolmengen in einer gemeinsam mit den Chemischen Werken Hüls erbauten und mehrfach erweiterten Anlage zu Phthalsäureanhydrid (PSA) (86.000 to) und Fumarsäure (4.000 to) [3] verarbeitet. Ein Drittel der erzeugten PSA-Menge wird von den CWH abgenommen [4].

Als Besonderheit besitzt Gelsenberg in Horst eine Petrolkoksanlage. Von den verschiedenen thermischen Krackverfahren, mit deren Hilfe man aus dem geringwertigen Toprückstand höherwertige leicht siedende Produkte herstellen kann, zeichnet sich das Krackverfahren zur Petrolkokserzeugung dadurch aus, daß neben den leicht siedenden Produkten das zusätzliche Verkaufsprodukt Petrolkoks erzeugt wird [5].

---

1) Zöfelt, B.: Das Werk Horst der Gelsenberg AG, in. Erdöl, Kohle, Erdgas, Petrochemie, Nr.11,1971, S.686
2) Ebenda
3) Europa Chemie, 2/72, S.29
4) Broich, F., a.a.O., S.21
5) Zürn, G.: Petrolkokserzeugung bei Gelsenberg, in: Oel-Zeitschrift für die Mineralölwirtschaft, Juli 1972, S.184

"Einer der bedeutsamsten Absatzfaktoren ist die Aluminiumindustrie, deren Bedarf etwa 0,4 kg Petrolkoks pro kg Aluminium beträgt" [1]. Die 1971 in Betrieb gegangene Anlage hat eine Kapazität von 150.000 to/a, bezogen auf unkalzinierten Rohkoks. Als potentielle Abnehmer im Rhein-Ruhr-Gebiet kommen fünf Aluminiumhütten in Betracht: das VAW-Lippewerk in Lünen, die Kaiser-Preussag Hütte in Vörde, die Leichtmetallgesellschaft in Essen sowie das VAW-Erftwerk in Grevenbroich und das VAW-Rheinwerk in Norf bei Neuß.

Die Gesamtbelegschaft des Werkes Horst betrug 1972 ca. 670 Mitarbeiter [2].

2.2.1.2.1.3. Die Ruhrchemie AG

Die Ruhrchemie AG [3] (33,33 % Mannesmann AG, 33,33 % Hüttenwerk Oberhausen AG, 33,33 % Farbwerke Hoechst AG) [4] war mit ihren Tochtergesellschaften früher eines der bedeutendsten Chemieunternehmen mit rein carbochemischer Rohstoffgrundlage. Die Anfänge der in Oberhausen-Holten an der Autobahn gelegenen Werksanlagen gehen auf ein 1928 erbautes Stickstoffwerk zurück, das an das Koksofengasverbundnetz angeschlossen war.

Seit 1930 war in Holten auch die Chemische Fabrik Holten GmbH in Betrieb, die auf Basis von aus Koksofengas isoliertem Äthylen Äthylenoxid erzeugte, und an der die Ruhrchemie anfangs mit 51 %, dann aber mit 29 % beteiligt war (restliche Anteile: 46 % BASF, 25 % Th. Goldschmidt).

Die 1942 in der Ruhrchemie aufgegangene Tochtergesellschaft Ruhrbenzin AG betrieb seit 1936 in Holten ein Hydrierwerk zur Erzeugung von Benzin, Dieselöl und Paraffinen. Aus den anfallenden Olefinen wurden Isopropanol, Isobutanol,

---

1) Zürn, G., a.a.O., S.185
2) Brief der Gelsenberg Mineralöl GmbH vom 30.5.1972
3) Die geschichtlichen Daten stellen größtenteils eine Zusammenfassung der Ausführungen von Broich, F., über dieses Werk dar.
4) Wer gehört zu Wem? Commerzbank, 9.Aufl., 1971, S.544

Alkylbenzole und Polymerbenzin erzeugt. Die Verfügbarkeit von Olefinen veranlaßte 1940 die Ruhrchemie, die IG Farben und die Firma Henkel & Cie. gemeinsam in Oberhausen-Holten Anlagen zur Erzeugung von Oxo-Produkten zu bauen. Nur vor diesem geschichtlichen Hintergrund ist die heutige Produktpalette der Ruhrchemie AG zu verstehen.

Das Werk kann grob in drei Produktionsbereiche aufgegliedert werden:
- Düngemittelerzeugung
- Herstellung von Oxoprodukten
- Polyäthylenerzeugung

Die Düngemittelerzeugung ist mit Kapazitäten von 630.000 to/a Einzeldünger und 220.000 to/a für Volldünger (bezogen auf Ware) rein mengenmäßig der bedeutendste Produktionszweig.

Die Stickstofferzeugung wurde 1963 von Koksofengas auf petrochemisches Synthesegas umgestellt, das zunächst auf Basis von Heizöl und ab 1965 auch in einer auf Leichtbenzinbasis arbeitenden Anlage erzeugt wurde. Da die Preise für Ammoniak in den letzten Jahren stark fielen, wurde es für die Ruhrchemie kostengünstiger, Ammoniak fremd zu beziehen, anstatt es selbst zu erzeugen. Aus wirtschaftlichen Gründen wurde daher die Leichtbenzin-Synthesegasanlage 1969/70 stillgelegt [1]. Seit 1973 bezieht die Ruhrchemie 130.000 to/a Ammoniak von dem Veba-Chemiewerk Bottrop [2]. Die Lieferung erfolgt zu 80 % durch eine Rohrleitung, der Rest per Bahn.

Darüberhinaus werden folgende Rohstoffe für die Düngemittelherstellung bezogen [3]:

---

1) Mündliche Angaben der Ruhrchemie AG vom 24.1.1973
2) Briefliche Angaben der Ruhrchemie AG vom 29.9.1972
3) Briefliche Angaben der Ruhrchemie AG vom 29.9.1972

Rohstoff	to/a	Transportmittel
Rohphosphat	70.000	per Schiff bis Walsum, dann Bahn
Phosphorsäure	15.000	per Schiff bis Oberhausen, dann LKW
Kalisalz	65.000	per Schiff bis Walsum, dann Bahn
Kalk	100.000	per Bahn
Schwefelsäure	65.000	per LKW, vermutl. aus Homberg/Ndrh.

Die noch in Betrieb befindliche Heizölsynthesegasanlage (Einsatz ca. 130.000 to/a) versorgt ausschließlich die Anlagen zur Erzeugung von Oxo-Produkten. Das Synthesegas wird hier mit 165.000 to/a Propylen, das in Bahnkesselwagen vorwiegend aus dem Raum Köln bezogen wird, zu 320.000 to/a Oxo-Produkten umgesetzt (Aldehyde und Alkohole für Lösungsmittel und Fettsäuren).

Der zur Hydrierung erforderliche Wasserstoff wird aus dem Wasserstoffverbundnetz von den Chemischen Werken Hüls bezogen (40-70 Mio Nm^3/a). Für die Oxo-Synthese werden ferner noch größere Mengen Buten und Iso-Buten bezogen [1].

Seit 1971 wird ein Teil der Oxo-Produkte unter Verwendung von 25.000 to/a Phthalsäureanhydrid, das vermutlich von der Veba-Chemie in Bottrop bezogen wird, zu 60.000 to/a Weichmachern weiterverarbeitet [2].

Die Polyäthylenerzeugung wird von der Ruhrchemie seit 1960 betrieben. Zur gleichen Zeit wurde auch die bei der benachbarten Tochtergesellschaft Chemische Fabrik Holten betriebene Äthylenoxidproduktion von carbochemischem Äthylen auf petrochemisches Äthylen umgestellt, das beiden Anlagen von der Esso Raffinerie in Köln per Rohrleitung zugeführt wurde.

---

1) Oel-Zeitschrift für die Mineralölwirtschaft, August 1969, S. 273
2) Ruhrchemie AG, Geschäftsbericht 1970/71, S. 10

Nachdem die Chemische Fabrik Holten ihren Geschäftsbetrieb Ende 1970 eingestellt hatte [1], baute die Ruhrchemie ihre Polyäthylenkapazitäten zügig aus, die
1973 einen Umfang von 115.000 to/a Niederdruckpolyäthylen und 100.000 to/a
Hochdruckpolyäthylen erreichten.

Die für eine solche Produktion benötigten Äthylenmengen (ca. 220.000 to/a)
übersteigen bei weitem die Lieferfähigkeit der Esso Raffinerie mit ihrer Kapazität
von 120.000 to/a, die neben der Ruhrchemie auch noch andere Abnehmer zu versorgen hat (u.a. Wacker Chemie, Köln). Die Ruhrchemie hat daher ihre Anlagen
auch an das Äthylenverbundnetz der ARG (Karte 1) angeschlossen, durch das
diese nun von mehreren Äthylenproduzenten, die froh sind, einen Großabnehmer
zur Auslastung ihrer meist übereilt ausgebauten Äthylenkapazitäten gefunden zu
haben, versorgt werden können.

Der Verkauf der Erzeugnisse der Ruhrchemie erfolgt überwiegend durch die am
Kapital beteiligten Farbwerke Hoechst AG; ein Teil der Polyäthylen-Halbzeug-
produktion wird von der Mannesmann Plastic GmbH vertrieben [2], einer Tochtergesellschaft der ebenfalls an der Ruhrchemie beteiligten Mannesmann AG [3].

Bezugsmäßig bestehen mit Ausnahme des Mineralienbezuges für die Düngemittelherstellung sehr enge Verbindungen mit anderen Werken des Rhein-Ruhr-Gebietes,
absatzmäßig ist das Unternehmen mit seinen 2.595 Beschäftigten (Ende 1971) [4]
jedoch nicht besonders stark mit diesem Gebiet verflochten. Lediglich ein Großabnehmer in der näheren Umgebung erhält 35.000 to/a per LKW.

---

1) Ruhrchemie AG, Geschäftsbericht 1970/71, S. 9
2) Ebenda
3) Wer gehört zu Wem?, Commerzbank AG, a.a.O., S. 409
4) Ruhrchemie, Geschäftsbericht 1970/71, S. 10

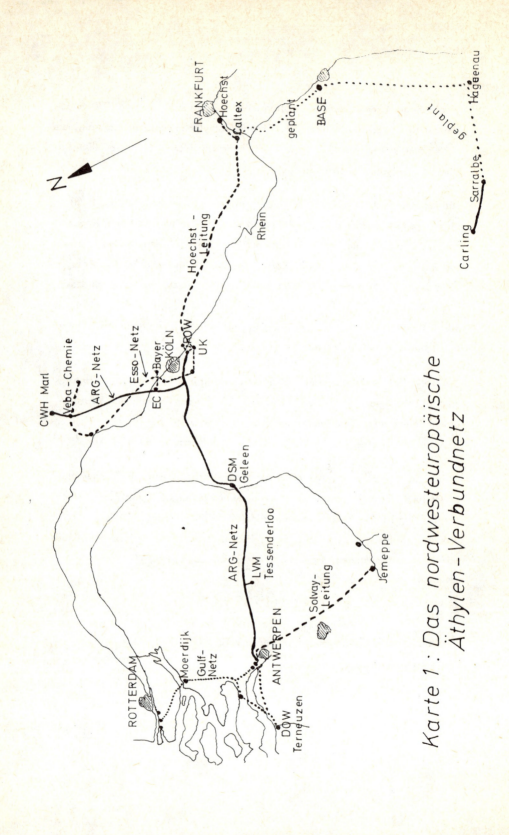

Karte 1: Das nordwesteuropäische
Äthylen-Verbundnetz

2.2.1.2.1.4. Chemiewerke der Texaco

Durch die Übernahme der Aktienmehrheit (97,6 %) der DEA durch die amerikanische Mineralölgesellschaft Texaco im Jahre 1966 wurde die Texaco gleichzeitig Eigentümerin von mehreren Tochtergesellschaften der 1911 gegründeten
Deutschen Erdöl AG (DEA) [1]. Zu diesen Tochtergesellschaften gehört die Rheinpreussen AG für Bergbau und Chemie, die 1936 in Meerbeck bei Moers ein
Fischer-Tropsch Hydrierwerk zur Erzeugung von Motorentreibstoffen in Betrieb
nahm. In der Folge wurden auch Schmieröle sowie Isopropanol (Isopropylalkohol)
und sec. Butanol erzeugt [2].

Nach dem Krieg beschränkte sich das Unternehmen auf die Weiterverarbeitung
petrochemischer Rohstoffe. Das Programm umfaßt Roh- und Hilfsstoffe für die
Chemische Industrie sowie Waschmittelrohstoffe.

Das zwischenzeitlich als Chemische Werke Meerbeck firmierende Unternehmen
wird seit 1972 als Werk Moers-Meerbeck der Deutschen Texaco AG [3] bezeichnet
und hat heute folgende Produktionskapazitäten [4]:

- 70.000 to/a Isopropanol
- 30.000 to/a sec. Butanol
- 35.000 to/a Ketone
- 25.000 to/a Alkylbenzole (Waschmittelrohstoffe)
- 270.000 to/a Alkohole und Ketone

Im Januar 1959 hatte man in Meerbeck außerdem noch mit der Produktion von
Phthalsäureanhydrid (PSA) auf der Basis des carbochemischen Naphthalins begonnen.
Da dieser Rohstoff zu jener Zeit knapp zu werden drohte, die Rütgerswerke AG
in ihren Teerverarbeitungsbetrieben im Ruhrgebiet jedoch über genügend Naphthalin

1) Oel in der Welt von morgen, Hrsg., Mineralölwirtschaftsverband e.V.,
   Hamburg, 2.Aufl., Juli 1971, S.52 u. S.37
2) Broich,F., Die Petrochemie des Rhein-Ruhr-Gebietes, a.a.O., S. 35
3) EKEP, März 1972, S.168
4) Oel-Zeitschrift für die Mineralölwirtschaft, Februar 1972, S.39

verfügte, gründete die Rheinpreussen AG zum Zwecke der langfristigen Rohstoffsicherung Ende 1960 gemeinsam mit der Rütgerswerke AG die Polycarbona GmbH,
unter deren Namen dann die Produktion von 16.000 to/a PSA, 8.000 to/a MSA
und 20.000 to/a Weichmachern der verschiedensten Typen auf dem Gelände der
Rheinpreussen in Meerbeck durchgeführt wurde [1]. Im März 1972 übernahm die
Deutsche Texaco dann den Anteil der Rütgerswerke an der Polycarbona und glie-
derte die Anlagen voll in das Werk Moers-Meerbeck ein [2]. Gleichzeitig wurde
die PSA-Herstellung auf den petrochemischen Rohstoff Ortho-Xylol umgestellt,
den das Werk wie auch die anderen Rohstoffe Propylen, C_3/C_4-Olefine, Benzol
u.a. von Raffinerien der Texaco per Schiff oder Bahn bezieht.

Wenige Kilometer östlich von Meerbeck in Homberg am Rhein befinden sich auf
einem kleineren Gelände die Anlagen zur Herstellung von Äthylchlorid, die über
Rohrleitungen mit dem Hauptwerk in Meerbeck verbunden sind. Das hier ebenfalls
am Rhein liegende Texaco-Tanklager, das über die RMR-Produktenleitung von der
Rotterdamer Caltex-Raffinerie (Texaco-Beteiligung 31,6 %) aus versorgt wird,
dient nach Angaben der Texaco nur dem Vertrieb von Mineralölverkaufsprodukten
und nicht der Rohstoffversorgung von Meerbeck.

Nähere Angaben über den Absatz und die Beschäftigtenzahl der Texaco-Chemie-
anlagen am Niederrhein waren nicht erhältlich.

2.2.1.2.1.5. Die Gewerkschaft Victor Chemische Werke

Im Jahre 1926 beschlossen der Klöckner-Konzern und die Wintershall AG in
Castrop-Rauxel gemeinsam ein Stickstoff-Düngemittelwerk zu bauen, um so einerseits die in der zu Klöckner gehörenden Zeche und Kokerei Victor III/IV anfallende
Überschußmenge an Kokereigas als Energieträger und chemischen Rohstoff verwenden
zu können und andererseits die Kaliprodukte der Wintershall AG besser verwerten
zu können [3].

---

1) Mündliche Auskunft der Deutschen Texaco, Werk Moers-Meerbeck
2) EKEP, März 1972, S.168
3) Brief der Gewerkschaft Victor Chemische Werke vom 30.8.1972

Das 1928 in Betrieb gegangene Werk liegt knapp 3 km westlich der Kokerei Victor transportkostengünstig am Rhein-Herne-Kanal in unmittelbarer Nachbarschaft des heutigen Werkes Castrop-Rauxel der Rütgerswerke AG.

Seit Ende der dreißiger Jahre bis Kriegsende erzeugte die Gewerkschaft Victor in einem Fischer-Tropsch Hydrierwerk auch Motorentreibstoffe. Wie die anderen damaligen Kohlechemiewerke, so lieferte auch die Gewerkschaft Victor das bei der Koksofengaszerlegung anfallende Rohäthylen durch eine Rohrleitung an die Chemischen Werke Hüls [1].

Nach dem Krieg begann das Werk 1946 wieder mit der Stickstoffproduktion und erweiterte sich bis 1952 zu einem umfangreichen Düngemittelwerk.

Als eines der letzten Stickstoffwerke stellte sich die Gewerkschaft Victor erst 1970 auf von der Wintershall AG aus deutschen Feldern geliefertes Erdgas als Rohstoff für die Ammoniakerzeugung um [2]. Die Aufheizung der Anlagen erfolgte bis zur Stillegung der benachbarten Klöckner-Kokereien im Herbst 1972 noch mit Kokereigas, seither jedoch ebenfalls petrochemisch mit einem bei den CWH anfallenden und von dort durch eine Rohrleitung gelieferten Heizgas [3].

Die Synthesegasanlagen werden seit 1954 durch die ehemalige Rohäthylenleitung (23 km) von den CWH mit Wasserstoff versorgt [4].

Das heute 1.700 Mitarbeiter beschäftigende Werk ist mit seiner Ammoniak-Stickstoff-Kapazität von 235.000 to/a N ein bedeutender Erzeuger stickstoffhaltiger Einzel- und Mehrnährstoffdünger. Neben 400.000 to/a Kalkammonsalpeter werden noch Futtermittel und spezielle chemische Zwischenprodukte, wie Kaliumnitrat u.a., hergestellt.

---

1) Broich, F., a.a.O., S. 43
2) Mündliche Angaben der Gewerkschaft Victor Chemische Werke vom 15.1.1973
3) Mündliche Angaben der Gewerkschaft Victor Chemische Werke vom 15.1.1973
4) Isting, Chr.: Verbund von Chemiewerken durch Pipelines, in: Haus der Technik
   - Vortragsveröffentlichungen, H.154, "Rohrleitungstechnik in der chemischen
   Industrie", Essen 1969, S.75

Anfang 1973 verkauften die Klöcknerwerke AG ihren 50 %-igen Anteil an diesem Unternehmen an die Veba-Chemie AG, die dadurch ihre Produktionspalette durch Erzeugnisse der Gewerkschaft Victor Chemische Werke abrunden kann [1].

Inwieweit das Unternehmen in den Verbund der anderen Stickstoffwerke der Veba-Chemie integriert werden kann, ist noch nicht ersichtlich. Auch scheint fraglich, ob sich durch diese Operation nachhaltige Rationalisierungserfolge erzielen lassen, da sich so der wenig ertragreiche und durch Überkapazitäten gekennzeichnete Düngemittelsektor bei der Veba-Chemie nur noch vergrößert.

2.2.1.2.1.6. Die Chemischen Werke Hüls AG

Die geschichtliche Entwicklung sowie die heutige Bedeutung der Chemischen Werke Hüls AG (CWH) als Petrochemiewerk und als Ausgangs- und Endpunkt eines weitverzweigten Rohrleitungsverbundsystems ist zwar schon in mehreren Publikationen [2][3][4][5] ausführlich behandelt worden, dennoch kann hier auf eine Wiederholung der wesentlichsten Fakten nebst einer Ergänzung durch neueste Daten nicht verzichtet werden, da nur so das sinnvolle Verbundsystem vieler Petrochemiewerke im Ruhrgebiet verständlich wird.

Die CWH wurden 1930 von der früheren IG Farbenindustrie AG (74 %) und der Hibernia AG (26 %) gegründet, um am Nordrand des Ruhrgebietes ein Kautschuk-Synthesewerk zu errichten, das die in den Hydrierwerken anfallenden Hydriergase und die in den Stickstoffwerken zur Verfügung stehenden Rohäthylenmengen sowie Nebenprodukte der Kokereien sinnvoll verwerten sollte. Nach Fertigstellung eines

---

1) Veba-Chemie übernimmt Victor-Beteiligung von Klöckner, in: Chemische Industrie, März 1973, S.117
2) Broich, F., Die Petrochemie des Rhein-Ruhrgebietes, a.a.O., S.17 ff., 33 ff., 40 ff.
3) Isting, Chr.: Verbund von Chemiewerken durch Pipelines, a.a.O., S.72 ff.
4) Isting, Chr.: Pipelines now play important Role in Petrochemical Transport, in: World Petroleum, April 1970, S.38-44
5) Kaupper, A.; Bülow, Bernd von: Ausbau der Chemischen Werke Hüls AG seit 1960, in: Erdöl, Kohle, Erdgas, Petrochemie, 24.Jg. 1971, S.389-396

Rohrleitungsnetzes zu den Rohstofflieferanten lief im Juli 1940 in Hüls die Produktion an. Nach dem Lichtbogenverfahren wurden aus Hydriergasen Acetylen und Äthylen hergestellt und mit anderen Produkten zu dem Synthese-Kautschuk Buna verarbeitet, wobei die im Lichtbogen anfallenden Wasserstoffmengen per Rohrleitung zu den Hydrierwerken Scholven und Gelsenberg gepumpt wurden. Die erste Stufe dieses Verbundnetzes mit dem Stand von 1943 zeigt die Übersicht Nr. 3.

Dieses 154 km lange Netz, in dem fünf verschiedene Produkte zwischen acht Werken ausgetauscht wurden und das 1944 noch durch eine Erdgasleitung von Bentheim nach Marl zur Rohstoffsicherung der CWH ergänzt wurde, war nach dem Krieg die Grundlage eines neuen, meist auf anderen Produkten bestehenden Verbundes.

Während bei den CWH bis 1945 die Buna-Produktion dominierte, wurde bis 1967 die Erzeugung von Acetylen und dessen Folgeprodukten stark ausgebaut und der Anteil der auf petrochemischer Basis erzeugten Produkte auf 75 % gesteigert. Gleichzeitig wurde das Verbundsystem zügig ausgebaut und bestehende Rohrleitungsverbindungen für den Transport anderer Produkte benutzt: Die ehemaligen Rohäthylenleitungen von den Stickstoffwerken und die Restkohlenwasserstoffleitungen von der Phenolchemie und der Ruhröl Bottrop wurden Teil des von Hüls ausgehenden und in den Kölner Raum reichenden Wasserstoffverbundnetzes, während in den Rohrleitungen der ehemaligen Hydrierwerke Scholven und Gelsenberg Raffinerieabgase anstelle von Hydrierabgasen zu den CWH transportiert wurden [1].

Seit 1967 wurde durch die Inbetriebnahme eines gemeinsam mit der Scholven-(jetzt Veba-)Chemie in Gelsenkirchen-Buer gebauten Steam Crackers der Äthylen- und Propyleneinsatz der CWH erhöht und gleichzeitig eine Heizölsynthesegasanlage in Betrieb genommen.

---

1) Briefliche Auskunft von Dipl.-Ing. Chr. Isting, CWH, vom 9.10.1972

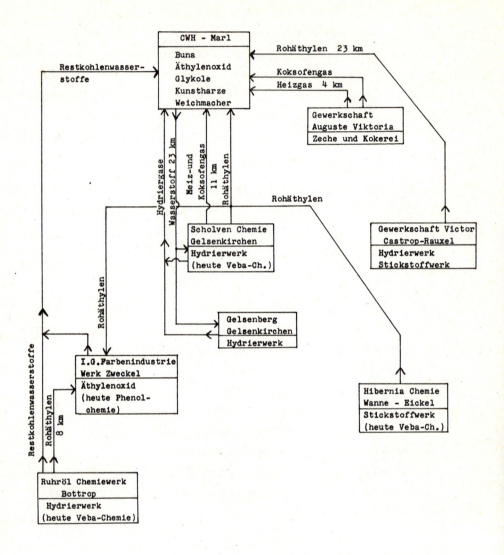

Übersicht 3 : Rohrleitungsverbund der CWH im
Jahre 1943

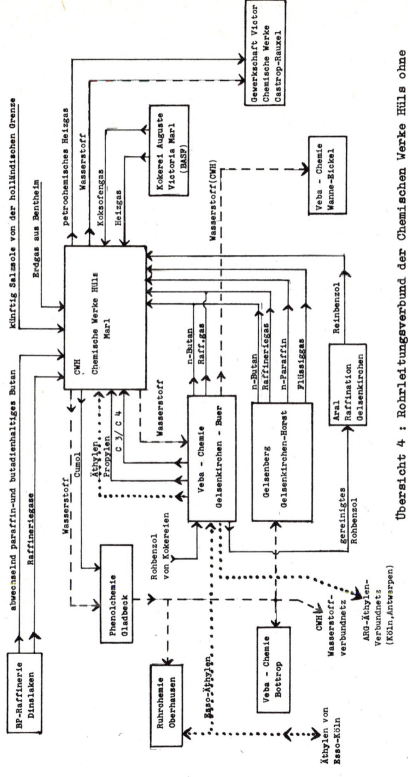

Übersicht 4 : Rohrleitungsverbund der Chemischen Werke Hüls ohne
Berücksichtigung der Rohrleitungsverbindungen
zwischen anderen Werken

Der Anteil carbochemischer Stoffe am Gesamteinsatz lag 1970 nur noch bei 10 %, wobei es sich vorwiegend um aufbereitetes Kokereibenzol und um Acetophenon handeln dürfte.

Aus der Übersicht 4 ist der Rohrleitungsverbund der CWH mit Stand 1972 ersichtlich (ohne Berücksichtigung der zwischenbetrieblichen Rohrleitungsverbindungen anderer Werke).

Der prozentuale Anteil der durch Rohrleitungen bezogenen und abgesetzten Rohstoffe und Produkte ging in den letzten Jahren rapide zurück, wie aus der folgenden Tabelle 1 hervorgeht:

Prozentualer Anteil am Gesamtein- und Ausgang der von und zu den CWH per Rohrleitung transportierten Stoffe

Jahr	Eingang	Ausgang
1966 [1]	55 %	13,5 %
1968 [2]	47 %	10,0 %
1971 [3]	32,2 %	4,6 %

Der Anteil der durch Rohrleitungen bezogenen Rohstoffe könnte in Zukunft wieder zunehmen, wenn ein Teil der überaus großen Steinsalzmengen (500.000 to/a) für die Chlorerzeugung in Zukunft in Form von Salzsole durch eine Rohrleitung aus einem Salzvorkommen in Epe an der deutsch-niederländischen Grenze bezogen werden wird.

Wegen des überaus komplizierten innerbetrieblichen Verbundes bei den CWH soll hier auf die Wiedergabe eines Produktionsschemas [4] verzichtet und nur die

---

1) Isting, Chr., Verbund von Chemiewerken durch Pipelines, a.a.O., S.76
2) Isting, Chr., Pipelines now play Important Role in Petrochemical Transport, a.a.O., S.44
3) Briefliche Auskunft von Dipl.-Ing.Chr.Isting, CWH, vom 9.10.1972
4) Vgl. Kaupper, A.; Bülow, Bernd von, Ausbau der Chemischen Werke Hüls AG seit 1960, a.a.O., S.393; vgl. Kaupper, A.; Hüls-Produktionsschema, Sonderdruck aus: Der Lichtbogen, Nr.163 (1.XXI.Jg.) Hauszeitschrift der Hüls-Gesellschaften

Hauptproduktionsbereiche mit Angaben der wichtigsten Kapazitäten kurz geschildert werden.

Das von mehreren Raffinerien gelieferte Flüssiggas und Raffineriegas wird in mehreren Lichtbogenöfen in Acetylen und Äthylen gespalten, wobei in großen Mengen Wasserstoff anfällt. Zusätzlich wird noch Äthylen in einer Röhrenofen-Flüssiggasspaltanlage erzeugt sowie von dem Veba/CWH Gemeinschafts-Steam-Cracker in Gelsenkirchen und bei Bedarf aus dem ARG-Netz oder aus der Esso-Rohrleitung bezogen.

Bentheimer Erdgas wird nicht mehr für die Chemiezwecke sondern nur noch für Heizzwecke eingesetzt [1]. "Dem Einsatz von holländischem Erdgas als Methanquelle für den Lichtbogen sind Grenzen durch den Preis, die hohen Energiekosten und den Stickstoffgehalt von rd. 14 % gesetzt" [2].

Acetylen wird vorwiegend zu Vinylchlorid (300.000 to/a) weiterverarbeitet, das seit 1967 aber auch teilweise (27 % der Produktion) aus Äthylen erzeugt wird.

Das für die Vinylchloridherstellung und für andere Produkte notwendige Chlor (315.000 to/a) [3] wird elektrolytisch unter Anfall von Wasserstoff und Natronlauge aus 500.000 to/a Steinsalz gewonnen, das vorwiegend transportkostengünstig in Schiffen aus Heilbronn bezogen wird und vom Wesel-Datteln-Kanal direkt ins Werk entladen werden kann.

Das Vinylchlorid wird anschließend zu 290.000 to/a Polyvinylchlorid (PVC) polymerisiert. Bis 1974 ist ein Ausbau dieser Kapazität auf ca. 400.000 to/a

---

1) Briefliche Auskunft von Dipl.-Ing. Chr. Isting vom 9.10.1972
2) Kaupper, A.; Bülow, Bernd von, Ausbau der Chemischen Werke Hüls AG seit 1960, a.a.O., S. 393
3) Chemische Industrie, 9, 1971, S. 641

vorgesehen, wodurch gleichzeitig der Chlorbedarf und damit der Salzbedarf entsprechend steigt, der jedoch in zunehmendem Maße durch Salzsole gedeckt werden soll, die von der gemeinsam mit der Deutschen Solvay AG gegründeten Salzgewinnungsgesellschaft Westfalen mbH aus einem Salzvorkommen an der deutschniederländischen Grenze durch eine Rohrleitung nach Marl gepumpt werden soll.

Der größte Teil des erzeugten und bezogenen Äthylens dient als Rohstoff für folgende Produkte:

- 85.000 to/a Äthylenoxid, das zu Äthylenglykol (35.000 to/a) und anderen Produkten weiterverarbeitet wird;
- 170.000 to/a Styrol (über Äthylbenzol), das teils zu (82.000 to/a) Polystrol polymerisiert wird und teils zur Kautschukherstellung bei den Bunawerken Hüls benötigt wird.

Die von verschiedenen Raffinerien bezogenen n-Paraffine und paraffinhaltigen Gase dienen zur Herstellung von Alkylbenzolen (ca. 150.000 to/a). Diese biologisch abbaubaren Waschmittelrohstoffe lösten 1964 die bis dahin verwendeten und dann gesetzlich [1] verbotenen schwer abbaubaren synthetischen Waschrohstoffe auf Tetrapropylenbasis ab. Die von der Esso-Raffinerie in Köln mit Tertapropylen (40.000 to/a) per Bahn versorgte Anlage produziert jedoch vorerst weiter für den Export in solche Länder, wo die Verwendung weicher Waschmittel noch nicht gesetzlich vorgeschrieben ist [2].

Propylen wird größtenteils zu Propylenoxid und dessen Folgeprodukten verarbeitet.

Das von der Veba-Chemie entschwefelte Rohbenzol der Ruhr-Kokereien gelangt nach der Raffination bei der Aral AG als Reinbenzol (180.000 to/a) zu den CWH und dient hier teils zur Erzeugung von Äthylbenzol und teils zusammen mit Propylen

---

1) Vgl. Gesetz über Detergentien in Wasch- und Reinigungsmitteln vom Oktober 1964
2) Repenning, K., Propylen-Erzeugung und -Verbrauch analysiert, in: Oel-Zeitschrift für die Mineralölwirtschaft, November 1968, S. 355

zur Herstellung von Cumol, das - wiederum per Rohrleitung - zur Phenolchemie in Gladbeck transportiert und dort in Phenol und Aceton getrennt wird.

Der bei der Phenolerzeugung anfallende Rückstand gelangt per LKW zu den Rütgerswerken in Castrop-Rauxel, wo er zu Acetophenon umgesetzt wird. Dieses Acetophenon wiederum dient den CWH als Rohstoff für die Kunstharzerzeugung.

Weitere wichtige Produkte der CWH sind Chlorkohlenwasserstoffe (110.000 to/a) und Weichmacher (75.000 to/a).

Letztere sind Hauptverbraucher für Phthalsäureanhydrid, das in Hüls in einer kleinen Anlage auf Naphthalinbasis und in Gelsenkirchen in einer gemeinsam mit der Gelsenberg AG erbauten Anlage (86.000 to/a) auf petrochemischer Basis aus O-Xylol erzeugt wird.

Auf dem Gelände der CWH in Marl befinden sich mehrere Anlagen, die aus beteiligungstechnischen oder organisatorischen Gründen unter dem Namen eigener Gesellschaften betrieben werden. Es sind dies die Gesellschaften:

- Bunawerke Hüls GmbH (50 % CWH/50 % Bayer)
- Faserwerke Hüls GmbH (50 % CWH/50 % Bayer)
- Vestolen GmbH (50 % CWH/ 50 % Veba-Chemie)

Die Produktion des Synthesekautschuks Buna wird seit 1958 ausschließlich von den im gleichen Jahr gegründeten Bunawerken Hüls (BWH) nach einem neuen Verfahren durchgeführt.

Die für eine Kapazität von 180.000 to/a Buna notwendigen Rohstoffe Styrol und Butadien werden von den CWH geliefert, wobei man das Butadien teils fremd von anderen Petrochemiewerken bezieht (Esso Raffinerie Köln, Erdölchemie Dormagen) und teils bei den CWH aus butadien- und buten/butanhaltigen Raffineriefraktionen gewinnt (100.000 to/a).

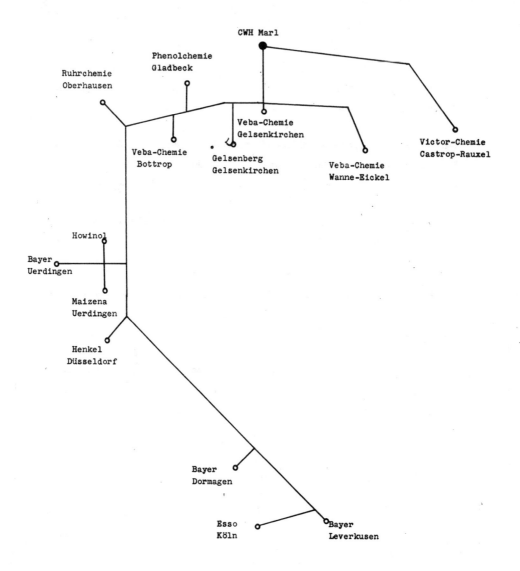

Karte 2 : Schematisierter Trassenverlauf des Wasserstoff-
          verbundnetzes der Chemischen Werke Hüls, Marl

Quelle: Isting,Chr.: Verbund von Chemiewerken durch
          Pipelines, a.a.O., S. 75

Anfang 1972 nahmen die BWH eine Äthylen-Propylen-Kautschuk-Anlage mit einer Kapazität von 20.000 to/a in Betrieb.

Seit Anfang 1973 wird auch eine Polybutadienanlage (Gesamtkapazität in Marl und Dormagen 54.000 to/a) der ehemaligen Stereokautschuk-Werke GmbH & Co. KG. von den BWH betrieben.

Die 1961 von CWH und der amerikanischen Kodak AG gegründeten Faserwerke Hüls GmbH werden von den CWH mit Glykol und Essigsäure versorgt. Das für die Polyesterfaserproduktion notwendige Zwischenprodukt DMT wird aus fremd bezogenem Para-Xylol (vermutlich von Gelsenberg) erzeugt. Genaue Angaben über den Umfang der erzeugten Endlosfäden, Stapelfasern und Kabel liegen nicht vor. 1968 erwarb Bayer den Kodak-Anteil an den FWH.

Die 1970 von CWH und Veba-Chemie gegründete Vestolen GmbH betreibt in Marl eine Anlage zur Erzeugung von 12.000 to/a Polybuten.

Der hohe Strom- und Dampfbedarf aller Anlagen in Marl wird zu 90 % von mehreren Kohlekraftwerksblöcken der CWH mit einer Gesamtleistung von 540 MW gedeckt.

Ab 1973 wird der durch vergrößerte Anlagen bedingte zusätzliche Energiebedarf durch eine Gasturbine auf Erdgasbasis gedeckt werden.

In den Anlagen der CWH und ihren Tochtergesellschaften in Marl waren Anfang 1972   16.008 Mitarbeiter beschäftigt [1]. Dazu kommen noch etwa 4.000 Beschäftigte von Unternehmerfirmen [2] (Baugesellschaften, Reparaturkolonnen, Spediteure), so daß von diesem Chemiekomplex am nördlichen Rand des Ruhrgebietes rund 20.000 Beschäftigte direkt abhängig sind.

Die Bedeutung dieser Chemieansiedlung wird auch aus dem Umfang des Produktein- und -ausganges im Jahre 1971 ersichtlich. So wurden allein 1,36 Mio to/a

1) Chemische Werke Hüls AG, Geschäftsbericht 1971, S. 20
2) Kaupper, A.; Bülow, B. von, Ausbau der Chemischen Werke Hüls AG seit 1960, a.a.O., S. 391

Steinkohle als Brennstoff für das Kraftwerk bezogen, die in der folgenden Tabelle 2 nicht enthalten sind:

Transportierte Produkte der CWH 1971 [1]

Eingang	CWH	Aliphaten	907.000 to/a
		Aromaten	243.000 to/a
		Anorganika	545.000 to/a
		Heizöl (Rohstoff)	50.000 to/a
	CWH	Gesamteingang	1.745.000 to/a
	Töchter Sonstige	Rohstoffe	270.000 to/a
		Handelswaren	50.000 to/a
		Hilfs- u. Betriebsstoffe	313.000 to/a
Eingang	Gesamt		2.378.000 to/a
Ausgang	CWH	Verkaufsprodukte	1.685.000 to/a
		mitverkauftes Wasser	203.000 to/a
		mitverkaufter Sauerstoff	191.000 to/a
	CWH	Gesamtausgang	2.079.000 to/a
	Töchter Sonstige	Verkaufsprodukte	283.000 to/a
		Handelswaren	50.000 to/a
		Sonstige Verkäufe	59.000 to/a
Ausgang	Gesamt		2.471.000 to/a

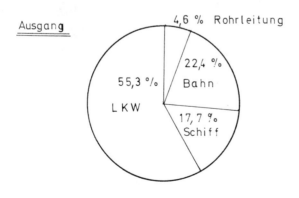

Ausgang

4,6 % Rohrleitung
22,4 % Bahn
17,7 % Schiff
55,3 % LKW

1) Briefliche Angaben der CWH vom 9.10.1972

Die Besitzverhältnisse an den CWH haben sich seit der Gründung des Unternehmens mehrfach leicht verändert.

Seit Anfang 1970 sind die Veba AG und die Bayer AG mit je 25 % direkt und mit weiteren je 18 % indirekt über die Chemie-Verwaltungs-AG am Kapital der CWH beteiligt. Daraus erklärt sich auch die enge Zusammenarbeit der CWH mit diesen beiden Gesellschaften, die sich u.a. in der Gründung gemeinsamer Tochtergesellschaften zeigt, wie den CWH/Bayer Töchtern Faserwerke Hüls GmbH, Bunawerke Hüls GmbH und die 1973 in die Bunawerke Hüls eingegliederte Stereokautschuk-Werke GmbH & Co. KG sowie den CWH/Veba-Chemie Töchtern Vestolen GmbH, Gelsenkirchen/Marl, Schöller & Co. KG, Göttingen, Kunststoffwerk Höhn GmbH, Oberwesterwald (je 25 %), Mauser Emballages S.A., Paris (je 25 %), Société Industrielle de Polyoléfines S.A., Paris (je 25 %).

2.2.1.2.1.7. Die Union Rheinische Braunkohlen Kraftstoff AG

- Geschichtliche Entwicklung

Die Union Rheinische Braunkohlen Kraftstoff AG (UK) wurde 1937 von Bergwerksgesellschaften des rheinischen Braunkohlengebietes gegründet, um durch unmittelbare Hydrierung von Braunkohle nach dem I.G. Hochdruckverfahren Motorentreibstoffe zu erzeugen. Maßgebende Standortfaktoren für den Bau des Werkes in Wesseling bei Köln waren der Rhein als Transportweg und die Nähe der Braunkohlentagebaue.

Da die Alliierten eine Wiederaufnahme der Treibstofferzeugung nach dem Krieg untersagt hatten, wurden die noch vorhandenen Hochdruckanlagen für die Herstellung von Methanol und Ammoniak umgebaut und die Produktion dieser Produkte 1947 auf Braunkohlenbasis aufgenommen [1]. Neben dieser chemischen Produktion versuchte die UK auch wieder in der Treibstofferzeugung Fuß zu fassen. Da die Braunkohlenhydrierung verboten war, schloß das Unternehmen einen Verarbeitungsvertrag mit der Deutschen Shell AG ab und nahm 1949 die

---

1) Broich,F., a.a.O., S.27, Die Petrochemie des Rhein-RuhrGebietes

Verarbeitung von in Binnenschiffen angeliefertem Rohöl auf. Die schweren Erd-
ölrückstände wurden, wie auch in den anderen zu Raffinerien umgebauten Hydrierwerken des Ruhrgebietes, in den vorhandenen Hydrieranlagen in leichtere Fraktionen wie Benzin und Dieselöl gespalten. Nach Wegfall der steuerlichen Vorteile
der Hydrierpräferenz 1964 wurde dieses Verfahren eingestellt [1].

Da der Deutschen Shell aufgrund des Rohölverarbeitungsvertrages mit der UK neben den Destillaten auch die in den Raffinerieanlagen anfallenden äthan- und
äthylenhaltigen Gase zustanden, beschloß die Shell, das 1953 gemeinsam mit
der BASF gegründete Petrochemiewerk "Rheinische Olefinwerke GmbH" (ROW)
ebenfalls in Wesseling anzusiedeln, um so die Rohstoffversorgung durch die UK
Raffinerie sicherzustellen. Seit Inbetriebnahme der ROW 1955 lieferte die UK
Raffineriegase per Rohrleitung an dieses wenige Kilometer nordwestlich am Rhein
gelegene Werk, wo sie zu Äthylen, Polyäthylen und Äthylbenzol verarbeitet
wurden [2].

Nach Ablauf des Verarbeitungsvertrages mit der Shell 1958 lieferte UK nur noch
wenig Raffineriegas an die ROW, die ab 1960 von der benachbarten neu erbauten
Shell Raffinerie Godorf mit Rohstoffen versorgt wurde.

Im Jahre 1963 nahm die Union Kraftstoff eine eigene Äthylenanlage in Betrieb,
die als Rohstoff Leichtbenzin der Raffinerieanlagen einsetzt. Das Äthylen
(75.000 to/a) wurde durch Rohrleitungen an die Knapsack AG westlich von Köln
und an das der UK auf der anderen Rheinseite gegenüberliegende Werk Lülsdorf
der Dynamit Nobel AG geliefert, das ebenfalls Butan-Heizgas aus der UK-
Raffinerie per Rohrleitung erhielt.

In den folgenden Jahren wurde die Erzeugung petrochemischer Stoffe weiter ausgebaut und die Synthesegasherstellung schrittweise auf Leichtbenzin und Heizöl

---

1) Broich, F., a.a.O., S. 28
2) Roser, O., Die Rheinischen Olefinwerke in Wesseling, in: Erdöl und Kohle,
9.Jg., Januar 1956, S.13

umgestellt, bis 1969 die ehemalige Braunkohlenbasis völlig verlassen wurde [1].

- Die heutige Stellung der UK [2]

Ausgangspunkt der verzweigten petrochemischen Produktion der UK ist die inzwischen auf eine Kapazität von 6,0 Mio to/a Rohöldurchsatz erweiterte Raffinerie,
deren reiner Rohöldurchsatz allerdings nur 4,6-4,8 Mio to/a beträgt, da in der
obigen Gesamtkapazität die vorhandene Crackkapazität von 1,2 Mio to/a enthalten ist.

Durch die Nord-West Oelleitung (NWO), die hier bei der UK endet, wurden
1971 3,3 Mio to/a [3] Rohöl bezogen, davon 0,6 Mio to/a deutsches Rohöl,
das bei Lingen eingespeist wird. Durch die Rotterdam-Rhein-Pipeline (RRP), an
die die Raffinerie ebenfalls angeschlossen ist, wurden 1,0 Mio to/a Rohöl bezogen [4]. Der Absatz der Mineralölverkaufsprodukte (2,9 Mio to/a) [5] erfolgt größtenteils über den freien Handel. Der Eigenverbrauch an Mineralölprodukten betrug
1971 1,5 Mio to/a [6], daneben wurden noch ca. 170.000 to/a Leichtbenzin
aus dem Ausland bezogen, die äußerst unkonventionell in Wilhelmshaven in die
NWO eingespeist und nach Wesseling gepumpt wurden. Allerdings mußte das
Benzin aus pumptechnischen Gründen mit Rohöl gemischt und in Wesseling dann
wieder destillativ getrennt werden.

Wie aus der Übersicht 5 über den innerbetrieblichen Verbund der UK ersichtlich
ist, betreibt das Werk drei unterschiedliche Spaltgasanlagen zur Erzeugung des
für die Ammoniak und Methanolsynthese notwendigen Synthesegases. Da sowohl
Raffineriegase als auch Naphtha und Schweröl eingesetzt werden, ist eine sehr
flexible Anpassung an Marktschwankungen möglich.

---

1) Schulze-Bentrop, R., Die neueste Entwicklung des Werkes Wesseling der Union
   Rheinische Braunkohlen Kraftstoff AG, in: EKEP, 22.Jg., Nr.8/69, S.471
2) Nach einem Informationsgespräch bei der UK AG am 16.1.1973
3) UK Geschäftsbericht 1971, S.7
4) Ebenda
5) Ebenda, S. 6
6) Ebenda

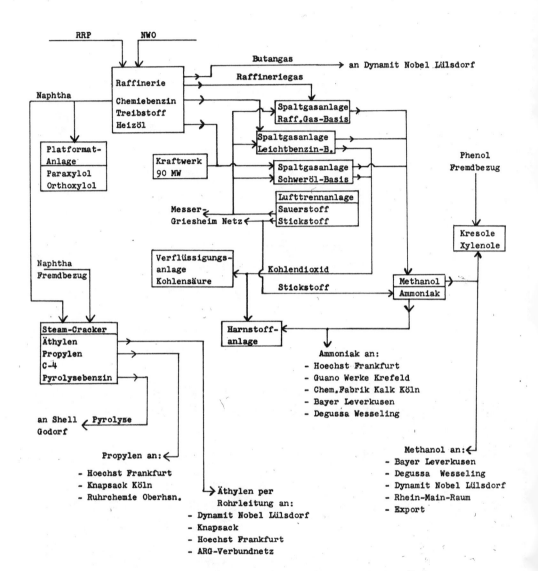

RRP NWO

Raffinerie
Chemiebenzin
Treibstoff
Heizöl

Butangas an Dynamit Nobel Lülsdorf
Raffineriegas

Naphtha

Platformat-
Anlage
Paraxylol
Orthoxylol

Kraftwerk
90 MW

Spaltgasanlage
Raff.Gas-Basis

Spaltgasanlage
Leichtbenzin-B.

Spaltgasanlage
Schweröl-Basis

Lufttrennanlage
Sauerstoff
Stickstoff

Messer
Griesheim Netz

Phenol
Fremdbezug

Verflüssigungs-
anlage
Kohlensäure

Kohlendioxid

Stickstoff

Methanol
Ammoniak

Kresole
Xylenole

Naphtha
Fremdbezug

Steam-Cracker
Äthylen
Propylen
C-4
Pyrolysebenzin

Harnstoff-
anlage

an Shell Pyrolyse
Godorf

Ammoniak an:
- Hoechst Frankfurt
- Guano Werke Krefeld
- Chem.Fabrik Kalk Köln
- Bayer Leverkusen
- Degussa Wesseling

Propylen an:
- Hoechst Frankfurt
- Knapsack Köln
- Ruhrchemie Oberhsn.

Methanol an:
- Bayer Leverkusen
- Degussa Wesseling
- Dynamit Nobel Lülsdorf
- Rhein-Main-Raum
- Export

Äthylen per
Rohrleitung an:
- Dynamit Nobel Lülsdorf
- Knapsack
- Hoechst Frankfurt
- ARG-Verbundnetz

Übersicht 5 : Innerbetrieblicher Verbund und Absatzverflechtungen der Union Kraftstoff AG in
Wesseling (2.400 Beschäftigte)

Durch die Schwerölspaltgasanlage und das 90 MW Kraftwerk verbraucht das
Werk rund 2/3 des in der Raffinerie zwangsläufig anfallenden und wegen der
steuerlichen Belastung nur schlecht absetzbaren schweren Heizöls. Im Gegensatz zu dem im Kraftwerk verfeuerten Heizöl ist der Einsatz der 300.000 to/a
schweren Heizöls in der Spaltgasanlage steuerfrei. Aus dem Synthesegas werden
500.000 to/a Reinmethanol und 280.000 to/a (Basis N) Ammoniak erzeugt.

Ein Teil des erzeugten Methanols wird unter Zusatz von fremd bezogenem Phenol
zu 10.000 to/a Kresolen und Xylenolen verarbeitet - beides Zwischenprodukte
für die Herstellung von Antioxydantien, Herbiciden und Kunstharzen -, die an
Bayer und BASF geliefert werden.

Die weitaus größte Menge des Methanols verläßt jedoch das Werk, so 120.000 to/a
per Schiff zur Bayer AG nach Leverkusen, und ca. 50.000 to/a per Bahn an
das Degussa Werk Wesseling und an das Dynamit Nobel Werk Troisdorf sowie
durch eine Rohrleitung an das Dynamit Nobel Werk Lülsdorf [1]. Mehr als
130.000 to/a werden per Schiff in den Frankfurter Raum geliefert, wo das Degussa
Werk Mainz-Mombach einer der Großabnehmer ist. Daneben exportiert UK
über 10.000 to/a Methanol.

Ein Teil des Ammoniaks wird zusammen mit dem bei der Ammoniaksynthese bzw.
in den Spaltgasanlagen anfallenden Kohlendioxyd zu Harnstoff weiterverarbeitet.
Wegen der schlechten Erlöslage für Düngeharnstoff - dieser wird durch die Farbwerke Hoechst verkauft und von Wesseling weltweit exportiert - konnte die
Harnstoffkapazität von 200.000 to/a in den Jahren 1970 und 1971 nur zu etwas
über 50 % ausgelastet werden.

Neben Düngeharnstoff werden noch geringe Mengen Futterharnstoff und techni-
scher Harnstoff, der u.a. als Kunstharzkomponente Verwendung findet, hergestellt.

---

1) Briefliche Auskunft der Dynamit Nobel AG, Werk Lülsdorf, vom 9.1.1973

Die nicht für die Harnstofferzeugung hergestellten Kohlendioxydmengen werden in einer Verflüssigungsanlage (Kapazität 100.000 to/a) zu Kohlensäure verarbeitet, die an Getränkefabriken im Nahraum und in der Eifel abgesetzt wird.

Von den zum Verkauf stehenden Ammoniakmengen (280.000 to/a N) werden 100.000 to/a per Schiff nach Frankfurt zu den Farbwerken Hoechst geliefert, wo sie zum überwiegenden Teil der Düngemittelherstellung dienen, je 50.000 to/a beziehen die Guano-Werke in Krefeld und die Chemische Fabrik Kalk in Köln, ca. 20.000 to/a nimmt Bayer Leverkusen ab und 20.000 to/a werden durch eine kurze Rohrleitung an das benachbarte Degussa Werk Wesseling gepumpt.

Außerdem beliefert die UK Landwirte in der Umgebung Wesselings mit Ammoniakwasser, das mit Spezialmaschinen in den Boden gebracht, eine preisgünstige und gut zu handhabende Stickstoffquelle darstellt [1].

Die Lufttrennanlage, welche die Spaltgasanlagen mit Sauerstoff und die Ammoniakanlage mit Stickstoff versorgt, ist an das Kölner Sauerstoff- und Stickstoffnetz der Messer-Griesheim GmbH angeschlossen, das von der Erdölchemie in Dormagen mit Anschluß an Bayer Leverkusen über Knapsack, UK Wesseling und Dynamit Lülsdorf bis nach Porz zur Deutschen Floatgas reicht [2]. Eine andere Stickstoffleitung verbindet die UK außerdem noch mit den ROW und der Shell Raffinerie Godorf (s. Karte über den Sauerstoff/Stickstoffverbund im Kölner Raum). Überschußmengen werden von der UK an Messer-Griesheim verkauft und von dieser Gesellschaft an die abnehmenden Werke weiterveräußert.

Der zweite große chemische Produktionsbereich der UK besteht aus einer Platfomatanlage und mehreren Steam-Crackern.

---

1) Schulze-Bentrop,R., 1969, a.a.O., S. 472
2) Unterlagen der Messer-Griesheim GmbH

Die mit Naphtha von der Raffinerie versorgte Platformatanlage liefert als Hauptprodukt die bekannten Treibstoffzusätze, wobei anfallende Nebenprodukte zu
60.000 to/a Para-Xylol und 10.000 Ortho-Xylol verarbeitet werden (Gesamt-
xylolkapazität 1973 = 100.000 to/a).

Der größte Teil des Kunstfaservorprodukts Para-Xylol wird an die Farbwerke Hoechst
geliefert; kleinere Mengen bezieht das benachbarte Dynamit Nobel Werk Lülsdorf.

Für die 1972 auf eine Kapazität von 275.000 to/a Äthylen vergrößerten Steam-
Crack-Anlagen stehen nach Abzug des Naphtha-Verbrauches der Spaltgas- und
Platformatanlage nur noch 400.000 to/a Naphtha aus eigener Raffinerieerzeugung
zur Verfügung, die gerade für eine Produktion von 100.000 to/a Äthylen ausrei-
chen würden. UK war daher seit Ende 1971 gezwungen, größere Mengen Naphtha
zu beziehen. Für die ab Mitte 1973 auf 475.000 to erweiterte Äthylenkapazität
entsteht bei voller Auslastung sogar ein zusätzlicher Naphtha-Bedarf von 1,5 Mio
to, der vorerst durch Schiffslieferungen gedeckt werden soll.

Die Möglichkeit einer regelmäßigen Verpumpung von importiertem Naphtha durch
die NWO ist noch nicht geklärt. Ein Anschluß der UK an die in Werksnähe vor-
beiführende Produktenleitung RMR scheint vorerst am Widerstand der anderen beteiligten Mineralölgesellschaften zu scheitern.

Die 1972 erzeugten 220.000 to/a Äthylen wurden ausschließlich per Rohrleitung
abgegeben.

Das Werk ist durch eigene Rohrleitungen mit dem Dynamit Nobelwerk Lülsdorf
und der Knapsack AG verbunden und außerdem an die Hoechst Äthylenleitung
Knapsack-Hoechst sowie an das weiträumige ARG-Äthylenverbundnetz angeschlossen. Hauptabnehmer sind die Knapsack AG (100 % Hoechst), das Hoechst
Werk in Frankfurt und Dynamit Lülsdorf.

Die im Steam-Cracker anfallenden 165.000 to/a Propylen werden vorwiegend an die drei Hauptabnehmer Hoechst in Frankfurt, die Knapsack AG bei Köln (100 % Hoechst) sowie an die Ruhrchemie (33 1/5 % Hoechst) in Oberhausen abgegeben.

Der butadienhaltige C_4-Schnitt (130.000 to/a) wird von der Erdölchemie in Dormagen per Schiff und von der Shell Raffinerie Godorf per Rohrleitung abgenommen.

Ein beachtlicher Teil des Pyrolysebenzins (Gesamtmenge 220.000 to/a) gelangt ebenfalls per Rohrleitung an die Shell-Raffinerie Godorf, wo es als Rohstoff für die Aromatenanlage dient. Kleinere Mengen von Pyrolysebenzin mischt die UK zur Verbesserung der Qualität ihrem Superkraftstoff bei.

Der Absatz des Werkes verteilte sich 1972 wie folgt auf die verschiedenen Transportmittel:

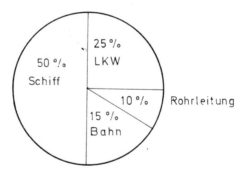

Die außergewöhnlich gute Zusammenarbeit der UK mit anderen Werken der näheren Umgebung und die daraus resultierende absatzmäßige Verbundenheit scheint neben dem Produktionsprogramm auch an der kapitalmäßig relativ unabhängigen und neutralen Stellung der UK zu liegen, deren Kapital das RWE über die Rheinischen Braunkohlenwerke hält.

Trotz Vergrößerung der Anlagen werden in Zukunft keine wesentlichen Beschäftigungsimpulse von der UK ausgehen - die Belegschaft verminderte sich in den letzten Jahren stetig, zuletzt von über 2.600 Beschäftigten 1970 auf knapp 2.400 im Jahre 1972.

Die Pläne der UK auch in anderen Chemiezentren Produktonsstätten zu errichten, werden vorerst nicht realisiert. So hat UK den geplanten Bau einer Raffinerie von 5 Mio to/a im Sloe-Gebiet bei Vlissingen vorerst aufgegeben, da die erhoffte Zusammenarbeit mit dem Hoechst Werk Vlissingen ausgeblieben ist [1].

Auch bei der bereits gemeinsam mit der Veba gegründeten Erdölraffinerie Niederelbe, die bei Brunsbüttel den Bau einer 5 Mio to Raffinerie plant, ist nicht klar, ob es bei der Beteiligung der UK bleibt, oder ob die Veba-Chemie AG in eigener Regie bauen wird.

2.2.1.2.1.8. Die Knapsack AG

- Geschichtliche Entwicklung [2]

Die heutige Knapsack AG, deren Kapital sich zu 100 % bei den Farbwerken Hoechst befindet, wurde 1906 als Deutsche Carbid Aktiengesellschaft mit dem Zweck gegründet, im aufgeschlossenen Braunkohlenrevier westlich von Köln energiekostengünstig eine Kalkstickstoffabrik in der Gemeinde Knapsack zu errichten.

Die 1908 aufgenommene energieintensive Karbidproduktion konnte durch den preiswerten Braunkohlenstrom sowie durch die relative Nähe des Ruhrgebiets als Kokslieferant und die Nähe von Kalkbrüchen im Bergischen Land und im Aachener Raum bis heute relativ kostengünstig durchgeführt werden.

---

1) Chemische Industrie, Nr. 8/1972, S. 469
2) Die wichtigsten Jahres- und Produktionsdaten wurden entnommen aus: Niebelschütz, W. von: Knapsack, Bonn 1957

Das in Knapsack verfügbare Karbid veranlaßte 1918 die Farbwerke Hoechst, das Unternehmen zu erwerben, um in Knapsack eine variationsreiche carbochemische Produktion auf Acetylenbasis aufzubauen. Noch im gleichen Jahr wurde die Erzeugung von Essigsäure, Aceton und Acetaldehyd aufgenommen, wobei letzteres seit 1931 durch eine 11 km lange Rohrleitung zum Hafen Godorf gepumpt und dann in Tankschiffen zur Muttergesellschaft Hoechst nach Frankfurt transportiert wurde.

Die konkurrenzlos billigen Stromerzeugungsmöglichkeiten dieses Werkes auf der Braunkohle veranlaßten die Farbwerke Hoechst, in Knapsack neben der Karbid - und sich anschließenden Kalkstickstoffproduktion noch weitere energieintensive Produkte herzustellen. So nahm man 1922 die Erzeugung von Ferrosilicium und Natrium auf, letztere aber nur für wenige Jahre, da 1928 die Degussa in unmittelbarer Nachbarschaft des Werkes eine Natriumfabrik in Betrieb nahm.

Nach dem Wiederaufbau der im Krieg zerstörten Anlagen begann man 1951 auch mit dem Bau einer Phosphorfabrik in Knapsack, um den durch die Spaltung Deutschlands verursachten Verlust der Phosphorproduktion im Braunkohlengebiet von Bitterfeld/Piesteritz auszugleichen [1]. Aufgrund der gestiegenen Nachfrage nach phosphorhaltigen Waschmittelrohstoffen, die hier ebenfalls hergestellt werden, baute man die Kapazitäten seit 1953 zügig aus.

Als Mitte der sechziger Jahre eine abermalige Vergrößerung der Phosphorproduktion zur Diskussion stand, entschieden sich die Farbwerke Hoechst jedoch nicht für einen Ausbau bei der Knapsack AG in Köln, sondern errichteten ab 1967 an der Küste bei Vlissingen eine neue Phosphorfabrik. Aufgrund von preiswertem Erdgas konnten hier ähnlich günstige Energiepreise wie im Kölner Braunkohlengebiet erreicht werden. Standortentscheidend war jedoch die gute Verkehrslage des Werkes am seeschifftiefen Wasser, da hier die aus Übersee bezogenen Phosphate transportkostengünstig direkt ins Werk entladen werden können - bis

---

1) Vogt, A.: Chemie und Petrochemie im Kölner Raum, Köln 1970, S. 54

Mitte 1973 erfolgte der Phosphattransport allerdings auch hier im gebrochenen Verkehr über Rotterdam -, während der Phosphat-Transport nach Knapsack im mehrfach gebrochenen Verkehr erfolgen muß. Durch die Umladung in Binnenschiffe in den Rheinmündungshäfen, den Transport rheinaufwärts und den nochmaligen Umschlag auf Eisenbahnwagen im Godorfer Hafen ergibt sich eine Mehrbelastung je Tonne von mindestens DM 10,-- [1]. Bei einem Jahresverbrauch von ca. 850.000 to Phosphaten in Knapsack summiert sich daraus eine enorme Verteuerung der Produktion.

Die in den fünfziger Jahren noch um die Produkte Vinylchlorid, Chloropren und Acrylnitril erweiterte carbochemische Produktion der Knapsack AG wurde aus Kostengründen seit Anfang der sechziger Jahre auf petrochemische Verfahren umgestellt oder durch solche ergänzt. So wurde 1961 die Actetaldehydproduktion von carbochemischem Acetylen auf petrochemisches Äthylen umgestellt.

In einem im benachbarten Hürth erbauten Zweigwerk, das durch etliche Rohrleitungsbrücken mit den Anlagen in Knapsack verbunden ist, liefert eine seit 1962 in Betrieb befindliche Chlor-Alkali-Elektrolyse das erforderliche Chlor zur ebenfalls dort aufgenommenen Produktion von Vinyl- und Polyvinylchlorid. Seit 1969 erzeugte man einen Teil des Vinylchlorids aus Äthylen und 1970 ergänzte man die Produktion durch Polyäthylen.

Einschneidende Rationalisierungsmaßnahmen der Farbwerke Hoechst im Jahre 1971 trafen die Knapsack AG stark. So wurde die seit 1907 in Knapsack betriebene Produktion von Kalkstickstoff 1971 eingestellt [2], ebenso die carbochemische Erzeugung von Vinylacetat [3] und Acrylnitril. Als Ersatz baute Hoechst in Frankfurt die Anlagen für petrochemisches Vinylacetat aus und stellt Acrylnitril seit 1973 in dem neuen Petrochemiewerk Münchsmünster bei ihrer 50 %-igen Tochter Süddeutsche Kalkstickstoffwerke her.

---

1) Mündliche Auskünfte der Bayer AG über die Gesamttransportkosten von Massengütern von den Rheinmündungshäfen in den Kölner Raum
2) FAZ vom 4.7.1967
3) Geschäftsbericht Farbwerke Hoechst AG 1971, S.21

- Die heutige Stellung des Werkes [1]

Bei einer Analyse der inner- und überbetrieblichen Verflechtungsbeziehungen der Knapsack AG muß man vier verschiedene Produktionsbereiche unterscheiden (s. Übersicht 6   ):

- Phosphatverarbeitung
- Karbid- und Acetylenerzeugung
- Chloralkalieelektrolyse
- Äthylenfolgeprodukte

Für den Phosphorbereich bezieht die Knapsack AG ca. 850.000 to/a Phosphat-Erze aus Afrika, den USA (Florida) und Rußland (Kola), die im mehrfach gebrochenen Verkehr über die Rheinmündungshäfen ins Werk gelangen.

Ca. 200.000 to/a Schwefelsäure, die per LKW von der Sachtleben Chemie GmbH in Homberg am Niederrhein, einer Tochtergesellschaft der Metallgesellschaft AG, bezogen werden, dienen zum Aufschluß von 210.000 to/a Phosphaten zu 80.000 to/a Phosphorsäure nach dem Naßphosphorsäureverfahren. Der dabei in großen Mengen anfallende Abfallgips (330.000 to/a) wurde bisher in ausgekohlte Braunkohlen- und Quarzsandtagebaue verkippt. Ab Ende 1973 sollen jedoch ca. 25 % dieser Menge nach dem Giulini-Verfahren zu 30.000 to/a Wandplatten für die Bauindustrie verarbeitet werden [2]. Eine Verarbeitung der gesamten Abfallgipsmenge zu Bauplatten ist nicht möglich, da letztere keine hohen Transportkosten vertragen und der Absatzmarkt somit räumlich begrenzt ist.

Der überwiegende Teil der Phosphate (640.000 to/a) wird unter hohem Energieverbrauch (14.000 Kwh/to; zum Vergleich Aluminium: 16.000 Kwh/to) [3] zu 80.000 to/a elementarem Phosphor verarbeitet. Die Phosphoröfen müssen außerdem

1) Nach brieflichen Auskünften der Knapsack AG vom 21.5.1970 und 6.1.1973 sowie mündlichen Auskünften vom 19.1.1973
2) Chemische Industrie, Nr.11, 1972, S.683
3) Walde, H., Elektrische Stoffumsetzungen in Chemie und Metallurgie in energiewirtschaftlicher Sicht, a.a.O., S.165

noch mit 100.000 to/a Koks aus dem Ruhrgebiet und mit 220.000 to Quarzsand beschickt werden, der standortgünstig aus einem benachbarten Frechener Quarzsandtagebau bezogen wird. Als Kuppelprodukte fallen das Verkaufsprodukt Ferrophosphor (12.000 to/a) sowie 616.000 to/a Abfallschlacke an, die als Straßenbaumaterial verkauft wird, wobei die nicht absetzbaren Mengen in Tagebaue verkippt werden.

Der größte Teil des elementaren Phosphors wird zu 100.000 to/a thermischer Phosphorsäure verbrannt, die dann zusammen mit Phosphorsäure aus dem Naßverfahren zur Herstellung von Waschmittelrohstoffen (ca. 200.000 to/a) dient.

Für die Karbidherstellung wurden 1970 noch 400.000 to/a Koks und 300.000 to/a Kalk eingesetzt - durch die inzwischen erfolgte Stillegung mehrerer Karbidfolgeprodukte dürften obige Zahlen 1972 auf weniger als ein Drittel zusammengeschmolzen sein. Es werden noch Schweißkarbid und Acetylen hergestellt, das zum Teil zu Chloropren verarbeitet wird, ein Vorprodukt für synthetischen Kautschuk, das früher in großen Mengen von Knapsack produziert und an Bayer geliefert wurde[1]. Bis zu seiner Produktionseinstellung Ende 1973 dient Acetylen auch noch als Rohstoff für einen Teil der Vinylchloriderzeugung.

Bis zum Frühjahr 1974 wird Knapsack vollständig auf petrochemische Rohstoffe umgestellt sein.

Das für die Vinylchloridproduktion benötigte Chlor liefert eine eigene Chlor-Alkali-Elektrolyse, die 230.000 to/a Steinsalz, teils in Schiffen aus Heilbronn und teils per LKW aus der Solvay-Grube in Borth am Niederrhein, einsetzt. Der anfallende Wasserstoff (4.000 to/a) wird durch eine kurze Rohrleitung zum Messer-Griesheim-Werk Hürth gepumpt und dort in Stahlflaschen abgefüllt. Die Ätznatronlauge (158.000 to/a) wird vorwiegend von Hoechst abgenommen.

---

1) Broich, F.: Die Petrochemie des Rhein-Ruhr-Gebietes, a.a.O., S. 39

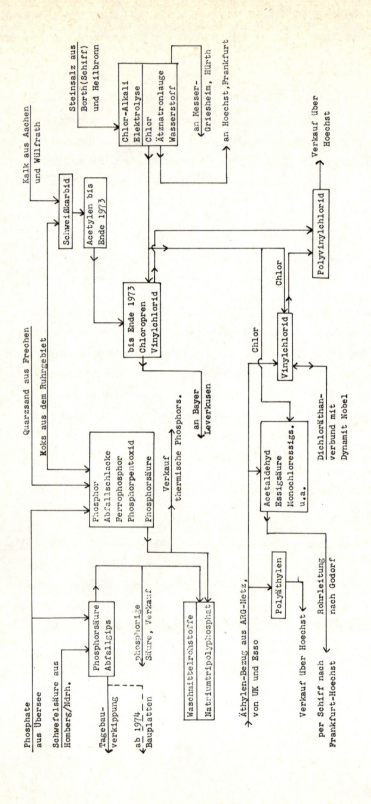

Übersicht 6 : Innerbetrieblicher Verbund und Bezugs- und Absatzverflechtungen der Knapsack AG (4.600 Beschäftigte)

Die Erzeugung organischer Produkte auf Äthylenbasis hat in den letzten Jahren einen immer größeren Umfang angenommen. Neben die seit 1961 betriebene Produktion von Acetaldehyd und Folgeprodukten auf Äthylenbasis ist die Erzeugung von Polyäthylen und Vinylchlorid (75.000 to/a) getreten, das zusammen mit dem carbochemischen Vinylchlorid zu Polyvinylchlorid polymerisiert wird. Das benötigte Äthylen (über 200.000 to/a) wird von der Union Kraftstoff AG in Wesseling, von der Esso Raffinerie in Köln und aus dem ARG-Verbundnetz bezogen.

Neben den bisher beschriebenen Rohrleitungsverbindungen ist die Knapsack AG an das Sauerstoff/Stickstoffverbundnetz der Messer-Griesheim GmbH (66 2/3 % Hoechst AG) angeschlossen und durch eine 20 km lange Rohrleitung für Dichloräthan, einem Vinylchlorid-Vorprodukt, mit dem Dynamit Nobel Werk Lülsdorf, das ebenfalls Vinylchlorid erzeugt, verbunden. Letztere Leitung dient jedoch ebenso wie die von Knapsack über die Union Kraftstoff nach Frankfurt-Hoechst führende Äthylenrohrleitung nur dem Ausgleich von Spitzenmengen und zur gegenseitigen Versorgung bei Anlagestörungen.

Die teilweise nach Vlissingen verlagerte Phosphorproduktion und die aus Rationalisierungsgründen stillgelegten carbochemischen Produktionen ließen die Belegschaft der Knapsack AG von 4.767 im Jahre 1971 [1] auf 4.600 Mitarbeiter schrumpfen. Der Zuwachs der petrochemischen Produktion wird durch die 1974 geplante Stillegung der carbochemischen Anlagen personalmäßig so egalisiert, daß von diesem Werk vorerst keine zusätzlichen Impulse für den lokalen Arbeitsmarkt zu erwarten sind.

2.2.1.2.1.9. Die Rütgerswerke AG [2]

Die Grundstoffchemiewerke der Rütgerswerke AG sind zusammen der mit Abstand bedeutendste Produzent von carbochemischen Erzeugnissen im nordwestlichen Mitteleuropa.

---

1) Hoechst Geschäftsbericht 1971, S. 42
2) Dieser Abschnitt beruht im wesentlichen auf mündlichen Auskünften der Rütgerswerke in Duisburg am 19.2.1973

Das 1898 in Berlin als "Aktiengesellschaft für Holzverwertung und Imprägnierung"
gegründete Unternehmen erlangte seine überragende Stellung als Verarbeiter von
Steinkohlenteer durch die 1964 erfolgte aufnehmende Verschmelzung mit der
1905 gegründeten "Gesellschaft für Teerverwertung mbH" in Duisburg-Meiderich[1].

In ihren beiden großen Teerverarbeitungswerken im Ruhrgebiet in Duisburg-
Meiderich und in Castrop-Rauxel - das kleinere Werk Bochum wurde 1972 stillgelegt - verarbeiteten die Rütgerswerke den Rohteer aller Ruhrkokereien.

Der Auslastungsgrad der Gesamtkapazität dieser beiden Werke von 1,25 Mio to/a
Teerdurchsatz ist variabel und hängt von der in den Kokereien erzeugten Koks-
menge ab, deren Höhe wiederum durch die Nachfrage der Stahlindustrie stark beeinflußt wird. Normalerweise beträgt die Teermenge 3 % vom Steinkohlenein-
satz der Kokereien[2]. Die folgenden Mengenangaben sind überwiegend auf eine
volle Kapazitätsauslastung bezogen, die 1971/72 gegeben war[3].

Wie aus Übersicht 7 ersichtlich ist, besitzen beide Werke eine große Teerdestillationsanlage und erzeugen mit Ausnahme der Teerinhaltsstoffe verfahrensbedingt die gleichen Produkte.

Bezogen auf den Rohteereinsatz fallen 50 % Teerpech, 35 % Teeröle, 9 %
Naphthalin und 6 % Benzolvorprodukte und Inhaltsstoffe an. Um die nur in geringen Mengen im Teer enthaltenen Inhaltsstoffe wie Phenole, Pyridin- und
Chinolinbasen sowie Anthracen wirtschaftlich gewinnen zu können, stellen
beide Werke unterschiedliche Reinerzeugnisse her und beliefern sich gegenseitig
mit den nötigen Vorprodukten.

---

1) Rütgerswerke AG, Firmenkundlicher Bericht, Darmstadt 1971, S. 1 f.
2) Frankck, H. G. u. Collin, G.: Steinkohlenteer-, Chemie, Technologie und
   Verwendung, Berlin, Heidelberg 1968, S. 3
3) Chemische Industrie, August 1972, S. 504

Auf dem Gelände des verkehrsgünstig in Autobahnnähe gelegenen und mit eigenen Verladeeinrichtungen am Rhein-Herne-Kanal ausgestatteten Werkes Duisburg-Meiderich befindet sich außerdem noch eine Kunstharzfabrik der 100 %-igen
Tochtergesellschaft Bakelit GmbH. Sowohl in Duisburg als auch in Castrop-Rauxel
werden neben dem Rohteer der Kokereien noch je 100.000 to/a petrochemische
Pyrolyseöle eingesetzt. Diese benzolhaltigen schweren Rückstände der Äthylenherstellung bezieht Rütgers sowohl von Äthylenproduzenten aus dem Rhein-
Ruhrgebiet (u.a. seit 14 Jahren von den ROW in Wesseling) als auch von Erzeugern aus Belgien und Holland.

Die in beiden Teerdestillationen anfallende Gesamtmenge an Teerpech von
625.000 to/a wird zum überwiegenden Teil zu Pechkoks verarbeitet.

Die Pechkokerei, die bisher von der am 1.1.1973 aufgelösten Verkaufsvereini-
gung für Teererzeugnisse betrieben wurde und jetzt von Rütgers weitergeführt
wird, befindet sich direkt neben dem ebenfalls am Rhein-Herne-Kanal gelegenen
Rütgers Werk Castrop-Rauxel, das außerdem an die Anlagen der Gewerkschaft
Victor Chemische Werke grenzt.

Während das in Castrop anfallende Teerpech direkt in der Kokerei eingesetzt
wird, werden ca. 100.000 to/a heißes und somit flüssiges Teerpech aus Duisburg in isolierten Kesselwagen nach Castrop-Rauxel transportiert [1]. Die hier
erzeugten 350.000 to/a Pechkoks werden zusammen mit Teerpech als Bindemittel an Elektrodenfabriken geliefert und dort zu Anoden für die Aluminium-
verhüttung verarbeitet.

Zur Erzeugung von 1 Tonne Aluminium werden ca. 500 kg Anodenmasse benötigt,
die wiederum zu 400 kg aus Pechkoks und zu 100 kg aus Elektrodenteerpech
bestehen [2] [3].

---

1) Vgl. Franck, H.-G. u. Collin,G.: a.a.O., 1968, S. 55 f.
2) Vgl. Walde,H.: a.a.O., S.34-40
3) Vgl. Collin, G.; Zander,M., Ergebnisse und Probleme der Steinkohlenteerchemie, in: EKEP, Nr.6, 1972, S.308

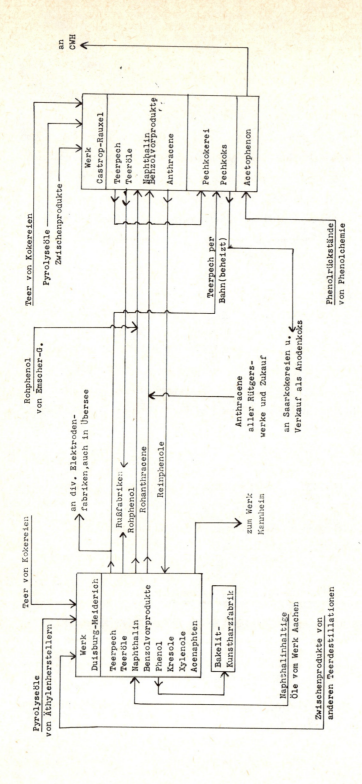

Übersicht 7 : Verbund der Betriebsstätten der Rütgerswerke AG
im Rhein-Ruhr-Gebiet

Insgesamt liefert Rütgers 500.000 to/a Pechkoks und Elektrodenpech an Elektrodenfabriken in Europa und Übersee, wie Alusuisse in Rotterdam, Fabriken in Norwe-
gen und Griechenland, in Afrika und an der Westküste der USA.

Kleinere Mengen Teerpech werden noch zu Brikettpech und gemischt mit Teerölen zu Straßenteer - den früheren Absatzschwerpunkten - verarbeitet. Daneben
verbraucht di e Stahlindustrie in der Bundesrepublik noch ca. 20.000 to/a
Stahlwerksteer, der als Bindemittel bei der Herstellung der für die Ausfütterung
von Blaskonvertern und Siemens-Martin-Öfen verwendeten Dolomit- und Magne-
titsteine benötigt wird [1].

Die in beiden Werken erzeugten 500.000 to/a Teeröle werden größtenteils zu
Rußölen verarbeitet, die wegen der räumlichen Nähe vorwiegend an die Rußfabrik der Degussa in Kalscheuren bei Köln und an die Deutsche Gaßrußwerke
GmbH & Co. in Dortmund (50 % Degussa) [2] geliefert und dort nach dem Furnace-
Verfahren mit 60 % Ausbeute zu Ruß verbrannt werden [3]. Da dieser Ruß vorwiegend für die Aut oreifenindustrie benötigt wird, ist der Absatz der Rußöle
stark von der Konjunktur der Kraftfahrzeughersteller abhängig.

Eine größere Menge von Teerölen wird außerdem zu Imprägnierölen für den
Holzschutz verarbeitet. Großabnehmer in Deutschland sind Holzbauunternehmen
sowie Bundesbahn und Bundespost; daneben wird eine beachtliche Menge in die
USA exportiert, wo hölzerne Freileitungsmasten noch sehr verbreitet sind. In
kleinerem Umfang werden noch Steinkohlenteer-Heizöle für den Einsatz in
Siemens-Martin-Öfen und Waschöle für die Benzolwäsche in Kokereien hergestellt [4].

Um die Ausbeute an Naphthalin und anderen Kohlenwertstoffen zu erhöhen und
um die entsprechenden Anlagen wirtschaftlich betreiben zu können, beziehen

---

1) Franck, H.-G.; Collin, G.: a.a.O., 1968, S. 127
2) Degussa Geschäftsbericht 1970/71, S. 31
3) Collin, G.; Zander, M., Ergebnisse und Probleme der Steinkohlenteerchemie,
   a.a.O., S. 308
4) Vgl. Franck, H.-G.; Collin, G., Steinkohlenteer, S. 111 u. 113

beide Werke noch Zwischenprodukte wie Carbolöle, Anthracene und Naphthaline von anderen Teerdestillationen, so auch 15.000 to/a naphthalinhaltige Öle per LKW von dem Rütgerswerk Aachen, das mit einer Durchsatzkapazität von ca. 80.000 to/a die Rohteere des Aachener Kohlenreviers und teilweise auch Teere aus Lüttich verarbeitet.

Das in beiden Werken in einer Gesamtmenge von 100.000 to/a erzeugte Naphthalin wird zur Hälfte als Rohstoff für die Phthalsäureanhydrid(PSA)herstellung in den noch auf carbochemischer Basis arbeitenden Anlagen im In- und Ausland, wie den CWH in Marl und der Dr. F. Raschig GmbH in Ludwigshafen und zur anderen Hälfte als Rohstoff für die Erzeugung von Farbstoffen und Schädlingsbekämpfungsmitteln eingesetzt (Bayer, BASF u.a.).

Die in geringen Mengen (ca. 15.000 to/a) anfallenden Rohbenzole werden an die Zentrale Destillationsanlage der Aral in Gelsenkirchen geliefert und nach der Aufbereitung von dort als Reinbenzol an die CWH gepumpt.

Die Rohanthracene aller Rütgers-Teerdestillationen inclusive der zugekauften Mengen (15.000 to/a) werden im Werk Castrop-Rauxel zu Anthracen verarbeitet, das vorwiegend zu Anthrachinon oxidiert und als Rohstoff für Anthrachinonfarbstoffe eingesetzt wird (Bayer Leverkusen).

Die im Werk Meiderich anfallenden Rohphenole (ca. 10.000 to/a) werden im Werk Castrop-Rauxel zusammen mit den dort anfallenden Rohphenolen veredelt und dann als Reinphenole nach Meiderich transportiert, wo sie zu insgesamt 25.000 to/a Phenol sowie zu Kresolen und Xylenolen verarbeitet werden. Ein Teil des erzeugten Phenols wird in den Meidericher Anlagen der Bakelit GmbH zu Phenolharzen verarbeitet.

Außerdem produziert das Werk Meiderich noch 1.000 to/a Acenaphten, das dann im Werk Mannheim in Naphthalsäurcanhydrid (NSA) überführt [1] und an Ludwigshafener Chemieunternehmen abgesetzt wird.

---

1) Rütgerswerke AG, Geschäftsbericht 1971, S.9

Die von Veba und CWH mit Cumol versorgte Phenolchemie (25 % Rütgerswerke) in Gladbeck liefert ihre Phenolrückstände (18.000 to/a) an das Rütgers Werk Castrop-Rauxel, wo sie zu 2.500 to/a Acetophenon verarbeitet werden, das dann als Rohstoff für die Kunstharzherstellung an die CWH in Marl verkauft wird.

Die beiden Rütgers Werke in Meiderich und Castrop-Rauxel leisten für den Umwelt- und Abwässerschutz des Ruhrgebietes folgenden unverzichtbaren Beitrag: Die in den verschiedenen Kokereien des Ruhrgebietes anfallenden phenolhaltigen Abwässer werden von der Emschergenossenschaft in Spezialanlagen, die sich jeweils auf dem Kokereigelände befinden, gereinigt. Die zurückbleibende stark giftige Phenolatlauge wird an beide Werke geliefert und dort zu Phenol verarbeitet.

Neben diesen beiden großen und der kleineren Teerdestillation in Alsdorf betreiben die Rütgerswerke noch eine Teerdestillation in Mannheim unter dem Namen ihrer 100 %-igen Tochtergesellschaft Chemische Werke Weyl AG und eine ganz kleine Anlage in München-Pasing.

Durch die Anfang 1973 erfolgte Übernahme der am Genfer Seekanal gelegenen Teerdestillation der Société Chimique de Selzaete durch die Rütgers Werke wird der zwischen den bisherigen Werken bestehende Verbund auf dieses belgische Werk erweitert werden [1]. Wegen seiner Lage am seeschifftiefen Wasser soll es vorwiegend die bisherigen Überseelieferungen der anderen Werke übernehmen.

Auf die gegenseitigen Lieferbeziehungen innerhalb der Rütgerswerke AG, die zwischen dem hier beschriebenen Sektor der Grundstoffchemie (25 % des Umsatzes)[2] und den Sparten Kunststoffe (25 % des Umsatzes) und Bau (50 % des Umsatzes) bestehen, kann und soll hier nicht weiter eingegangen werden.

---

1) Europachemie, Nr.3, 1973, S.48
2) Rütgers weiter gut beschäftigt, in: Handelsblatt vom 21.6.1972

Die Teerdestillationen der Rütgerswerke werden voraussichtlich als einzige der früheren Kohlechemiewerke im Ruhrgebiet auch in Zukunft noch carbochemische Produkte erzeugen.

2.2.1.2.2. Neue Raffinerien und Petrochemiewerke

Die Umstrukturierung der alten carbochemischen Werke im Rhein-Ruhr-Gebiet auf petrochemische Rohstoffe wurde ab Mitte der fünfziger Jahre durch die In-betriebnahme von reinen Petrochemiewerken und neuen Raffinerien ergänzt.

Während die 1955 in Betrieb genommenen Rheinischen Olefinwerke in Wesseling in den ersten Jahren Raffineriegase der benachbarten Union Kraftstoff AG als Rohstoff für die Äthylenerzeugung einsetzen konnten, mußte die seit 1958 süd-lich von Dormagen produzierende Erdölchemie ihren Hauptrohstoff Leichtbenzin zunächst von entfernteren Raffinerien beziehen.

Die Ende 1958 angefahrene Esso Raffinerie Köln eröffnete die Gründungswelle der absatzorientiert im Binnenhandel liegenden Raffinerien, durch die das Ange-bot an petrochemischen Rohstoffen in diesem Raum schlagartig erhöht wurde.

Während die Esso die in der Raffinerie zwangsläufig anfallenden Nebenprodukte in integrierten petrochemischen Anlagen selbst weiter veredelte, lieferte die 1960 in Betrieb gegangene BP Raffinerie Dinslaken ihr Leichtbenzin zunächst per Schiff an die Erdölchemie bei Dormagen und versorgte daneben die Chemischen Werke Hüls per Rohrleitung mit Flüssiggasen.

Ebenfalls 1960 hatte die Shell-Raffinerie Godorf in unmittelbarer Nachbarschaft der Rheinischen Olefinwerke ihren Betrieb aufgenommen und versorgte seitdem dieses stark expandierende Petrochemiewerk in einem engen Verbund mit den benötigten Rohstoffen.

Die 1959 angefahrene Fina Raffinerie in Duisburg ist nur unwesentlich an der Versorgung von Chemiewerken beteiligt.

Auch die älteren kleinen Spezialraffinerien wie die seit 1915 produzierende Shell-Schmierölraffinerie in Monheim, das 1950 von Stinnes gegründete Fina-Bitumenwerk in Mülheim und die seit 1968 zur Occidental Oil gehörende Raffinerie Kleinholz in Essen sind keine Lieferanten petrochemischer Rohstoffe.

2.2.1.2.2.1. Die Rheinischen Olefinwerke Wesseling und die Shell
Raffinerie Godorf

Die Rheinische Olefinwerke GmbH (ROW) wurde 1953 als gemeinsame Tochtergesellschaft der BASF und der Deutschen Shell in Wesseling gegründet, um so das für beide Muttergesellschaften interessante Gebiet der Petrochemie optimal ausnutzen zu können.

Entscheidend für die Standortwahl zwischen Rhein und Autobahn bei Wesseling war neben der Verkehrsgunst die Nähe der Union Rheinische Braunkohlenkraftstoff AG (UK), wo der Shell aufgrund eines Mineralöllohnverarbeitungsvertrages Raffineriegase zur Verfügung standen, die während der ersten Jahre die Hauptrohstoffquelle der ROW bilden sollten.

Seit 1955 wurden daraus bei letzterer Äthylen, Polyäthylen und Äthylbenzol hergestellt [1].

Die durch eine stürmische Kunststoffnachfrage ausgelöste enorme Anlagenvergrößerung und Produktionsausweitung zwang die ROW bereits 1958, die nun nicht mehr ausreichenden Raffineriegasmengen der UK durch in Tankschiffen bezogenes Leichtbenzin zu ergänzen.

---

1) Roser, O., Die Rheinischen Olefinwerke in Wesseling, in: Erdöl und Kohle, 9. Jg., Januar 1956, S. 13

Dieser große Leichtbenzinbedarf wiederum war der Grund für die Entscheidung der Deutschen Shell, ihre neue im Binnenland geplante Raffinerie neben der ROW in Godorf zu errichten.

Seit Inbetriebnahme dieser Raffinerie Mitte 1960 wurde ein enger Verbund zwischen beiden Werken aufgebaut.

Der erhöhte Bedarf an Mitteldestillaten und vor allem Benzinen und Gasen für die ROW zwang die Shell zum Bau von Anlagen, die durch Crackung der schweren Rückstände die Ausbeute an leichten Produkten vergrößerten und gleichzeitig die Flexibilität der Raffinerie erhöhten [1]. Der erhöhte Gasanfall aus eigener und der Erzeugung der ROW machte den Bau einer Stadtgasanlage attraktiv, die 1964 in Betrieb genommen wurde [2].

Als Mitte der sechziger Jahre die Rohölverarbeitungskapazität der Deutschen Shell vergrößert werden mußte, entschied man sich nicht für den Bau einer neuen Raffinerie im sich entwickelnden Verbrauchsschwerpunkt im Raum Frankfurt-Ludwigshafen, sondern wählte die kostengünstigere Alternative des Ausbaues der Godorfer Anlagen mit dem Transport der Mineralölprodukte durch eine Produktenpipeline zu den entsprechend vergrößerten Tanklagerkapazitäten im Rhein/Main/Neckar-Gebiet [3].

Die Anfang 1967 auf eine Kapazität von 8,3 Mio to/a Rohöldurchsatz erweiterte Raffinerie Godorf versorgte nun neben den Rheinischen Olefinwerken auch die petrochemischen Anlagen ihres Partners BASF in Ludwigshafen durch die RMR-Produktenleitung mit Leichtbenzin.

Da die ROW ihre Anlagen ständig vergrößerten, reichte auch die erweiterte Raffineriekapazität bald nicht mehr aus. Neben per Schiff angeliefertem Leicht-

---

1) Jacobsen, H.: Die erweiterte Shell-Raffinerie Godorf, in: Erdöl und Kohle, Erdgas. Petrochemie, 21.Jg., Mai 1968, S.270
2) Ebenda
3) Ebenda

benzin wurden die ROW seit der 1968 erfolgten Verlängerung der RMR Produktenleitung bis Rotterdam auch von der Shell Raffinerie in Pernis mit Leichtbenzin
beliefert.

Aufgrund der stetig steigenden Nachfrage nach Chemiebenzinen und auch anderen Mineralölverkaufsprodukten entschied sich die Shell, die Kapazität der
Godorfer Raffinerie bis 1974 nochmals auf dann 16 Mio to/a zu verdoppeln [1].

Aufgrund von Umweltschutzprotesten wurde das Genehmigungsverfahren für die
Erweiterung jedoch immer weiter hinausgezögert, so daß die Shell Anfang 1973
auf einen weiteren Ausbau der Godorfer Raffinerie (Ende 1972 = 9,0 Mio to/a)
verzichtete.

Zur besseren Ausnutzung des in großen Mengen in den Steam-Crackern der ROW
anfallenden und von dort an die Shell gepumpten Pyrolysebenzins und zur Versorgung der ROW mit Benzol nahm die Shell in Godorf 1971 eine große Aromatenanlage in Betrieb.

Im einzelnen besteht folgender Verbund zwischen den beiden Werken und den
jeweiligen Anlagen (s. Übersicht 8) [2].

Die an die Rotterdam-Rhein-Pipeline angeschlossene Shell-Raffinerie versorgt
die ROW durch kurze Rohrleitungen mit Leichtbenzin und Raffineriegasen.

Die anderen Mineralölprodukte verlassen die Raffinerie sowohl wie üblich in
Tank- und Kesselwagen, als auch durch die RMR-Produktenleitung in Richtung
Rhein-Main.

Da die Shell Raffinerie Godorf bei ihrer augenblicklichen Kapazität von 9 Mio
to/a Rohöldurchsatz nur knapp ein Drittel der von den ROW benötigten Leicht-
benzinmenge von ca. 3,0 Mio to/a bereitstellen kann, beziehen die ROW große
Mengen Leichtbenzin durch die RMR von den großen Rotterdamer Raffinerien,

---

1) Vielseitigkeit schützt Shell vor roten Zahlen, in: Die Welt vom 30.6.1970
2) Produktionsprogramm und der größte Teil der Kapazitätsangaben nach Unterlagen und mündlichen Auskünften der ROW Anfang 1973

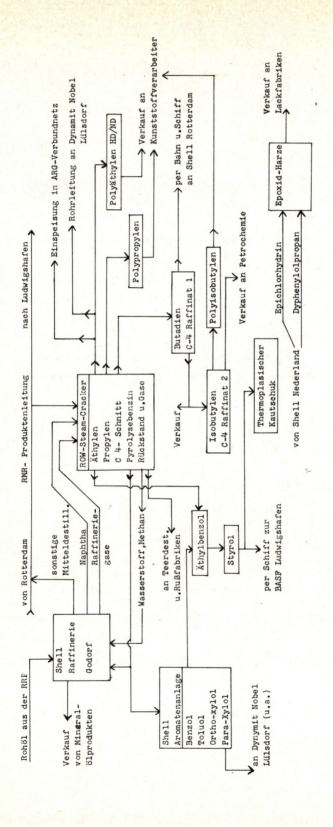

Übersicht 8 : Verbundwirtschaft der Shell-Raffinerie Godorf mit den Rheinischen Olefinwerken in Wesseling

vorwiegend von der Shell Raffinerie Pernis (Kapazität 25 Mio to/a). Ohne
die umfangreichen Raffineriegaslieferungen der Raffinerie Godorf wäre der
Leichtbenzinbedarf der ROW bedeutend höher und läge zwischen 3,5-4,0 Mio
to/a.

Das in den Steam-Crackern erzeugte Äthylen (1.050.000 to/a) wird zum größten
Teil zu Polyäthylen (768.000 to/a) polymerisiert und an die kunststoffverarbeitende Industrie verkauft; über 200.000 to/a werden für die Äthylbenzolherstellung
benötigt, eine kleinere Menge (ca. 30.000 to/a) wird durch eine Rohrleitung
an das Dynamit Nobel Werk Lülsdorf geliefert und dort zu Vinylchlorid verarbeitet; die restlichen Äthylenmengen der ROW werden in das ARG Verbundnetz
eingepeist und an diverse Abnehmer, wie zeitweilig die DSM in Limburg, gepumpt.

Die mit dem Äthylen anfallenden Kuppelprodukte und Rückstände sind Eigentum
der Shell und werden unter ihrem Namen verkauft oder entweder von ihr selbst
oder in Anlagen der ROW weiterveredelt.

So werden von den ca. 600.000 to/a Propylen nur 24.000 to/a bei den ROW zu
dem Kunststoff Polypropylen polymerisiert - der weitaus größte Teil wird über
den Godorfer Hafen zur Shell in Rotterdam verschifft und auch an andere Petrochemiewerke verkauft.

Der butadienhaltige C_4-Schnitt wird in einer 1973 erweiterten Anlage bei den
ROW im Auftrag der Shell zu 175.000 to/a Butadien verarbeitet, die vorwiegend
zur Rohstoffversorgung der in Rotterdam-Pernis befindlichen Kautschukanlage
der Shell dienen. Das zwangsläufig anfallende C_4-Raffinat 1 wird größtenteils
von der Shell verkauft und teils bei den ROW zu Isobutylen verarbeitet, das
man dann zu 8.000 to/a Polyisobutylen einem hochelastischen Kunststoff, polymerisiert.

Während das von ROW an die Shell zurückgepumpte Pyrolysebenzin früher vorwiegend zur Qualitätsverbesserung dem Fahrbenzin beigemischt wurde, dient es seit 1971 größtenteils als Rohstoff für eine große Aromatenanlage der Shell, die rund die Hälfte des dort erzeugten Benzols (insgesamt 400.000 to/a) zur Äthylbenzolanlage der ROW pumpt [1]. Das Äthylbenzol wiederum wird vollständig zu Styrol (300.000 to/a) verarbeitet und zum überwiegenden Teil in Schiffen zur BASF nach Ludwigshafen transportiert.

Ab Ende 1973 werden die ROW aus Styrol und Butadien auch einen thermoplastischen Kautschuk (30.000 to/a) herstellen.

Über den Absatz der übrigen Produkte der Aromatenanlage der Shell ist nur bekannt, daß das Dynamit Nobel Werk Lülsdorf zeitweilig größere Mengen Para-Xylol für die DMT-Herstellung bezieht.

Die im ROW-Steam-Cracker anfallenden wasserstoff- und methanhaltigen Gase dienten bis 1970 zusammen mit Raffineriegasen als Rohstoff für eine Stadtgasanlage der Shell, die damit über die Rhenag einige Kölner Landkreisgemeinden und industrielle Großverbraucher, wie die Degussa Kalscheuren, versorgte, nach Umstellung der Kölner Gasnetze auf Erdgas jedoch stillgelegt wurde.

Das Rückstandspyrolyseöl (ca. 80.000 to/a) wird seit Jahren als zusätzlicher Rohstoff von der Shell an die beiden Teerdestillationen der Rütgers Werke AG im Ruhrgebiet geliefert, teilweise aber auch direkt an Rußfabriken verkauft.

Ohne Zusammenhang mit der übrigen Produktion betreiben die ROW noch eine Anlage zur Erzeugung von Epoxid-Harzen (10.000 to/a), die von der Shell-Chemie vertrieben und als hochwertiger Lackrohstoff eingesetzt werden.

---

1) Kuhl, H.-J.: Aromatenanlage Godorf, in: Oel-Zeitschrift für die Mineralölwirtschaft, August 1970, S. 240

Die benötigten Hauptrohstoffe beziehen die ROW von der Shell. Während Epichlorhydrin in Kesselwagen von der Shell-Chemie in Rotterdam-Pernis bezogen wird, ist der Verarbeitungs- und Transportweg des zweiten Rohstoffes, Diphenylolpropan (DPP) bedeutend komplizierter [1]: Die Shell-Chemie betreibt seit 1972 in Panillac bei Bordeaux eine Cumol-Anlage (100.000 to/a), deren Rohstoffversorgung mit Propylen von der Shell Raffinerie Berre und mit Benzol von den Shell Anlagen im englischen Stanlow erfolgt. Das gesamte bei Bordeaux erzeugte Cumol wird nach Stanlow transportiert und dort zu Aceton und Phenol und letzteres teilweise zu Diphenolpropan verarbeitet. Dieses Diphenolpropan dient zur Versorgung der Shell Epoxidharzanlagen in England, in Rotterdam-Pernis und in Wesseling bei den ROW. Der Versuch der Shell, diesen Umweg durch den Bau einer Diphenolpropananlage in Pernis abzukürzen, ist vorerst am Einspruch übereifriger Umweltschützer gescheitert [2].

Bedingt durch die umfangreichen Kapazitätserweiterungen und Vergrößerungen des Produktionsprogrammes, hat sich die Belegschaft der ROW in den letzten Jahren stetig erhöht und wird auch über den Anfang 1973 erreichten Stand von 3.400 Mitarbeitern hinauswachsen.

2.2.1.2.2.2. Die Erdölchemie Köln-Worringen [3]

Nach dem Vorbild der Kooperation zwischen BASF und Shell in Form der südlich Köln gelegenen Rheinischen Olefinwerke gründeten die Farbenfabriken Bayer AG zusammen mit der BP Benzin und Petroleum AG 1957 im Kölner Norden ein weiteres reines Petrochemiewerk, die Erdölchemie GmbH.

Da Bayer einen großen Teil der erzeugten Produkte abnehmen und weiterverarbeiten wollte, erbaute man die Anlagen direkt südlich des Bayer Werkes Dormagen zwischen dem Rheinufer und der Eisenbahnlinie Köln-Neuß auf gepachtetem Bayer-Gelände.

---

1) Chemische Industrie 10/1970, S.687
2) Europa-Chemie, 20/1972, S.404
3) Nach mündlichen Auskünften von der EC am 27.2.1973

Die Rohstoffversorgung des Ende 1958 in Betrieb gegangenen Werkes mit Leichtbenzin übernahm die BP. Seit Inbetriebnahme der BP Raffinerie Dinslaken 1960
wurde die Erdölchemie (EC) von dort per Schiff versorgt, wobei seit dem Anschluß beider Werke die RMR-Produktenleitung im Jahre 1967 die Versorgung
in zunehmendem Maße durch diese Rohrleitung erfolgte.

Infolge der außerordentlich starken Expansion der Erdölchemie konnte der gestiegene Leichtbenzinbedarf bald nicht mehr allein von der Raffinerie Dinslaken
(ca. 300.000 to/a Leichtbenzine) gedeckt werden, so daß auch andere BP-
Raffinerien liefern mußten. Einer der Hauptlieferanten ist die BP Raffinerie in
Rotterdam, die ihr Leichtbenzin ebenfalls durch die RMR zur Erdölchemie pumpt.

Wie aus dem Produktonsflußschema der Erdölchemie (Kapazitäten 1973, Übersicht 9), ersichtlich ist, beruht die vielfältige Produktion des Werkes zum einen
auf den Steam-Crack-Anlagen und zum anderen auf der Ammoniakerzeugung.

Um eine hohe Ausbeute an Propylen zu erhalten, werden die Steam-Crack-Anlagen mit niedrigen Temperaturen betrieben, was einen in Bezug auf die
Äthylenkapazität vergleichsweise hohen Leichtbenzineinsatz von 2 Mio to/a
bedingt.

Von den 440.000 to/a Äthylen können maximal 170.000 to/a in das Äthylenverbundnetz der ARG eingespeist und an Abnehmer wie die Wacker-Chemie in
Köln, das Bayer Werk Leverkusen, CWH in Marl und DSM in Limburg abgegeben werden. Seit Mitte 1972 besteht auch die Möglichkeit, Äthylen bis Antwerpen zu pumpen.

Der größere Teil des erzeugten Äthylens wird jedoch im eigenen Werk weiterveredelt:

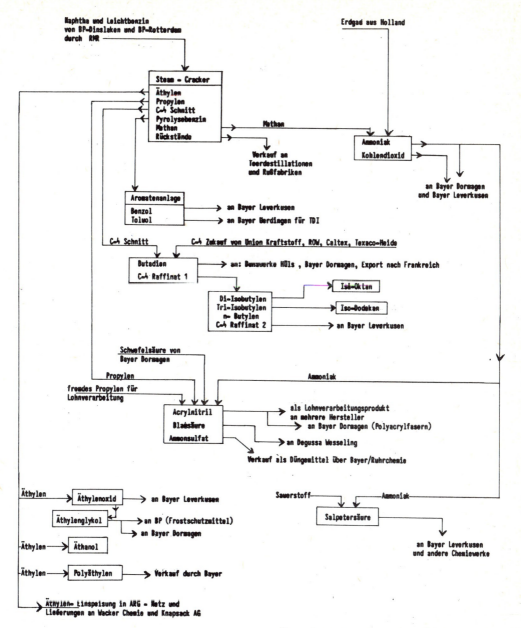

Übersicht 9 : Innerbetrieblicher Verbund
sowie Bezugs- und Absatzverflechtungen der Erdölchemie
GmbH in Köln - Worringen

Übersicht 10 : Rohrleitungsverbindungen der Erdölchemie
                GmbH in Köln-Worringen mit anderen Werken

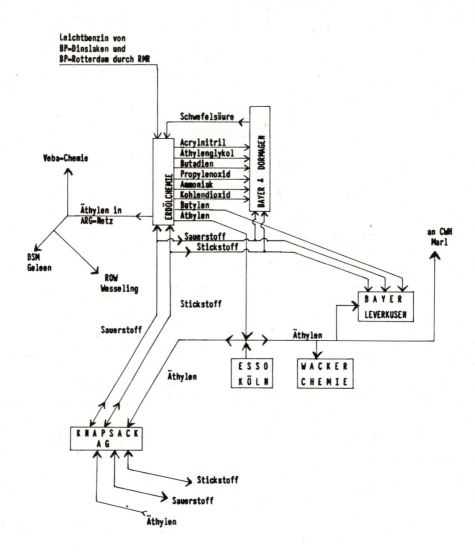

- Zu 60.000 to/a Äthylenoxid, das zur Hälfte in Tank- und Kesselwagen an Bayer Leverkusen geliefert und zur Hälfte zu 40.000 to/a Äthylenglykol weiterverarbeitet wird. Dieses wiederum gelangt durch eine kurze Rohrleitung in die benachbarten Anlagen des Bayer Werkes Dormagen, wo es (15.000 to/a) als Rohstoff für die Polyesterfaserherstellung dient. Der größere Teil des Äthylenglykols wird an die BP abgegeben und von dieser als Frostschutzmittel für Kühlwasser verkauft.

- Zu 60.000 to/a Äthanol (Äthylalkohol), dessen Herstellung unter Aufsicht der Bundesmonopolverwaltung für Branntwein steht und das als Lösungsmittel und Zwischenprodukt bei der Kunststoff-, Lack- und Pharmazeutikaherstellung eingesetzt wird.

- Zu 100.000 to/a Polyäthylen HD, das von Bayer an die kunststoffverarbeitende Industrie verkauft wird bzw. zur Versorgung von auf diesem Gebiet tätigen Bayer Tochtergesellschaften dient, wie der Folienfabrik Wolff Walsrode AG (52,5 % Bayer) in Walsrode/Niedersachsen.

Das anfallende Propylen (300.000 to/a) dient teils als Rohstoff für die Acrylnitrilherstellung und teils zur Erzeugung von Propylenoxid (125.000 to/a), das mit Ausnahme von 10.000 to/a, die zu Propylenglykol verarbeitet und an Bayer Ürdingen geliefert werden, durch eine kurze Rohrleitung in benachbarte Anlagen der Bayer AG gepumpt wird, wo es zur Herstellung von Polyäther - einem wichtigen Vorprodukt für Polyurethanschäume - dient.

Da die Rohstoffversorgung für die Butadienanlage (160.000 to/a) der Erdölchemie, durch die in den Steam-Crackern anfallenden butadien- und butylenhaltigen C_4-Gase (180.000 to/a) bei weitem nicht ausreicht, kauft man von anderen Äthylenproduzenten noch butadienhaltige Flüssigkeiten zu (260.000 to/a), die in Kesselwagen von ROW und Union Kraftstoff und in Schiffen von der Caltex Raffinerie in Raunheim [1] geliefert werden, bzw. führt Lohnverarbeitungsverträge für

---

1) Kranig, L.E.: Der Ausbau der Caltex-Raffinerie in Raunheim, in: Erdöl und Kohle, Erdgas, Petrochemie, 23.Jg., Nr.12, 1970, S.795

andere Unternehmen durch. Hauptabnehmer des Butadiens sind die CWH in Marl und das benachbarte Bayer Werk. Größere Mengen werden auch nach Frankreich und Holland exportiert.

Das bei der Butadienerzeugung in großen Mengen anfallende C_4-Raffinat 1 wird zu 60.000 to/a Normal-Butylen und zu 60.000 to/a Di- und Triisobutylen verarbeitet, wobei man die beiden letzteren wiederum zu insgesamt 32.000 to/a Isooktan und Isododekan weiterveredelt und als Kraftstoffzusätze an die BP abgibt.

Die nach der Verarbeitung des C_4-Raffinats 1 verbleibenden butylenhaltigen Restmengen (5.000 to/a) werden durch eine Rohrleitung an Bayer Leverkusen geliefert.

Aus dem bei der Äthylenerzeugung in großen Mengen anfallenden Pyrolysebenzin (450.000 to/a) gewinnt man in einer Aromatenanlage 150.000 to/a Benzol, das vollständig von Bayer Leverkusen abgenommen wird, und 75.000 to/a Toluol, das zum größten Teil per LKW zum Bayer Werk Ürdingen, in kleineren Mengen aber zum Leverkusener Werk transportiert wird. In beiden Fällen dient es zur Herstellung von TDI, einem Vorprodukt für Polyurethane.

Bis zur Erweiterung der Aromatenanlage der EC wurde das Pyrolysebenzin weitgehend an die BP Raffinerie Dinslaken abgegeben und dort zur Qualitätsaufbesserung dem Fahrzeugbenzin beigesetzt.

Die schweren Pyrolyse-Rückstandsöle (50.000 to/a) verkauft die Erdölchemie je nach Marktlage an Teerdestillationen (Rütgers Werke AG) oder an Rußfabriken (Degussa Kalscheuren).

Die in den Steamcrackern zwangsläufig anfallenden großen Mengen an Methangas versorgen zusammen mit Erdgas die Ammoniakanlage. 1967 in Betrieb genommen, wurde sie bis 1970 mit Leichtbenzin betrieben, aus wirtschaftlichen Gründen dann aber auf oben erwähnte Rohstoffe umgestellt.

Knapp ein Drittel der 300.000 to/a Ammoniak nimmt Bayer ab, ebenso das zwangsläufig anfallende Kohlendioxyd.

125.000 to/a Ammoniak werden mit Sauerstoff zu 355.000/a Salpetersäure oxidiert. Davon bezieht Bayer Leverkusen 180.000 to/a per Schiff, die andere Hälfte der Erzeugung wird von anderen Chemieunternehmen u.a. im Rhein-Main-Gebiet abgenommen. Die restlichen 90.000 to/a Ammoniak benötigt die Acrylnitrilanlage (200.000 to/a), die neben Propylen aus dem eigenen Steam-Cracker auch Propylen anderer Unternehmen im Lohnverarbeitungsverfahren einsetzt. Die notwendige Schwefelsäure (18.000 to/a) wird durch eine kurze Rohrleitung von Bayer-Dormagen bezogen.

Mit Ausnahme der aus der Lohnverarbeitung stammenden Acrylnitrilmengen, die per Bahn an entferntere Acrylfaserwerke geliefert werden, gelangt der überwiegende Teil des Acrylnitrils durch eine kurze Rohrleitung zum Bayer Werk Dormagen, wo man teils Polyacrylfasern (100.000 to/a) und teils Kunststoffe daraus herstellt.

Die bei der Acrylnitrilherstellung anfallende Blausäure (25.000 to/a) konnte bisher bei der Degussa Wesseling abgesetzt werden und das Kuppelprodukt Ammonsulfat (25.000 to/a) als Düngemittel durch die Ruhrchemie AG verkauft werden.

Für die Energieversorgung betreibt die Erdölchemie ein eigenes Kraftwerk von 110 MW auf Basis von schwerem Heizöl, das von der BP Dinslaken per Schiff geliefert wird (100.000 to/a). Ferner besteht die Möglichkeit, im Kraftwerk verschiedene Prozeßgase zu verbrennen und Abfallstoffe unschädlich zu machen.

Neben den bereits erwähnten Rohrleitungsverbindungen, die insgesamt in Übersicht 10 dargestellt sind, ist die Erdölchemie seit Mitte 1973 an das Sauerstoff/Stickstoffnetz der Messer-Griesheim GmbH angeschlossen und damit Mitglied eines von Leverkusen über Dormagen und Knapsack nach Wesseling führenden Verbundsystems [1]. Die zunächst geplante Belieferung der Erdölchemie mit Sauerstoff findet jedoch nicht statt, da das Werk Äthylenoxid und Propylenoxid durch Verfahren ohne Sauerstoff herstellt und für die Salpetersäureerzeugung eine eigene Lufttrennanlage betreibt, so daß man nur in Notfällen auf das Messer Griesheim-Netz angewiesen ist (siehe Karte 3).

Stark bedingt durch die kapitalmäßige Verflechtung mit Bayer setzt die Erdölchemie den überwiegenden Teil seiner Erzeugung an Bayer Werke und mit Bayer verbundene Unternehmen, wie die CWH in Marl, ab. Über 80 % der erzeugten Mengen verbleiben im Rhein-Ruhr-Gebiet.

Insgesamt wurden 1972 2.359.000to Einsatzstoffe - nur flüssig - bezogen und 1.319.000 to, davon 10 % in fester Form (Polyäthylen), abgesetzt, die sich wie folgt auf die Verkehrsmittel verteilen:

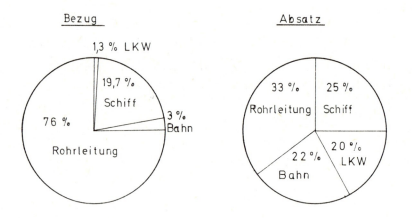

Bezug

1,3 % LKW
19,7 % Schiff
3 % Bahn
76 % Rohrleitung

Absatz

33 % Rohrleitung
25 % Schiff
22 % Bahn
20 % LKW

1) Chemische Industrie, Nr.1, 1972, S.2

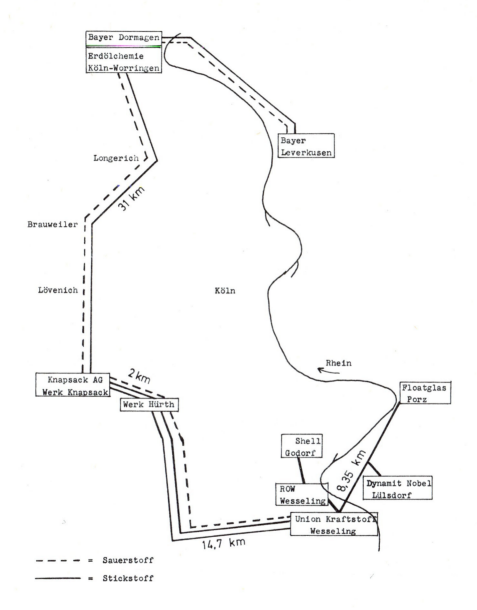

Karte 3 : Das Sauerstoff- und Stickstoffverbundnetz
im Kölner Raum

Trotz Inbetriebnahme neuer Anlagen sank die Belegschaft der Erdölchemie von ihrem Höchststand 1970 mit 3.000 auf jetzt knapp 2.800 Mitarbeiter.

Der geplante Bau von Erweiterungs- und Neuanlagen ist vorerst teils aus wirtschaftlichen Gründen und teils wegen mangelnder behördlicher Genehmigung aufgrund von Umweltschutzkampagnen wie bei der geplanten Isopren-Anlage (20.000 to/a) aufgeschoben worden.

2.2.1.2.2.3. Raffinerie und Petrochemiewerk der Esso Köln

Als erste der großen Mineralölgesellschaften in Deutschland wich die Esso von dem bisherigen Konzept ab, Raffinerien in Küstennähe zu bauen und wählte den Standort in einem Verbrauchszentrum, verkehrsgünstig am Rhein im Norden Kölns gelegen [1].

Da der Transport des Rohöls mittels Tankleichtern von den Rheinmündungshäfen teurer und zudem bei ungünstigen Schiffahrtsverhältnissen unsicherer gewesen wäre als die Versorgung durch eine Rohölfernleitung, entschloß man sich zur wirtschaftlicheren Lösung und baute zusammen mit anderen an dem Projekt interessierten Mineralölgesellschaften die Nord-West-Ölleitung, durch die diese Esso-Raffinerie seit ihrer Inbetriebnahme Ende 1958 von Wilhelmshaven aus mit Rohöl versorgt wird [2].

Um die in der für einen hohen Heizölausstoß ausgelegten Raffinerie anfallenden Gase und Leichtbenzine voll ausnutzen zu können, baute die Esso umfangreiche Anlagen zur Gewinnung von petrochemischen Produkten.

---

1) Schmeling, F.: Die neue Esso-Raffinerie, Köln, in: Erdöl und Kohle, 1/1960, S.23
2) Ebenda

Die Raffinerie besitzt seit 1971 eine Rohöldurchsatzkapazität von 5,7 Mio to/a.
Die mit Leichtbenzin betriebenen Steam-Cracker sowie nachgeschaltete Anlagen
erzeugten 1970 folgende Produkte [1]:

- 118.000 to/a Äthylen

- 44.000 to/a Propylen

- 40.000 to/a Tetrapropylen

- 19.000 to/a Butadien

- 15.300 to/a Dimeranlage

- 10.000 to/a Nonenanlage

- 3.200 to/a Wasserstoff

- 88.500 to/a Methan

- 130.000 to/a Crackbenzin

Daneben werden an chemisch verwertbaren Produkten noch Butangas und Butylen
erzeugt - beides wird ebenso wie Tetrapropylen und Butadien von den CWH in
Marl abgenommen. Der in den Entschwefelungsanlagen anfallende Schwefel
(ca. 10.000 to/a) wird zusammen mit dem Methan an den südlich benachbarten
Schwefelkohlenstoffhersteller Carborsulf abgegeben. Für den Äthylenabsatz baute
die Esso eine eigene, über 100 km lange Rohrleitung ins nördliche Ruhrgebiet zur
Versorgung der Ruhrchemie und der 1971 liquidierten Chemischen Fabrik Holten
in Oberhausen-Holten, sowie weiter zur Veba-Chemie in Gelsenkirchen, über
deren Netz auch die CWH in Marl versorgt werden konnten. Darüberhinaus wurden im Kölner Raum die Knapsack AG und die unmittelbar östlich benachbarte
Wacker Chemie durch Rohrleitungen von der Esso mit Äthylen versorgt.

Den bei diversen Prozessen anfallenden Wasserstoff speist die Esso in das von
den CWH in Marl bis Bayer Leverkusen reichende Wasserstoff-Verbundnetz ein.

Mitte 1973 wird das Produktionsprogramm durch Kohlenwasserstoffharze
(25.000 to/a) ergänzt werden [2].

---

1) Pressemitteilung der Esso AG Köln vom 1.1.1970
2) Oel-Zeitschrift für die Mineralölwirtschaft, Nr.9, 1972, S.265

In ihren Kölner Raffinerie- und Petrochemieanlagen beschäftigt die Esso ca. 500 Mitarbeiter. Der nicht direkt am Rhein liegende Werkskomplex ist durch eine 1,5 km lange Werksstraße sowie durch Rohrleitungsverbindungen mit dem Rheinhafen Köln-Niehl II verbunden.

2.2.1.2.2.4. Die Wacker Chemie Köln

Unmittelbar östlich der Esso befindet sich in Rheinnähe das Kölner Zweigwerk der Wacker Chemie GmbH - eine 50 %-ige Tochter der Farbwerke Hoechst. Südlich dieser Anlagen erstrecken sich die Fabrikhallen der Kölner Fordwerke und gegenüber auf der anderen Rheinseite liegt der Werkskomplex Leverkusen der Bayer AG.

Ausschlaggebend für die Errichtung eines neuen Werkes in Köln war die Möglichkeit, in großen Mengen Äthylen von der Esso beziehen zu können, wodurch es dem bisher auf rein carbochemischer Basis im oberbayerischen Burghausen produzierenden Unternehmen möglich wurde, Acetaldehyd anstatt auf dem Umweg über Acetylen nach einem neuen Verfahren kostengünstiger aus petrochemischem Äthylen herzustellen.

Durch die Ende 1967 in Betrieb genommene Marathon Raffinerie und die Versorgung des oberbayerischen Chemiedreiecks mit Äthylen vom Petrochemiezentrum Münchsmünster hat das Wacker Stammwerk in Burghausen allerdings seit 1971 die Carbidbasis endgültig verlassen und alle Anlagen auf petrochemische Rohstoffe umgestellt.

Seit seiner Inbetriebnahme Anfang 1960 wurde das Kölner Werk der Wacker Chemie mehrfach erweitert und zählt heute mit seinen 600 Beschäftigten zu den größeren Äthylenverbrauchern (ca. 190.000 to/a). Neben den anfänglichen Äthylen-Alleinbezug durch eine kurze Rohrleitung von der benachbarten Esso sind in den letzten Jahren steigende Äthylenlieferungen von der Erdölchemie in Köln-Worringen getreten, die ebenfalls per Rohrleitung erfolgen.

Das Werk stellt heute vier petrochemische Produkte her [1]:

- 60.000 to/a Acetaldehyd. Dieses wichtige Lösungsmittel wird teils zur
  Weiterverarbeitung zum Wacker Hauptwerk nach Burghausen transportiert
  und teils an Chemiewerke im In- und Ausland geliefert.
- 30.000 to/a Äthylacetat
- 35.000 to/a Polyäthylen
- 140.000 to/a Polyvinylchlorid

Das hierfür notwendige monomere Vinylchlorid wird zum Teil von verschiedenen
deutschen Herstellern, zum größten Teil jedoch aus Holland per Schiff und aus
Belgien von den Limburgse Vinyl Maatschappij [2] in Tessenderlo in Kesselwagen
bezogen.

Das Werk hat keine Großabnehmer im Nahraum. Während das Werk Burghausen
den süddeutschen Raum versorgt, beliefert das Kölner Werk Abnehmer in Nord-
und Westdeutschland - vorwiegend per Bahn und LKW.

2.2.1.2.2.5. Die Carbosulf Köln und angeschlossene Werke [3]

Auf dem südlich an die Esso angrenzenden Gelände des 1967 stillgelegten Kunst-
faserwerkes der Glanzstoff-Courtaulds GmbH befinden sich die Anlagen der
Carbosulf GmbH (66,67 % Glanzstoff Köln GmbH) [4].

Die in der benachbarten Esso Raffinerie anfallenden Nebenprodukte Methan,
Butan und Schwefel veranlaßten die Glanzstoff zum Bau einer Schwefelkohlenstoff-
anlage. Dieses wichtige Hilfsprodukt der Cellulosefaserherstellung sollte sowohl
die eigenen Faserbetriebe als auch andere Abnehmer versorgen.

---

1) Briefliche Angaben der Wacker Chemie GmbH Köln vom 15.12.1972
2) Beobachtungen des Verfassers
3) Nach mündlichen Auskünften der Carbosulf Köln
4) Wer gehört zu Wem? Commerzbank, 1971, a.a.O., S. 120

Das 1962 in Betrieb genommene Werk wurde inzwischen auf eine Kapazität von 84.000 to/a Schwefelkohlenstoff erweitert. Von der Esso erhält das Werk per Rohrleitung Methan (84.000 to/a) und das Heizgas Butan (5.000 to/a) sowie per LKW den dort anfallenden Schwefel (10.000 to/a), der aber bei weitem nicht ausreicht und durch Schwefelkäufe am Markt (74.000 to/a) ergänzt werden muß. Teils wird per Schiff über den Niehler Hafen importierter Schwefel und teils in Kesselwagen flüssiger deutscher Schwefel, der bei der Erdgasreinigung in Norddeutschland anfällt, eingesetzt.

Da die Chemiefaserherstellung auf Cellulosebasis stark rückläufig ist - es sei hier an die 1970 erfolgte Stillegung des Phrix Werkes in Siegburg, einer der bisherigen Hauptabnehmer, erinnert - wird Schwefelkohlenstoff in den letzten Jahren vermehrt an Folienhersteller (Cellophan und Klarsichthüllen) wie Wolff in Walsrode und Kalle in Wiesbaden sowie an Hersteller von Insektiziden und Herbiciden, wie Bayer Dormagen, abgesetzt. Neben anderen Abnehmern versorgt die Carbosulf Faser- und Zellstoffwerke der Glanzstoff AG in Oberbruch bei Aachen, Kelsterbach und Obernburg/Main. Ca. 10 % der Erzeugung werden nach Holland exportiert.

Der bei Carbosulf als Nebenprodukt anfallende gasförmige Schwefelwasserstoff wird seit 1969 in einem Teil des stillgelegten Faserbetriebes von der Glanzstoff Köln GmbH (100 % Glanzstoff AG) verflüssigt und in Stahlflaschen abgefüllt an Verbraucher geliefert.

Unter dem Namen Rhodanit Chemie GmbH Köln (66,67 % Glanzstoff Köln GmbH) stellt ein drittes Werk aus Schwefelwasserstoff sowie Ammoniakwasser Schwefelammoniumlauge und Rhodanide (Thiocyanate) her. Alle drei Betriebe - ca. 50 Beschäftigte - befinden sich auf dem gleichen Gelände und sind organisatorisch und verwaltungsmäßig zusammengefaßt.

2.2.1.2.2.6. Die BP-Raffinerie Dinslaken

Am Nordrand des Ruhrgebietes befindet sich in verkehrsgünstiger Lage am Südufer des Wesel-Datteln-Kanals nur wenige Kilometer westlich der Autobahnab-
fahrt Hünxe die BP-Raffinerie Dinslaken.

Ebenso wie die gleichfalls 1960 in Betrieb gegangene Shell Raffinerie Godorf
wurde sie mit Crack-Anlagen für einen hohen Ausstoß an leichten Produkten ver-
sehen, um so die Leichtbenzinversorgung der Erdölchemie GmbH bei Dormagen
übernehmen zu können.

Die Rohölversorgung der 5 Mio to/a Raffinerie, deren Kapazität bis 1974 auf
10 Mio to/a Rohöldurchsatz verdoppelt wird [1], erfolgt durch die Nord-West-
Ölleitung. Für Notfälle ist auch eine Versorgung durch die RRP möglich.

Über die Erzeugung der üblichen Mineralölprodukte hinaus stellt diese BP-Raffinerie einen wichtigen Faktor in der Versorgungskette der petrochemischen Industrie
des Ruhrgebietes dar: Durch in die RMR eingepumptes Leichtbenzin trägt die Raffinerie wesentlich zur Rohstoffversorgung der Erdölchemie in Dormagen bei.
Gewissermaßen als Gegenleistung erhält sie per Schiff größere Mengen des bei
der Äthylenerzeugung anfallenden Pyrolysebenzins, das teils zur Qualitätsaufbesserung dem Fahrbenzin beigemischt und teils als Rohstoff für eine Aromatenanlage auf dem Raffineriegelände dient. Hier werden seit 1963 unter dem Namen
der Gesellschaft "Deutsche BP und California" 20.000 to/a Paraxylol und
25.000 to/a Orthoxylol erzeugt [2]. "Außerdem betreibt die BP in einer seit
Mitte 1964 in Betrieb befindlichen Anlage die Gewinnung von n-Paraffinen
als Ausgangsmaterial für die Herstellung u.a. synthetischer Waschmittelrohstoffe" [3]. Die n-Paraffine werden ebenso wie Flüssiggas und n-Butan durch Rohrleitungen an die Chemischen Werke Hüls in Marl gepumpt (siehe Übersicht 4).

---

1) EKEP 8/71, S.559
2) Oel, Zeitschrift für die Mineralölwirtschaft, Februar 1972, S.38
3) Broich,F.: a.a.O., 1968, S.30

2.2.1.2.3. <u>Andere große Chemiewerke</u>

2.2.1.2.3.1. Die Werke der Bayer AG, Leverkusen

Der Ursprung der heutigen Chemieanlagen der Bayer AG geht auf das Jahr 1860 zurück, als Carl Leverkus, der spätere Namensgeber der 1930 gegründeten Stadt, seine Ultramarinfabrik von Wermelskirchen an den Rhein verlegte [1]. Wegen ungünstiger Geschäftsentwicklung wurden diese Anlagen 1879 an eine 1863 von Friedrich Bayer in Barmen gegründete und später in Wuppertal-Elberfeld produzierende Farbenfabrik verkauft, die aufgrund der begrenzten Ausdehnungsmöglichkeiten, der ungünstigen Transportbedingungen und der knappen Frischwasserversorgung in Wuppertal gerne das von Leverkus angebotene Gelände erwarb.

Die aus diesen Anfängen entstandene Farbenfabriken Bayer AG bauten in der Folge das "Werk Leverkusen" zügig aus, verlegten 1912 den Firmensitz von Elberfeld, wo weiter produziert wurde, an den Rhein und erwarben stromabwärts bei Dormagen ein größeres Areal, das bereits ab 1916 mit Fabrikationsanlagen bebaut wurde [2].

Im Jahre 1925 gingen die drei Bayer Werke zusammen mit fünf anderen Großunternehmen der chemischen Industrie in der IG Farbenindustrie auf.

Bei der 1951 erfolgten Entflechtung erhielt Bayer neben mehreren Beteiligungen an anderen Gesellschaften das Werk Krefeld-Uerdingen, eine 1877 gegründete und in den Folgejahren stark ausgebaute Farbenfabrik.

Als Anfang der sechziger Jahre die vier deutschen Bayer Stammwerke Elberfeld, Leverkusen, Dormagen und Uerdingen durch ein fünftes, im Verbund mit den bisherigen arbeitenden Werken ergänzt werden sollte, entschied man sich

---

1) Ris, K.M.: Leverkusen. Großgemeinde-Agglomerations-Stadt, Remagen 1967, S.43 f.
2) Pinnow, H.: Werksgeschichte Bayer Werke 1863 bis 1938, München 1938

jedoch nicht für einen Standort im Rhein-Ruhr-Gebiet, sondern baute am seeschifftiefen Wasser in Antwerpen.

Hauptgründe waren die Ausnutzung von Transportkostenvorteilen beim Im- und
Export sowie die einfachere Lösung der Abwasserprobleme und der über Rhein
oder Autobahn trotzdem mögliche Verbund mit den bisherigen Werken [1].

Auch das jetzt in Angriff genommene sechste Bayer-Werk wird nicht mehr im
Binnenland, sondern an der Küste bei Brunsbüttel erbaut.

Eine eingehende Beschreibung des Produktionsprogramms und der Verflechtungsbeziehungen des Weltunternehmens Bayer ist wegen des außerordentlich breiten
und vielfältigen Produktionsprogramms und aufgrund mangelnder Daten nicht möglich. Die folgende Betrachtung der im Rhein-Ruhr-Gebiet liegenden Werke bezieht sich daher nur auf Grundchemikalien und Zwischenprodukte, soweit wie
Daten vorliegen [2].

- Werk Leverkusen

Dieser riesige Werkskomplex, dessen Rheinkai allein eine Länge von 1,3 km besitzt, ist mit seinen über 40.000 Beschäftigten eine der größten und vielseitig-
sten Erzeugungsstätten für anorganische und organische Produkte. Das Produktionsprogramm umfaßt u.a. Schwerchemikalien, Mineralfarben, spezielle anorganische Chemikalien ebenso wie organische Zwischenprodukte für die Farbstoff-,
pharmazeutische und Fotoindustrie, Kunststoffe und deren Vorprodukte, synthetische Lackharze und Weichmacher sowie synhtetischen Kautschuk und Kautschuk-
hilfsprodukte, Gerbstoffe, organische Farbstoffe, Textilhilfsmittel und Pharmazeutika.

---

1) Kersting,A.: Antwerpen - das 5. Bayer-Werk , in: Bayer Berichte, Heft 23,
   1969, S.8
2) Bayer AG Geschäftsberichte 1969-1971
   Bayer Bericht, Heft 21/1969 - Heft 29/1972
   Bayer Prospekt für die Zulassung zum Börsenhandel von neuen Inhaberaktien,
   in: Handelsblatt vom 18.12.1972
   Mündliche Auskünfte vom 13.2.1973

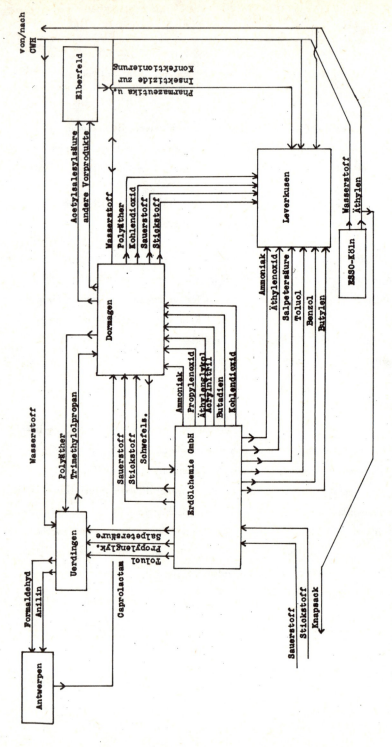

Übersicht 11 : Güteraustausch zwischen den Bayer-Stammwerken sowie der
Tochtergesellschaft Erdölchemie GmbH

Innerhalb des Werksgeländes liegen die Fabrikationsanlagen der zur amerikanischen National-Lead gehörenden Kronos-Titan GmbH, die von Bayer durch
eine Rohrleitung mit Schwefelsäure (350.000 to/a) versorgt wird.

Ein weiterer Abnehmer von Schwefelsäure ist die Chemische Fabrik Kalk in
Köln (ca. 100.000 to/a).

Mit Ausnahme von Elberfeld betreibt Bayer in allen Werken Schwefelsäureanlagen. Mit einer Gesamtkapazität von 1,8 Mio to/a SO_3, die zur Zeit auf
2,3 Mio to/a erweitert wird, ist Bayer der mit Abstand größte Schwefelsäureproduzent in Europa.

Aus Kostengründen wird von keinem Werk mehr Pyrit bezogen - alle Anlagen sind
auf den kostengünstigen Einsatz von Natur- und Rekuperationsschwefel (flüssig
und fest) umgestellt, der je nach Marktlage von verschiedenen Anbietern bezogen
wird, so aus Sizilien, den USA, von Erdgasreinigungsanlagen in Frankreich und
der Bundesrepublik sowie aus Ostblockländern.

Der jahrzehntelange Verbund der am Rhein liegenden Schwefelsäurewerke mit
der Duisburger Kupferhütte, die bei dem früher üblichen Kontaktverfahren zur
Schwefelsäureherstellung die abgerösteten Pyrite aufarbeitete, besteht wegen
des Einsatzes von reinem Schwefel nicht mehr. Auf die nicht zuletzt dadurch bedingte schlechte Ertragslage der Duisburger Kupferhütte (30,97 % Bayer AG,
30,97 % BASF, 30 % Hoechst AG, 0,8 % Chemische Werke Albert, 4,4 %
Gebr. Giulini GmbH, 1,5 % Ruhrschwefelsäure, 1,18 % E. Matthes & Weber
GmbH) [1] kann keine Rücksicht genommen werden.

---

1) Wer gehört zu Wem?, Commerzbank 1971, a.a.O., S. 183

Die wichtigen Grundchemikalien Chlor und Ätznatronlauge werden ebenfalls außer in Elberfeld in allen Werken gewonnen. Bei einer Gesamtchlorkapazität von 600.000 to/a beträgt der Steinsalzbedarf fast 1 Mio to/a, der jedoch relativ transportkostengünstig aus der Solvay Steinsalzgrube in Borth nördlich von Kamp Lintfort gedeckt wird.

Der in der Elektrolyse zwangsläufig anfallende Wasserstoff wird normalerweise in den Werken selbst verbraucht, kann aber auch durch das von den CWH in Marl ausgehende Wasserstoffverbundnetz, das vor allem Leverkusen und Uerdingen noch zusätzlich mit Wasserstoff versorgt, an andere Werke abgegeben werden (siehe Karte 2).

Das Werk Leverkusen ist durch mehrere Rohrleitungen mit dem Dormagener Werk und den ebenfalls dort befindlichen Anlagen der Tochtergesellschaft Erdölchemie GmbH verbunden, durch die es Sauerstoff, Stickstoff, Butylen und Äthylen bezieht. Andere Produkte erhält es von der Erdölchemie in flexiblen Transportmitteln, wie Salpetersäure (180.000 to/a) und Ammoniak (100.000 to/a) per Schiff, Äthylenoxid (30.000 to/a), Benzol (150.000 to/a) und Toluol sowie Kohlendioxid, alles meist per LKW.

Die Union Kraftstoff in Wesseling beliefert das Werk mit Methanol (120.000 to/a) sowie in geringem Maß mit Ammoniak (20.000 to/a). Vom Martinswerk Bergheim erhält Bayer ca. 8.000 to/a Tonerde für die Herstellung von Aluminiumfluorid und Aluminiumsulfat.

Bayer wiederum beliefert das Martinswerk mit einigen Tausend Tonnen Natronlauge, die dort laufend im Herstellungsprozeß ersetzt werden muß.

Zu den bedeutenden Abnehmern des Leverkusener Werkes zählen neben den erwähnten Schwefelsäureverbrauchern die Werke der Dynamit Nobel AG, die ca. 15.000 to/a organische Zwischenprodukte beziehen. Bezogen auf den gesamten Güterausgang des Leverkusener Werkes, der 1969 bei 2,3 Mio to lag, sind diese Mengen jedoch fast bedeutungslos, ebenso wie Lieferungen an in Köln ansässige

Weiterverarbeiter: 1.000 to/a Kautschukchemikalien an Gummifabriken;
2.500 to/a Lackrohstoffe an Lackfabriken, 1.000 to/a Kunststoffe an die
Fordwerke.

- Werk Elberfeld

Ursprünglich zur Herstellung von Teerfarben errichtet, ist das Werk seit der
Verlegung der Farbstoffbetriebe nach Leverkusen auf die Fabrikation von pharmazeutischen Erzeugnissen und Schädlingsbekämpfungsmitteln sowie einigen
organischen Chemikalien spezialisiert worden.

Die Rohstoffe werden vorwiegend von anderen Bayer Werken bezogen - so die
für die Herstellung von Aspirin notwendige Acetylsalesylsäure in Kesselwagen
vom Werk Dormagen.

Zur Fertigstellung und Konfektionierung werden die Pharmazeutika und Schädlingsbekämpfungsmittel nach Leverkusen transportiert.

Einschließlich der Forschungseinrichtungen sind in Elberfeld über 3.000 Mitarbeiter beschäftigt.

- Werk Dormagen

Im Werk Dormagen ist seit 1926 die Erzeugung von chemischen Fasern konzen-
triert. Auf Cellulosebasis werden hier Reyon-Fasern sowie Acetylcellulose her-
gestellt, die zu plastischen Massen verarbeitet wird. Daneben bestehen große
Anlagen zur Herstellung von vollsynthetischen Polyamidfasern (Perlon) auf
Basis von Caprolactam und von Polyacrylfasern (Dralon) auf Basis von Acrylnitril.
Rund die Hälfte des benötigten Caprolactams (40.000 to/a) wird in Dormagen

hergestellt. Rohstoffe sind Schwefelsäure aus der Eigenerzeugung, Ammoniak von der benachbarten Erdölchemie und Cyclohexan. Das zwangsläufig in großen Mengen mitanfallende Ammonsulfat (160.000 to/a) wird über die Ruhrchemie AG als Dünger verkauft.

Die andere Hälfte des Caprolactams (39.000 to/a) wird vom Bayer Werk Antwerpen per LKW bezogen, da dort die Produktion von Caprolactam infolge der möglichen Direktverladung des vorwiegend nach Übersee exportierten Ammonsulfats in Seeschiffe bedeutend kostengünstiger gestaltet werden kann.

Der wichtigste Lieferant für petrochemische Vorprodukte ist die auf gepachtetem Bayer-Werksgelände liegende Tochtergesellschaft Erdölchemie GmbH, deren enger Verbund mit den Bayer Werken bereits erwähnt wurde. Folgende Produkte bezieht das Bayer Werk Dormagen durch kurze Rohrleitungen von der EC:

- Acrylnitril für die Polyacrylfaserproduktion (100.000 to/a) und für ABS-Kunststoffe
- Äthylenglycol (15.000 to/a) für Polyesterfasern
- Propylenoxid (125.000 to/a) für die Erzeugung von 120.000 to/a Polyäther
- Butadien für synthetischen Kautschuk und für ABS-Kunststoffe
- Ammoniak für die Caprolactam-Erzeugung
- Kohlendioxid, das größtenteils an das Werk Leverkusen weitergeleitet wird.

Im Gegenzug beliefert Bayer die Acrylnitrilanlage der EC mit 18.000 to/a Schwefelsäure. Schwefelsäure wird in Dormagen u.a. zur Herstellung von 50.000 to/a Flußsäure (Fluorwasserstoff) benötigt. Den Flußspat bezieht Bayer aus einer eigenen Flußspatgrube bei Schönau im Schwarzwald sowie aus Flußspatgruben in Nordspanien.

Das Dormagener Werk ist damit ein wichtiger Lieferant der im Rhein-Ruhrgebiet ansässigen Aluminiumhütten (Alcan/VAW in Norf, VAW in Grevenbroich und Lünen, Preussag in Voerde; Allusuisse/Metallgesellschaft in Essen), die Flußsäure zur Herstellung von künstlichem Kryolith benötigen, der zur Senkung der Reaktionstemperatur bei der elektrolytischen Herstellung des Aluminiums unbedingt notwendig ist [1].

Weitere, vorwiegend für den Eigenverbrauch bestimmte Grundchemikalien liefert seit 1969 eine Chlor-Alkali-Elektrolyse. Aus ca. 180.000 to/a Steinsalz entstehen hier 108.000 to/a Chlor, 120.000 to/a Ätznatronlauge und 3.200 to/a Wasserstoff.

Auf dem in den letzten Jahren stark ausgeweiteten Werksgelände befinden sich auch große Anlagen zur Herstellung von Pflanzenschutzprodukten, die zu 80 % exportiert werden.

Anfang 1972 hatte das Werk über 12.000 Mitarbeiter.

- Werk Uerdingen

Das in Krefeld-Uerdingen am Rhein liegende ehemalige Teerfarbenwerk ist heute vornehmlich auf die Herstellung von Großprodukten ausgerichtet. Das Produktionsprogramm umfaßt:

- Anorganische Grundchemikalien, wie Schwefelsäure, Chlor und Ätznatronlauge
- Anorganische Pigmente wie Titandioxid und Eisenoxid
- Organische Chemikalien und Zwischenprodukte
- Kunststoffe und Weichmacher
- Lackrohstoffe
- Polyurethane
- Lederdeckfarben
- Teerfarbstoffe

---

1) Walde, H.: Elektrische Stoffumsetzungen, a.a.O., S. 37

Ein großer Teil des erzeugten Chlors wird in der nach dem Chlorid-Verfahren arbeitenden Titandioxidanlage (80.000 to/a) eingesetzt, die angereicherte kanadische Titanschlacke (über 110.000 to/a) verarbeitet.

Für die Anilinproduktion (150.000 to/a) benötigt das Werk zur Reduktion des Nitrobenzols sehr große Mengen von minderwertigen Eisenerzen (ca. 270.000 to/a), die aus Salzgitter bezogen werden.

Die bei der Anilinfabrikation anfallenden Eisenschlammrückstände werden in Uerdingen sinnvoll zu Eisenoxidpigmenten (ca. 200.000 to/a) weiterverarbeitet. Zusammen mit den hier produzierten Chromoxid- und Titandioxidpigmenten ist das Werk Uerdingen mit einer Kapazität von 300.000 to/a die größte Pigment-fabrik der Welt.

Das Anilin wird heute vorwiegend als Rohstoff für die Herstellung von Diphenyl-Methan-Diisocyanat (MDI), einem der Hauptrohstoffe für Polyurethane, einge-setzt. Neben den MDI-Anlagen in Uerdingen werden die Anlagen in Antwerpen (20.000 to/a Anilinbedarf) und Leverkusen versorgt.

Bei einer MDI-Gesamtkapazität von ca. 350.000 to/a, und einem spezifischen Anilinverbrauch von ca. 80 % bezogen auf MDI reicht die Anilineigenproduktion von Bayer nicht aus, so daß größere Mengen für die Leverkusener MDI-Anlagen zugekauft werden müssen.

Die für die MDI-Erzeugung notwendige Salpetersäure bezieht Uerdingen ver-mutlich von der Erdölchemie.

Das in Uerdingen erzeugte Formaldehyd (26.000 to/a), dessen Hauptrohstoff Methanol von der Union-Kraftstoff AG in Wesseling bezogen wird, dient als Vorprodukt für Kunstharze und für die MDI-Erzeugung in Uerdingen und Antwerpen.

Das für die Herstellung von Toluol und Diisocyanat (TDI), dem wichtigen Vorprodukt für Polyurethan Weichschaum, benötigte Toluol (ca. 60.000 to/a) wird
in Straßentankwagen von der Erdölchemie in Dormagen bezogen, die ebenfalls
10.000 to/a Propylenglycol liefert.

Die wichtigste Verzweigungskomponente zur Herstellung von Polyestern und
Polyäthern, Trimethylolpropan, wird ebenfalls in Uerdingen hergestellt.

Die Versorgung der Uerdinger und auch Leverkusener Polyurethananlagen mit
Polyäther erfolgt vom Bayer Werk Dormagen (Kapazität 120.000 to/a).

Weitere Produktionsschwerpunkte des Uerdinger Werkes sind Polycarbonat-
Kunststoffe (100.000 to/a) sowie Weichmacher (PSA).

Anfang 1972 waren im Uerdinger Bayer Werk fast 9.400 Mitarbeiter beschäftigt.

Die Gütermengentransporte des Jahres 1971 ohne Berücksichtigung der innerbetrieblichen Transporte sowie ihre Aufteilung auf die verschiedenen Transportmittel sind in folgender Übersicht dargestellt:

Gütereingang   Güterausgang

2,054 Mio to   1,815 Mio to

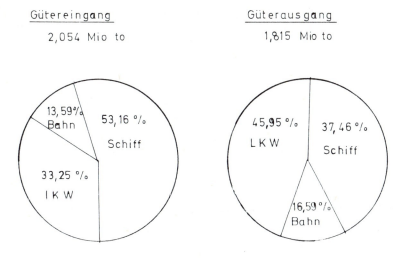

Der zwischen den verschiedenen Bayer Werken und der Tochtergesellschaft Erdölchemie bestehende Verbund ist aus der Übersicht 11 ersichtlich.

Alle Bayer Werke im Rhein-Ruhr-Gebiet müssen im Vergleich zum Werk Antwerpen erhebliche Frachtkostennachteile in Kauf nehmen. So betragen die Mehrkosten für den Transport und zweimaligen Umschlag von Massengütern von Antwerpen oder Rotterdam nach Uerdingen oder Leverkusen ca. DM 10,--/to und mehr im Jahresdurchschnitt [1] (bei Niedrigwasser des Rheines müssen größere Frachtkostenzuschläge gezahlt werden). Besonders nachteilig wirkt sich diese Frachtkostenmehrbelastung bei Produkten mit einem hohen Import-/Exportanteil aus, wie z.B. Titandioxid.

Eine weitere Belastung der Werke im Binnenland entsteht durch Dünnsäuretransporte in die Nordsee. Seit 1969 werden diese in den Betrieben der Titangesellschaft und bei Bayer anfallenden, etwa 20 % Schwefelsäure enthaltenden Säuren in Schubleichtern nach Rotterdam und von dort in seegängigen Schiffen in die Nordsee gebracht und in bestimmten Seegebieten verdünnt und verquirlt [2]. Allein im Werk Leverkusen fallen täglich 2.000 to Dünnsäure an.

Chlorhaltige Flüssigkeiten werden auf einem speziellen Verbrennungsschiff in der Nordsee verbrannt.

Mit Ausnahme von Elberfeld geschieht in allen Bayer Werken die Energieversorgung durch eigene Kraftwerke. Während früher der Fremdbezug überwog, gibt das Werk Leverkusen heute sogar 10 % seiner Stromerzeugung laufend - also nicht nur in Spitzen - ab.

Es werden verschiedene Energieträger eingesetzt, so in Leverkusen - Gesamtleitung 236 MW - Braunkohle, Schweröl und Erdgas, in Dormagen (59 MW) nur Erdgas und in Uerdingen (160 MW) nur Schweröl. Für künftige Erweiterungen

---

1) Mündliche Angaben der Bayer AG Leverkusen vom 13.2.1973
2) Henkel, P.: Unser Beitrag zum Umweltschutz, in: Bayer Berichte, Heft 27, 1971, S.30

sind jedoch ausschließlich Erdgasblöcke vorgesehen, da diese saubere Energie-
art die geringsten Umweltprobleme aufwirft.

Eigene Kernkraftwerke stehen wegen des zu hohen Preises und des größen Ausfall-
risikos nicht zur Diskussion [1].

2.2.1.2.3.2. Kronos Titan GmbH, Leverkusen

Das seit 1972 als Kronos Titan GmbH firmierende Titandioxidwerk in Leverkusen
wurde 1927 als gemeinsame Tochtergesellschaft der damaligen IG Farbenindustrie
und der amerikanischen National Lead Company gegründet und auf dem Werksgelände des Bayer Werkes Leverkusen erbaut [2].

Im Rahmen der alliierten Entflechtungsmaßnahmen mußte 1952 der 50 %-ige Anteil der I.G.Farben an die National Lead verkauft werden, so daß heute ein
rein amerikanisches Unternehmen innerhalb des Bayer Werkes Leverkusen liegt [3].

In Bezug auf die Energieversorgung sowie Betreuung durch Werkschutz und
Feuerwehr ist das Werk jedoch völlig in die Bayer Anlagen integriert.

Das Werk der Kronos Titan GmbH mit seinen 1.230 Beschäftigten hat eine Kapazität von 85.000 to/a Titandioxid, dem wichtigsten und intensivsten Weißpigment,
das als Hilfsstoff bei der Kunststoff-, Lack-, Papier- und Emailherstellung zur
Erreichung intensiver weißer Farben benötigt wird.

Der Rohstoff, titanhaltiges Ilmeniterz, wird zum größten Teil (220.000 to/a)
per Schiff über Rotterdam aus Südnorwegen bezogen. Kleine Mengen Titanerz
(12.000 to/a) werden auch aus Übersee bezogen.

---

1) Angaben der Bayer AG
2) Vogt, A.: 1970, a.a.O., S. 43
3) Ris, K.M.: 1967, a.a.O., S.48

Die zum Aufschluß des Erzes erforderliche Schwefelsäure (350.000 to/a) wird
- wie erwähnt - durch eine Rohrleitung von der benachbarten Schwefelsäureanlage des Bayer Werkes Leverkusen bezogen. Folgende Roh- und Hilfsstoffe
werden außerdem noch eingesetzt [1]:

- 12.000 to/a Eisenschrott von Blechstanzereien und Drahtziehern im
  Bergischen Land
- 2.800 to/a Aluminiumsulfat aus Ludwigshafen (Giulini)
- 4.000 to/a Wasserglas aus Düsseldorf (Henkel)

Wegen der durch die hohen Importmengen und den Dünnsäure- sowie Titan-
schlackenanfall bedingten Standortnachteile und wegen fehlenden Erweiterungs-
geländes in Leverkusen hat die Kronos Titan GmbH auf einen Ausbau ihrer bisherigen Anlagen verzichtet und in Nordenham am seeschifftiefen Wasser Ende
der sechziger Jahre ein neues Titandioxid-Werk erbaut (Kapazität: 36.000 to/a
Titandioxid).

2.2.1.2.3.3. Werke der Dynamit Nobel AG

Die Dynamit Nobel AG, eine 84 %-ige Tochtergesellschaft der Feldmühle AG
und damit zum Flick-Konzern gehörend, betreibt im Kölner Raum drei große
Chemiewerke und im Ruhrgebiet in Witten ein weiteres Petrochemiewerk.

Das 1865 von Alfred Nobel in Hamburg gegründete Unternehmen hat neben der
Sprengstoffherstellung auch auf dem Gebiet der Chemikalien- und Kunststoffher-
stellung Weltgeltung erlangt.

Der Verbund der Werke im Rhein-Ruhrgebiet ist aus der Übersicht 13 ersichtlich.

---

1) Briefliche Angaben der Kronos-Titangesellschaft mbH vom 2.1.1973

- Werk Lülsdorf [1]

Die 1913 als Deutsche Wildermann Werke in Lülsdorf am Rhein von Hugo Stinnes erbauten Anlagen dienten zunächst der Chlorkalium- und Chlornatriumherstellung [2], wobei der hohe Energiebedarf mit preiswertem Braunkohlenstrom gedeckt werden konnte. Neben der Herstellung von Pottasche, Bohnerwachs und Salzsäure nahm man 1925 auch die Erzeugung von Elektrokorund auf.

Das 1930 von der Feldmühle AG übernommene Werk wurde 1962 an deren Organtochter Dynamit Nobel verpachtet, um so die Versorgung des nur 10 km östlich in Troisdorf liegenden Dynamit-Nobel Stammwerks mit Kunststoffvorprodukten sicherzustellen.

Die 1961 in Lülsdorf auf Basis von carbochemischem Acetylen-Karbidlieferant dürfte die Knapsack AG gewesen sein - aufgenommene Vinylchloridproduktion wurde bereits 1964 auf Äthylen umgestellt, das von dem auf der anderen Rheinseite gelegenen Werk der Union Kraftstoff AG und später auch von den ROW per Rohrleitung geliefert wurde.

Die Union Kraftstoff beliefert das Werk auch mit Butan-Heizgas (6.500). Außerdem besteht ein Anschluß an das von UK nach Knapsack und weiter verlaufende Stickstoffnetz. Inwieweit die zwischen den Vinylchloridanlagen der Knapsack AG und dem Werk Lülsdorf verlaufende Rohrleitung für das Vorprodukt Dichloräthan [3] heute noch genutzt wird, ist nicht bekannt.

Ebenfalls 1964 wurde die Erzeugung von Perchloräthylen aufgenommen. Eine Chlor-Alkali-Elektrolyse - Einsatz 125.000 to/a Steinsalz aus Heilbronn - erzeugt das notwendige Chlor (75.000 to/a) sowie 120.000 to/a Ätzkalien und 2.200 to/a Wasserstoff, der größtenteils durch eine Rohrleitung an das Werk Porz der Deutschen Floatglas geliefert wird.

---

1) Feldmühle Chronik, o.V., a.a.O., S. 161
2) Die aktuellen Daten sind im wesentlichen Unterlagen der Dynamit Nobel AG entnommen, Stand Anfang 1973
3) Chemische Industrie, September 1972, S. 590

Da für die Vinylchloridproduktion von 65.000 to/a nur ca. 35.000 to/a Chlor benötigt werden, setzt man das überschüssige Chlor – wegen des augenblicklich herrschenden Chlorüberangebots ist ein Verkauf nur schwer möglich – zusammen mit Äthylen und aus Frankfurt bezogenem Chloroform zu 36.000 to/a Chlor-Kohlenwasserstoffen um [1].

Das erzeugte Vinylchlorid wird fast vollständig (60.000 to/a) nach Troisdorf geliefert und dort zu Polyvinylchlorid (PVC) polymerisiert.

Seit 1968 wird in Lülsdorf auch Dimethylterephthalat (DTM), der Hauptrohstoff für die Polyesterfaserproduktion, hergestellt.

Die inzwischen auf eigene Kapazität von 190.000 to/a erweiterte Anlage setzt durch eine Rohrleitung von der UK herübergepumptes Methanol und Paraxylol ein, welches teilweise von der Shell Godorf bezogen, teilweise aus dem Ruhrgebiet (Gelsenberg, Veba, BP Dinslaken) angeliefert oder auch importiert wird.

Abnehmer von DMT sind diverse Polyesterfaserfabriken, die zum Teil das bei der Verarbeitung entstehende Restmethanol nach Lülsdorf zurückliefern. Als potentieller Großabnehmer für DMT kommt u.a. das Du Pont Faserwerk in Uentrop bei Hamm in Frage.

In den Elektroschmelzanlagen des Werkes werden im Lichtbogen aus kalzinierter Tonerde – 3.500 to/a liefert das Martinswerk in Bergheim – und aus Bauxit, importiert aus den USA, sowie aus Magnesit und Zirkonsand (beides aus Australien) alle Sorten von Elektrokorund (36.000 to/a) erschmolzen.

Da Schleifscheiben- und Schleifpapierfabriken die Hauptabnehmer sind, ist dieser Produktionszweig stark von der Konjunktur der Stahlerzeugung und -verarbeitung abhängig [2].

---

1) Chemische Industrie, September 1972, S. 590
2) Ebenda

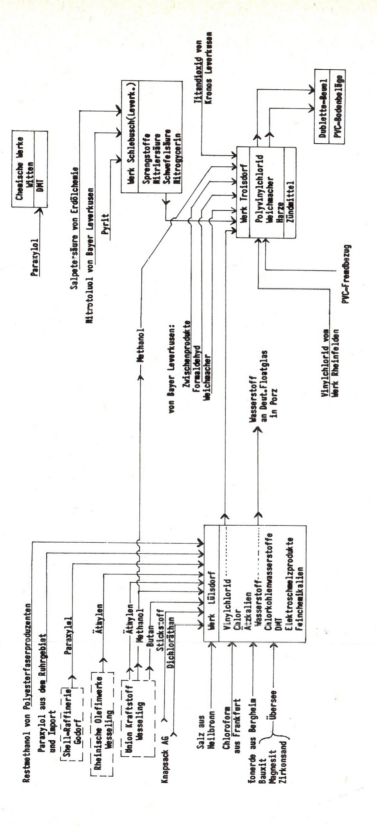

Übersicht 13 : Verbund der Dynamit Nobel Werke im Rhein-Ruhr-Gebiet

Das 1972 voll in die Dynamit Nobel AG eingegliederte Werk (1.500 Beschäftigte) besitzt einen 1 km langen Rheinkai, über den ein großer Teil der
Rohstoffe und Fertigprodukte das Werk erreicht und verläßt.

- Werk Troisdorf

Das Werk Troisdorf entstand aus einer 1887 von der Rheinisch-Westfälischen
Sprengstoff AG auf der Troisdorfer Heide erbauten Fabrik für Sprengkapseln
und Zündhütchen, die nach der Jahrhundertwende auch die Herstellung von
Celluloid und anderen Kunststoffen aufnahm.

1931 fusionierte das Unternehmen mit der Dynamit Nobel AG, die daraufhin
ihren Sitz von Hamburg nach Troisdorf verlegte, und das Werk weiter vergrößerte.

1954 erwarb man das 1898 errichtete Chemiewerk Rheinfelden und bezog von
nun an von dort Vinylchlorid für die bereits 1934 in Troisdorf angelaufene Herstellung von Polyvinylchlorid.

Durch den Erwerb der Imshausen Werke GmbH in Witten 1958 gelangte Dynamit
Nobel auch in den Besitz des dort angewandten Katzschmann-Verfahrens zur
Herstellung von DMT.

Abgesehen von einer kleinen Zündmittelfabrik werden heute in Troisdorf überwiegend Kunststoffe erzeugt.

Für die PVC Produktion von 80.000 to/a werden 60.000 to/a Vinylchlorid
vom Werk Lülsdorf und der Rest vom Werk Rheinfelden oder anderen Erzeugern
bezogen. Das Bayer Werk Leverkusen liefert verschiedene Zwischenprodukte,
darunter Formaldehyd (7.500 to/a), das bei Dynamit Nobel zu Formaldehyd-
harzen verarbeitet wird. Erwähnenswert sind auch die Methanollieferungen von
Union Kraftstoff sowie der Schwefelsäurebezug aus dem Zweigwerk Schlebusch.

Insgesamt werden in Troisdorf weit über 150.000 to/a Kunststoffe und Kunst-
stoffvorprodukte erzeugt.

Außerdem befindet sich in Troisdorf noch eine kleine Anlage zur Herstellung von
Phenol. Eine Unterabteilung des Werkes Troisdorf befindet sich in Beuel, wo aus
Troisdorfer Rohstoffen PVC-Bodenbeläge hergestellt werden.

- Werk Schlebusch

Die bereits 1870 in Schlebusch von der Firma Kayser & Co. in Lizenz von Nobel
errichtete Dynamitfabrik wurde 1874 von der Firma Alfred Nobel & Co. übernommen und die Produktion erheblich erweitert [1].

Heute umfaßt die Produktion verschiedene Arten von Sprengstoffen und Spreng-
mitteln, über deren Umfang jedoch keine Daten erhältlich sind.

Vom Bayer Werk Leverkusen werden ca. 12.000 to/a Nitrotoluol und von der
Erdölchemie Salpetersäure bezogen. Außerdem setzt das Werk noch Ammonsalpeter sowie Pyrit für eine Schwefelsäureanlage, die auch das Werk Troisdorf mitversorgt, ein.

Wegen der strukturell bedingten Minderung des Sprengstoffbedarfs im Steinkohlen-
bergbau, der bisher nicht durch einen Mehrabsatz bei der steingewinnenden
Industrie und im Salzbergbau ausgeglichen werden konnte, stagniert der Absatz
der beiden Sprengmittelwerke Schlebusch und Würgendorf.

- Chemische Werke Witten

Dieses bis zur Übernahme durch Dynamit Nobel 1958 als Imshausen-Werke GmbH
firmierende Unternehmen war 1883 als "Märkische Seifenindustrie" gegründet
worden.

---

1) Werkszeitschrift Dynamit Nobel, Juni 1965, S. 12
2) Chemische Industrie, September 1972, S. 590

"Während des letzten Krieges war dort ein von der IG entwickeltes Verfahren zur Luftoxydation von Paraffinen aus dem Fischer-Tropsch-Verfahren zu synthetischen Fettsäuren eingesetzt worden" [1]. Nach dem Krieg wurde hier ein spezielles Verfahren zur Herstellung von Dimethylterephthalat (DMT), dem Grundstoff für Polyesterfasern, erfunden.

Heute verfügt das Werk über eine DMT-Kapazität von 50.000 to/a. Der Rohstoff Paraxylol wird vermutlich von Erzeugern im Ruhrgebiet, wie Gelsenberg, Veba, BP-Dinslaken, bezogen. Außerdem werden Kunststoff-Hilfsmittel, Lack- und Waschrohstoffe sowie Spezialfette erzeugt.

2.2.1.2.3.4. Werke der Degussa [2]

Die in Frankfurt ansässige Deutsche Gold- und Silber-Scheideanstalt, vormals Roessler, deren Ursprünge bis auf 1841 zurückgehen, hat ihr Produktionsprogramm im Laufe der Zeit sehr erweitert und stellt heute neben Edel- und Sondermetallen in großem Maße Chemikalien, Kunststoffe, Arzneimittel sowie chemisch-technische Erzeugnisse her.

Die Gesellschaft besitzt 19 produzierende Werke in der Bundesrepublik sowie eine Vielzahl von Beteiligungen im In- und Ausland.

Der Raum Köln bildet einen Schwerpunkt der Degussa - in fünf Werken sind hier ca. 3.000 Menschen - ein knappes Viertel aller Mitarbeiter des Unternehmens - tätig.

Vier der Kölner Werke stehen untereinander und mit benachbarten Chemiewerken in einem engen Verbund und unterhalten auch mit entfernteren Degussa Werken intensive Lieferbeziehungen. Die wichtigsten Austauschbeziehungen sind aus der Übersicht 14 über den Verbund der Degussa Werke im Kölner Raum ersichtlich.

---

1) Broich, F.: Die Petrochemie des Rhein-Ruhr-Gebietes, 1968, a.a.O., S.40
2) Die Daten wurden im wesentlichen aus verschiedenen Unterlagen der Degussa, Stand 1972, entnommen.

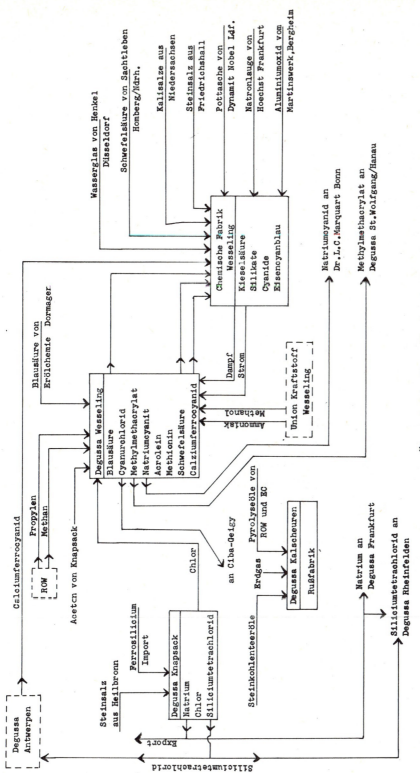

Übersicht 14 : Verbund der Degussa Werke im Kölner Raum

- Degussa Knapsack

Das älteste von der Degussa selbst erbaute Werk im Kölner Raum ist eine 1928
in unmittelbarer Nähe der Knapsack AG befindliche Natriumfabrik. In ihr
wurde die um die Jahrhundertwende im Degussa Werk Rheinfelden begonnene
Natriumproduktion fortgesetzt, da die Erfindung eines neuen, rationelleren Herstellungsverfahrens einen völligen Umbau der Rheinfeldener Anlagen erforderlich
gemacht hätte, was mit erheblichen Schwierigkeiten verbunden gewesen wäre.

Für das sehr energieintensive Herstellungsverfahren bot der preiswerte Kölner
Braunkohlenstrom eine ähnlich günstige Energieversorgung wie die Laufwasser-
kraftwerke des Hochrheins.

In dieser größten Natriumfabrik Europas wird aus Heilbronn über den Hafen
Godorf bezogenes Steinsalz in einer Schmelzflußelektrolyse in metallisches
Natrium und Chlor zerlegt [1].

Die Nachfrage nach Natrium ist in letzter Zeit stark zurückgegangen, teils bedingt durch Verfahrensänderungen, welche die früher übliche Verwendung von
Natrium zur Waschmittelherstellung (Degussa Rheinfelden) und zur Herstellung
von Cyannatrium (Degussa Frankfurt) überflüssig machten, und teils durch Ge-
setze erzwungen, die einen geringeren Bleigehalt in Motorentreibstoffen vor-
schreiben und so das frühere Haupteinsatzgebiet von Natrium zur Herstellung
von Tetraäthylblei als Antiklopfmittel stark schmälerten [2].

Neben dem Export wird Natrium heute nur noch an die Werke Frankfurt und
Rheinfelden zur Herstellung von Natriumperoxid geliefert.

---

1) Klug, C.: Hürth, wie es war, wie es wurde, Köln o.J., S. 201
2) Degussa Geschäftsbericht 1970/71, S.15-17

Das anfallende Chlor wird zur Hälfte an das Degussa Werk Wesseling geliefert und zur Hälfte zusammen mit importiertem, hochreinem Ferrosilicium zu Siliciumtetrachlorid verarbeitet, das an die Werke Antwerpen und Rheinfelden geliefert und dort für die Erzeugung von Aerosil (ein weißer Füllstoff) benötigt wird.

Außerdem stellt das Werk Salze für die Stahlherstellung her.

- Chemische Fabrik Wesseling

Die 1880 am Rhein erbaute Chemische Fabrik Wesseling stellte ursprünglich aus Rückständen der Gasreinigung Cyansalze und Blaufarben her [1]. Die seit 1905 am Kapital und seit 1940 mehrheitlich beteiligte Degussa kaufte das Unternehmen in den sechziger Jahren ganz auf und stellte es voll in den Verbund ihrer anderen Kölner Werke.

Das Produktionsprogramm umfaßt heute aus gefällten Kieselsäuren und Silikaten bestehende helle Füllstoffe in einer Menge von 120.000 to/a (ein Drittel der Welterzeugung) [2] sowie komplexe Cyanide (14.000 to/a) und Blaufarben.

Für die Füllstofferzeugung bezieht das Werk in großen Mengen Wasserglas (250.000 to/a) von Henkel in Düsseldorf. Während früher ca. 50 Tanklastzugfahrten die Straßen belasteten, ist der Wasserglasbezug seit Herbst 1971 auf den Bahntransport umgestellt worden [3].

Schwefelsäure und Blausäure werden in kurzen Rohrleitungen vom benachbarten Werk Degussa Wesseling bezogen, das wiederum von der Chemischen Fabrik Wesseling mit Strom und Dampf versorgt wird.

Vom Werk Degussa Antwerpen und auch vom Werk Wesseling wird Calciumferrocyanid bezogen. Die übrigen Einsatzprodukte sind [4]:

---

1) Vogt, A.: 1970, a.a.O., S 72
2) Degussa Presseinformation vom 19.10.1972
3) Handelsblatt vom 16.9.1971
4) Schriftliche Angaben der Chemischen Fabrik Wesseling

- 5.000 to/a Kalisalze aus Niedersachsen

- 1.200 to/a Steinsalz aus Friedrichshall

- 1.500 to/a Natronlage von Hoechst, Frankfurt

- 2.500 to/a Aluminiumoxid vom Martinswerk Bergheim

- 5.000 to/a Pottasche von Dynamit Nobel Lülsdorf

Zusätzlich zu der in einer Rohrleitung angelieferten Schwefelsäure wird diese auch noch vom Werk Homberg der Sachtleben Chemie GmbH bezogen.

Absatzschwerpunkte im Nahraum hat das Werk nicht - 75 % der Erzeugung werden in den EWG-Raum exportiert.

- Degussa Wesseling

In unmittelbarer Nähe der Chemischen Fabrik Wesseling (CFW) wurde 1952 ein weiteres Zweigwerk der Degussa errichtet.

Standortentscheidend war neben der günstigen Verkehrslage und den guten Wasserverhältnissen der hier mögliche vielfältige Leitungsverbund sowohl mit dem älteren Schwesterwerk CFW, von dem Strom und Dampf bezogen und an das Zwischenprodukte geliefert werden sollten, als auch mit der Union Kraftstoff AG als Rohstofflieferant für Ammoniak und Methanol sowie den ein Jahr später direkt westlich des Werkes erbauten Rheinischen Olefinwerken, die Heizgas, Methan und Propylen liefern sollten.

Das Werk Wesseling ist das Zentrum der Degussa-Blausäurechemie. Blausäure wird hier aus Methan und Ammoniak erzeugt.

Seit Aufnahme der Acrylnitrilproduktion bei der Erdölchemie GmbH 1965 wird die dabei zwangsläufig anfallende Blausäure (25.000 to/a) zusätzlich in Kesselwagen nach Wesseling geliefert.

Ein Teil der Blausäure (6.000 to/a) wird zur CFW gepumpt, die überwiegende Menge jedoch zu Cyanverbindungen verarbeitet, wie:

- Chlorcyan, hergestellt unter Verwendung des vom Degussa Werk Knapsack
  gelieferten Chlors und Vorprodukt für
- Cyanurchlorid, einem wichtigen Grundstoff für Herbicide. Hauptabnehmer
  sind Werke der Ciba-Geigy in Basel und in den USA, wo spezielle Herbicide
  für Maiskulturen hergestellt werden,
- Natriumcyanid und Calciumferrocyanid, das durch eine Rohrleitung an die
  CFW gepumpt wird.

Aus Acetoncyanhydrin, Methanol - geliefert von UK - und Schwefelsäure aus
einer eigenen Anlage, die auch die CFW mitversorgt, wird Methylmethacrylat
hergestellt, das teils in Wesseling zu Kunststoffen weiterverarbeitet und teils an
das Degussa Werk Wolfgang bei Hanau geliefert wird, wo man es zu Acrylglas
polymerisiert.

Unter Verwendung von Propylen wird über mehrere Zwischenstufen Methionin
erzeugt, eine lebenswichtige Aminosäure, die als Eiweißbaustein in der Medi-
zin und der Tierernährung ständig an Bedeutung gewinnt.

- Degussa Kalscheuren

Das Degussa Werk Kalscheuren entstand durch die 1895 erfolgte Zwangsverlegung
einer seit 1862 in Köln-Sülz gegründeten Rußfabrik, deren Kapital die Degussa
in den dreißiger Jahren erwarb [1].

Mit einer Erzeugung von 130.000 to/a ist das Werk heute Europas größte Rußfabrik.

Die Ruße werden zu 90 % als Füllstoff an die Kautschukindustrie, vornehmlich
Autoreifenhersteller, geliefert. Daneben zählt die Druckfarben- sowie die
Kunststoffindustrie zu den Abnehmern.

---

1) Reykers, H.: 1957, a.a.O., S. 149

Hauptrohstoff ist Steinkohlenteeröl, das von den Teerdestillationen der Rütgers-werke im Ruhrgebiet und aus Alsdorf sowie aus dem Saargebiet bezogen wird. Daneben werden von Zeit zu Zeit Pyrolyseöle, die bei der Äthylenherstellung in den Steam-Crackern der ROW und der Erdölchemie anfallen, eingesetzt.

Geht man von einem Ausbeutegrad von 60 % aus [1], so liegt der Ölbezug bei 215.000 to/a.

Über das Gasnetz der Rhenag wurden aus der Stadtgasanlage der Shell-Raffinerie größere Heizgasmengen bezogen. Nach Stillegung der Stadtgasanlage wird nun Erdgas eingesetzt.

Eine weitere größere Rußfabrik der Degussa , die Deutsche Gasrußfabrik GmbH, an der auch mehrere große Reifenhersteller beteiligt sind, befindet sich in Dortmund.

- Dr. L. C. Marquart GmbH, Bonn-Beuel

Diese 100 %ige Tochtergesellschaft soll nur der Vollständigkeit halber kurz er-wähnt werden. Das Produktionsprogramm - mengenmäßiger Umfang ca. 10.000 to/a - umfaßt Chemikalien, Metalle und Metallverbindungen, wobei die destillative Cadmiumerzeugung im Vordergrund steht.

Die dabei in größeren Mengen anfallende Zinksulfatlauge konnte bis 1971 als Hilfsstoff an das im benachbarten Siegburg liegende Faserwerk der Phrix geliefert werden. Seit der Stillegung dieses Werkes ist dieser sinnvolle Verbund entfal-len und die Lauge muß kostenerhöhend aufbereitet werden.

---

1) Franck, H.-G.; Collin, G.: Steinkohlenteer, 1968, a.a.O., S. 111

2.2.1.2.3.5. Henkel & Cie

Die als Hersteller von Wasch- und Reinigungsmitteln sowie Klebstoffen einer breiten Öffentlichkeit bekannten Firma Henkel kann auf eine fast hundert-jährige Geschichte zurückblicken.

Das in Düsseldorf-Holthausen ansässige Unternehmen ist ein wichtiger Großab-nehmer von chemischen Massenprodukten und stellt seinerseits neben vielfältigen Spezialprodukten auch chemische Roh- und Hilfsstoffe her [1].

Seit Jahrzehnten bezieht Henkel vom Degussa Werk in Rheinfelden den Wasch-mittelrohstoff Natrium-Perborat; von den Chemischen Werken Hüls in Marl Alkyl-benzol, ebenfalls ein Waschmittelrohstoff, sowie ca. 15 Mio cbm Wasserstoff, der dem von Marl nach Köln führenden Wasserstoffverbundnetz entnommen wird; von der Knapsack AG bei Köln Phosphorsäure sowie Zellulose aus dem Raum Mannheim.

Seinen umfangreichen Sodabedarf deckt das Unternehmen bei seiner Tochterge-sellschaft E. Matthes & Weber in Duisburg. 1838 von Friedrich Wilhelm Curtius gegründet, wurde das Unternehmen 1916 an seinen damaligen und heutigen Hauptabnehmer, die Firma Henkel, verkauft [2].

Heute hat diese älteste und noch bestehende, inzwischen modernisierte Soda-Fabrik eine Kapazität von 250.000 to/a Soda. Durch die Lage im Duisburger Außenhafen mit direktem Schiffsanschluß können die umfangreichen Rohstoff-mengen an Kalkstein (Elberfeld), Koks und Salz (Niederrhein) - zusammen ca. 750.000 to/a - transportkostengünstig ins Werk gelangen. Fast die gesamte Soda-Erzeugung wird in Eisenbahnwaggons zum Henkel Werk nach Düsseldorf transportiert, wo Soda hauptsächlich als Rohstoff zur Herstellung von ca. 270.000 to/a Wasserglas dient.

---

1) Kapazitäten nach brieflichen Angaben der Henkel & Cie GmbH Düsseldorf vom 31.8.72
2) 125 Jahre Matthes & Weber, Festschrift, Duisburg, 1963

Den für die Erzeugung von Wasserglas (Kieselsäurenatrium) notwendigen Quarzsand bezieht Henkel aus Haltern in Westfalen.

Hauptabnehmer von Wasserglas ist die zur Degussa gehörende Chemische Fabrik
Wesseling in Wesseling, an die ca. 250.000 to/a per Bahn geliefert werden.
Aber auch die Kronos Titangesellschaft in Leverkusen gehört mit einem Bezug von
4.000 to/a Wasserglas für ihr Werk Leverkusen und von 3.000 to/a für ihr Werk
Nordenham zu den Abnehmern. Vermutlich wird auch die Titandioxidfabrik des
Bayer-Werkes Uerdingen mit Wasserglas beliefert.

Daneben erzeugt Henkel fettchemische Produkte, wie 60.000 to/a Fettalkohole,
140.000 to/a Fettsäuren und 12.000 to/a Glyzerin, die an 10-15 Abnehmer,
verteilt über die gesamte Bundesrepublik, vorwiegend in Straßenfahrzeugen geliefert werden.

Die Belegschaft der Henkel & Co. GmbH in Düsseldorf umfaßt 15.000 Mitarbeiter.

2.2.1.2.3.6. Werke der Aluminiumchemie

Das Rhein-Ruhrgebiet ist auch Standort von zwei bedeutenden fast gleich großen
Werken der Aluminiumchemie, die einige der in diesem Raum ansässige Aluminiumhütten sowie auch weiter entfernte Hütten mit dem Vorprodukt Tonerde
versorgen.

Am ältesten ist das zur Alusuisse gehörende, 1914 bei Bergheim erbaute
Martinswerk.

Wegen des sehr wärme- und wasserintensiven Herstellungsverfahrens waren die
unmittelbare Nähe der Braunkohlenvorkommen, das wasserreiche Erfttal und die
relative Nähe des Rheins, auf dem der Rohstoff Bauxit herangeschafft werden
konnte, entscheidend für die Standortwahl [1].

---

1) Nach mündlichen Auskünften der Martinswerk GmbH, Bergheim

Das Werk sollte den Tonerdebedarf der 1888 in Rheinfelden am Hochrein ebenfalls von der Alusuisse errichteten ersten Aluminiumhütte auf deutschem Boden
decken -eine Aufgabe, die das Werk unter anderem auch noch heute erfüllt.

Für die 1971 auf eine Kapazität von 400.000 to/a Tonerde (Aluminiumoxid und
Aluminiumhydroxid) für metallurgische und chemische Zwecke erweiterten Anlagen[1] werden ca. 1 Mio to/a Bauxit benötigt, die aus eigenen Bauxitgruben
in Sierra-Leone und Nordaustralien nach Rotterdam verschifft und von dort sowohl direkt per Bahn als auch über den Hafen Köln-Niehl nach Bergheim transportiert werden.

Die für den Herstellungsprozeß benötigte Natronlauge muß trotz Wiedergewin-
nung laufend ergänzt werden. Lieferanten der ca. 15.000 to/a sind Bayer-Lever-
kusen und Dynamit Nobel Lülsdorf - beide Werke zählen ebenso wie die Chemische Fabrik Wesseling, eine zur AKZO-Gruppe gehörende Aluminiumsulfat-
fabrik in Düren, Emailfabriken im Kölner Raum und mehrere Glasfabriken - zu
den Abnehmern des Martinswerkes.

Hauptabnehmer für Tonerde sind jedoch die Aluminiumhütten, wo für die elektro-
lytische Erzeugung von einer Tonne Aluminium ca.2 Tonnen Tonerde benötigt
werden.

Rund 120.000 to/a werden per Bahn an die Alusuisse-Hütte in Rheinfelden gelie-
fert und ca. 60.000 to an die im nur wenig entfernten Grevenbroich liegende
Hütte der Vereinigten Aluminiumwerke VAW. Es ist zu vermuten, daß auch die
Aluminiumhütte der Leichtmetallgesellschaft in Essen, eine 50 %ige Alusuisse
Tochter, zumindest teilweise von Bergheim aus mit Tonerde versorgt wird.

---

1) Alusuisse Geschäftsberichte 1970 und 1971, S. 8

Die restlichen Mengen gehen an Abnehmer im EWG-Raum und ca. 20.000 to/a an Abnehmer in EFTA-Ländern und in Übersee [1].

Der bei der Tonerdeproduktion zwangsläufig in großen Mengen anfallende Rotschlamm (ca. 600.000 to/a) wird durch eine Rohrleitung in den ausgekohlten Teil einer eigenen Braunkohlengrube gefüllt, die das Dampfkraftwerk mit Brennstoff (500.000 to/a Rohbraunkohle) versorgt.

In jüngster Zeit verkauft das Werk auch in geringen Mengen Rotschlamm an Dachziegelfabriken zum Rotfärben mißfarbener Tone sowie in gesinterter Form als Komponente an die Zementindustrie.

Das Martinswerk beschäftigt ca. 1.000 Mitarbeiter.

Das zweite große Tonerdewerk befindet sich westlich von Lünen am Datteln-Hamm-Kanal. Die Vereinigten Aluminiumwerke (VAW) (über 99 % Bundeseigentum) betreiben es als Werkseinheit zusammen mit einer Aluminiumhütte.

1938 mit einer Kapazität von 50.000 to/a Tonerde und 22.000 to/a Hüttenaluminium in Betrieb genommen [2], besitzt das Werk seit dem 1972 erfolgten Ausbau eine Tonerdekapazität von 430.000 to/a.

Seinen augenblicklichen Titel als größtes Tonerdewerk der Bundesrepublik wird es Ende 1973 an ein in Stade von VAW gemeinsam mit Reynolds erbautes Tonerdewerk von zunächst 700.000 to/a abtreten müssen.

Die Rohstoffversorgung mit Bauxit ist in den letzten Jahren von den südosteuropäischen Ländern auf wirtschaftlichere Überseeprovenienzen in Westafrika und Nordaustralien umgestellt worden. Der Transport erfolgt über Rotterdam und dann in Binnenschiffen direkt bis ans Werk.

1) Briefliche Angaben der Martinswerke GmbH vom 3.1.1973
2) 50^e Anniversaire des VAW 1917-1967, S.14

Neben der benachbarten, auf 50.000 to/a Hüttenaluminium ausgebauten Aluminiumhütte, die etwa die doppelte Menge Tonerde abnimmt, versorgt das Lippe-
werk das neue Rheinwerk in Stüttgen bei Neuß (bei Vollauslastung 280.000 to/a).
Inwieweit auch noch Tonerde an die in Essen liegende Hütte der Leichtmetallgesellschaft und an die Aluminiumhütte der Kaiser-Preussag in Voerde/Ndrh. geliefert wird, war nicht zu erfahren.

Die Stromversorgung des Tonerdewerkes sowie der drei VAW-Aluminiumhütten
im Rhein-Ruhrgebiet erfolgt seit 1959 durch preiswerten Braunkohlenstrom aus
einem eigenen gemeinsam mit dem RWE in Frimmersdorf betriebenen Braunkohlen-
kraftwerk.

Da die Leitungsverluste nach Lünen relativ hoch sind, baute man die dortige,
an sich günstig neben dem Tonerdewerk liegende Aluminiumhütte nicht aus, sondern
errichtete 1961 in Stüttgen bei Neuß, nur 15 km nordwestlich des Kraftwerkes,
eine neue Aluminiumhütte.

2.2.1.2.3.7. Sonstige Chemiewerke

- Solvay Rheinberg

Eine Sonderstellung unter den Chemiewerken im Rhein-Ruhr-Gebiet nimmt das
Werk Rheinberg der Deutschen Solvay-Werke GmbH ein, einer Tochtergesell-
schaft des gleichnamigen belgischen Industriekonzerns, der zu den bedeutendsten
Sodaherstellern der Welt gehört.

Die Sodafabrik in Rheinberg wurde bereits vor der Jahrhundertwende in Betrieb
genommen.

Nur ca. 3 km nördlich dieses in der Nähe des Rheins gelegenen Werkes betreiben die Deutschen Solvay-Werke in Borth "ein Steinsalzbergwerk, dessen Produktionskapazität die aller ähnlichen Anlagen in der Welt überschreitet" [1].

_____

1) Solvay - firmenkundlicher Bericht, Hoppenstedt & Co., Darmstadt 1971,
   S.2671

1970 wurden hier 4,2 Mio to Steinsalz und Steinsalz in Form von Sole gefördert [1].

Neben Großabnehmern wie die Chlor-Alkali-Elektrolysen der Bayer Werke werden auch die eigenen Chlor-Alkali-Elektrolysen des Werkes Rheinberg versorgt.

Die Sodafabrik wurde Mitte der sechziger Jahre durch eine Polyvinylchlorid-
anlage (90.000 to/a) ergänzt, deren Rohstoffversorgung mit Vinylchlorid von
konzerneigenen Petrochemiewerken im Benelux-Raum erfolgte [2]. Seit Anfang
1973 wurde die Rohstoffversorgung jedoch von einer neuen, in Rheinberg erbauten
Vinylchloridanlage (200.000 to/a) übernommen [3].

Während das benötigte Chlor in den Rheinberger Elektrolyseanlagen zur Verfügung steht, wird das Äthylen aus dem Benelux-Raum, vermutlich aus Antwerpen,
bezogen.

Nach Fertigstellung einer von Oberhausen-Holten nach Rheinberg im Bau befindlichen Zweigleitung des ARG-Äthylenverbundnetzes wird auch Solvay künftig
Äthylen vorwiegend per Rohrleitung beziehen [4].

Neben diesen Produkten werden auch Allylchlorid, Glycerin und Epichlorhydrin
hergestellt [5]. Letzteres dient zur Rohstoffversorgung der 1970 gemeinsam in
Bergkamen mit der Schering AG gegründeten "Schering Solvay Duromer Chemie
GmbH", die Epoxydharze herstellt [6].

Um die Salzversorgung der Werke der Solvay-Gruppe sicherzustellen, hat die
Deutsche Solvay zusammen mit den Chemischen Werken Hüls im Juli 1970 die
Salzgewinnungsgesellschaft Westfalen mbH in Wessum gegründet, die ein Salz-

---

1) Jahrbuch für Bergbau, Energie, Mineralöl und Chemie, 1971, a.a.O., S.222
2) Mündliche Angaben der Deutschen Solvay vom 19.3.1973
3) Europa Chemie, 20, 1972, S. 406
4) Mündliche Angaben der Deutschen Solvay GmbH vom 19.3.1973
5) Solvay verstärkt ihre Interessen in der Bundesrepublik, in: Handelsblatt
   vom 18.9.72
6) Solvay & Cie., Geschäftsbericht 1970, S. 26 f.

vorkommen bei Epe (Gronau) ausbeuten und in Form von Salzsole durch Rohrleitungen ab Mitte 1973 nach Rheinberg pumpen wird [1]. Der von Rhede nach
Marl zu den CWH führende Abzweig wird erst später in Betrieb gehen.

Ebenfalls Mitte 1972 wird eine mehrere hundert Kilometer lange Sole-Fernleitung
von Rheinberg nach Jemeppe an der Sambre in Betrieb gehen und das dortige
Solvay-Werk mit Salzsole aus Westfalen versorgen [2].

Im Werk Rheinberg (Sodafabrik, Chlor-Alkali-Elektrolyse und Petrochemiewerk)
sind ca. 1.000, im Salzwerk Borth ca. 900 Mitarbeiter beschäftigt.

Sollte es zu dem von der Veba-Chemie AG geplanten Bau eines Raffinerie- und
Petrochemiezentrums im nur wenige Kilometer östlich liegenden Orsoyer Rheinbogen kommen, so könnte sich hier ein interessanter petrochemischer Verbund
entwickeln.

- Sachtleben Chemie GmbH in Homberg, Niederrhein

Seit 1892 betreibt die Sachtleben AG in Homberg eine Lithopone und Blanc-
fixe-Pigmentfabrik, die 1960 durch Schwefelsäureanlagen ergänzt wurde [3].
Zur gleichen Zeit errichtete diese Gesellschaft zusammen mit dem amerikanischen E.I.du Pont de Nemours Konzern eine Titandioxidfabrik auf dem gleichen
Werksgelände in Homberg, die unter dem Namen Pigment Chemie GmbH
(74 % Sachtleben, 26 % du Pont) im engen Verbund mit den unmittelbar benachbarten Anlagen der Sachtleben AG betrieben wird.

Die Anlagen befinden sich südlich von Homberg direkt am Rhein, gegenüber
der Fina-Raffinerie in Duisburg-Neuenkamp.

---

1) Solvay & Cie., Geschäftsbericht 1970, S. 26
2) Äthylenpipeline der ARG erweitert, in: EKEP, 1, 1973, S.52
3) Briefliche Angaben der Metallgesellschaft AG vom 23.1.1973

Anfang 1972 übernahm der bisherige Mehrheitsaktionär Metallgesellschaft AG
die Sachtleben GmbH mit ihren Anlagen in Homberg, und die Sachtleben Bergbau GmbH mit Sitz und Zechenanlagen in Meggen [1].

Nach Bayer und BASF ist das Werk Homberg mit einer Kapazität von 630.000 to/a
SO_3 der drittgrößte Schwefelsäureproduzent der Bundesrepublik, und betreibt die
größte Einzelanlage dieser Art.

Die Rohstoffversorgung mit Schwefelkiesen erfolgt durch Bahntransporte ausschließlich aus der konzerneigenen Grube in Meggen im Sauerland.

Im Gegensatz zu vielen anderen Schwefelsäureerzeugern kann bei Sachtleben
das Kontaktverfahren gewinnbringend betrieben werden, da die Pyrite in Meggen
zusammen mit Schwerspat gewonnen werden und außerdem 10 % Zink enthalten,
dessen Verkauf wesentlich zum Ergebnis beiträgt.

Die Schwefelkisabbrände werden teils an die August-Thyssen-Hütte und teils an
Zementfabriken geliefert. In Zukunft sollen sie als Rohstoff für eine in Homberg
im Bau befindliche Anlage zur Herstellung von Bohrhilfsflüssigkeiten (Drilling
mods) dienen.

Abnehmer von Schwefelsäure sind Chemiewerke im Rhein-Ruhrgebiet, wie die
Knapsack AG (100.000 to/a), die Chemische Fabrik Kalk, Degussa Wesseling,
aber auch das in Nordenham gelegene Kronos Titandioxid Werk , das ca.
150.000 to/a Schwefelsäure vorwiegend in Binnenschiffen bezieht [2]. Daneben
werden Hüttenwerke beliefert und auch die Ruhrschwefelsäure GmbH, die ihre
mit ausländischen Flotationsschwefelkiesen betriebenen Anlagen in Bochum-
Riemke Ende 1972 aus wirtschaftlichen Gründen stillegen mußte [3], Lieferverträ-
ge jedoch weiter zu erfüllen hat.

---

1) Mündliche Angaben der Sachtleben Chemie-GmbH
2) Briefliche Angaben des Kronos Titandioxid Werkes Nordenham
3) Ruhr-Schwefelsäure stellt Produktion ein, in: Handelsblatt vom 13.11.72

Die durch eine kurze Rohrleitung versorgten Anlagen der Pigment Chemie
GmbH verbrauchen für ihre Titandioxidproduktion von 50.000 to/a ca. 170.000
to/a Schwefelsäure. Ebenso wie im Bayer-Werk Uerdingen dient auch hier angereicherte kanadische Titanschlacke (70 %ig) als Rohstoff, da bei deren Verarbeitung nur wenig Abfallschlacke anfällt. Die zwangsläufig entstehende Dünnsäure
(ca. 170.000 to/a) wird von dem gleichen Unternehmen, das auch die Bayer
Dünnsäure beseitigt, in Spezialschiffen in die Nordsee transportiert.

Insgesamt sind in den Homberger Anlagen 1.300 Mitarbeiter beschäftigt.

- Concordiaberg AG, Oberhausen

Diese ehemalige Zechengesellschaft, die sich zu über 50 % im Besitz der Schering
AG befindet, hat sich seit Stillegung ihres Bergbaues im Jahre 1968 konsequent
zu einem Chemieunternehmen entwickelt [1].

Eine ihrer Tochtergesellschaften, die Chemischen Werke Rombach GmbH, betreibt in Oberhausen ein Chemiewerk zur Herstellung von Düngemitteln, Sul-
faten und Salzsäure. Zusammen mit einer weiteren Tochtergesellschaft der Fritz
Hamm GmbH, einem der bedeutendsten Schwefelsäurehändler Europas [2], gründete die Concordiaberg die Curtius GmbH, welche Mitte 1972 in Duisburg eine
neue Schwefelsäurekontaktanlage mit einer Kapazität von 300.000 to/a
96 %iger Schwefelsäure in Betrieb nahm.

Sie wurde auf dem Gelände einer der ältesten Schwefelsäurefabriken der Welt,
dem 1824 gegründeten Werk Curtius der Ruhr-Schwefelsäure, das 1970 die Produktion einstellte, erbaut [3]. Neben inländischen Abnehmern sollen von hier aus
auch Kunden im Ausland mit Schwefelsäure beliefert werden.

1) Concordiaberg auf dem Weg zum Chemieunternehmen, in: Handelsblatt vom
   24.5.1972
2) Polnische Firma baut in Duisburg Schwefelsäureanlage, in: Handelsblatt vom
   10.7.72
3) Handelsblatt vom 10.7.72

- Chemische Fabrik Kalk GmbH [1]

Die seit über hundert Jahren in Köln-Kalk produzierende Chemische Fabrik Kalk ist seit 1952 eine 100 %ige Tochtergesellschaft der Salzdetfurth AG und gehört somit seit der 1972 erfolgten Verschmelzung der Kali und Salz AG mit der Salzdetfurth AG über die Wintershall AG zur BASF [2].

Während früher fast ausschließlich Düngemittel erzeugt wurden, stellt das Werk heute zur Hälfte auch chemische Grundstoffe her, wie Sulfate, Phosphate, Natronlauge, Ammoniak und Salpetersäure.

Die im Kölner Raum ansässige Glasindustrie wird von der CFK mit 100.000 to/a Soda beliefert. Das bei der Sodaproduktion zwangsläufig anfallende Chlorcalcium wird als anti-Staub- und anti-Frostmittel für den Berg- und Straßenbau verkauft.

Der Rohstoffbezug von ca. 1,3 Mio to/a umfaßt größere Mengen Schwefelsäure (ca. 100.000 to/a), hauptsächlich vom Bayer Werk Leverkusen geliefert, Phosphorsäure von Knapsack und aus Belgien, Phosphate aus Übersee, Steinsalz vom Niederrhein, Kalk aus dem Bergischen Land sowie Koks aus dem Ruhrgebiet.

Das Unternehmen beschäftigt ca. 2.000 Mitarbeiter.

Das Krefelder Düngemittelwerk der Guanowerke AG ist ohne große Bedeutung und tritt nur in kleinem Umfang als Abnehmer von Ammoniak (50.000 to/a) der Union Kraftstoff AG und von Schwefelsäure in Erscheinung.

Die Kapitalmehrheit dieses lange mit Verlust arbeitenden Unternehmens, das auch in Nordenham noch ein Düngemittelwerk betreibt, liegt über die Wintershall AG ebenfalls bei der BASF [3].

---

1) Da die CFK auf mehrere Anfragen negativ reagierte, mußte leider auf Daten von 1969 zurückgegriffen werden.
2) Salzdetfurth büßt für Fehlschlag in den USA - ein traditionsreicher Name verschwindet, in: Handelsblatt vom 24.5.72
3) Guano Werke verlassen Verlustzone, in: Handelsblatt vom 17.4.72

Die seit 1889 in Essen beheimatete Th. Goldschmidt AG, die sich zunächst auf
die Herstellung von Zinnverbindungen aus der Entzinnung von Weißblechabfäl-
len spezialisierte [1], inzwischen in Essen aber auch Kunstharzfilme, Korrosions-
schutzmittel, Silicone und Desinfektionsmittel herstellt, unterhält keine erwähnenswerten Beziehungen zu anderen Chemiewerken des Ruhrgebietes.

Abschließend soll noch das Kunstfaserwerk der Du Pont de Nemours GmbH in
Uentrop östlich von Hamm genannt werden, für das umfangreiche Investitions-
prämien aus dem Steinkohlenbau-Förderungsgesetz in Anspruch genommen werden konnten [2].

Seit 1968 werden hier von 2.000 Mitarbeitern Nylon und Polyesterfasern her
gestellt. Für die 1973 erreichte Kapazität von ca. 100.000 to/a Fasern werden
ca. 130.000 to/a Rohstoffe von Werken aus der Bundesrepublik, Belgien und
Frankreich eingesetzt [3].

Trotz der Lage des Werkes direkt am Datteln-Hamm-Kanal, der wenige hundert
Meter weiter östlich endet, erfolgt der Gütertransport ausschließlich mit der
Eisenbahn [4].

---

1) Goldschmidt informiert, Nr. 4/1971, Sonderausgabe, S. 4 f.
2) Du Pont Deutschland setzte fast 700 Mill. DM um, in: Handelsblatt vom
   24.8.72
3) Briefliche Angaben der Du Pont de Nemours GmbH vom 14.4.72
4) Ebenda

2.2.2. Andere Kohlengebiete

2.2.2.1. Das Limburger Kohlenbecken [1]

2.2.2.1.1. Geschichtliche Entwicklung

Die chemische Industrie im holländischen Kohlenrevier von Limburg [2] basierte
zunächst auf den bei der Kohleverkokung anfallenden Nebenprodukten. Seine
industrielle Bedeutung verdankt das Gebiet den Nederlandse Staatsmijnen,
Abkürzung DSM, die 1902 in Limburg mit der Kohleförderung begannen und nach
der Errichtung von Kokereien im Jahre 1930 die Erzeugung von chemischen Produkten aufnahmen.

Grundlage war die auf Koksofengas basierende Ammoniaksynthese, deren Erzeugung zusammen mit einer Schwefelsäure- und Salzpetersäureanlage zur Düngemittelproduktion diente.

Im Jahr 1952 erbaute man eine Caprolactamfabrik auf carbochemischer Grundlage
und 1959 folgte eine kleine Äthylen- und Polyäthylenanlage, die auf Koksofengasbasis arbeitete.

Die grundlegenden Änderungen auf dem westeuropäischen Energiemarkt veranlaßten die DSM Anfang der sechziger Jahre, den Bergbau allmählich aufzugeben.
Aus sozialer Verantwortung für die 1965 noch 26.700 direkt oder indirekt im Bergbau Beschäftigten streckte die DSM den Stillegungsprozeß ihrer vier Gruben auf
zehn Jahre [3]. Die letzte Kohlengrube, Emma-Hendrik, wurde 1973 geschlossen [4].

---

1) Dieser Abschnitt ist in wesentlichen Teilen eine geordnete und geraffte Zusammenfassung einer englisch-sprachigen Veröffentlichung der DSM-Informations-
   zentrale: Industrial activities, Edition August 1970
2) Industrial activities, a.a.O., S.11
3) Vgl.: Kurze Beschreibung von Südlimburg, Vergünstigungen für neue Gründun-
   gen und Umschulung, Finanzierungsmöglichkeiten. Hrsg.: Economisch Techno-
   logisch Institut in Limburg, Febr. 1968
4) Holländische Staatszechen ziehen Nutzen aus der Diversifizierung, in:
   Handelsblatt vom 21.2.73

Der Prozeß der Umstellung der chemischen Produktion auf andere Rohstoffe setzte
bereits 1945 ein, als man bei der Ammoniaksynthese geringe Mengen Erdgas einsetzte.

Schon 1961 wurde die Äthylenerzeugung teilweise mit Naphtha betrieben, und ab
1967 dann ausschließlich, als dieser petrochemische Rohstoff durch eine Rohrleitung
von Rotterdam in das Limburger Gebiet gepumpt wurde.

Die Caprolactamproduktion löste sich 1964 von der Kohle und setzte petrochemisches
Phenol aus Rotterdam ein.

Seit 1968 sind die Kokereien stillgelegt und die Ammoniakerzeugung beruht ausschließlich auf Erdgas.

2.2.2.1.2. Verflechtungen der Limburger Chemieanlagen[1]

Die chemischen Anlagen der DSM in Limburg befinden sich in Geleen und in der
Nachbargemeinde Beek mit gutem Autobahn-, Eisenbahn- und Hafenanschluß am
Juliana-Kanal in Stein. DSM unterscheidet die Stickstoffabrik in Geleen, die
Organische Produktenfabrik Geleen sowie die Polychemischen Werke Beek.

Da alle Werke funktional eng miteinander verflochten sind, soll der nur durch
die Autobahn-Schnellstraße getrennte Werkskomplex insgesamt betrachtet werden.

Die Verflechtungen sind aus der Übersicht 15 ersichtlich.

Rohstoffgrundlage der Stickstoffwerke ist per Rohrleitung angeliefertes Groninger
Erdgas[2]. Der größere Teil davon wird zur Erzeugung von 475.000 to/a Ammoniak
benötigt, wobei aus dem Abfallgas der Ammoniaksynthese Argon und Helium gewonnen werden[3].

---

1) Die Kapazitäten beziehen sich, sofern nichts anderes angegeben, auf den
   Zeitraum 1970/71.
2) DSM ist an zwei bedeutenden Erdgasförderungs- und Verteilungsgesellschaften
   der n.V. Nederlandse Gasunie und der Maatschap zu je 40 % beteiligt, siehe:
   PPS Juli 1972, S.266
3) Chemische Industrie 9/70/S.559

Das bei der Ammoniakerzeugung in einer Menge von 280.000 to/a zwangsläufig anfallende Kohlendioxyd dient zusammen mit einer etwa gleich großen Menge Ammoniak zur Produktion von 275.000 to/a Harnstoff, der als Dünger, Futtermittel und chemischer Rohstoff verkauft wird. Ein Teil des Harnstoffes wird zur Herstellung von 40.000 to/a Melamin benötigt, einem Rohstoff für Kunstharze und für die Lackindustrie.

Ein großer Teil des Ammoniaks wird in der Düngemittelfabrik, teilweise über Salpetersäure (115.000 to/a), zu folgenden Düngemitteln verarbeitet:

- 800.000 to Kalkammomsalpeter
- 100.000 to Calciumnitrat
- 300.000 to Mischdünger NPK

Die hierzu erforderlichen weiteren Rohstoffe wie Mergel, Phosphate und Kali werden transportgünstig auf dem Wasserweg bis zum knapp zwei Kilometer entfernten Hafen Stein herangeschafft.

Ebenfalls vom Ammoniak abhängig ist die Caprolactam-Erzeugung (150.000 to/a). Das in großen Mengen als Kuppelprodukt anfallende Ammoniumsulfat (ca. 500.000 to/a) wird vorwiegend als Stickstoffdünger abgesetzt. Als Rohstoffe werden neben Ammoniak noch Schwefelsäure und Cyclohexanon (140.000 to/a) eingesetzt.

Letzteres wird in Geleen aus den Rohstoffen Phenol und Benzol hergestellt.

Während das Phenol (60.000 to/a) in Bahnkesselwagen aus Rotterdam von der DSM Tochtergesellschaft Chemische Industrie Rijnmond bezogen wird, stellt man das Benzol seit 1972 in einer eigenen Aromatenanlage in Beek aus einem Teil des bei der Äthylenerzeugung anfallenden Pyrolysebenzins her und pumpt es durch eine kurze Rohrleitung nach Geleen.

Auf die gleiche Weise gelangen ca. 70.000 to/a Propylen aus dem Steam-Cracker nach Geleen, wo sie zusammen mit Ammoniak und Schwefelsäure als Rohstoff für die Acrylnitril-Produktion (90.000 to/a) dienen.

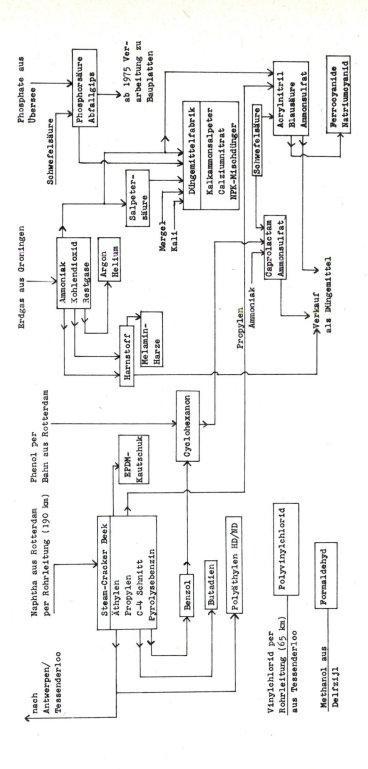

Übersicht 15 : Verbund der DSM - Anlagen in Geleen und Beek (Limburg)

Die hier als Nebenprodukt anfallende Blausäure (Cyanwasserstoff) wird zu Ferro-
cyaniden und Natriumcyaniden (7.000 to/a) verarbeitet [1].

Die eigene Schwefelsäureanlage der DSM kann mit ihrer Kapazität von 160.000 to/a
nur einen Teil des sehr hohen Schwefelsäurebedarfs - allein die Phosphorsäureanlage
benötigt 250.000 to/a - decken, so daß Schwefelsäure von anderen Werken zugekauft werden muß.

Der Hauptrohstoff der Polychemischen Werke Beek ist leichtes Naphtha, das seit
1967 durch eine Rohrleitung von der Esso-Raffinerie in Rotterdam-Botlek nach Beek
gepumpt wird.

Die anfängliche Kapazität von 800.000 to/a wurde 1971 auf 1,3 Mio to/a erweitert [2].

In Steam-Crackern werden aus dem Naphtha folgende Produkte gewonnen:

- 350.000 to/a Äthylen
- 200.000 to/a Propylen
- 150.000 to/a C-4 Gemisch
- 380.000 to/a Pyrolysebenzin

Der größte Teil des Äthylen wird in nachgeschalteten Anlagen zu Polyäthylen weiterverarbeitet (200.000 to/a Hochdruckpolyäthylen, 60.000 to/a Niederdruckpolyäthylen) [3].

Ein kleiner Teil des Äthylens dient zusammen mit Propylen zur Herstellung des EPDM-
Kautschuks Keltan (25.000 to/a). Ebenfalls Propylen wird durch eine Rohrleitung
nach Geleen gepumpt, wo es, wie erwähnt, zur Erzeugung von Acrylnitril benötigt
wird.

Das C-4 haltige Gemisch wird zu Butadien (70.000 to/a) verarbeitet.

---

1) Jaarverslag 71, Verenigung van de Nederlandse chemische Industrie, S.39
2) Ebenda
3) Handelsblatt vom 6.9.1972

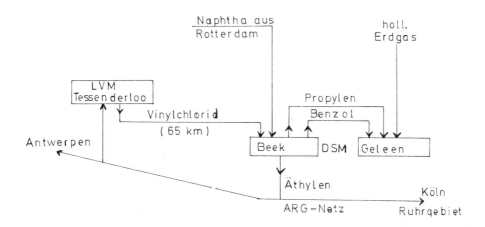

Das Pyrolysebenzin wurde bis 1972 von Zeit zu Zeit durch die Naphtha-Rohrleitung nach Rotterdam zurückgepumpt, seit Anfang 1972 wird jedoch der größte Teil in Beek zu Benzol verarbeitet (155.000 to/a). Diese Anlage versorgt auch die Cyclohexananlage in Geleen mit Benzol.

Die Äthylenanlage in Beek steht in einem weiträumigen Verbundsystem. Durch den Anschluß an das Äthylenverbundnetz der ARG, an dem die DSM kapitalmäßig zu 16 2/3 % beteiligt ist[1], kann die DSM sowohl Fehlmengen beziehen als auch Äthylen absetzen.

Mit der Limburger Vinyl Maatschappij, N.V., im belgischen Tessenderloo, an der die DSM zu 50 % beteiligt ist, hat sich seit Anfang 1972 ein Verbund dergestalt entwickelt, daß DSM aus Beek über die ARG-Leitung Äthylen liefert, das in Tessenderloo zur Produktion von Monovinylchlorid (200.000 to/a) dient[2].

---

1) Jahrbuch für Bergbau, Energie, Mineralöl und Chemie, Essen 1971, S.436
2) DSM Industrial activities, a.a.O., S. 32

Teilweise wird dieses Monovinylchlorid durch eine 65 km lange Rohrleitung nach Beek transportiert und hier zu Polyvinylchlorid polymerisiert (75.000 to/a) [1]. Zwei Drittel der Polyvinylchloridproduktion, ca. 50.000 to/a, werden in Erfüllung eines Lohnveredlungsvertrages mit dem französischen Konzern CDF-Chimie nach Frankreich geliefert [2].

Losgelöst von den bisher genannten Rohstoffen betreibt die DSM in Beek seit 1961 eine Formaldehydanlage (40 %) mit einer Kapazität von 25.000 to/a, die auf Methanolbasis arbeitet.

Während das Methanol bisher vermutlich von der Union Kraftstoff AG in Wesseling bezogen wurde, wird 1973 nach Fertigstellung der gemeinsam von DSM und AkZO in Delfzijl auf Erdgasbasis errichteten Methanol-Fabrik (330.000 to/a) [3] das Methanol wahrscheinlich von dort bezogen werden.

Der Plan der DSM, zusammen mit der Shell 1973 in Urmond bei Geleen eine Raffinerie zu errichten, um so einen noch engeren und unabhängigeren petrochemischen Verbund zu erreichen, mußte wegen der gestiegenen Investitionskosten aufgegeben werden.

Aber auch ohne diese Raffinerie stellt der Chemiekomplex der DSM in Limburg zusammen mit den Tochtergesellschaften in Rotterdam und Tessenderloo ein äußerst sinnvolles Verbundsystem dar. Ein großer Teil der Produkte wird mit Hilfe von Ammoniak oder Äthylen erzeugt, früher beides Grundstoffe der Kohlechemie.

Die wirtschaftliche Bedeutung der Werke in Limburg läßt sich an den Umschlagsziffern des DSM eigenen Hafens in Stein ablesen: 1969 wurden 3,5 Mio to feste und flüssige Güter umgeschlagen, 4.135 Schiffe wurden abgefertigt [4]. Über die bezogenen Erdgasmengen und die per Bahn und LKW transportierten Mengen sind keine Daten erhältlich.

---

1) Chemische Industrie, September 1972, S.574
2) PR-Broschüre der CDF-Chimie, Nr.823, Juni 1971, S.12
3) AKZO by the sea; Public Relations Department of AKZO Zout Chemie, Juli 1971, S.19
4) DSM Industrial activities, a.a.O., S.40

2.2.2.2. Die belgischen Kohlenreviere

Die von regionalen Strukturkrisen infolge der abnehmenden Bedeutung des Bergbaus
mehr oder minder stark geprägten Gebiete Borinage, Centre und Charleroi sowie
das Kohlenrevier von Lüttich waren schon oft Gegenstand eingehender wirtschafts-
politischer, speziell regionalpolitischer Studien [1][2][3], so daß auf diesbezügliche
Probleme hier nicht näher eingegangen werden soll.

Die chemische Industrie in diesem Raum beruht im wesentlichen auf der Basis der
hier geförderten Steinkohle.

Der erste carbochemische Einsatz von Koks in diesem Gebiet erfolgte bereits 1865,
als Ernest Solvay in Couillet bei Charleroi seine erste Sodafabrik nach dem von ihm
erfundenen Ammoniak-Sodaverfahren in Betrieb nahm [4]. Im Gegensatz zu dem
Schwefelsäure einsetzenden Leblanc-Verfahren werden bei Solvay Ammoniak und
Kohlendioxid in eine Salzlösung eingeleitet.

Nur 12 km nordöstlich von Couillet nahm Solvay 1898 in Jemeppe an der Sambre
eine Chlor-Alkali Elektrolyse in Betrieb.

Im Jahre 1923 entstand in Renory bei Lüttich das erste Ammoniaksynthesewerk
Belgiens. Im Jahre 1928 folgten in Tertre (10 km westlich von Mons) die Gesell-
schaften Carbochimique und in Havre-Ville (8 km östlich von Mons) Union
Chimique Belge (UCB) mit weiteren Ammoniakwerken.

---

1) Vgl. Untersuchung über die Wirtschaftsentwicklung der Gebiete Charleroi,
Centre und Borinage; Regional- und Wirtschaftspolit. Studienreihe, Hrsg. Europ.
Gemein.f. Kohle u. Stahl, Baden-Baden und Bonn 1962
2) Vgl. Nabokoff, N.; Belgischer Nationaler Bericht. Die industrielle Umstellung
in der Borinage (1959-1960), in: Regional- und Wirtschaftspol. Studienreihe,
Hrsg. Europ. Gemein.f. Kohle und Stahl, Baden-Baden und Bonn, o.J.
3) Vgl. Rühmann, P.: Die regionale Wirtschaftspolitik Belgiens, in: Kieler Studien,
Band 93, Tübingen 1968
4) Solvay & Cie en Belgique, in: La Belgique à L'age de la Chimie, Brüssel,
Oktober 1971, S.16

Die Gesellschaft Carbochimique entstand 1928 aus dem Zusammenschluß von neun belgischen Kohlengesellschaften, die ihre zahlreichen über das Gebiet verstreuten Kokereien eine wirkungsvolle Großanlage in Tertre ersetzten wollten [1].

Der nicht in die Ferngasnetze eingespeiste Teil des Kokereigases sowie das Koksofengas der neuen Großkokerei wurden in benachbarten Anlagen zu Ammoniak synthetisiert und Ammonsulfat sowie andere Stickstoffdünger hergestellt.

Nach 1945 weitete die Carbochimique ihr Programm auch auf organische Grundstoffe sowie auf Salpetersäure und Harnstoff aus [2].

Der infolge der Expansion stetig wachsende Bedarf an carbochemischen Rohstoffen konnte in den sechziger Jahren nicht mehr von den Kokereien dieses Raumes gedeckt werden und führte 1968 zum Bau einer großen Ammoniaksyntheseanlage auf der Basis von holländischem Erdgas und Schweröl.

Das Kokereigas wird weiterhin zur Synthese organischer Chemikalien, wie Äthylen, Äthylenoxid, Äthylenglykol und deren Folgeprodukte verwendet, jedoch ist auch hier die carbochemische Basis zu schmal geworden, so daß Äthylenoxid, das zu Detergentien verarbeitet wird, zusätzlich von petrochemischen Erzeugern bezogen werden muß.

Seit 1960 setzt Carbochimique auch petrochemisches Propylen ein, welches über Propylenoxid zu Polyäther verarbeitet wird - einem der Hauptrohstoffe für die Polyurethanherstellung.

Heute stellt das nördlich des Canal du Centre gelegene Werk mit seinen rund 2.000 Beschäftigten folgendes Produktionsprogramm her:

---

1) European Chemical News, Chemscope, 31.3.72, S. 50 ff.
2) Nach Unterlagen der Carbochimique Tertre

- Ammoniak (450.000 to/a),

- Harnstoff (183.000 to/a),

- Salpetersäure,

- Ammoniumnitrat, Ammoniumphosphat und komplexe Dünger,

- Äthylen, Äthylenoxid und Detergentien,

- Propylenoxid, Propylenglycol und Polyäther.

Im Jahre 1968 verließen 750.000 to Endprodukte das Werk Tertre.

Lieferbeziehungen mit benachbarten Werken bestehen vermutlich zum einen mit dem seit 1971 in Tertre ansässigen Farbstoffwerk S.A.Althouse Tertre, an dem Carbochimique zu 25 % beteiligt ist, das sich zu 75 % jedoch in amerikanischem Besitz befindet, wo rund 200 Beschäftigte Farbstoffe, Textilhilfsmittel und organische Pigmente herstellen.

Zum anderen wäre es möglich, daß die ebenfalls in Tertre ansässige Waschmittelfabrik der Tensia Société des Produits Tensio-activs et Derives S.A., an der Carbochimique zu 30 % beteiligt ist, einen Teil ihrer Rohstoffe von Carbochimique bezieht.

Unter dem Namen "S.A.Pour la Fabrikation des Engrais Azotes S.A.F.E.A." betreibt Carbochimique noch ein Düngemittelwerk in Houdeng - Goegnies (nordwestlich von La Louvrière). Auf Basis von Kokereigas, das von der Kokerei Boel geliefert wird, stellt das Werk Ammoniumnitrat, Ammoniumsulfat und Kalkammonsalpeter her.

In Tertre befindet sich außerdem noch ein Spezialbetrieb auf dem Gebiet zwischen Chemie und Metallurgie - die "Société Europeenne des Derives du Manganese - SEDEMA", die Manganoxid (10.000 to/a), Mangandioxid (12.000 to/a), Mangansulfat (15.000 to/a), Mangancarbonat, Molybdän-Metallpuder und andere Spezialitäten herstellt.

Die nordwestlich von Tertre in Basècles und Moustier gelegenen mittelgroßen Düngemittelwerke produzieren isoliert von anderen Werken und sind ohne Beziehungen zur Carbochemie der Borinage [1].

Ein typisches carbochemisches Werk betreibt die Union Chimique Belge (UCB) mit ca. 150 Beschäftigten in Havre-Ville. Hier werden ca. 100.000 to/a Kohlenteer und Rohbenzol durch Destillation gewonnen. Das erzeugte Rohbenzol wird an das UCB-Werk in Gent-Wondelgem geliefert und dient dort zur Herstellung von Maleinsäureanhydrid.

Als Erfolg der regionalen Wirtschaftspolitik kann die Anfang 1972 in Feluy (12 km nördlich von La Louvrière) am Kanal Brüssel-Charleroi in Betrieb genommene Erdölraffinerie der Chevron Oil Belgium N.V. gelten.

Neben der Schaffung von 300 sicheren Arbeitsplätzen soll die Raffinerie als Initialzünder für die Ansiedlung von petrochemischen Weiterverarbeitern dienen.

In der Nähe der Raffinerie hat sich bereits die Belgochim, ein Tochterunternehmen von Petrofina (45 %), Phillips Petroleum (45 %), und Petrochim (10 %) niedergelassen.

Das im April 1972 mit 100 Beschäftigten in Betrieb gegangene Werk mit seiner Polystyrolkapazität von zunächst 50.000 to/a arbeitet jedoch unabhängig von der Raffinerie und bezieht die Rohstoffe Styrol und Butadienkautschuk aus Antwerpen [2]. Man plant eine Erweiterung der Polystyrolanlagen auf 100.000 to/a und den Bau einer Polyäthylenanlage von 100.000 to/a, die von Petrochim aus Antwerpen mit Äthylen versorgt werden soll [3].

---

1) Briefliche Angaben der "S.A.Engrais Rosier N.V." in Moustier vom 29.9.1972
2) Briefliche Angaben der Belgochim vom 19.5.72
3) Europachemie Nr.3, 1972, S.49

Auch die Raffinerie ist sowohl bezugs- als auch absatzmäßig mit Antwerpen verflochten. Die Rohölversorgung erfolgt durch eine 85 km lange Rohrleitung (Durch-
messer 56 cm) von der Chevron Pumpstation in Antwerpen-Kallo aus, wo auf einem
50 ha Gelände das aus der Rotterdam-Antwerpen Pijpleiding angelieferte Rohöl in
Tanks mit einer Lagerkapazität von 160.000 m^3 zwischengelagert wird [1].

Die Fertigprodukte der Raffinerie mit ihrer Kapazität von 7 Mio to/a Rohöldurchsatz
verlassen das Werk sowohl in 1.300 to Binnenschiffen, in Tanklastzügen und in Bahnkesselwagen als auch zu einem beträchtlichen Teil durch Produktenrohrleitungen.
So wird durch eine beheizte Rohrleitung von 66 km Länge mit zwei Heiz- und Pump-
stationen unterwegs der große Kraftwerkskomplex in Ruien an der Schelde mit
Schweröl versorgt.

Ein großer Teil der Mitteldestillate wird durch eine andere Produktenleitung von
82 km Länge mit einem Abzweig zur Versorgung von Brüssel nach Antwerpen-Kiel
gepumpt, wo sich auf dem Gelände einer Schmierölfabrik der Chevron ein Produktentanklager befindet. Dieses Verteilungszentrum wird außerdem noch von der Chevron
Raffinerie in Rotterdam durch Binnentankschiffe beliefert.

Zur Abrundung des Raffinerieprogramms wurde in Feluy inzwischen eine Asphalt-
fabrik mit einer Kapazität von 100.000 to/a in Betrieb genommen - die einzige
in Südbelgien.

Die beiden Solvay-Werke [2] in Couillet und in Jemeppe an der Sambre wurden
1969 durch zwei je 20 km lange Rohrleitungen miteinander verbunden.

Durch die Umrüstung auf Diaphragm-Zellen wurde der Verbund zwischen Elektrolyse und Sodafabrikation möglich.

Die in Couillet produzierte Salzlauge wird nach Jemeppe gepumpt und dort in
Chlor, Wasserstoff und Natronlauge gespalten, wobei die Natronlauge durch die
andere Rohrleitung nach Couillet zurückgepumpt und hier zu Soda carbonisiert wird.

---

1) Angaben der Chevron Oil Belgium N.V.
2) Solvay & Cie en Belgique, 1971, a.a.O., S. 16 f.

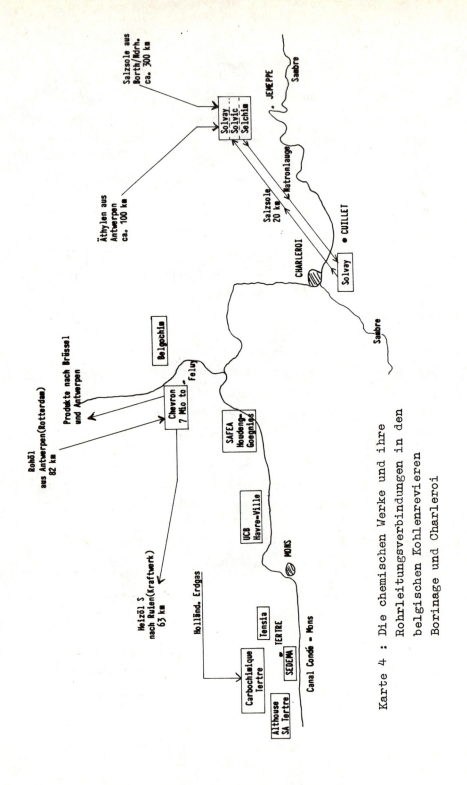

Karte 4 : Die chemischen Werke und ihre
Rohrleitungsverbindungen in den
belgischen Kohlenrevieren
Borinage und Charleroi

Das als Kuppelprodukt anfallende Calciumchlorid findet im Straßenbau und als Streusalz Verwendung.

Daneben werden in Couillet noch spezielle Waschmittelrohstoffe sowie aus den Kalkabfällen Straßenbaumaterialien hergestellt.

Der Werkskomplex der Solvay in Jemeppe besteht aus folgenden drei getrennten Werken:

- <u>Das Solvay Chemiewerk</u>

Neben der Salzsole aus Couillet wird die Chlor-Alkali-Elektrolyse auch noch durch eine ca. 300 km lange Rohrleitung von Epe bei Gronau, wo die von Solvay und den Chemischen Werken Hüls in Wessum gemeinsam gegründete Salzgewinnungsgesellschaft Westfalen mbH ein größeres Salzvorkommen abbaut, über Borth/Ndrh. mit Salzsole versorgt [1].

Während die entstehende Natronlauge größtenteils, wie erwähnt, nach Couillet gepumpt wird, werden Chlor und Wasserstoff in nachgeschalteten Anlagen weiterveredelt.

Die eine Gruppe bilden Chlorfolgeprodukte, wie mehrere Chlormethane (Methylchlorid, Methylenchlorid, Chloroform, Tetrachlorkohlenstoff), bei denen auch Grubengas als Rohstoff Verwendung findet [2], sowie Perchloräthylen, Natriumhypochlorid und Salzsäure.

In der anderen Gruppe, deren Anlagen gemeinsam mit der englischen Firma Laporte unter dem Namen Interox betrieben werden, stellt man die Peroxidprodukte Wasserstoffsuperoxid und Natriumperborat her.

---

1) Solvay Geschäftsbericht 1970, deut. Ausgabe, S. 26
2) Untersuchung über die Wirtschaftsentwicklung der Gebiete Charleroi, Centre und Borinage, Hohe Behörde, 1962, a.a.O., S. 47

- Solvic Jemeppe

Unter dem Namen dieser Gesellschaft werden in Jemeppe jährlich 200.000 to/a Polyvinylchlorid produziert.

Die PVC-Herstellung begann 1950 in Jemeppe auf Karbidbasis, seit 1969 wird jedoch das Ausgangsmaterial, monomeres Vinylchlorid, aus Äthylen erzeugt, das durch eine Rohrleitung von dem Solvay-Werk in Antwerpen nach Jemeppe gepumpt wird. Das Antwerpener Werk wiederum bezieht das Äthylen von verschiedenen Produzenten, wie DOW in Terneuzen, Petrochim in Antwerpen oder Gulf in Rotterdam, die alle durch Äthylenrohrleitungen mit der Solvay-Kopfstation in Antwerpen verbunden sind.

Das benötigte Chlor für die Vinylchloridherstellung liefert die Elektrolyse in Jemeppe.

- Selchim Jemeppe

In den Anlagen dieser Gesellschaft wird ein Teil des von Solvic erzeugten Polyvinylchlorids zu Kunststoff-Fertigprodukten, wie Folien und Planen, verarbeitet.

Insgesamt sind in den Solvay-Werken von Jemeppe und Couillet ca. 3.000 Mitarbeiter beschäftigt. Während bei beiden Werken die Energieerzeugung früher auf Kohlenbasis beruhte, wird heute in Jemeppe ausschließlich Erdgas und in Couillet ab 1971 zu 75 % Erdgas verfeuert [1].

Im Gegensatz zu den vorgenannten Revieren hat sich im Kohlenrevier um Lüttich keine umfangreiche Carbochemie entwickeln können.

Zwar wurde bereits 1923 im Lütticher Vorort Renory die erste Ammoniaksyntheseanlage Belgiens in Betrieb genommen, die Kokereigas der hier verkokten Kohle des Lütticher Reviers einsetzte, doch ist sie vor etlichen Jahren stillgelegt worden.

---

1) Solvay Geschäftsbericht 1970, deut. Ausgabe, S. 15

Das für die in Renory nach wie vor durchgeführte Düngemittelproduktion benötigte Ammoniak wird von einer auf Erdgasbasis arbeitenden Anlage der gleichen Gesellschaft in Marly nördlich von Brüssel bezogen.

In einer organischen Abteilung stellt diese Gesellschaft, S.B.A.P.C.M., in Renory auch Formol her, das zu Hexamethylentetramin und Klebstoffen verarbeitet wird.

In der Umgebung Lüttichs ist in Prayon die Sociét de Prayon S.A. [1] ansässig, die neben der Zink-, Blei- und Cadmiumverhüttung auch größere Mengen an Schwefelsäure (über 200.000 to/a), Phosphorsäure (105.000 to/a) sowie Superphosphate (270.000 to/a) und andere phosphorhaltige Düngemittel herstellt.

Mitte 1972 hat das über 2.000 Mitarbeiter beschäftigende Werk 14 km südwestlich von Lüttich bei Engis beiderseits der Maas ein neues Zweigwerk mit einer Zinkelektrolyse von 50.000 to/a Zink in Betrieb genommen.

Trotz der guten binnenschiffahrtlichen Erschließung (bis 2.000 to) der belgischen Kohlenreviere und trotz umfangreicher Strukturförderungshilfen des belgischen Staates scheint die chemische Industrie für Neuansiedlungen in Belgien andere Räume zu bevorzugen, so daß die chemische Industrie in diesen Gebieten - von den Schwerpunkten Jemeppe und Tertre abgesehen - weiterhin eine im Vergleich zur hier dominierenden Eisen- und Stahlindustrie nur untergeordnete Rolle spielen wird.

---

1) Société de Prayon, S.A., Geschäftsbericht 1972

2.2.2.3. Das Saargebiet und Lothringen

2.2.2.3.1. Geschichtliche Entwicklung [1]

Im Gegensatz zum Ruhrgebiet und den holländischen und belgischen Kohlenrevieren begann man im saarlothringischen Raum [2][3] erst sehr spät mit dem Aufbau einer chemischen Industrie.

Hier war es die französische Bergwerksgesellschaft Houilleres du Bassin de Lorraine (HBL), die kurz nach dem Zweiten Weltkrieg eine intensive Kohlenveredelung in Lothringen begann, während die Saarbergwerke noch nicht die Möglichkeit besaßen, sich ebenfalls auf diesem Gebiet zu betätigen.

Ansatzpunkt für die Kohlechemie war ein neues Verfahren, das die lothringische Kohle verkokbar machte [4].

Die in Carling nördlich von St. Avold und Marienau bei Forbach in Kokereien anfallenden Koksgasmengen wurden in Carling von Teer und Rohbenzol befreit, wobei die beiden letzteren Stoffe zu Reinbenzol, Toluol und höheren aromatischen Kohlenwasserstoffen aufgearbeitet wurden. Durch Tieftemperaturzerlegung des verbleibenden Gases isolierte man Wasserstoff, Methan und Äthylen.

Aus dem Wasserstoff und aus dem Stickstoff einer Luftzerlegungsanlage produzierte man seit 1954 Ammoniak, das durch katalytische Oxidation teilweise zu Salpetersäure weiterverarbeitet wurde. Die Umsetzung von Salpetersäure mit Ammoniak wiederum lieferte Ammoniumnitrat, einen Stickstoffdünger mit hohem Stickstoffgehalt.

---

1) Diese Ausführungen beruhen im wesentlichen auf der ausgezeichneten Arbeit von Strüven, O. W.: Chemie in der Saarberg-Gruppe, in: Saarbrücker Bergmannskalender 1968, S. 13-24
An dieser Stelle möchte ich der Saarbergwerke AG ganz herzlich für ihre bereitwillige Unterstützung durch die Überlassung von Informationsmaterial danken.

2) Vgl.: Ried, H.: Vom Montandreieck zur Saar- Lor- Lux-Industrieregion, Frankfurt 1972

3) Vgl. Müller, H. J.: Probleme der Wirtschaftsstruktur des Saarlandes, Hrsg. Hohe Behörde, Bd. 33, Luxemburg 1967

4) o. V. Saarlor-Chemie: Ein Brückenschlag, in: Schacht und Heim, Werkszeitung der Saarbergwerke AG, 15. Jahrg., Heft 4/5, 1969, S. 18

Durch Umsetzung von Reinbenzol mit Salpetersäure und Schwefelsäure erhielt die HBL bei der Tochtergesellschaft Anilor in Carling Nitrobenzol, das teilweise mit Hilfe von Wasserstoff zu Anilin hydriert wurde.

Seit 1960 stellen die HBL außerdem aus Reinbenzol und Wasserstoff Cyclohexan her.

Bereits seit 1959 wurde aus Reinbenzol und Äthylen Äthylbenzol und daraus Styrol hergestellt, das von einer Tochtergesellschaft in Dieuze zu dem Kunststoff Polystyrol polymerisiert wurde.

Die Tochtergesellschaft Ugilor in St. Avold produzierte seit 1957 Acrylnitril auf carbochemischer Grundlage, wechselte 1965 aber auf ein wirtschaftlicheres petro-chemisches Verfahren über [1].

Als die Saarbergwerke schließlich Anfang der sechziger Jahre den Aufbau einer chemischen Industrie planten, lag es nahe, eine Partnerschaft mit den benachbarten HBL zu suchen und nicht ein Konkurrenzunternehmen zu dem nur wenig entfernten Carling aufzubauen.

Da die organische Grundstoffchemie einen solchen Umfang angenommen hatte, daß die Kokereien nicht mehr in ausreichendem Maße Koksgas zur Verfügung stellen konnten und die Verfahren der Kohlechemie nicht mehr wirtschaftlich waren, über-sprangen die Saarbergwerke die Stufe der Carbochemie und bauten zusammen mit der HBL ein petrochemisches Verbundsystem, die Saarlor-Chemie, auf.

Rohstofflieferant wurde die im September 1967 in Betrieb gegangene Saarland-Raffinerie in Klarenthal mit einer Kapazität von zunächst 1,25 Mio to/a Rohöl-durchsatz, an deren Kapital sich folgende Gesellschaften beteiligten [2]:

---

1) PR-Broschüre der Sociéf Chimique des Charbonnages CdF Chimie, Nr. 823/ 19. Juni 1971, S. 20
2) Schaefer, M.: Die Saarland-Raffinerie, in: Erdöl, Kohle, Erdgas, Petrochemie, 21. Jahrg., Juni 1968, S. 331

- Saarbergwerke AG	50 %
- Compagnie Francaise des Pétroles	20 %
- Antar, Pétroles de L'Atlantique	10 %
- Union Général des Pétroles (Elf)	10 %
- Charbonnages de France	5 %
- Houillères du Bassin de Lorraine	5 %

Ausschlaggebend für den Standort Klarenthal waren die hier gegebenen Möglichkeiten einer Verbundwirtschaft mit benachbarten Betrieben der Saarbergwerke.
So wird die Destillationsanlage aus dem Kraftwerk Fenne mit elektrischer Energie
und Dampf versorgt, während die unmittelbar benachbarte Kokerei Fürstenhausen
das bei der Destillation anfallende Gas zu einem erheblichen Teil unter ihren
Öfen verfeuert. Außerdem konnte der vorhandene Bahnhof der Kokerei mitbenutzt
werden.

Während die Mitteldestillate als Heizöle von den beteiligten Mineralölgesellschaften in Deutschland und Frankreich abgesetzt werden, wurden die für die chemische Weiterverarbeitung interessanten Stoffe Leichtbenzin und Naphtha nach
Fertigstellung des mit finanzieller Beteiligung des Saarbergwerke in Carling erbauten Steam-Crackers durch eine 19 km lange Rohrleitung ab Januar 1968 nach Carling
gepumpt, wo man daraus Äthylen, Propylen, C4-Kohlenwasserstoffe und Pyrolysebenzin erzeugte.

Um die Jahreswende 1968/69 gingen auch die Anlagen der von den HBL und den
Saarbergwerken gemeinsam gegründeten Gesellschaften "Ammoniac Sarro-Lorrain
S.à.r.L." und "Harnstoff- und Düngemittelwerk Saar-Lothringen GmbH, Perl" in
Betrieb.

Es handelt sich hierbei zum einen um ein neben der bestehenden Ammoniakanlage
in St. Avold errichtetes Ammoniakwerk, das als Rohstoff durch eine Rohrleitung
geliefertes leichtes Naphtha der Raffinerie Klarenthal einsetzt.

Zum anderen handelt es sich um eine Harnstoffanlage (180.000 to/a), die wegen der Exportorientierung des vorwiegend als Düngemittel eingesetzten Harnstoffes an der kanalisierten Mosel bei Besch errichtet wurde. Da das Harnstoffwerk aber im Verbund mit dem Ammoniakwerk in Carling betrieben werden sollte, war man gezwungen, die benötigten Rohstoffe Ammoniak und Kohlendioxid, welches bei der Ammoniaksynthese sowieso als Kuppelprodukt anfällt, durch zwei je 53 km lange Rohrleitungen nach Besch zu liefern.

Um den in Besch anfallenden Harnstoff auch zu Fertigprodukten für den technischen Bedarf weiterverarbeiten zu können, bauten die Saarbergwerke in eigener Regie wenig später in Besch ein Werk zur Erzeugung von Harnstoff-Formaldehydharz-Leimen [1].

In zwei Formaldehydanlagen wird hier in Schiffen angeliefertes Methanol zu Formaldehyd (100.000 to/a) verarbeitet, das dann mit Harnstoff zur Reaktion gebracht wird und Harz-Leim für die Spanplatten- und Möbelindustrie liefert [2].

Aber nicht nur der erzeugte Harnstoff bildete den Ansatzpunkt für die Entstehung von Chemieanlagen im Industriegelände Besch, sondern auch die zahlreichen Energien und Betriebsmittel, wie Wasser, Strom und Dampf aus dem von saarländischen Gruben versorgten Kohlekraftwerk der Harnstoff- und Düngemittelwerke [3].

So bauten die Saarbergwerke in Besch eine Anlage zur Erzeugung von Trimellithsäure-Anhydrid (1.500 to/a) - die erste außerhalb der USA -, die rohstoffunabhängig von den anderen Saarlor-Werken arbeitet, jedoch Strom, Dampf und Wasser genau wie die Formaldehydharz-Leim-Anlage vom Kraftwerk des Harnstoffwerkes bezieht [4].

---

1) o.V.: Zwei neue Werke an der Mosel, in: Schacht und Heim, 15. Juhrg., Heft 4/5 1969, S. 11
2) Briefliche Angaben der Harnstoff- und Düngemittelwerk Saar-Lothringen GmbH vom 25.5.72
3) Zwei neue Werke an der Mosel, a.a.O., S. 11
4) Ebenda, S. 14

Aus Trimellithsäure erhält man nach einem chemischen Umwandlungsprozeß hochwertige Ausgangsstoffe für die Herstellung von Speziallacken [1].

Inzwischen haben sich die Beteiligungsverhältnisse zwischen den saar-lothringischen
Chemiewerken zweimal entscheidend verändert.

Zum einen wurde im Dezember 1967 die CdF-Chimie gegründet, um die vielfältigen
Chemieinteressen der Société Charbonnages de France zusammenzufassen und zu re-
organisieren.

Insgesamt brachten folgende Kokerei- und Kohlegesellschaften ihre Chemiewerke
ein und beteiligten sich wie folgt an der CdF-Chimie [2]:

- Houilleres du Bassin de Lorraine (HBL)   24 %
- Houilleres de Bassin du Centre-Midi   1 %
- Houilleres du Bassin du Nord et du Pas de Calais   37 %
- Charbonnages de France   38 %

Bei ihrer Gründung besaß die CdF-Chimie 6 Werke und war an mehr als 50 Gesellschaften beteiligt, die regional folgende Produktionsschwerpunkte erkennen ließen:

- Lothringen, mit Werken in Carling, St. Avold, Marienau und Dieuze
- Pas-de-Clais (Nord) mit mehreren Werken
- Grandpuits bei Compiègne (Mitte)
- Carmaux (Süd)
- Mont bei Bordeaux (West)

Zum anderen wurde mit Wirkung vom 20. April 1972 eine Neugliederung [3] dergestalt vorgenommen, daß die Saarbergwerke AG gegen Überlassung eines Anteils
von 9,8 % am Stammkapital der CdF-Chimie ihre Beteiligungsanteile an den
Gesellschaften
- L'Ammoniac Sarro-Lorrain (ASL), St. Avold, 42 %
- Harnstoff- und Düngemittelwerk Saar-Lothringen GmbH (HDSL) Perl, 60 %
einbrachte und der HDSL eine Formaldehyd-Leimanlage übereignete. Die HDSL

---

1) Zwei neue Werke an der Mosel, a.a.O., S. 14
2) PR-Broschüre der Société Chimique des Charbonnages, a.a.O., S. 4
3) Presse-Information Nr. 348 der Saarbergwerke AG vom 25. April 1972

wurden in "Chemische Werke Saar-Lothringen GmbH (CSL) umbenannt und das
Stammkapital der CdF-Chimie auf 440 Mio Francs erhöht. Die Saarbergwerke
trennten sich von den beiden Werken, da diese wegen der ungewöhnlich stark
abgesackten Verkaufspreise für Ammoniak und Harnstoff mit Verlust arbeiteten[1].

2.2.2.3.2. Verflechtungen der Werke untereinander

Die Verflechtungen der verschiedenen chemischen Werke im saar-lothringischen
Raum untereinander sowie ihre Kapazitäten [2] und Beschäftigtenzahlen mit Stand
1971/72 sind in der Karte über das saar-lothringische Chemiegebiet dargestellt.

Da viele Verflechtungen bereits bei der Beschreibung der geschichtlichen Entwicklung ausführlich erläutert wurden, sollen hier nur Ergänzungen gebracht werden.

Ausgangspunkte des weitverzweigten Verbundnetzes der CdF-Werke in Lothringen
sind die beiden Leichtbenzin- und Naphthaabnehmer der Raffinerie Klarenthal
- das Ammoniakwerk ASL in St. Avold (einschließlich der noch arbeitenden carbochemischen Ammoniakanlage) und der Steam-Cracker in Carling. Dort wird das
Leichtbenzin in Gegenwart von Wasserdampf thermisch gespalten, wobei folgende
Produkte in einem bestimmten Mengenverhältnis anfallen:

- Äthylen
- Propylen
- C4-Schnitt (butadienhaltig)
- Pyrolysebenzin und Wasserstoff

Von den erzeugten 200.000 to/a Äthylen gelangen ca. 100.000 to/a durch eine
Rohrleitung zu der benachbarten Société Lorraine de Polyoléfines in Carling, wo
sie zu Hochdruck-Polyäthylen polymerisiert werden. Ca. 70.000 to/a Äthylen
werden durch eine andere Rohrleitung von dem Solvay-Werk in Sarralbe bezogen,
das dort neben einer alten Sodafabrik seit 1970 Polyäthylen ND erzeugt[3].

---

1) Neugliederung der Saarlor-Chemie perfekt, in: Handelsblatt vom 27.4.72
2) Nach Veröffentlichungen der CdF sowie der Saarbergwerke AG
3) Solvay & Cie. Geschäftsbericht 1970, Deutsche Ausgabe, S.25

Die restlichen 30.000 to/a Äthylen verlassen das Werk Carling nicht, sondern werden zusammen mit Benzol zu Äthylbenzol und dann zu 100.000 to/a Styrol verarbeitet.

Rund ein viertel dieser Styrol-Menge wird in Tankwagen zur Soc. Chimique de Dieuze (99 % CdF) nach Dieuze gebracht, wo daraus jährlich 25.000 to/a Polystyrol hergestellt werden.

Von den 120.000 to/a Propylen werden 90.000 to/a bei der Ugilor in St. Avold zusammen mit Ammoniak aus Carling zu 150.000 to/a Acrylnitril verarbeitet.

Aus dem Pyrolysebenzin werden 95.000 to/a Benzol hergestellt, die zusammen mit den carbochemisch erzeugten Benzolmengen in Carling bei der Herstellung folgender Produkte Verwendung finden:

- Cyclohexan (50.000 to/a)
- Nitrobenzol (bei der Anilor in Carling)
- Äthylbenzol

Der C4-Schnitt wird zu 27.000 to/a Butadien verarbeitet.

Sowohl Butadien als auch Acrylnitril werden in größeren Mengen an das nördlich von Straßburg in La Wantzenau liegende Synthesekautschukwerk der Polymer Corporation (S.A.F.) geliefert, von dem wiederum die Saar-Gummiwerk GmbH in Büschfeld fertigen Kautschuk bezieht [1].

Die zusammen mehr als 500.000 to/a große petro- und carbochemische Ammoniak-Kapazität in Carling dient neben der Versorgung des Harnstoffkomplexes in Besch und der Acrylnitrilanlage der Ugilor auch zur Salpetersäure- und zur Ammonium-nitratherstellung.

---

1) Strüven, O.W., a.a.O., S. 24

Ein Teil dieses Stickstoffdüngers wird durch Zusatz von Phosphor, meist in Form von Thomasmehl aus den lothringischen Stahlwerken, in Mehrzweckdünger verwandelt.

Nach der Neugliederung im April 1972 ist die Saarbergwerke AG neben der 50 % Beteiligung an der mittlerweile auf eine Kapazität von 2,3 Mio to/a erweiterten Raffinerie Klarenthal noch im Besitz folgender Chemiewerke:

- Die Kokerei Fürstenhausen mit 841 Beschäftigten, die neben Koks und Rohteer noch 14.000 to/a Ammonsulfat und 26.000 to/a Rohbenzol erzeugt sowie in einer Benzolaufbereitungsanlage das gesamte im Saarland erzeugte Rohbenzol durchsetzt, wobei folgende Mengen anfallen [1]:

  - 56.000 to/a Reinbenzol
  - 12.000 to/a Reintoluol
  - 4.000 to/a Reinxylol
  - 2.000 to/a Arsol

- Die 1963 gegründete "Petrocarbona GmbH", die auf dem Gelände einer ehemaligen Grube in Bexbach mit 318 Beschäftigten Weichschaumstoffe und Dämmplatten aus Polyester-Hartschaum für die Bauindustrie herstellt [2]. Die benötigten Rohstoffe, Isocyanate und Polyätherglykole, werden auf dem Markt hinzugekauft [3].

- Die 1964 übernommene "Saar-Gummiwerke GmbH" in Büschfeld mit zwei französischen Tochtergesellschaften in Bischwiller und Bar-Le Duc, die mit 1.435 Beschäftigten technische Gummiartikel für alle Industriezweige fertigt. Rohstofflieferant ist u.a. auch die von der CdF-Chimie versorgte Polymer Corporation in La Wantzenau [4].

---

1) Sonderheft der Saarbergwerke AG über die Raffinerie Klarenthal und die Kokerei Fürstenhausen, Juni 1970
2) PR-Broschüre: Der Saarberg-Konzern, April 1972, S.32
3) Strüven, O.W., a.a.O., S.24
4) Ebenda

Die 1969 gemeinsam von den Farbwerken Hoechst und den Saarbergwerken gegründete "Folienwerke Saar GmbH" [1) mit einem Folienwerk in Neunkirchen mit gegenwärtig 600 [2), Ende 1972 aber ca. 1.000 [3) Beschäftigten stellt ca. 30.000 to/a
Folien aus Hochdruck Polyäthylen und 5.000 to/a Folien aus Polypropylen her.

Organisatorisch handelt es sich hierbei um ein Zweigwerk der 100 %igen Hoechst-
Tochtergesellschaft Kalle AG in Wiesbaden, die wegen mangelnden Geländes in
Wiesbaden und wegen der angespannten Arbeitsmarktlage im Rhein-Main-Gebiet
auf einen Ausbau der Wiesbadener Produktionsstätten verzichtete und lieber das im
Raum Neunkirchen gegebene Angebot an Arbeitskräften sowie ein bereits erschlosse-
nes Grundstück nutzte [4). Der Antransport der Rohstoffe erfolgt vorwiegend in Silo-
Fahrzeugen der Bundesbahn, vorwiegend von den Farbwerke Hoechst.

Da diese Gesellschaft mit Verlust arbeitete, gaben die Saarbergwerke im März
1973 ihren Kapitalanteil an die Farbwerke Hoechst ab [5).

Die Saarbergwerke AG haben sich demnach mit Ausnahme der Raffineriebeteiligung
und des Kokereibetriebes aus der direkten chemischen Grundstoffproduktion völlig
zurückgezogen und betreiben im Chemiebereich nur noch relativ arbeitsintensive
Werke zur Herstellung von Kunststoff-Fertigprodukten.

Insgesamt hat sich im Saargebiet und in Lothringen ein äußerst sinnvoll aufeinander
abgestimmtes chemisches Verbundsystem entwickelt - wohl nicht zuletzt wegen
der kapitalmäßigen Verflechtungen der beteiligten Werke (siehe Übersicht 16).

---

1) Presseinformation Nr. 265 der Saarbergwerke AG vom 24.6.69
2) Weiterer Ausbau der Folienwerke Saar, in: Handelsblatt vom 14.3.72
3) Brief der Folienwerke Saar vom 12.6.72
4) Brief der Folienwerke Saar vom 12.6.72
5) Saarberg will in diesem Jahr die Verlusttöchter stopfen, in: Handelsblatt
   vom 3.8.1973

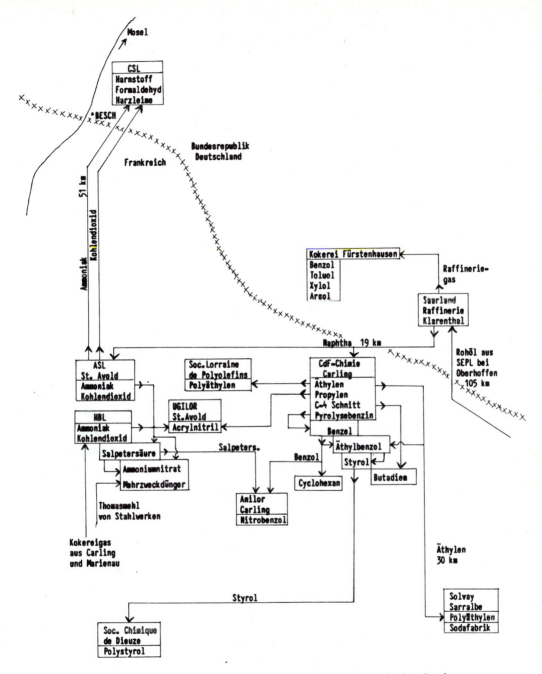

Übersicht 16 : Der Verbund der Saar-lothringischen
Chemieindustrie

2.2.3. Der Wandel von der Carbochemie zur Petrochemie in den einzelnen
        Kohlenrevieren

Eine bedeutende carbochemische Industrie hat sich nur in solchen Kohlenrevieren
bilden können, wo auch gleichzeitig größere Mengen von Steinkohle verkokt
wurden.

Wie die Tabelle 3 über den Rohstoffwechsel der chemischen Industrie in ausgewählten Steinkohlenrevieren zeigt, waren die ersten carbochemischen Werke in allen
Revieren eng mit den Kokereien verknüpft.

Entweder veredelten sie deren Kuppelprodukte, die "Kohlenwertstoffe", oder aber
bezogen Koksofengas oder Koks zur Synthesegasherstellung für die Stickstoffproduktion.

Sieht man von der bereits 1865 in Couillet bei Charleroi von Solvay in Betrieb genommenen Ammoniak-Soda-Fabrik, die zwar aus Koks erzeugtes Ammoniak und
Kohlendioxid einsetzte, im wesentlichen aber von Salzvorkommen abhängig war,
und von der 1881 in Gelsenkirchen begonnenen Nebenproduktengewinnung der
Kokereien einmal ab, so setzte eine größere Gründungswelle von Carbochemiewerken
erst im Anschluß an die industrielle Ausreifung der Ammoniaksynthese nach dem
Haber-Bosch-Verfahren ein.

Bereits 1923 entstand in Renory bei Lüttich das erste Ammoniaksynthesewerk Belgiens; von 1926 bis 1939 wurden fünf große Stickstoffwerke im Ruhrgebiet gebaut;
1930 wurde im holländischen Limburg ein Stickstoffwerk in Betrieb genommen und
1954 folgte schließlich das Saar-lothringische Kohlenrevier mit einer Ammoniaksyntheseanlage.

Der relativ späte Start der Kohlechemie im Saar-Lothringischen Revier - mit der
Aufarbeitung von Teer und Rohbenzol hatte man hier erst in den ersten Nachkriegsjahren begonnen - erklärt sich aus der früheren Unmöglichkeit einer Verkokung
der Saarkohle, was erst nach dem II. Weltkrieg durch ein neues Verfahren möglich
wurde.

Tabelle 3: Der Rohstoffwechsel der chemischen Industrie in ausgewählten Steinkohlenrevieren

	Ruhrgebiet	Belgien – Industrie am Willebroek-K.	Belgien – Revier von Charleroi, Centre	Saar-Lothringen	Limburger Kohlenbecken
Beginn der Kohlechemie	1881 Kokereiprodukte 1926 Stickstoff 1935 Hydrierwerke	1929 Stickstoff	1865 Soda Solvay 1923 Stickstoff 1928 Stickstoff	1947 Kokereiprodukte	1930 Stickstoff
Die letzten grossen carbochemischen Anlagen wurden erbaut:	1950 1957 1959 Polyäthylen		1950 und später	1954 Stickstoff 1957 Acrylnitril 1960 Cyclohexan	1952 Caprolactam 1959 Äthylen und Polyäthylen
Erster petrochemischer Rohstoffeinsatz in Form von: Bezug von Zwischenprodukten	1959 Äthylen		1960 Propylen	1965 Propylen	1964 Phenol
Öl oder Leichtbenzin	1961	60er Jahre	1968	1963	1961
Erdgas	1944 und Nachkriegszeit und ab 1971	1970	1968	-	1968
Umstellung von Koksofengas auf petrochemische Rohstoffe	1963 Naphtha Schweröl 1971 Erdgas	1970 Erdgas	1968 Erdgas und Schweröl	1968 Leichtbenzin	1968 Erdgas
Reviere, die 1973 teilweise noch carbochemische Rohstoffe einsetzen	X	-	X	X	-

Die petrochemische Industrie trägt ihren Namen lediglich nach der Herkunft ihrer Rohstoffe [1]. Über das Produktionsprogramm sagt der Begriff "Petrochemie" dagegen nichts aus.

Sowohl aus der Kohle als auch aus dem Erdöl und auch aus Erdgas können eine große Anzahl völlig identischer Endprodukte - allerdings mit unterschiedlichen Verfahren und zu unterschiedlichen Kosten - erzeugt werden.

Im Gegensatz zu den USA, wo sich bereits Ende der zwanziger Jahre chemische Fabriken in der Nähe von Raffinerien niederließen und aus von den Raffinerien geliefertem Propylen Isopropylalkohol (Isopropanol) herstellten [2], baute sich in Mitteleuropa eine auf Kohle und Kokereiprodukten basierende chemische Industrie auf, die ihre Standorte wegen der Nähe der Lieferanten vorzugsweise in den großen Steinkohlenrevieren suchte [3].

So wurde der oben erwähnte Isopropylalkohol seit Ende der dreißiger Jahre im Rhein-Ruhrgebiet bei der "Rheinpreussen AG für Bergbau und Chemie" im Anschluß an das von ihr betriebene Hydrierwerk erzeugt [4].

Durch die nach Kriegsende auf Grund des Verbotes der Alliierten zur Kohlehydrierung einsetzende und bis heute andauernde Rohstoffumstellung von Kohleprodukten auf Erdöl und Erdgas wurden die meisten der ehemaligen Kohlechemiewerke auf Grund der obigen Definition zu Petrochemiewerken. In vielen Fällen erzeugten die Werke die gleichen Endprodukte wie vorher (Äthylen, Äthylenoxid, Benzol, Butadien, Styrol, Synthesekautschuk, Isopropanol, Ammoniak u.a.).

Von technischen Einzelheiten und später erfolgten Aus- und Neubauten abgesehen, hat sich auch das äußere Erscheinungsbild dieser Chemiewerke durch den Wandel von der Kohle- zur Petrochemie nicht wesentlich geändert.

---

1) Vgl. Staiger, F.: Mineralölindustrie und Petrochemie, in: Oel-Zeitschrift für die Mineralwirtschaft, 1964, Heft 1, S. 42
2) Horn, O.: Eine Partnerschaft mit Zukunft, in: Oel-Zeitschrift für die Mineralwirtschaft, 1/1964, S. 47
3) Vgl. Übersicht: Der Rohstoffwechsel der chemischen Industrie in ausgewählten Steinkohlenrevieren
4) Broich, F.: Die Petrochemie des Rhein-Ruhrgebietes, a.a.O., S. 35

Der Strukturwandel in der Rohstoffbasis für chemische Grundprodukte von der Kohle
zum Erdöl wurde Anfang der sechziger Jahre rapide beschleunigt, als einerseits
die weitgehend von der Stahlproduktion abhängigen Kokereien nicht mehr genug carbochemische Rohstoffe liefern konnten, da die Zuwachsraten der Stahlindustrie weit
hinter denen der chemischen Industrie zurückblieben und außerdem der spezifische
Koksverbrauch durch Verfahrensverbesserungen stetig sank, andererseits ein enormer
Preisrückgang bei dem für die chemische Weiterverarbeitung verwendeten Rohbenzin
bei gleichzeitigem Anstieg der Kohle- und damit Kokspreise stattfand.

Übersicht 17 zeigt diese beiden Preisentwicklungen [1].

Übersicht 17: Die Preisentwicklung von Steinkohle des Ruhrreviers und von
Import-Rohbenzin von 1950 bis 1964

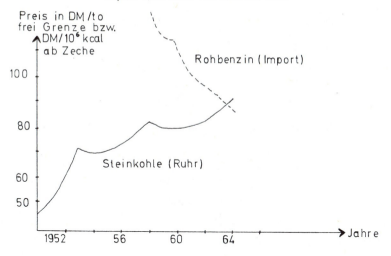

Die chemischen Werke wandten sich daher aus Mengen- und Preisgründen petrochemischen Rohstoffen zu [2].

---

1) Schneider, K.W.: Ungebrochenes Wachstum - Ausbau der deutschen Petrochemie
   folgt weltweitem Trend, in: Oel-Zeitschrift für die Mineralölwirtschaft, Heft 1,
   1965, S. 45.
2) Ebenda

Von den Kohlenrevieren Mitteleuropas besaß das Rhein-Ruhr-Gebiet den Vorteil, daß drei der ehemaligen Hydrierwerke zu großen Raffinerien ausgebaut worden waren und außerdem ab 1958 in rascher Folge mehrere neue Raffinerien (Esso Köln, Fina Duisburg, Shell Godorf, BP Dinslaken) in diesem Raum in Betrieb genommen wurden, so daß petrochemische Rohstoffe in ausreichendem Maß und transportkostengünstig in nächster Nähe zur Verfügung standen.

Das erste reine Petrochemiewerk in Deutschland ohne eigene Mineralölverarbeitung wurde 1953 gemeinsam von der BASF und der Deutschen Shell AG unter dem Namen Rheinische Olefinwerke (ROW) in Wesseling gegründet.

Damit wurde zum ersten Mal in Mitteleuropa ein Raffineriestandort zum ausschlaggebenden Faktor für die Ansiedlung eines petrochemischen Weiterverarbeiters.

Aufgrund eines 1948 mit der Union Rheinische Braunkohlenkraftstoff AG abgeschlossenen Rohölverarbeitungsvertrages standen der Deutschen Shell AG aus den ehemaligen Hydrier- und späteren Raffinerieanlagen in Wesseling neben den erzeugten Destillaten auch Raffineriegase zur Verfügung. Diese wurden nun per Rohrleitung zu dem nur wenige Kilometer nordwestlich ebenfalls am Rhein bei Wesseling erbauten Petrochemiewerk der ROW gepumpt und hier seit 1955 zu Äthylen, Polyäthylen und Äthylbenzol verarbeitet [1].

Mit der Gründung der ROW als gemeinsamer Tochtergesellschaft eines großen Chemie-Unternehmens und eines weltweiten Mineralölkonzerns wurde auch zum ersten Mal ein später oft kopierter Weg einer sinnvollen Zusammenarbeit zwischen Chemie- und Mineralölindustrie aufgezeigt.

Daneben gab und gibt es jene Formen, die in neueren Publikationen [2] als Vorwärtsintegration der Mineralölgesellschaften bezeichnet werden, wenn letztere mit eigenen Tochtergesellschaften auf dem Chemiesektor tätig werden, oder aber als

1) Roser, O.: Die Rheinischen Olefinwerke in Wesseling, in: Erdöl und Kohle, 9. Jahrg. 1/1956, S. 13
2) Müller, Heiko: Die Bedeutung der europäischen Küsten als Standorte der Mineralölraffinerien, Diss. Köln 1971, S. 243

Rückwärtsintegration der chemischen Industrie, wenn sich Chemieunternehmen in der Mineralölgewinnung und -verarbeitung betätigen, wie die BASF durch den Erwerb der Kapitalmehrheit an der Wintershall AG.

Dem Vorbild der ROW folgten 1957 die Farbenfabriken Bayer AG und die Deutsche BP AG mit der Gründung der Erdölchemie GmbH in Köln-Worringen als gemeinsamer Tochtergesellschaft zur Erzeugung von Petrochemikalien.

In diesem Fall war keine Raffinerie standortbestimmend, sondern ein chemischer Weiterverarbeiter.

Das Werk wurde auf dem Gelände des Bayer Zweigwerkes Dormagen errichtet, das ebenso wie das nur wenig entfernte Bayer Stammwerk Leverkusen von den Anlagen der Erdölchemie mit petrochemischen Vor- und Zwischenprodukten versorgt werden sollte.

Von den erwähnten Raffinerie-Neuansiedlungen hat nur die Esso-Raffinerie in Köln eindeutig die Ansiedlung petrochemischer Weiterverarbeiter in ihrer näheren Umgebung induziert, wie die Wacker Chemie und die Carbosulf.

Allerdings handelt es sich bei der Esso in Köln nicht nur um eine Raffinerie, sondern auch um ein mitintegriertes Petrochemiewerk, in dem bereits erste Veredelungsstufen durchgeführt werden und das in großem Maß petrochemische Zwischenprodukte wie Äthylen, Propylen und Butadien erzeugt.

Die anderen Chemiewerke im weiteren Kölner Raum und im Ruhrgebiet, die von der Esso in Köln durch eigene Rohrleitungen mit Äthylen oder durch flexible Transportmittel mit anderen Rohstoffen versorgt werden, bestanden zeitlich schon lange vor der Esso, sind also nicht erst aufgrund dieser Raffinerie entstanden.

Die Raffinerie Klarenthal im Saarrevier diente von Anfang an dazu, die Rohstoffversorgung der stark expandierenden und bis dahin auf rein carbochemischer Basis arbeitenden Saar-Lothringischen Chemieunternehmen zu sichern.

Im Gegensatz dazu steht die im belgischen Revier von Mons-Charleroi bei Feluy Anfang 1972 in Betrieb genommene Chevron Raffinerie bisher isoliert neben den dortigen Carbochemiewerken.

2.3. Chemiezentren an bedeutenden Binnenwasserstraßen

Von fast allen chemischen Fabriken wird in mehr oder weniger großen Mengen
Wasser benötigt, teils unmittelbar für den Herstellungsprozeß und teils indirekt,
wie zur Dampferzeugung oder zum Kühlen exothermischer Reaktionen und Destil-
lationsprozesse sowie zum Waschen verunreinigter Zwischen- und Endprodukte
und nicht zuletzt als Vorfluter für die meist zwangsläufig anfallenden Abwässer.

So betrug bei dem wohl größten chemischen Einzelverbraucher in Mitteleuropa,
der BASF in Ludwigshafen, der Verbrauch an Dampf 1971 17 Millionen Tonnen,
und die für Kühl- und Waschzwecke verwendete Wassermenge überschritt 1,1 Milliarden Kubikmeter [1].

So notwendig das Wasser allein sein mag, von ausschlaggebender Bedeutung für
die Prosperität eines großen Chemiewerkes ist die unmittelbare Lage an einer
schiffbaren Wasserstraße, über welche die meist sehr umfangreichen Massengüter
für die chemische Grundstoffproduktion, wie Salz, Schwefel, Kalk, Phosphate
u.a. sowie Heizöl und petrochemische Vorprodukte, welche die ehemaligen
Karbid-, Koks- und Kohlelieferungen größtenteils abgelöst haben, kostengünstig
per Schiff herantransportiert werden können.

So ist es kein Zufall, wenn sich heute die meisten und größten chemischen Werke
entlang von Wasserstraßen befinden und der Rhein mit seinen schiffbaren Neben-
flüssen den Nervenstrang der chemischen Industrie in Mitteleuropa bildet [2].

Aber auch an anderen bedeutenden Binnenwasserstraßen hat sich die chemische
Industrie gut entwickeln können. Trotz zunehmender Beliebtheit von Standorten
am seeschifftiefen Wasser siedeln sich Chemiewerke, die nur geringen Übersee-
import oder -export haben, nach wie vor gerne an Binnenwasserstraßen an, wie
die Neugründungen am Albertkanal oder die Versuche der Veba in Orsoy, wo allerdings auch Gründe des Chemieverbunds mitentscheidend sind, zeigen.

---

1) Nach Unterlagen der BASF
2) Vgl. Schall, H.: Die chemische Industrie Deutschlands unter besonderer Berücksichtigung der Standortfrage, in: Nürnberger Wirtschafts- und Sozialgeographische
   Arbeiten, Hrsg. Weigt, E., Bd. 2, 1959, S. 32 f.

2.3.1. Das Oberrheingebiet

2.3.1.1. Der Rhein-Main-Raum

Zwischen Oestrich und Ingelheim am Rhein im Westen und Hanau am Main im Osten erstreckt sich über Mainz, Rüsselsheim, Kelsterbach, Frankfurt und Offenbach der Wirtschaftsraum Rhein-Main, nach dem Rhein-Ruhr-Gebiet der größte Verdichtungsraum der Bundesrepublik.

In den Kammerbezirken der Industrie- und Handelskammern Wiesbaden und Frankfurt steht die Chemische Industrie mit Anteilen von jeweils 25 % der Industriebeschäftigten und über 30 % des Gesamtumsatzes unangefochten an der Spitze der hier ansässigen Industrien [1][2]. Im Kammerbezirk Frankfurt lag Anfang 1971 an zweiter Stelle hinter der chemischen Industrie mit ihren 41.953 Beschäftigten in 55 Betrieben die elektrotechnische Industrie mit 70 Betrieben und 36.790 Beschäftigten, gefolgt vom Maschinenbau mit 26.042 Beschäftigten in 104 Betrieben [3].

Die bedeutendsten der hier ansässigen Chemieunternehmen wurden bereits in der zweiten Hälfte des vergangenen Jahrhunderts in diesem Raum gegründet, wie 1856 die Chemische Fabrik Griesheim, 1863 die späteren Farbwerke Hoechst bei Frankfurt sowie die Firma Kalle & Co. in Biebrich, 1870 in Frankfurt Mainkur die Cassella Farbwerke Mainkur und 1873 die Deutsche Gold- und Silber-Scheideanstalt, ebenfalls in Frankfurt.

Die Gründe für die Standortwahl der einzelnen Unternehmen, die von Schall[4] ebenso wie die Geschichte der einzelnen Werke bereits eingehend beschrieben wurden, sind unterschiedlich. Den vier Teerfarbenfabriken, nämlich Meister, Lucius und Brüning (später Farbwerke Hoechst), der Chemischen Fabrik Griesheim mit ihrem Offenbacher Werk, Kalle & Co. sowie Cassella, ist jedoch gemeinsam, daß sie alle auf genügend Betriebswasser angewiesen waren und sich durch ihre Lage am Fluß, die gleichzeitig einen enormen Transportkostenvorteil bot, sehr gut entwickeln konnten.

---

1) Entwicklung der Industrie im Kammerbezirk Frankfurt am Main im Jahr 1970, in: Mitteilungen Industrie- und Handelskammer Frankfurt am Main, Nr. 6, vom 15.3.1971
2) Jahresbericht 1970 der Industrie- und Handelskammer Wiesbaden, S. 70
3) Siehe 1)
4) Schall, H.: Die chemische Industrie Deutschlands, 1959, a.a.O., S 80 ff., 86 f.

Die heutige sehr starke Stellung der Farbwerke Hoechst AG im Rhein-Main-Raum beruht auf der Funktion des Unternehmens als Führer der Betriebsgruppe Mittelrhein der 1925 in Deutschland gegründeten I.G. Farbenindustrie AG, dem bekannten festen Zusammenschluß der deutschen Teerfarbenfabriken sowie anderer Chemieunternehmen.

Zur Gruppe Mittelrhein gehörten neben dem Stammwerk Hoechst die ehemaligen Unternehmen Griesheim-Autogen mit einer Anzahl daran angeschlossener Sauerstoffwerke, die Naphtol-Chemie in Offenbach, die Farbenfabrik Cassella in Frankfurt-Mainkur, die Behringwerke in Marburg sowie die bereits 1906 an Hoechst angeschlossene Firma Kalle & Co. in Wiesbaden-Biebrich und die 1918 von Hoechst erworbene Knapsack AG bei Köln [1].

Durch die Anfang der fünfziger Jahre erfolgten alliierten Entflechtungsmaßnahmen wurde der enge Verbund der I.G.-Werke zunächst zerstört und die Mehrzahl der Werke verselbständigt.

Allein im Rhein-Main-Raum werden heute wieder fünf Chemieunternehmen mit mehr als 8 Werken von der Hoechst AG regiert und andere, wie die Caltex-Raffinerie in Raunheim, sind durch umfangreiche Lieferbeziehungen stark abhängig.

Letztere Raffinerie entstand in den Jahren 1962/63 mit dem Ziel, im südwestdeutschen Raum ein modernes Verarbeitungswerk zu errichten, das Kraftstoffe und Heizöle zur Deckung des wachsenden Bedarfes an Mineralölprodukten sowie, als neue Konzeption, auch größere Mengen von petrochemischen Ausgangsstoffen für den ständig steigenden Bedarf der chemischen Industrie erzeugen sollte [2].

Standortbestimmend für die nordöstlich Raunheims neben der Autobahn am Main gelegene Raffinerie waren neben dem Ballungsraum Frankfurt und dem Flughafen als Kerosinabnehmer die Möglichkeit des Abschlusses langfristiger Kontrakte mit den Farb-

---

1) Schall, H.: 1959, a.a.O., S.134
2) Kranig, L.E.: Der Ausbau der Caltex-Raffinerie in Raunheim, in: Erdöl und Kohle, Erdgas, Petrochemie, 23.Jg., Nr.12, 1970, S.793

werken Hoechst für die Lieferung von petrochemischen Ausgangsstoffen [1]. So
pumpte die Raffinerie, die durch die 457 km lange Rotterdam-Rhein-Pipeline mit
Rohöl versorgt wird, in ihrer ersten Ausbauphase 21 % ihrer Erzeugung durch
6 Rohrleitungen an die Farbwerke Hoechst (Äthylen, Propylen, Methan, Synthesegas, Leichtbenzin und Heizöl [2]. Die von anfänglich 2 Mio to/a auf eine Rohöldurchsatzkapazität von inzwischen 4,5 Mio to/a erweiterte Caltex-Raffinerie
(50 % Chevron, 50 % Texaco) benötigt für ihre jetzige Steam-Crack-Kapazität
von 320.000 to/a Äthylen und 150.000 to/a Propylen ca. 1,2 Mio to/a Naphtha
und Leichtbenzin. Da die eigene Kapazität hierfür nicht ausreicht, werden umfangreiche Mengen an Leichtbenzin durch die RMR-Produktenrohrleitung [3], an welche
die Caltex angeschlossen ist, aus Rotterdam, vermutlich von der dortigen Chevron
Raffinerie (68,4 % Chevron, 31,6 % Texaco) importiert.

Wie aus der Karte 5 über die im Rhein-Main-Raum ansässigen Chemiewerke ersichtlich ist, versorgt die Raffinerie die beiden Hoechst-Werke in Frankfurt-Hoechst
und in Kelsterbach mit den schon genannten Rohstoffen durch diverse Rohrleitungen.

Das zwangsläufig anfallende Butadien/Butylen-Gemisch wird auf dem Wasserweg
an die Erdölchemie in Dormagen geliefert [4].

Im Werk Kelsterbach, das sich in unmittelbarer Nähe der Raffinerie befindet, dient
Äthylen zur Erzeugung von Polyäthylen, Acetaldehyd, Äthylenoxid und Äthylenglykol; Propylen wird hier zu 125.000 to/a Polypropylen verarbeitet und Methan wird
mit Chlor, das eine vorwiegend mit Heilbronner Salz gespeiste Chlor-Alkali-Elektrolyse liefert - Kapazität 167.000 to/a Chlor und 188.000 to/a Natronlauge -, in
Chlorkohlenwasserstoffe umgewandelt.

---

1) Kranig, L.E.: 1970, a.a.O , S.793
2) Unterlagen der Caltex
3) Brüdern, P.: Fertigproduktenpipelines, in: Erdöl und Kohle, Erdgas, Petrochemie,
   22.Jhrg., Nr.2/1969, S.89-95
4) Kranig, L.E.: a.a.O., 1970, S.795

Karte 5 : Die im Rhein-Main-Raum ansässigen großen
Chemiewerke

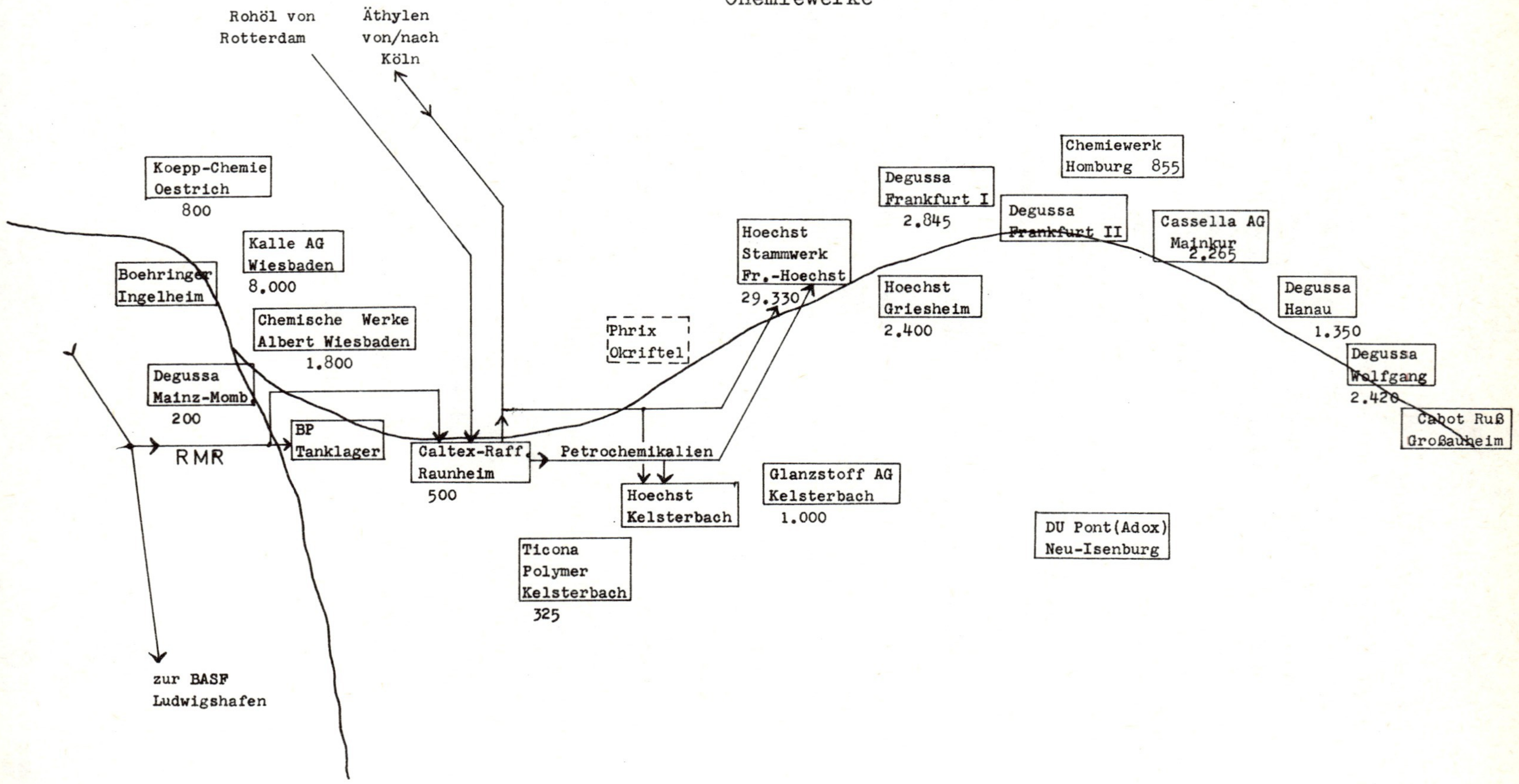

Rohöl von
Rotterdam

Äthylen
von/nach
Köln

Koepp-Chemie
Oestrich
800

Kalle AG
Wiesbaden
8.000

Chemische Werke
Albert Wiesbaden
1.800

Boehringer
Ingelheim

Degussa
Mainz-Momb.
200

RMR

BP
Tanklager

Caltex-Raff.
Raunheim
500

zur BASF
Ludwigshafen

Ticona
Polymer
Kelsterbach
325

Hoechst
Kelsterbach

Petrochemikalien

Phrix
Okriftel

Hoechst
Stammwerk
Fr.-Hoechst
29.330

Glanzstoff AG
Kelsterbach
1.000

Hoechst
Griesheim
2.400

Degussa
Frankfurt I
2.845

Degussa
Frankfurt II

Chemiewerk
Homburg   855

Cassella AG
Mainkur
2.265

Degussa
Hanau
1.350

Degussa
Wolfgang
2.420

Cabot Ruß
Großauheim

DU Pont (Adox)
Neu-Isenburg

Hauptprodukt ist Tetrachlorkohlenwasserstoff, der ausschließlich zur Herstellung des Kältemittels, Treibgases und Zwischenproduktes Frigen verwendet wird.

Auch das Hoechst-Stammwerk in Frankfurt-Hoechst beiderseits des Mains stellt in beachtlichem Umfang Petro- und Grundchemikalien her.

Bereits 1956 nahm man in Hoechst eine Erdölspaltanlage in Betrieb. Daneben setzte man Erdgas aus dem hessischen Ried zur Synthesegaserzeugung ein, um so Anschluß an die Petrochemie zu bekommen [1]. Das Werk blieb jedoch auch weiterhin auf die schon 1918 aufgenommenen Lieferungen von Acetaldehyd und anderen auf vorerst carborchemischer Basis erzeugten organischen Grundchemikalien der Tochtergesellschaft Knapsack AG bei Köln angewiesen.

Eine Entlastung der Rohstoffsituation brachte erst die Ende 1963 in Betrieb genommene Caltex-Raffinerie in Raunheim.

Als 1966 die Äthylenerzeugungsanlage für längere Zeit ausfiel, bekamen die Farbwerke Hoechst die Nachteile zu spüren, von einem Großlieferanten allein abhängig zu sein und beschlossen daraufhin, ihre Werke Kelsterbach und Hoechst durch eine 158 km lange Äthylenrohrleitung mit dem inzwischen im Kölner Raum entstandenen Äthylenverbundsystem zu verknüpfen, um so bei künftigen Anlagestörungen entweder die Frankfurter Werke von Köln aus zu versorgen oder aber bei Ausfällen von Äthylenlieferanten der Knapsack AG diese Tochtergesellschaft zusätzlich durch die Caltex-Raffinerie von Raunheim aus mit Äthylen zu beliefern [2].

Der Trassenverlauf der 1968 in Betrieb gegangenen Hoechst-Äthylenrohrleitung nebst den angeschlossenen Werken ist aus Übersicht 18 ersichtlich.

---

1) Geipel, R.: Industriegeographie als Einführung in die Arbeitswelt, Braunschweig 1969, S.82
2) Müller von Blumencron, H.; Steinrötter, H.: Der erste Schritt zu einem westeuropäischen Äthylenverbundnetz, in: Erdöl und Kohle, Nr.5, 1969, S.292

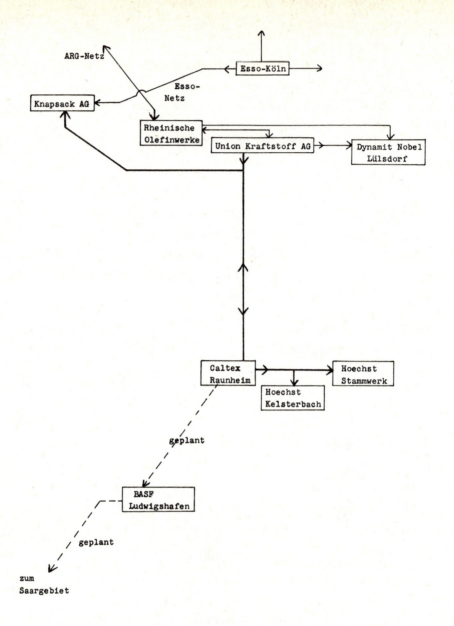

Übersicht 18 : Das Äthylenverbundnetz der Farbwerke
Hoechst AG und angeschlossene Werke

Ob und wann die geplante Verlängerung dieser Rohrleitung nach Süden zur BASF und dann weiter über Hagenau im Elsaß, wo ausgespülte Salzdome als natürliche Äthylenspeicher dienen sollen, und von dort in westlicher Richtung nach Sarralbe, wo bei einem Polyäthylenwerk von Solvay der Anschluß an das Äthylennetz des Saargebietes gegeben wäre, verwirklicht werden wird, ist heute noch nicht abzusehen.

Im Werk Hoechst wird Propylen der Caltex Raffinerie als Rohstoff für die Oxosynthese eingesetzt (40.000 to/a Oxoalkohole), Leichtbenzin dient zur Versorgung einer Anlage zur Erzeugung von Acetylen (30.000 to/a) und Äthylen (50.000 to/a), wobei letzt es zu Polyäthylen ND polymerisiert wird. Das anfallende Pyrolysebenzin wird an die Caltex-Raffinerie zurückgeliefert und dort - wie üblich - dem Superkraftstoff beigemischt.

Neben Vinylacetat (100.000 to/a) und Polyvinylalkoholen (24.000 to/a) werden in Hoechst noch Isocyanate und viele andere organische Zwischenprodukte hergestellt.

Eine Chlor-Alkali-Elektrolyse (165.000 to/a Chlor) liefert u.a. zusammen mit einer neuen auf dem südlichen Mainufer errichteten Schwefelsäurefabrik die Rohstoffe für 60.000 to/a Natriumbisulfat, das in der Reinigungsmittelindustrie Verwendung findet.

Auf die vielfältige Spezialitätenproduktion im Hoechster Werk mit tausenden von Produkten kann und soll hier nicht näher eingegangen werden.

Aufgrund der nur bruchstückhaft vorliegenden Informationen der Farbwerke Hoechst AG können über die anderen hier im Rhein-Main-Raum produzierenden Hoechst-Werke und -Beteiligungen nur marginale Angaben gemacht werden.

Verglichen mit dem Hoechst-Stammwerk, das 1971 zusammen mit dem Werk Kelsterbach 29.334 Mitarbeiter beschäftigte, sind die anderen Betriebsstätten vergleichsweise klein; so das Hoechst-Werk Griesheim, wo mit 2,425 Beschäftigten aromatische und aliphatische Zwischenprodukte erzeugt werden; oder das Werk Offenbach
- die ehemalige Naphtol-Chemie -, wo 1.847 Mitarbeiter vorwiegend Farbstoffe
herstellen.

Durch einen Aktientausch mit Bayer und BASF erhielt die Hoechst AG 1970 mit
75,59 % die Kapitalmehrheit an den über 100jährigen Cassella-Farbwerken Mainkur
AG, und damit nach der I.G. Zeit wieder beherrschenden Einfluß auf dieses Unternehmen, das in seinem am Main in Frankfurt-Mainkur gelegenen Werk mit 2.263 Beschäftigten Farbstoffe, Polykondensate, Arzneimittel, Melaminharze sowie Hilfsmittel für die Textil-, Papier- und Lederindustrie produziert.

Die 100 %ige Hoechst-Tochtergesellschaft Chemische Werke Albert in Wiesbaden-
Biebrich stellt mit einer Belegschaft von 1.793 Mitarbeitern folgende Produkte her:
Phosphate, Holz- und Feuerschutzmittel, Silicofluoride, Sinterpulver, Kunstharze,
Optische Aufheller und Arzneimittel sowie Alkansulfonat, ein vollständig abbau-
barer Rohstoff für Feinwaschmittel.

Ebenfalls in Wiesbaden-Biebrich ansässig ist die 100 %ige Hoechst-Tochtergesellschaft Kalle AG. Das 1863 als Teerfarbenfabrik gegründete Unternehmen verzichtete nach der Eingliederung in die I.G. Farbenindustrie AG auf die Farbstoffproduk-
tion und widmete sich seinem Spezialgebiet der Celluloseveredelung, aus der so
bekannte Kunststoffe wie Cellophan hervorgingen [1].

Das Unternehmen mit seinen fast 8.000 Beschäftigten stellt die gesamte Palette
der Kunststoffolien wie PVC-, Polyester-, Polyäthylen- und Polypropylenfolien
sowie Celluloseäther und Methylcellulose her und erzeugt Lichtpauspapiere.

---

1) Schall, H.: 1959, a.a.O., S.81, S.134

Unmittelbar neben dem Werk Kelsterbach und gegenüber der Caltex-Raffinerie befindet sich eine der kleinsten Hoechst-Tochtergesellschaften, die Ticona-Polymerwerke GmbH, eine Gemeinschaftsgründung der Farbwerke Hoechst AG (59 %) und der amerikanischen Celanese Corp. (41 %).

Von 325 Mitarbeitern werden hier 40.000 to/a thermoplastische Polyacetal-Kunststoffe produziert. Der Rohstoff Formaldehyd wurde bisher von dem Degussa-Werk in Mainz-Mombach als 42 %ige Lösung in Straßentankwagen angeliefert [1]. Um das Transportproblem zu vereinfachen, nahm das 1964 angelaufene Werk 1972 eine eigene Formaldehydanlage (44.000 to/a - 55 %ig) in Betrieb [2].

Den benötigten Rohstoff Methanol liefert die Union Kraftstoff AG in Wesseling per Schiff.

Es ist zu vermuten, daß zwischen allen zur Hoechst AG gehörenden Werken in diesem Raum intensive Güteraustauschbeziehungen bestehen. Wegen fehlender Informationen sind aufgrund der jeweiligen Produktionsprogramme jedoch nur Vermutungen möglich. So scheint es unzweifelhaft, daß die Kalle AG ihre Rohstoffe wie Polyäthylen und Polypropylen vom Hoechster Stammwerk und vom Werk Kelsterbach bezieht.

Zur Veranschaulichung der Auswirkungen, die ein großes Chemiewerk allein auf den Verkehrssektor ausübt, seien folgende Zahlen des Werkes Hoechst genannt: im Durchschnitt werden hier täglich 11 Schiffe be- oder entladen, 450-500 Güterwagen an die Deutsche Bundesbahn übergeben oder von ihr übernommen und 3.800 Nutzlastfahrzeuge an den Toren abgefertigt [3].

---

1) Farben-Post Hoechst, Januar 1972, S.11
2) Europa-Chemie, Nr.17, 1972, S.334
3) Hoechst Geschäftsbericht 1971, S.40

Das zweite große Chemieunternehmen des Rhein-Main-Raumes ist die 1873 in
Frankfurt gegründete "Deutsche Gold- und Silber-Scheideanstalt vormals Roessler",
kurz Degussa. "Bei dem ursprünglichen einfachen Scheideverfahren, der Schwefel-
säure-Scheidung, entstanden nun je nach Art des Scheidegutes auch chemische Verbindungen wie Kupfersulfate, Silbersulfate usw. Die Umsetzungen zwischen Säure
und Metallen bildeten für die alte Scheideanstalt die Brücke zur Beschäftigung mit
der Chemie... und erklären das außergewöhnlich weitgespannte Produktionsprogramm
der heutigen Degussa" [1]. Auch heute noch ist das Unternehmen im Edelmetallbereich tätig, betreibt daneben jedoch eine Vielzahl von Chemischen Werken.
Im Rhein-Main-Raum besitzt die Degussa insgesamt 6 Werke.

Ein reines Chemiewerk ist das in Mainz-Mombach am Industriehafen gelegene Werk.
Als Betrieb der Holzverkohlungsindustrie - ebenfalls ein Fachgebiet der Degussa -
1858 gegründet, werden hier heute mit 200 Mitarbeitern Chemikalien und Kunst-
stoffvorprodukte wie Formaldehyd, Hexamethylentetramin, Methylbromid und
Cyankalium hergestellt. Der Hauptrohstoff des Werkes, Methanol - früher aus
Holzgeist hergestellt und heute petrochemisch gewonnen - wird per Schiff von der
Union Kraftstoff AG in Wesseling bezogen (100.000 to/a).

In der Frankfurter Innenstadt besitzt die Degussa sowohl ihre Scheideanstalt mit den
angeschlossenen Edelmetallbetrieben als auch ein Werk für chemische Spezialitäten,
das neben Glasurfritten und Härtesalzen auch Peroxid herstellt. Die hier 1901 aufgenommene Produktion von Natriumcyanid, wurde Mitte 1971 aus Rentabilitätsgründen stillgelegt. Damit entfiel auch der jahrzehntelange Bezug von Natrium-
metall vom Degussa-Werk Knapsack bei Köln.

Ebenfalls in Frankfurt ansässig ist die Degussa Zweigniederlassung Chemiewerk
Homburg, welche sich auf die Herstellung von Pharmazeutika spezialisiert hat.

---

1) Herber, F.: Was steht dahinter? Sonderdruck aus: Frankfurt - lebendige Stadt,
   Heft 2/1966, S. 2

Mehr zum Edelmetallbereich gehören zwei bei Hanau liegende Werke der Degussa mit insgesamt 3.770 Beschäftigten, wo Platin und mehrere Sondermetalle
verarbeitet und außerdem Kunstleder sowie Kunststoff-Folien erzeugt werden.

Zwischen Hanau und Graußenheim befindet sich am Main eine größere Rußfabrik
der amerikanischen Gesellschaft Cabot, dem größten Rußhersteller der Welt, welche von hier aus vermutlich das Dunlop Reifenwerk in Hanau mit dem wichtigen
Gummireifenfüllstoff Ruß versorgt.

Weitere bedeutende Chemiewerke im Rhein-Main-Gebiet sind: ein Chemiefaser-
werk der Glanzstoff AG in Kelsterbach, wo ca. 1000 Mitarbeiter Reyon- und
Perlonfasern erzeugen; die von Du Pont aufgekauften Fotowerke Adox GmbH
in Neu-Isenburg; das bekannte Pharmazeutik-Unternehmen Boehringer in Ingelheim am Rhein sowie schräg gegenüber auf der anderen Rheinseite in Oestrich
die Koepp-Chemie. Dieses mehr als 125 Jahre alte Unternehmen erzeugt mit
800 Mitarbeitern 14.000 to/a Kunststoffe und 10.000 to/a Chemikalien. Hauptrohstofflieferant ist nicht eines der nahegelegenen Werke der Hoechst AG,
sondern das Bayer Werk Leverkusen [1].

Vor einigen Jahren noch von Bedeutung war ein Zellstoffwerk der ehemaligen
Phrix AG und jetzigen BASF-Tochtergesellschaft Spinntechnik AG in Okriftel
am Main, das wegen der irreversiblen Nachfrageverschiebung von der zellulosischen Faser zu anderen Fasertypen als Hauptlieferant des Phrix Zellwolle-
Werkes in Siegburg gleichzeitig mit diesem 1971 stillgelegt wurde.

Für eine weitere Expansion der chemischen Industrie scheint das Ballungsgebiet
des Rhein-Main-Raumes ungeeignet zu sein. Im Gegensatz zum Rhein-Ruhr-

---

1) Briefliche Angaben der Koepp AG vom 15.11.1972

Gebiet fehlt hier ein vielfältiges Rohrleitungs-Verbundsystem. Auch ist die Rohstoffbasis für petrochemische Verarbeiter mit nur einer Raffinerie schon jetzt un-
zureichend. Die Versorgung dieses Raumes beruht zu einem wesentlichen Teil auf
Lieferungen durch die RMR-Produktenrohrleitung, die aber auch in absehbarer
Zeit an ihre Kapazitätengrenze stoßen wird.

Wegen der Vorherrschaft des Hoechst-Konzerns in diesem Raum besteht zudem die
Möglichkeit, daß ansiedlungswillige Konkurrenzunternehmen Schwierigkeiten bei
der Zusammenarbeit mit anderen Werken haben könnten.

Einer der wichtigsten Gründe gegen ein weiteres Anwachsen der chemischen Industrie im Rhein-Main-Raum ist jedoch die äußerst angespannte Arbeitsmarktlage.
So verzichtete die Kalle AG auf einen weiteren Ausbau ihres Wiesbadener Werkes,
um das im Raum Neunkirchen gegebene Arbeitskräfteangebot auszunutzen, wo sie
1969 gemeinsam mit den Saarbergwerken die "Folienwerke Saar GmbH" gründete[1].

Nicht zuletzt stößt auch die Umweltbelastung des Rhein-Main-Raumes durch
Emissionen der vorhandenen Industriebetriebe bereits an die Grenze des Zumut-
baren. "Zum schwächsten Glied der ökologischen Kette wurde der Main erklärt.
Auf absehbare Zeit ist er noch zur Abwasserführung und als Kühlwasserlieferant
ausgebucht"[2]. Da eine zusätzliche Belastung nicht mehr tragbar erscheint,
scheiterte die Errichtung zweier Großbetriebe am Untermain - einer Raffinerie
der Deutschen Shell AG und eines Aluminiumwerkes der Alcan Aluminium-Werke
GmbH[3].

---

1) Brief der Folienwerke Saar GmbH vom 12.6.1972
2) Wirtschaftsraum Rhein-Main, in: Wirtschaftswoche - Der Volkswirt, Nr.30,
   28.7.1972, S.79
3) Wirtschaftsraum Rhein-Main, a.a.O., S 79

2.3.1.2. Der Rhein-Neckar-Raum

Mit Ausnahme von zwei großen Chemieunternehmen mit je über 2.000 Beschäftigten
in Darmstadt, dem Pharmazeutika- und Feinchemikalienhersteller E. Merck und der
Röhm GmbH (38 % BASF), die Plexiglas, Bleichmittel und Klebstoffe erzeugt, sowie einem Waschmittelwerk und einem Pharmazweigwerk in Worms ist das Gebiet
zwischen dem Rhein-Main-Raum und dem ca. 55 km südlich liegenden Rhein-
Neckar-Raum frei von größeren Chemieansiedlungen.

Die Entwicklung des Rhein-Neckar-Raumes zu einem bedeutenden Chemiezentrum
hat unterschiedliche Ursachen.

Entscheidend dürfte jedoch die außergewöhnlich gute Verkehrslage der Städte
Mannheim und Ludwigshafen an Rhein und Neckar gewesen sein.

Während der Rhein als Transportweg diesem Raum die Grundstoffe des Ruhrgebietes
ebensogut wie diejenigen der überseeischen Länder erschloß [1], konnte auf dem
Neckar der Rohstoff Salz transportkostengünstig aus den Salinen bei Friedrichshall
bezogen werden.

Bereits 1823 errichteten die Gebrüder Giulini - aus der Lombardei eingewanderte
Drogen- und Schwefelhändler - in Mannheim eine Schwefelsäurefabrik. Das Vorhandensein der Schwefelsäurefabrik wiederum veranlaßte die Saline Ludwigshall
1828 im nördlich gelegenen Neuschloß bei Lampertheim, wo Torfvorkommen den
nötigen Brennstoff lieferten, eine Sodafabrik zu bauen [2].

1851 verkaufte Giulini seine inzwischen ebenfalls um die Sodaproduktion erweiterte Fabrik und erbaute im gegenüberliegenden Ludwigshafen ein neues Chemiewerk.

---

1) Schall, H.: Die chemische Industrie Deutschlands, 1959, a.a.O., S. 26
2) Ebenda, S.44

Ebenfalls zunächst in Mannheim ansässig war eine 1861 dort gegründete Farbenfabrik, die - wie damals üblich - den bei der Gaserzeugung anfallenden lästigen
Teer aufarbeitete. Als die Stadt Mannheim 1865 bei der geplanten Vergrößerung
des Unternehmens Schwierigkeiten machte, wurde das Werk nach Ludwigshafen
verlegt [1], wo es sich zum größten Chemiekonzern der Welt entwickelte, der Ba-
dischen Anilin- und Sodafabrik (BASF) [2].

Heute ist das sich 5,4 km längs des Rheins von Ludwigshafen bis Oppau erstreckende Werk der größte geschlossene Produktionsschwerpunkt der chemischen Industrie
in Mitteleuropa. Mit rund 50.000 Beschäftigten [3] liegt diese Betriebsstätte deutlich vor dem Bayer-Werk Leverkusen mit ca. 40.000 und dem Stammwerk der Farbwerke Hoechst mit knapp 30.000 Mitarbeitern.

Im Jahre 1971 stellten die im Werk konzentrierten 300 Fabriken insgesamt 6,59 Mio
to Verkaufsprodukte her. Davon entfielen 3,22 Mio to auf Düngemittel und sonstige
Stickstoffprodukte und 2,12 Mio to auf Kunststoffe einschließlich Vorprodukte [4].

Grundlage der organischen Produktion war jahrzehntelang eine Karbidfabrik, die
aus Kohle und Kalkstein - beides gelangte transportkostengünstig auf dem Wasserweg direkt ins Werk - zuletzt 200.000 to/a Karbid für die Acetylen-Herstellung
lieferte. 1965 wurde die Karbidfabrik stillgelegt, und die Erzeugung von Acetylen
(90.000 to/a) auf petrochemische Rohstoffe - Leichtbenzin und Flüssiggas - umgestellt.

Bereits 1959 hatte das Ludwigshafener Werk durch Inbetriebnahme einer Rohölspalt-
anlage Anschluß an die Petrochemie gefunden.

Aus dem mit Kesselwagen angelieferten deutschen Rohöl des Landauer Feldes werden hier auch heute noch 40.000 to/a Äthylen und eine entsprechende Menge
Propylen erzeugt.

---

1) Schall, H.: 1959, a.a.O., S.44
2) Onkel Timms Hütte, in: Wirtschaftswoche - Der Volkswirt, Nr.14, 30.3.1973,
   S.65
3) Werk und Umwelt, Broschüre der BASF 1972, S.6
4) Nach Unterlagen der BASF

Einer der Hauptrohstofflieferanten des BASF Werkes Ludwigshafen für Kohlenwasserstoffe ist seit ihrer Inbetriebnahme Mitte 1964 die auf der gegenüberliegenden Rheinseite auf der Friesenheimer Insel liegende Erdölraffinerie Mannheim
GmbH, an deren Kapital die BASF-Tochtergesellschaft Wintershall zu 60 % und die
amerikanische Marathon International Oil Co. zu 40 % beteiligt sind.

Diese inzwischen auf eine Durchsatzkapazität von 3,6 Mio to/a Rohöl erweiterte
Raffinerie - eine nochmalige Kapazitätserweiterung auf 5,6 Mio to wird zur Zeit
durchgeführt [1] - mit ihren 435 Mitarbeitern war 1961 konsumorientiert im Ballungsraum Mannheim-Ludwigshafen gegründet worden, um neben der Deckung des
lokalen Mineralölproduktenbedarfs auch größere Mengen Stadtgas zu erzeugen und
um die BASF mit Raffinerieprodukten zu versorgen [2]. Die Versorgung mit schwefelarmem libyschem Rohöl erfolgte bisher zu etwa gleichen Teilen durch die TAL und
die SEPL [3], mit denen die Mannheimer Raffinerie durch eine 59 km lange Zweigleitung in Jockrim bei Karlsruhe verbunden ist.

1971 belieferte die Raffinerie die BASF durch zwei von insgesamt acht in einem
Rheindüker [4] verlegten Rohrleitungen mit 200.000 to/a Naphtha für die Acetylen-
anlage und mit 570.000 to/a schwerem Heizöl, das bis auf 105.000 to/a, die zur
Erzeugung von Wasserstoff und Synthesegas dienten, zur Energieerzeugung verfeuert
wurde. Ferner wurden per Kesselwagen 8.000 to/a Normalpentan als Hilfsmittel
zur Herstellung des Kunststoffs Styropor geliefert [5].

Da der Rhein-Neckar-Raum inzwischen an das Erdgasnetz angeschlossen ist, scheint
eine baldige Stillegung der Stadtgasanlage analog dem Beispiel der Elf-Raffinerie
Speyer nicht ausgeschlossen. In diesem Fall könnte das Kontingent der an BASF gelieferten Kohlenwasserstoffe entsprechend erhöht werden.

---

1) EKEP, 5/72, S.296
2) Neumann, H.: Die Erdölraffinerie Mannheim, in: Erdöl und Kohle, Erdgas,
   Petrochemie; Juni 1965, S.436
3) Briefliche Angaben der Erdölraffinerie Mannheim GmbH vom 23.5.1972
4) Neumann, H.: Die Erdölraffinerie Mannheim 1965, a.a.O., S.436
5) Briefliche Angaben der Erdölraffinerie Mannheim GmbH vom 23.5.1972

Ein weiterer Großlieferant für Kohlenwasserstoffe ist die Shell-Raffinerie Godorf, die neben den Rheinischen Olefinwerken (ROW) in Wesseling, einer gemeinsamen Tochtergesellschaft von BASF und Shell, auch das BASF-Stammwerk in Ludwigshafen mit Mineralölprodukten durch die von Rotterdam bis Ludwigshafen führende RMR-Produktenrohrleitung versorgt (siehe Karte 13).

Das vorwiegend verpumpte Leichtbenzin speist in Oppau einen Steam-Cracker (150.000 to/a Äthylen, 100.000 to/a Propylen, 60.000 to/a C-4 Gemisch) und eine Methanolanlage (250.000 to/a).

Mit Schiffen bezieht BASF von der Shell-Raffinerie Godorf noch größere Mengen an Benzol, die mit Äthylen zu Äthylbenzol (270.000 to/a) und dann weiter über Styrol zu den Kunststoffen Polystyrol (244.000 to/a) und Styropor (150.000 to/a) verarbeitet werden.

Von der Tochtergesellschaft ROW erhält die BASF ebenfalls per Schiff seit Jahren größere Mengen an Styrol (360.000 to/a) und Äthylbenzol.

Die weitere umfangreiche Verarbeitungspalette sei hier nur angedeutet, wie Polyäthylen (18.000 to/a), Polypropylen (3.000 to/a), Isobutylen und Polyisobutylen (4.000 to/a), je 30.000 to/a Polyamide und Polyesterfasern, Äthylenoxid und Äthylenglykol als Vorprodukte für Frostschutzmittel und Polyesterfasern sowie Caprolactam und AH-Salz für Nylon 6.6..

Ein weiterer wichtiger Roh- und Betriebsstoff des Ludwigshafener Werkes ist holländisches Erdgas. Seit Anfang 1969 ersetzt es weitgehend die Kokereigaslieferungen aus dem Saargebiet [1].

Neben Heizzwecken dient der überwiegende Teil der 1971 bezogenen 565 Mio cbm Erdgas als Petrochemischer Rohstoff für die Synthesegaserzeugung in einer Ammoniakanlage (Kapazität 800.000 to/a) und zur Herstellung von 250.000 to/a Methanol.

---

1) Hohenschutz, H.: Erdgas für die BASF, in: BASF Information 8/1968, S.4

"Der Einsatz zur Herstellung anderer Synthesegase und von Wasserstoff ist nicht möglich, weil das holländische Erdgas mit einem Stickstoffgehalt von 14 % zu viel Inertgase (die sich an der Umsetzung nicht beteiligen) in die Prozesse einschleppt. Für die Ammoniaksynthese stört der Stickstoffgehalt jedoch nicht" [1].

Das bei der Ammoniaksynthese zwangsläufig anfallende Kohlendioxid wird zusammen mit Ammoniak zu 600.000 to/a Harnstoff verarbeitet. Weiterhin dient Ammoniak zur Salpetersäureherstellung und geht zusammen mit dieser in zahlreiche, im Werk erzeugte Düngemittel ein.

Das aus Erdgas erzeugte Methanol dient zusammen mit dem aus Leichtbenzin gewonnenen Methanol - ebenfalls 250.000 to/a - sowie den seit 1972 in Rheintankern von der Elf-Raffinerie in Speyer bezogenen Methanolmengen als wichtiges Vorprodukt für Formaldehyd (ca. 300.000 to/a) und für die Produktion von synthetischen Leimen (ca. 250.000 to/a). Methanol wird bei der BASF für insgesamt 800 Produkte benötigt [2].

Ein weiterer wichtiger Rohstoff ist Steinsalz - vermutlich aus Heilbronn bezogen -, das nach elektrolytischer Scheidung die wichtigen Grundstoffe Chlor (200.000 to/a), Natronlauge und Wasserstoff liefert. Ca. 60.000 to/a Chlor werden mit einer etwa gleich großen Menge Äthylen zu Vinylchlorid (120.000 to/a) verarbeitet und dann zu dem bekannten Kunststoff PVC weiterveredelt.

Früher wurde Salz auch noch für die Sodaproduktion benötigt, die jedoch eingestellt ist. Da das Werk auch kein Anilin mehr verkauft und die Fabrik zudem nicht in Baden liegt, ist der Name des Unternehmens für Außenstehende einigermaßen irreführend.

Einer der wichtigsten chemischen Grundstoffe ist nach wie vor die Schwefelsäure, die seit 1970 in Ludwigshafen aus Elementarschwefel, der vorwiegend in flüssiger Form in Spezialrheintankern ins Werk gelangt, hergestellt wird (ca.800.000 to/a

1) Hohenschutz, H.: 1968, a.a.O., S.4
2) Presse-Informationen der BASF vom 11.12.69

SO_3). Neben der preisgünstigeren Herstellung brachte die Stillegung der alten Pyrit-Anlagen eine erhebliche Verbesserung der Abwasser- und Abluftverhältnisse.

Auf die größtenteils vorbildlichen Maßnahmen der BASF zum Umweltschutz sowie auf die nachteilige Lage des Werkes im durch Inversionswetterlagen gekennzeichneten Oberrheingebiet soll hier wegen des Vorliegens umfangreicher Publikationen [1][2] nicht näher eingegangen werden.

Ebensowenig kann auf das umfangreiche Spezialitätenprogramm des Ludwigshafener Werkes eingegangen werden, wie die Herstellung von Vitaminen, Pharmazeutika, Textil- und Lederhilfsmitteln, Lackrohstoffen sowie Tonbändern und Druckplatten.

Erwähnenswert ist eine energieversorgungstechnische Besonderheit des Werkes. Um die enormen Transportkosten für Brennstoffe der drei thermischen Kraftwerke nicht noch weiter zu erhöhen - 1971 wurden 1,52 Mio to Brennstoffe für die Energieerzeugung im Ludwigshafener Werk verwendet, darunter 622.000 to Kohle -, nahm die BASF 1964 auf dem Gelände ihrer werkseigenen Zeche Gewerkschaft Auguste Victoria in Marl/Westfalen - Förderung 1972 2,6 Mio to Steinkohle mit einer Belegschaft von 5.393 Mitarbeitern [3] - ein großes Kraftwerk (250 MW) in Betrieb, das Ballastkohle der eigenen Zeche verfeuert und den erzeugten Strom über das Verbundnetz des RWE zum 300 km entfernten Ludwigshafen "liefert" [4].

Der Anteil des Marler Kraftwerkes an der Gesamtenergieversorgung des Ludwigshafener Werkes (1971 = 5,444 Mrd KWh) betrug 1971 23 %, 54 % erzeugten drei werkseigene Kraftwerke in Ludwigshafen und 23 % wurden vom RWE bezogen [5].

1) Behrens, K.C.; Geßner, H.-J.; Schultze, J.H.:Wasserversorgung und Umweltschutz in der Chemischen Industrie - Beispiel BASF -, in: Veröffentlichungen der Akademie für Raumforschung und Landesplanung, Forschungs- und Sitzungsberichte, Band 79, Hannover 1973
2) Werk und Umwelt, Broschüre der BASF, 1972
3) BASF Geschäftsbericht 1972, S.60
4) Lobenwein, H.-K.: Vom Standort der BASF, aus: 'Die BASF', Heft 1, 1963, S.36
5) Nach Unterlagen der BASF

Die erheblichen Auswirkungen eines solchen Großchemiewerkes auf den Transport-
sektor lassen sich aus der Höhe der Gesamttransportleistung des Werkes erahnen,
die 1971 einschließlich des werksinternen Verkehrs 15,9 Millionen Tonnen betrug,
welche sich zu etwa gleichen Teilen auf die Verkehrsträger Schiff, Bahn und LKW
verteilten.

Um den teils sehr hohen Frachtkostennachteil bei aus Übersee importierten Rohstoffen und dorthin exportierten Massenerzeugnissen nicht noch weiter anwachsen zu
lassen und um das riesige Ludwigshafener Werk nicht noch weiter vergrößern zu müssen, erbaute die BASF 1967 im Antwerpener Hafen ein großes petrochemisches- und
Grundchemikalienwerk mit direktem Tiefwasseranschluß, dessen Erzeugnisse zu 90 %
exportiert werden.

Südlich der Stadt Ludwigshafen befindet sich direkt am Rhein das Chemiewerk der
Gebrüder Giulini, die - wie erwähnt - 1951 ihre 1823 in Mannheim gegründete
Chemiefabrik nach Ludwigshafen verlegten.

Seine ursprünglichen Produkte, Schwefelsäure, Alaun und Tonerde sowie später
Phosphorsalze und Düngemittel stellt das Unternehmen auch heute noch her.

Darüber hinaus hat die Gebrüder Giulini GmbH ihr Programm um Spezialprodukte
des Phosphatsektors, spezielle Salze, Füllstoffe, Gießereihilfsmittel, pharmazeutische Erzeugnisse sowie um Hüttenaluminium erweitert.

Besonders bekannt ist das Unternehmen durch seine mit Erfolg gekrönten Bemühungen
auf dem Gebiet des Umweltschutzes geworden [1]. Den Anstoß für diese Aktivitäten
gab ein Teil des Produktionsprogrammes. So fallen bei einer Tonerdeerzeugung von
130.000 to/a, für die ca. 320.000 to/a Bauxit aus Übersee rheinaufwärts herantransportiert werden müssen, zwangsläufig etwa 130.000 to/a Rotschlamm an, ein

1) Giulini will mehr Geld aus Abfällen machen, in: Die Welt vom 13.7.1973

bisher unbrauchbares Abfallprodukt, das unter Kostenaufwand deponiert werden mußte.

Dank eines Giulini-Verfahrens werden nun aus einem Teil des Rotschlamms Flockungsmittel zur chemischen Abwasserreinigung hergestellt [1]. Ferner läuft versuchsweise eine Produktion von Ziegeln aus Rotschlamm [2].

Eine weitere Quelle von großen Mengen an Abfallstoffen ist die Phosphorsäureherstellung nach dem Naßverfahren. Beim Aufschluß des Rohphosphates mit Schwefelsäure - letztere wird ebenfalls im Werk erzeugt (90.000 to/a) - "fallen pro Tonne Rohphosphat ca. 1,6 to bzw. pro to P_2O_5 (Phosphorsäure) ca. 5 to synthetisches Calciumsulfat-Dihydrat als Abfallprodukt an" [3].

Bei einer Phosphorsäurekapazität von ca. 15.000 to/a mußten so jährlich ca. 75.000 to/a Abfallgips gelagert werden.

Nach einem Giulini-Verfahren wird der Abfallgips nun seit einigen Jahren zu reinem Synthesegips aufgearbeitet und anschließend zu Bauplatten verarbeitet. Zur besseren Ausnutzung der Bauplattenanlage verarbeitet Giulini auch noch Abfallgips der Firma Joh. A. Benckiser, in deren Werk Ladenburg bei der Citronensäureherstellung ebenfalls erhebliche Mengen an Abfallgips anfallen, welche bisher relativ teuer bei Grünstadt gelagert werden mußten [4].

Die Gebr. Giulini GmbH hat inzwischen zahlreiche Lizenzen auf ihre Abfallaufarbeitungsverfahren vergeben [5]. In Kürze wird sogar die Knapsack AG einen Teil ihres Abfallgipses zu Bauplatten verarbeiten, obwohl diese bisher infolge der besonderen Standortgunst kostengünstig und unschädlich in ausgekohlten Tagebauen deponiert werden konnte.

---

1) Chemische Industrie, Nr. 4, 1973, S. 215
2) Chemische Bereinigung der Aluminiumverluste bei Giulini, in: Handelsblatt vom 29.5.1972
3) Förster, H.J.: Verwertung von Abfallgipsen nach dem Giulini-Verfahren, in: Chemische Industrie, Nr. 7, 1972, S. 438
4) Europa-Chemie, Nr. 5, 1971, S. 6
5) Giulini will mehr Geld aus Abfällen machen, in: Die Welt vom 13.7.1973

Ein Teil der Phosphorsäure dient zusammen mit Schwefelsäure und anderen Rohstoffen zur Herstellung von 110.000 to/a Düngemitteln.

Die Tonerdefolgeprodukte umfassen 91.500 to/a Aluminiumsulfat und Alaun sowie
13.500 to/a Natriumaluminat und seit 1970 auch 22.000 to/a Hüttenaluminium.
Dieser streng genommen nicht zur chemischen Industrie gehörende Produktionszweig
erwirtschaftete infolge eines internationalen Überangebots an Aluminium bisher erhebliche Verluste. Eine Ende 1972 fertiggestellte Hüttenerweiterung um weitere
22.000 to/a Aluminium wurde daher vorerst nicht in Betrieb genommen.

Mit knapp 2.700 Mitarbeitern ist Giulini nach der BASF das zweitgrößte Chemieunternehmen Ludwigshafens, gefolgt von dem nördlichen Nachbarn Giulinis, der
Dr. F. Raschig GmbH, mit ca. 1.500 Beschäftigten.

Dieses publizitätsscheue Unternehmen [1] erzeugt Antioxidantien, Roh- und Hilfsstoffe für die Lack- und Farbenindustrie, Kunstharze, Pressmassen sowie Fungizide.
Ferner stellt es als eines der letzten Unternehmen noch Phthalsäureanhydrid auf
der Basis von Naphthalin her. Letzteres wird von der Rütgerswerke AG geliefert.

Weitere bedeutende Chemieunternehmen in Ludwigshafen sind die Knoll AG, ein
vorwiegend pharmazeutisches Unternehmen, und die Woellner-Werke. Letztere
erzeugen Silikate, wie Natron- und Kali-Wasserglas, Gießereihilfsmittel sowie
Wasch- und Reinigungsmittel.

Zu den ältesten Ludwigshafener Chemieunternehmen zählt die 1823 in Pforzheim
gegründete Firma Joh. A. Benckiser, die 1858 in Ludwigshafen "auf der grünen
Wiese" ein neues Werk errichtete und nun vor einigen Jahren abermals umziehen
mußte, weil die Stadt Ludwigshafen das Werksgelände für einen neuen Bahnhof
brauchte [2].

---

1) Brief der Dr. F. Raschig GmbH, Ludwigshafen, vom 20.6.1972
2) Chemische Industrie, Nr. 8, 1971, S. 502

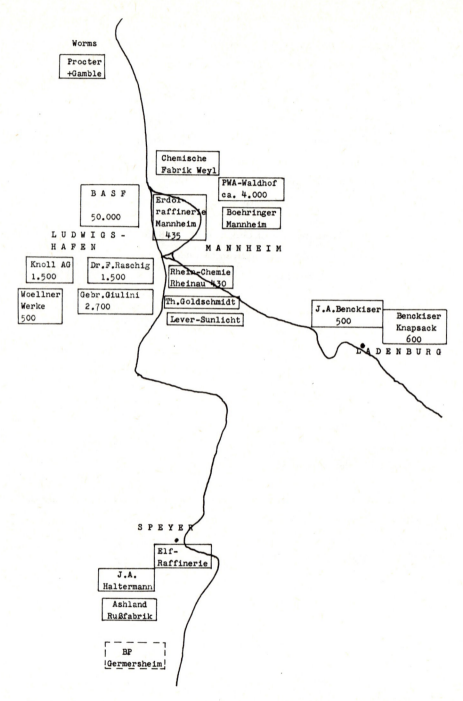

Worms
Procter
+Gamble

Chemische
Fabrik Weyl

BASF
50.000

PWA-Waldhof
ca. 4.000

Erdöl
raffinerie
Mannheim
435

Boehringer
Mannheim

LUDWIGS-
HAFEN

MANNHEIM

Knoll AG
1.500

Dr.F.Raschig
1.500

Rhein-Chemie
Rheinau 430

Woellner
Werke
500

Gebr.Giulini
2.700

Th.Goldschmidt

J.A.Benckiser
500

Benckiser
Knapsack
600

Lever-Sunlicht

LADENBURG

SPEYER

Elf-
Raffinerie

J.A.
Haltermann

Ashland
Rußfabrik

BP
Germersheim

Karte 6 : Die chemischen Werke des Rhein-Neckar-Raumes

In einem abermals auf "der grünen Wiese" errichteten Werk mit Schiffsanschluß am Neckar bei Ladenburg stellt das Unternehmen seit 1971 mit ca. 500 Beschäftigten seine bisherigen Produkte Citronensäure und Weinsäure sowie Industriereinigungsmittel und das bekannte Antikalkmittel Calgon her.

In unmittelbarer Nachbarschaft des Werkes befinden sich die Anlagen der 1966 gemeinsam von Joh. A. Benckiser und den Farbwerken Hoechst gegründeten Benckiser-Knapsack GmbH.

Auf dem Energiesektor wird dieses Werk von der Joh. A. Benckiser GmbH mit Strom und Dampf versorgt. Darüberhinaus zählt letzteres Unternehmen zu den Hauptabnehmern der Benckiser-Knapsack GmbH.

Das Produktionsprogramm dieses ca. 600 Mitarbeiter beschäftigenden Werkes umfaßt 120.000 to/a Phosphate, Phosphatspezialprodukte und Spezialitäten für den vorwiegenden Einsatz in der Lebensmittel-, Waschmittel- und Futtermittelindustrie [1].

Die Hauptrohstofflieferanten des Werkes sind die Knapsack AG in Köln für gelben Phosphor (25.000 to/a), die Farbwerke Hoechst in Frankfurt für Natronlauge (90.000 to/a) und vermutlich die BASF in Ludwigshafen für Kalilauge (12.000 to/a).

Einen weiteren Schwerpunkt der chemischen Industrie bildet der südlich von Mannheim gelegene Vorort Rheinau mit seinem gleichnamigen Hafen. Bereits seit 1912 produziert hier ein großes Zweigwerk der Th. Goldschmidt AG verschiedene Säuren und Sulfate, später dann auch Zinkchlorid und Kupferchemikalien und seit 1970 Bautenschutzmittel, Klebemassen und Kunststoffbeschichtungen.

Ebenfalls in Rheinau liegen die Anlagen der Rhein-Chemie Rheinau GmbH, eine Tochtergesellschaft der Bayer AG, die hier mit 430 Mitarbeitern Chemikalien für die Kautschukindustrie sowie Mineralöladditive herstellt.

---

1) Nach brieflichen Angaben der Benckiser-Knapsack GmbH vom 27.4.1972

Ferner befinden sich in Rheinau ein Asphalt- und Bitumenwerk sowie ein größeres Waschmittelwerk von Lever-Sunlicht.

Von den nördlich Mannheims in Waldhof liegenden großen Werken wurde die mit der BASF im Verbund stehende Erdölraffinerie Mannheim bereits erwähnt.

Das älteste Werk in Waldhof ist eine seit 1853 hier produzierende Glasfabrik, die sich u.a. wegen der Nähe der damaligen Sodafabriken hier angesiedelt hatte [1]. "Nachdem die Vorteile des Standortes Waldhof offenbar wurden, siedelten sich in schneller Folge weitere Unternehmen an, die entweder aus der räumlich beengten Innenstadt hierher verlegt oder auf Initiative Mannheimer Bürger neu gegründet wurden" [2].

Zu den ältesten chemischen Betrieben in diesem Gebiet zählt die Chemische Fabrik Weyl AG, eine 100 %-ige Tochtergesellschaft der Rütgerswerke AG. In einer kleineren Teerdestillationsanlage werden hier Steinkohlenteere des Saarreviers verarbeitet.

Neben Feuerschutzmitteln werden auch spezielle organische Zwischenprodukte hergestellt, wie Naphthalsäureanhydrid u.a.

Eines der größten Unternehmen in Waldhof ist die ehemalige Zellstoff-Fabrik Waldhof [3], heute Papierwerke Waldhof-Aschaffenburg AG (PWA).

In einem großen Werkskomplex mit Schiffsanschluß befinden sich eine Zellstoff-Fabrik (220.000 to/a), eine Spritfabrik (50.000 hl/a) und eine Hefefabrik (10.000 to/a), sowie Anlagen zur Erzeugung von 10.000 to/a Ligninprodukten und pharmazeutischen Chemikalien. Nachgeschaltet ist eine Fabrik für Papier und Zellstoffwatte mit einer Gesamtkapazität von 160.000 to/a. Es werden weit mehr als 1.000 Mitarbeiter beschäftigt.

---

1) Nellner, W.: Die Entwicklung der inneren Struktur und Verflechtung in Ballungsgebieten - dargestellt am Beispiel der Rhein-Neckar-Agglomeration, in: Veröffentlichungen der Akademie für Raumforschung und Landesplanung, Bd. 4, Hannover 1969
2) Ebenda
3) PWA-Börsenprospekt 1970, S. 28 f.

Ebenfalls in Waldhof ansässig ist das große Pharmazeutik-Unternehmen Boehringer Mannheim GmbH, das ebenfalls weit mehr als 1.000 Beschäftigte hat.

Eine Beurteilung der Ausnutzung von Agglomerations- und Fühlungsvorteilen zwischen den einzelnen Chemiewerken im Rhein-Neckar-Raum ist aufgrund ungenügender Informationen leider nicht möglich.

Inwieweit sich im Rhein-Neckar-Raum noch weitere Chemieunternehmen ansiedeln und bestehende erweitern werden, ist zur Zeit nicht absehbar. Ausreichende Geländereserven stehen jedenfalls zur Verfügung, einmal entlang des Neckars im Raum Ladenburg, dann nördlich der BASF von Oppau bis Worms, wo sich ein großes Waschmittelwerk von Proctor & Gamble befindet, und südlich von Ludwigshafen in Richtung Speyer, wo sich mit zwei Raffinerien und einer Rußfabrik seit Mitte der sechziger Jahre ein kleines Petrochemiezentrum entwickelt hat.

Auf einem gut erschlossenen Gelände südlich der Stadt Speyer mit Bahn- und Hafenanschluß siedelten sich zunächst die französische Elf-Mineral GmbH mit einer Raffinerie und der Hamburger Spezialbenzinhersteller und Lohndestillator von chemischen Zwischenprodukten Johann Haltermann mit einem Zweigwerk an. Wenige Jahre später folgte die im Jahre 1971 in Betrieb genommene Rußfabrik des amerikanischen Unternehmens Ashland Chemical.

Die Anlagen mit einer Kapazität von 25.000 to/a Furnace-Ruß für die Reifenfabrikation [1] liegen in unmittelbarer Nachbarschaft des Raffinerie-Komplexes Elf-Haltermann und sind mit diesem durch eine kurze Rohrleitung verbunden. Standortentscheidend bei allen drei Unternehmen war die verkehrsgünstige Lage zur Versorgung des südwestdeutschen Raumes und speziell bei Ashland die Lage von mehreren Reifenfabriken im Nahverkehrsbereich [2].

---

1) EKEP, 24.Jg., Nr.6, 1971, S.433
2) Chemische Industrie, 7/71, S.441

Die Rohölversorgung der Elf-Raffinerie [1] mit ihrer Kapazität von 2,5 Mio to/a erfolgt durch eine eigene, 33 km lange Rohrleitung von Jockrim bei Wörth [2], dem Treffpunkt der von Lavera kommenden Süd-Europäischen Pipeline (SEPL) und der von Triest über Ingolstadt nach Karlsruhe und Jockrim verlaufenden Transalpinen Ölleitung (TAL). (Die Strecke Karlsruhe-Neustadt ist die "umgedrehte" Rhein-Donau Ölleitung (RDO)). In den ersten Jahren betrieb die Elf eine große Stadtgasanlage (1.350 Mio m^3 n/a) [3], deren Absatz aber durch die inzwischen erfolgte Umstellung des südwestdeutschen Raumes auf Erdgas stark eingeschränkt ist. Im April 1972 wurde die Stadtgasanlage daher stillgelegt und für die Erzeugung von Synthesegas umgebaut, das als Rohstoff für eine im Herbst 1972 fertiggestellte Methanolsyntheseanlage dient [4]. Das erzeugte Methanol dient zur Versorgung der BASF in Ludwigshafen und wird in modernen, von der VTG gescharterten Rheintankern von Speyer nach Ludwigshafen-Oppau transportiert.

Anfang 1972 gab der französische Staatskonzern Elf-Erap bekannt, daß die Kapazität der Raffinerie Speyer von gegenwärtig 2,5 auf 7 Mio to/a erhöht wird und sich gleichzeitig die Gelsenberg AG zu 25 % an der Raffinerie beteiligt [5] [6]. Es ist zu vermuten, daß die Raffinerie in Zukunft vermehrt als Rohstofflieferant die petrochemischen Anlagen von Gelsenberg mitversorgen wird.

Das auf einem 30 ha großen Gelände neben der Elf gelegene Werk der hier ca. 70 Mitarbeiter beschäftigenden Firma Johann Haltermann mit seinen Destillationskolonnen und Tanklagern bezieht seine Rohbenzine sowohl von der benachbarten Elf-Raffinerie als auch per Schiff von anderen Produzenten.

---

1) Chemische Industrie, 7/71, S. 441
2) Vgl. Riffel, E.: Mineralölfernleitungen im Oberrheingebiet und in Bayern, Bundesforschungsanstalt für Landeskunde und Raumforschung, Bonn-Bad Godesberg 1970, S. 144 f.
3) Jahrbuch für Bergbau, Energie, Mineralöl und Chemie, 1971, S. 434
4) Jahrbuch für Bergbau, Energie, Mineralöl und Chemie, 1971, S. 400
5) Oel-Zeitschrift für die Mineralölwirtschaft, 2/72/S. 52
6) Handelsblatt vom 23.2.1972, S. 11
7) Gelsenberg Geschäftsbericht 1971, S. 15

Die hergestellten Spezialbenzine, Benzole und Treibstoffe sowie Lohndestillate werden vorwiegend per Straße und Schiene an Weiterverarbeiter abgesetzt [1]. Eine konkurrenzfähige Belieferung des süddeutschen Raumes vom Hamburger Stammwerk aus wäre nicht möglich gewesen.

Durch die Entscheidung der BP Benzin und Petroleum AG, nur wenige Kilometer südwestlich von Speyer auf der Insel Grün - nördlich Germersheim - Mitte der siebziger Jahre eine Raffinerie mit 6 Mio to/a Rohöldurchsatz zu bauen [2][3] und bis 1976 ein Mineralölproduktenlager in Betrieb zu nehmen, das von der Raffinerie de Strasbourg in Herrlisheim bedient werden soll, an der BP zu 33 1/3 % beteiligt ist [4], wird der Raum Speyer zusätzliche Bedeutung für die Mineralölindustrie und Petrochemie erhalten - zumal in den Rheinniederungen große Geländereserven vorhanden sind. Bisher war die BP im südwestdeutschen Raum noch nicht vertreten, sondern bezog ihre Produkte im Rahmen eines Austauschvertrages über 1,2 Mio to/a von der Gemeinschaftsraffinerie der Veba und Texaco in Karlsruhe. Als Gegengeschäft steht diesen beiden im bayerischen Raum noch nicht vertretenen Gesellschaften ein entsprechendes Kontingent der BP Raffinerie in Vohburg zu [5].

Zwei große Kunstfaserwerke der britischen ICI, die jeweils 22 km südwestlich in Offenbach bei Landau [6] und südöstlich in Östringen (südlich Wiesloch) gelegen sind, unterhalten keine erwähnenswerten Beziehungen zu chemischen Werken im Rhein-Neckar-Raum.

Die jeweils über 1.000 Mitarbeiter beschäftigenden Werke werden vom ICI-Werk in Rotterdam-Rozenburg und von ICI-Werken in England mit je ca. 20.000 to/a Nylon und Polyesterrohstoffen versorgt [7]. Standortentscheidend waren das Arbeitskräfteangebot und beim Werk Offenbach zusätzlich die Strukturförderungsmaßnahmen des Landes Rheinland-Pfalz [8].

---

1) Brief der Firma Johann Haltermann vom 25.2.1972
2) Handelsblatt vom 14.3.1972
3) Vgl. auch: Raffinerieprojekt Germersheim, in: Öl, 5/72, S.146-147, und: BP geht nach Germersheim, in: Oel 3/72, S.59
4) EKEP, 5/72, S.295
5) BP mit dickem Rotstift an die Kosten, in: Handelsblatt vom 25.4.1972
6) Chemische Industrie, 11, 1971, S.746
7) PR-Broschüre der ICI; ICI Production Centres, o.S.
8) Chemische Industrie 11/1971, S.

Während auf dem pfälzischen Rheinufer mit Ludwigshafen und Speyer die chemische Industrie eindeutig die Priorität besitzt - wohl nicht zuletzt wegen des Mammutwerkes der BASF - behaupten auf der rechtsrheinischen Seite andere Industriezweige die führenden Plätze.

Vergleicht man die Angaben über die Industriestruktur der beiden Kammerbezirke Ludwigshafen und Mannheim, so steht in der Pfalz die chemische Industrie mit 38,8 % am Gesamtumsatz und mit 28,2 % an der Gesamtzahl der Beschäftigten 1971[1] unangefochten an der Spitze, während auf der rechtsrheinischen Seite mit Mannheim die chemische Industrie 1971 beim Umsatz mit 17,3 % zwar an zweiter Stelle hinter der Elektrotechnischen Industrie mit 21,7 % lag, bei der Beschäftigtenstruktur jedoch mit 10,0 % erst den fünften Platz hinter der mit 18,7 % führenden Elektrotechnischen Industrie, dem Maschinenbau, der Gummi- und Asbestwarenindustrie und dem Straßenfahrzeugbau einnahm[2].

Da beide Handelskammerbezirke ein wesentlich größeres Gebiet als die jeweiligen Großräume der beiden Städte umfassen, können obige Zahlen nur einen groben Anhaltspunkt liefern.

2.3.1.3. Der Raum Karlsruhe-Wörth

Westlich von Karlsruhe befindet sich beiderseits des Rheines eines der größten deutschen Mineralölverarbeitungszentren mit einer Gesamtdurchsatzkapazität von 19,5 Mio to/a Rohöl.

Mit Fertigstellung der von Lavera kommenden SEPL-Rohölleitung ging im Dezember 1962 als erste die Esso-Raffinerie Karlsruhe in Betrieb. Wenige Monate später wurde die unmittelbar daneben liegende "Raffinerie DEA-Scholven GmbH" in Betrieb genommen, die 1969 in "Oberrheinische Mineralölwerke GMBH umbenannt wurde[3]. An ihr sind die Veba-Chemie AG und die Deutsche Texaco AG zu je 45 % und die Continental Oil Company (Conoco) zu 10 % beteiligt[4].

---

1) Industrie- und Handelskammer für die Pfalz, Jahresbericht 1971, Heft 7, 1972, S.214
2) Mitteilungen der Industrie- und Handelskammer Mannheim, Jahresbericht 1971, S.55
3) Deutsche Texaco AG: Firmenkundlicher Bericht, Stand 1.9.1971, S.1
4) Jahrbuch für Bergbau, Energie, Mineralöl und Chemie 1971, a.a.O., S.414

Während in den ersten Jahren die Rohölversorgung ausschließlich durch die SEPL erfolgte, die bis zur Inbetriebnahme der TAL auch noch die Raffinerien im Raum Ingolstadt über die von Karlsruhe nach Ingolstadt verlaufende Rhein-Donau-Oelleitung versorgte, wurde nach Anlaufen der TAL seit Ende 1967 die Pumprichtung der RDO umgedreht und Rohöl aus Triest den Raffinerien in Karlsruhe zusätzlich zugeführt [1].

Ebenfalls von beiden Rohrleitungen wird die Anfang 1970 in Betrieb genommene Raffinerie der Mobil Oil AG[2] versorgt, die sich auf der dem Karlsruher Raffineriegelände gegenüberliegenden linken Rheinseite an einem Altrheinarm zwischen Wörth und Jockrim befindet.

"Anlaß für die Wahl des Standortes Wörth dürfte ein altes Standortgutachten gewesen sein, das die DEA 1958, damals federführende Gesellschaft der 'Oberrheinischen Mineralölwerke', der u.a. auch die Mobil Oil angehörte, in Auftrag gegeben hatte, und das für Wörth überaus positiv war. Als sich die DEA (heute Texaco) dann endgültig für den Standort Karlsruhe entschieden hatte, gelang es der Stadt Wörth aufgrund dieses Gutachtens eine Reihe von Industriebetrieben, darunter u.a. ein Montagewerk der Daimler-Benz AG, anzusiedeln" [3].

Die Hauptdaten der drei Raffinerien sind aus der Tabelle 4 ersichtlich.

Tabelle 4:	Esso	OMW	Mobil Oil
Jahr der Inbetriebnahme Werksgelände	1962 250 ha	1963 250 ha	1970 120 ha
Rohölkapazität in Mio to/a	9	7	3,5
Bitumenanlage in to/a	490.000	420.000	300.000 ab 73
Chemiebenzin in to/a	ca. 360.000	280.000	-
Schwefel in to/a	7.700	5.000	2.500
Stadtgas in Nm^3/a	ja	180.000	-
Zahl der Mitarbeiter	400	650	248

1) Nagel, D.: Die ökonomische Bedeutung der Mineralölpipelines, Deutsche Shell, Hamburg 1968, S.32
2) Vgl. Siebert, M.: Die Mobil Raffinerie Wörth, in: Erdöl und Kohle, Erdgas, Petrochemie, Nr.1/1971, S.27-31
3) Riffel, E.: Die Mineralölindustrie am Oberrhein, in: Geographische Rundschau, Nr.2, 1973, S.70

Es fällt auf, daß sich trotz des sehr großen Angebots an Raffinerieprodukten und
der räumlichen Konzentration von drei Raffinerien noch keine petrochemischen
Weiterverarbeiter in diesem Raum niedergelassen haben und auch die Raffinerien
selbst keine petrochemischen Veredelungsanlagen betreiben, wie z.B. die Raffinerien im Rhein-Ruhr-Gebiet.

In jüngster Zeit werden Ansiedlungsbemühungen der Stadt Karlsruhe zusätzlich durch
einen wachsenden Unwillen in der Bevölkerung gegen die Ansiedlung weiterer petrochemischer Werke erschwert.

So wird bei der lange geplanten Erweiterung der OMW-Raffinerie von 7 auf
12,5 Mio to/a das Bewilligungsverfahren "unter dem Druck der Straße"[1] weiter
verzögert[2].

Beide Karlsruher Raffinerien haben schon kurz nach ihrer Anlaufphase 'den Industrie-
umsatz der Stadt verdoppelt', ohne daß sich die Zahl der Industriebeschäftigten merklich erhöhte und der ohnehin äußerst angespannte Arbeitsmarkt weiter belastet wurde[3].

Südlich des rechtsrheinischen Raffineriegeländes befindet sich bereits seit 1886
am Rhein eine Zellstofffabrik[4], die in den letzten Jahren vergrößert und 1969
durch eine nachgeschaltete Papierfabrik ergänzt wurde.

Aus Fichten des Schwarzwaldes und der Vogesen werden in der Zellstofffabrik ca.
60.000 to/a Sulfitzellstoff und als Nebenprodukt 35.000 hl Alkohol hergestellt.
22.000 to/a Sulfitzellstoff gelangen in die integrierte Papierfabrik und werden
zusammen mit anderen Rohstoffen zu Zeitungspapier weiterverarbeitet.

Der Chemikalienbedarf der Zellstofffabrik beträgt ca. 5.000 to/a Schwefel,
5.500 to/a Chlor, 1.000 to/a Natronlauge sowie größere Mengen Kalkstein und
Kalk.

---

1) Deutsche Texaco rechnet mit höheren Ölverlusten, in: Handelsblatt vom
   29.6.72
2) Veba-Chemie will das Investitionstempo drosseln, in: Handelsblatt vom 15.5.1972
3) Riffel,E.: Die Mineralölindustrie am Oberrhein, a.a.O., S.69
4) Nach brieflichen Angaben der E.Holtzmann & Cie AG Weisenbachfabrik vom
   1.12.72

Die Brennstoffversorgung der eigenen Kraftwerke erfolgt durch eine warmwasserbe-
heizte oberirdische Rohrleitung (NW 100) von der OMW Raffinerie mit schwerem
Heizöl.

In den beiden Werken der E. Holtzmann & Cie AG in Maxau werden insgesamt
300 Arbeitnehmer beschäftigt.

Ob auch die auf der anderen Rheinseite in Maximiliansau gelegenen Werke der
Deutschen Linoleum Werke und der Schenk AG Beziehungen zu den Raffinerien
unterhalten, war nicht zu erfahren.

2.3.1.4. Das Elsaß

Die Anziehungskraft des verkehrsgünstigen Oberrheingrabens für Raffinerie- und
Chemieansiedlungen zeigt sich auch auf elsässischem Gebiet, wo die Großräume
Straßburg und Mühlhausen der vom Rhein-Main-Gebiet über Worms, Mannheim,
Speyer und Karlsruhe reichenden Kette von Standorten der chemischen Industrie
und Mineralölverarbeitung zwei weitere wichtige Glieder hinzufügen.

Nördlich von Straßburg befinden sich zwei Raffinerien und mehrere petrochemische
Werke, aus denen sich vielleicht einmal ein Chemiezentrum Elsaß entwickeln
kann [1].

Versorgungsgrundlage ist die von Lavera nach Karlsruhe verlaufende Rohölleitung
SEPL, von der östlich Oberhoffen (22 km nordöstlich von Straßburg) mehrere
Rohölzweigleitungen zu anderen Raffinerien führen:

- 16 Zoll Leitung, 105 km, zur Saarland-Raffinerie in Klarenthal
- 18 Zoll Leitung, 143 km, zur Raffinerie de la Lorraine in Hauconcourt nördlich
  von Metz
- Direktanschluß der im benachbarten Herrlisheim liegenden Raffinerie de Strasbourg

---

1) Vgl. auch: Elsaß wirbt um neue Industrien, in: Handelsblatt vom 17.10.72

Die Raffinerie Klarenthal hat zudem bei Oberhoffen an der Kopfstation ihrer Rohölleitung ein Tanklager mit vier Rohöltanks und eine Mischstation errichtet, um
verschiedene aus der SEPL angelieferte Rohölsorten getrennt lagern und dann entsprechend den Raffinerieanforderungen mischen zu können [1].

Die beiden elsässischen Raffinerien knüpfen an eine alte Tradition in der Mineralölverarbeitung in diesem Raum an, die bis 1498 zurückreicht, als man zum ersten
Mal auf die Schmier- und Heilwirkung der in der Nähe von Pechelbronn austreten-
den Rohöle aufmerksam gemacht wurde [2].

Die 1857 bei Pechelbronn entstandene erste französische Raffinerie wurde 1889
von der Deutschen Erdöl AG ausgebaut, zwischen den Weltkriegen erheblich erweitert, 1944 jedoch zerstört und arbeitet seit 1953 nur noch in bescheidenem
Umfang [3].

Als die Pläne für den Bau der SEPL konkretere Formen angenommen hatten, wurden
die schon Jahre währenden Bemühungen zur Gründung einer Importölraffinerie bei
Straßburg 1958 gleich mit der Gründung von zwei Raffineriegesellschaften belohnt [4].

Die nördlich Herrlisheim auf einem 300 ha großen Gelände liegende Raffinerie
de Strasbourg mit einer Rohölkapazität von 4,4 Mio to/a (1970) [5] entstand Anfang
der sechziger Jahre.

Eigentümer sind je zu einem Drittel die Compagnie francaise de Pétrol mit ihrer
Tochtergesellschaft Total, die Société des Pétroles BP sowie die Pétroles d'Atlantiques
(Antar).

"Ein Teil der Belegschaft von rund 300 Personen wurde von der älteren Pechelbronner
Anlage, die seither nur noch Spezialprodukte herstellt, übernommen" [6].

---

1) Baldauf, H. J.: Rohöl für die Saarberg-Gruppe, in: Schacht und Heim, Werk-
   zeitung der Saarbergwerke AG, 13. Jahrg., Heft 3/67, S. 16
2) Riffel, E.: Mineralölfernleitungen im Oberrheingebiet und in Bayern. Hrsg.:
   Bundesforschungsanstalt für Landeskunde und Raumordnung, Band 195, Godesberg
   1970, S. 134
3) Ebenda
4) Ebenda
5) ANEP 1971, S. 83
6) Riffel, E.: 1970, a. a. O., S. 135

Der Abtransport der Raffinerieprodukte erfolgt über Straße und Schiene sowie
durch zwei Produktenleitungen zum Hafen von Straßburg.

Da bereits seit einigen Jahren eine Verlängerung des westeuropäischen Äthylen-
verbundnetzes von der Caltex Raffinerie in Raunheim über die BASF in Ludwigshafen in den Raum Haguenau, wo in einem Salzdom ein unterirdischer Äthylenspeicher von 60.000 bis 100.000 to eingerichtet werden soll [1], und von hier weiter zur Solvay in Sarralbe, dem Endpunkt einer von Carling ausgehenden Äthylenleitung der Société Chimique des Charbonnages, geplant ist, wäre es gut möglich,
daß die Raffinerie de Strasbourg sich einmal als Äthylenerzeuger in das Netz ein-
schaltet (siehe Karte 1).

Es ist zu vermuten [2], daß die Raffinerie auch jetzt schon bestimmte petrochemische
Rohstoffe erzeugt, denn direkt neben dem Raffineriegelände in Richtung Rhein
liegt ein mittelgroßes Werk der DOW-Chemical, das für seine Polystyrol-Hart-
schaumproduktion Äthylbenzol bzw. Benzol und Äthylen benötigt.

Eine weitere Anlage dieses DOW-Werkes Drusenheim erzeugt Futtermittelzu-
sätze [3].

Schräg gegenüber auf der deutschen Rheinseite liegt das DOW-Werk Greffern.

Seit 1966 in Betrieb, produziert es Polystyrol-Tafeln, Styrol-Butadien-Latices,
Epoxid-Harze und Flockungsmittel.

Von dem 80 ha großen Gelände sind erst 7 ha ausgenützt, so daß für die Zukunft
große Erweiterungsmöglichkeiten bestehen. Sowohl das deutsche als auch das französische Werk werden vom gleichen Management geleitet [4] und zwischen beiden
Werken, die etwa je 300 Beschäftigte haben, besteht ein reger Güteraustausch
per LKW [5].

---

1) CdF-Chimie, Nr.823, 19.6.1971, S.10
2) Weder von DOW-Chemical noch von der Raffinerie waren Angaben erhältlich.
3) Elements Nr.1, 1969, DOW-Chemical Europe, S.33
4) Elements Nr.1, 1969, a.a.O., S. 33
5) Auskunft eines diensttuenden Zollbeamten am Grenzübergang Greffern

Ungefähr 12 km südwestlich der Anlagen von Herrlisheim und 10 km nördlich von Straßburg liegt in Reichstett-Vendenheim auf einem 450 ha großen Gelände die 1963 in Betrieb genommene Raffinerie der "Compagnie Rhênane de Raffinage"[1], an deren Kapital die Deutsche Shell zu 48 %, die Union Industrielle des Pêtroles mit 10 % und die Mobil Oil Francaise mit 5 % beteiligt sind.

Die Durchsatzkapazität der rund 300 Personen beschäftigenden Raffinerie betrug 1970 3,7 Mio to Rohöl.

Die Deutsche Shell beliefert von hier aus seit Jahren den südwestdeutschen Raum (1970 = 1,7 Mio to)[2][3] und sorgt so für einen relativ hohen Exportanteil dieser Raffinerie.

Vor Inbetriebnahme der Schweizer-Shell-Raffinerie in Cressier wurden auch noch Mineralölprodukte in die Schweiz geliefert[4].

Durch drei kürzere Produktenleitungen ist die Raffinerie mit dem Rheinhafen von Straßburg verbunden[5].

In der Nähe der Raffinerie ist seit 1962 ein petrochemisches Werk der Polymer Corporation (SAF) auf dem Gebiet der Gemeinde La Wantzenau in Betrieb.

Die anfängliche Produktion von 30.000 to/a Spezial-Kautschuk wurde 1966 mit Anlagen für 65.000 to/a allgemeine Kautschuksorten vergrößert und 1971 mit einer Schaumgummianlage für 16.000 to/a nochmals erweitert und die Beschäftigtenzahl auf 650 erhöht[6].

---

1) Vgl. auch Riffel,E.: 1970, a.a.O., S. 134 f.
2) Töchter der Deutschen Shell mußten Dividende verdienen, in: Handelsblatt vom 6.7.1972
3) Shell Geschäftsbericht 1971, S.10 und 18
4) Riffel,E.: 1970, a.a.O., S. 135
5) Ebenda
6) Briefliche Angaben der Polymer Corporation vom 6.7.72

Das Werk setzt petrochemische Grundstoffe wie Butadien, Styrol, Acrylnitril und andere Stoffe ein, die teils von benachbarten Raffinerien geliefert werden, teils aber auch aus größerer Entfernung kommen, wie Butadien von der CDF-Chimie in Carling (Lothringen) und Acrylnitril von der Ugilor in Carling, einer Tochtergesellschaft der CDF-Chimie und Ugine Kuhlmann.

Teilweise ist dieses Werk demnach zum saarländisch-lothringischen Chemiegebiet hin orientiert.

Rund 80 km südlich von Straßburg und nur 25 km rheinabwärts von Basel ist im Großraum Mülhausen bei Chalampé und Ottmarsheim auf der linken Rheinseite ein neues Zentrum der Großchemie im Entstehen.

Der französische Chemiekonzern Rhone-Poulenc hat hier direkt am Rheinufer 1972 ein neues petrochemisches Werk in Betrieb genommen. Das Produktionsprogramm umfaßt 100.000 to/a DMT (Dimethylterephthalat - Rohstoff für Polyesterfasern), Adipinsäure sowie Kunststoffe auf Vinylharzbasis [1].

Die Rohstoffversorgung der DMT-Anlagen mit Paraxylol erfolgt weitgehend aus einer ebenfalls 1972 im Petrochemiezentrum Gonfreville bei Le Havre fertiggestellten Paraxylolanlage (70.000 to/a) der Soc. des Usines Chimiques Rhone-Poulenc [2].

Die für die Herstellung von Nylon 6.6 benötigte Adipinsäure - Gesamtkapazität 100.000 to/a - wird in Chalampé aus ebenfalls dort erzeugtem Cyclohexan gewonnen [3].

Die in Chalampé erzeugten Kunstfaservorprodukte tragen vermutlich zur Rohstoffversorgung eines ca. 33 km nordwestlich bei Colmar gelegenen Faserwerkes der Rhone-Poulenc bei.

---

1) Erdöl und Kohle, Erdgas, Petrochemie, Nr. 4, 1971, S. 267
2) Chemische Industrie, Nr. 8, 1972, S. 493
3) Ebenda, S. 494

Auch das 30 km nordöstlich von Chalampé in Freiburg i. Br. gelegene Kunstfaserwerk der Deutschen Rhodiaceta AG - die Kapitalmehrheit liegt bei Rhone-Poulenc
SA - [1] mit seinen 4.000 Beschäftigten [2], das Acetat- und Nylonfasern herstellt,
kann von Chalampé aus transportkostengünstig mit Nylonrohstoffen versorgt werden.

In direkter Nachbarschaft der Anlagen von Rhone-Poulenc in Chalampé befindet
sich rheinaufwärts in Ottmarsheim das 1970 in Betrieb gegangene Düngemittelwerk
der Produits et Engrais Chimiques du Rhin (PEC-Rhin) mit ca. 500 Beschäftigten,
das zur Hälfte der BASF-Tochtergesellschaft Wintershall und zur Hälfte der französischen Kaliindustrie gehört [3].

Das nordwestlich von Mülhausen in Thann bereits seit 1923 ansässige Titandioxid-
Werk (Kapazität 18.000 to/a) der "Fabriques de Produits Chimiques de Thann et de
Mulhouse", die außerdem Schwefelsäure, Kali und Chlorkalk (55.000 to/a) her-
stellt [4], steht in keinerlei Beziehungen zu den Neuansiedlungen am Rhein [5].

Wegen der milden Umweltschutzgesetzgebung in Frankreich planen auch andere
Unternehmen hier am elsässischen Rheinufer Chemiewerke zu errichten.

Anreize zur Ansiedlung werden auch durch regionale Förderungsmaßnahmen gegeben, wie Gewerbesteuerfreistellungen für fünf Jahre, Investitonszuschüsse und
zinsgünstige Darlehen durch eine regionale Entwicklungsgesellschaft [6].

Diese Maßnahmen dienen dazu, die durch Stillegungen in der elsässischen Textilindustrie und Freisetzungen in der Landwirtschaft gestiegene Zahl von Arbeitskräften
in diesem Raum zu beschäftigen und die Pendelwanderungen ins benachbarte Ausland einzuschränken.

---

1) Wer gehört zu wem? Commerzbank, 1971, 9.Aufl., S.159
2) Angaben der Industrie- und Handelskammer Freiburg i. Br.
3) Wintershall Geschäftsbericht 1971, S.22 und 1970, S.24
4) Thann et Mulhouse Geschäftsbericht 1970, S.6
5) Briefliche Auskunft der Thann et Mulhouse vom 24.5.72
6) Elsaß wirbt um neue Industrien, in: Handelsblatt vom 17.10.1972

Einer der größten Ansiedlungserfolge ist ein zwischen Ottmarsheim und Mülhausen gelegenes Zweigwerk eines französischen Automobilherstellers.

Dem wachsenden Energiebedarf dieses Raumes wurde durch den Bau eines großen Kernkraftwerkes in Fessenheim, 12 km rheinabwärts von Chalampé, Rechnung getragen, dessen erster 890 MW Block Ende 1973 und dessen zweiter Block von ebenfalls 890 MW Ende 1976 in Betrieb gehen wird[1].

2.3.2. Der Großraum Basel und das Hochrheingebiet

Der das Dreiländereck von Frankreich, Deutschland und der Schweiz umfassende Großraum Basel gehört seit vielen Jahrzehnten zu den bekanntesten Chemiezentren der Welt.

Aber auch das sich östlich anschließende Hochrheingebiet ist bis hinter Waldshut dank seiner in Laufwasserkraftwerken nutzbar gemachten Wasserkräfte und dank umfangreicher Salzvorkommen seit der Jahrhundertwende als bevorzugter Standort elektrochemischer Werke bekannt.

Der Ursprung der Baseler Chemieindustrie[2] geht auf den Lyoner Seidenfärber Alexander Clavel zurück, der 1859 in Basel die Fabrikation des synthetischen Farbstoffes Fuchsin aufnahm, um damit die in der Region ansässige Seidenband- und Textilindustrie zu versorgen.

Später entwickelte sich hieraus das Weltunternehmen CIBA, das 1970 mit der Firma Geigy fusionierte, die aus einer bereits 1758 gegründeten Drogen-, Chemikalien- und Farbenhandlung entstanden war.

Trotz des Fehlens jeglicher Rohstoffbasis gedieh die Baseler Chemieindustrie prächtig - wohl nicht zuletzt dank der günstigen Verkehrslage Basels, reichlich fließender Kapitalquellen und ausreichender Wassermengen für die chemische Produktion.

---

1) Atomwirtschaft, Nr. 3, 1973, S. 130
2) - Nach Unterlagen der Ciba-Geigy AG, Stand 1972
   - Entwicklungslinien der Baseler Chemie, in: Handelsblatt vom 2.5.72

Rund 70 % der Schweizer Chemie ist in Basel konzentriert, 60 % aller Industriebeschäftigten Basels sind in der chemischen Industrie tätig. Allerdings sind dies
nur 28.000 der insgesamt 152.500 Beschäftigten im Stadtkanton, von denen zwei
Drittel im Dienstleistungssektor tätig sind.

Wegen des völlig ausgetrockneten Schweizerischen Arbeitsmarktes muß bei den
Beschäftigten auf Grenzgänger aus der ausländischen Nachbarschaft zurückgegriffen werden, was erhebliche Steuerprobleme für die betroffenen Gemeinden mit sich
bringt. Während die gewerblichen Einnahmen am Hauptsitz, d.h. außerhalb der
Landesgrenze versteuert werden, müssen die Gemeinden ohne die Möglichkeit eines
Finanzausgleiches den Aufwand für den Bau von Schulen, Straßen, Wohnungen u.a.
tragen [1].

In den Stadtkanton Basel strömen täglich 40.000 Pendler, davon 25.000 aus Baselland und der übrigen Schweizerischen Region, 8.500 aus Frankreich und 6.500 aus
Deutschland.

Ohne die Betriebsstätten der Baseler Chemie in den Kantonen Baselland und Aargau,
in Grenzach, Wehr und Hühningen wäre der Pendleranteil noch größer.

Ohne eigene Rohstoffbasis von vornherein auf hochwertige Spezialitätenproduktion
gedrängt und bei der Enge des Schweizer Absatzmarktes auf den Export und die
Gründung von Produktionsanlagen in der ganzen Welt angewiesen, wie sie bei
der Ciba bereits 1899 in Polen und bei der Geigy AG 1891 in Frankreich begannen,
ist die Schweizer Chemieindustrie durch einen Exportanteil von rund 75 %, bei
den Spezialitäten von rund 90 % ebenso charakterisiert wie durch einen hohen
Anteil der Auslandswerke am Gesamtumsatz [2].

---

1) Vogel, F.: Übernationale Kooperation im Dreiländereck, in: Handelsblatt
   vom 2.5.72
2) Ebenda: Entwicklungslinien der Baseler Chemie, in:Handelsblatt vom 2.5.72

Da die mitten in Basel gelegenen Fabriken der Firmen Ciba, Geigy, Sandoz und Hoffmann-La-Roche bald keinerlei Geländereserven mehr hatten, waren die Unternehmen gezwungen, ihre Produktion nach und nach in Zweigwerke außerhalb der Stadt Basel zu verlagern.

In den unmittelbar östlich an Basel anschließenden Ortschaften Muttenz, Schweizerhalle, Pratteln und auf deutscher Seite in Grenzach befinden sich insgesamt zwölf Chemiewerke, die vorwiegend Spezialitäten, wie Pharmazeutika, Farb- und Gerbstoffe, Textilhilfsmittel, Pflanzenschutzmittel und Schädlingsbekämpfungsmittel herstellen. Die Lage der einzelnen Werke nebst Beschäftigtenzahl ist aus Karte 7 ersichtlich.

Grundchemikalien und Zwischenprodukte werden von folgenden Unternehmen hergestellt:

- Vereinigte Schweizerische Rheinsalinen [1]

Die 1837 eröffnete und auch heute noch produzierende Saline in Schweizerhalle hat sich 1907 mit anderen Salinen der näheren Umgebung, von denen heute noch die Riburger Saline, nördlich des schweizerischen Rheinfelden, in Betrieb ist, zu den Vereinigten Schweizerischen Rheinsalinen zusammengeschlossen. Die Produktion umfaßt 500.000 to/a Koch-, Gewerbe- und Industriesalz sowie reinstes Natriumchlorid für pharmazeutische und medizinische Zwecke, das an Baseler Chemiewerke abgesetzt wird.

- Säurefabrik Schweizerhall [2]

Dieses zum Sandoz-Konzern gehörende Unternehmen wurde 1917 auf dem Salzvorkommen in Schweizerhalle gegründet und versorgt mehrere Chemiewerke in Basel und Schweizerhalle teils per Rohrleitung mit Säuren und Salzen (Gesamterzeugung 150.000 to/a). Während die Salzsäure aus dem Salzvorkommen gewonnen wird, importiert man den für die Schwefelsäureerzeugung notwendigen Schwefel aus Deutschland.

---

1) Briefliche Angaben der Vereinigten Schweizerischen Rheinsalinen vom 30.10.72
2) Briefliche Angaben der Säurefabrik Schweizerhall vom 9.10.72

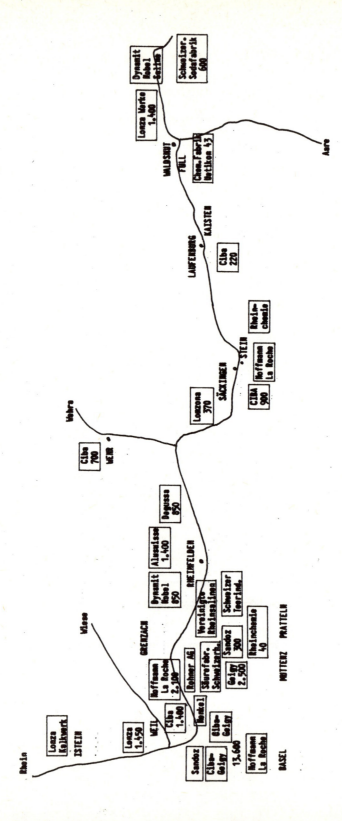

Karte 7 : Die chemischen Werke im Großraum Basel und am Hochrhein
nebst Beschäftigtenzahlen

- Schweizerische Teerindustrie AG [1)]

In Pratteln ansässig, verarbeitet dieses Unternehmen den bei den schweizerischen Gaswerken anfallenden Rohteer und stellt neben Asphalt wichtige chemische Zwischenprodukte her. Nachdem Ciba, Geigy und Sandoz lange Zeit Minderheitsbeteiligungen hielten, ging das Unternehmen 1972 voll in den Besitz von Sandoz über.

- Die 1887 in Muttenz gegründete Chemische Technische Werke AG hat sich im Laufe der Zeit zu einem reinen Baustoffunternehmen entwickelt und kann mit seiner Erzeugung von 25.000 to/a Straßenbaustoffen und Isoliermaterialien auf Bitumen- und Teerbasis nicht mehr zur chemischen Industrie gezählt werden [2)].

- Die 1949 in Kaiseraugst gegründete Rhein-Chemie AG stellt Dimethylsulfat sowie Brom- und Chlorverbindungen her und beliefert ebenfalls die großen Baseler Chemiekonzerne [3)].

1972 errichtete das Unternehmen ein neues Zweigwerk in Münchwillen bei Stein (gegenüber von Säckingen). Am gleichen Standort befinden sich Werke von Ciba und Hoffmann-La-Roche.

Während die großen Baseler Chemiekonzerne anfangs ihre neuen Zweigwerke möglichst nah an den Baseler Stammwerken ansiedelten, hat man die Neugründungen der letzten Jahre an den Erfordernissen des Arbeitsmarktes ausgerichtet, wie die oben erwähnten Werke in Stein, das Ciba-Geigy Werk in Kaisten (bei Laufenburg) und das Ciba-Geigy Werk auf deutschem Boden in Wehr.

Die große Bedeutung des Hochrheins [4)] für die chemische Industrie begann 1894 mit dem Bau des ersten Laufwasserkraftwerkes seiner Art in Europa in Rheinfelden (Baden).

---

1) Europa-Chemie, Nr.19, 1972, S.382
2) Briefliche Angaben der Chemisch-Technische Werke AG vom 17.10.72
3) Chemische Industrie Nr.10, 1972, S.655
4) Eine ausführliche Beschreibung dieses Raumes findet sich bei Wolfgang Schaefer: Hochrhein, Landschafts- und Siedlungsveränderung im Zeitalter der Industrialisierung, in: Forschungen zur deut. Landeskunde, Band 157, Bad Godesberg 1966

Der Vorbereitungsgesellschaft zum Kraftwerksbau gehörten neben Maschinenfabri-
ken auch die ersten Abnehmer für die erzeugte Energie an [1].

Es waren dies die Aluminium AG Neuhausen (heute Alusuisse) und die Chemische
Fabrik Griesheim-Elektron, deren Werksanlagen die Dynamit Nobel AG im Rahmen
der alliierten Entflechtungsmaßnahmen nach dem II. Weltkrieg von der IG Farbenindustrie AG i. L. 1953 erhielt [2].

Mit der vollen Inbetriebnahme des Kraftwerkes Anfang 1898 wurden auch das Aluminiumschmelzwerk der Aluminiumhütte Rheinfelden und die Chlor-Alkali-Elektrolyse der Elektrochemischen Werke GmbH, die später von der Chemischen Fabrik
Griesheim Elektron übernommen wurde, angefahren.

1899 folgte die Elektrochemische Fabrik Natrium, die heutige Degussa, mit einer
Natriumfabrik [3]. Neben dem Standortvorteil der preiswerten Energie konnten die
beiden letztgenannten Werke auch den benötigten Rohstoff Salz günstig aus Salzvorkommen in Rheinfelden beziehen.

Unabhängig vom Kraftwerksbau hatten die Solvay Werke bereits ab 1878 rheinabwärts auf dem Salzvorkommen in Wyhlen die erste deutsche Ammoniak-Soda Fabrik
errichtet (1958 stillgelegt).

Im Zusammenhang mit der Errichtung des Kraftwerkes Rheinfelden siedelten sich
in Grenzach zwei Baseler Chemieunternehmen mit Zweigwerken an - 1896 die
Hoffmann-La-Roche AG und 1898 die Firma J.R. Geigy, die heutige Ciba-Geigy
AG [4].

---

1) Schaefer, W.: 1966, a.a.O., S. 106
2) 100 Jahre Dynamit Nobel, a.a.O., S. 42
3) Schaefer, W.: 1966, a.a.O., S. 106
4) Ebenda, S. 111

Die Stromversorgung allein war bei diesen Werken jedoch nicht standortentscheidend. Da die Fabriken in Basel veraltet und von Wohngebäuden umgeben waren, fiel die Wahl auf Grenzach wegen seiner unmittelbaren Nachbarschaft zu Basel sowie wegen seiner Lage an Rhein und Eisenbahn [1].

Im Gegensatz zu anderen Industriegründungen im deutschen Grenzgebiet zu jener Zeit spielte die Umgehung von Zollschranken keine Rolle [2].

"Von 1909 bis zur Gegenwart wurden am Hochrhein auf beiden Seiten 11 weitere Kraftwerke erbaut, und in ihrem Gefolge siedelten sich rasch nacheinander zahlreiche Fabriken aller Branchen an" [3]. So entstanden 1913 in Waldshut das Stickstoffwerk der Lonza Werke AG und 1914 in Zurzach auf Grund der dortigen reichen Salzlager die seit 1922 zu Solvay gehörende Schweizerische Sodafabrik Zurzach AG [4].

Die Chemiewerke auf der deutschen Rheinseite stellen mit Ausnahme von Ciba und Hoffmann-La-Roche Grundchemikalien und Zwischenprodukte her.

Die schweizerische Lonza AG [5] erzeugt in ihrem Waldshuter Werk neben Kalkstickstoff und Karbid auch organische Produkte auf Acetylenbasis, wie Polyvinylchlorid (30.000 to/a), Essigsäure und Essigsäureanhydrid sowie Acetessigäthylester. Daneben werden auch Elektrokorunde und Siliciumcarbid hergestellt.

Ihren Kalkbedarf deckt Lonza aus einem eigenen Kalksteinbruch bei Istein, nordwestlich von Lörrach.

Ein Teil der Waldshuter Produkte wird in dem Lonza Werk Weil weiterverarbeitet, wie PVC und Mischpolymerisate, sowie Acetat- und Polycarbonatfolien.

---

1) Briefliche Auskunft der Ciba-Geigy AG Grenzach vom 15.5.72
2) Ebenda
3) Schaefer, W.: 1966, a.a.O., S.27
4) Ebenda, S.57
5) Vgl.: Was nicht im Geschäftsbericht der Lonza steht, in: Chemische Industrie, Juli 1972, S.429 f.

Die in Säckingen ansässige Kunstseidefabrik Lonzona GmbH, die sich zu 90 %
im Besitz der Lonza AG befindet, scheint ihre Acetatrohstoffe ebenfalls aus dem
Waldshuter Lonza Werk zu beziehen. Abnehmer von Lonza-Karbid sind die
Schweizerische Sodafabrik Zurzach und das Dynamit Nobel Werk Rheinfelden.

Wichtige Grundstoffchemiewerke am Hochrhein auf Schweizer Boden befinden
sich noch beiderseits der Aaremündung:

- Die in Full ansässige Chemische Fabrik Uetikon [1] war 1946 im Hinblick auf eine
mögliche Schiffbarmachung des Hochrheins sowie wegen der zentralen Lage für den
Schweizer Markt erbaut worden. Das Werk erzeugt 100.000 to/a Schwefelsäure aus
Pyrit und Schwefel. Diese Rohstoffe werden sowohl aus Italien und Frankreich als
auch aus den USA und Kanada bezogen.

Die Hauptabnehmer befinden sich in der deutschsprachigen Schweiz und werden
mit eigenen Kesselwagen beliefert.

- Die 1914 in Zurzach gegründete und 1922 in den Besitz des belgischen Solvay
Konzerns übergegangene Schweizerische Sodafabrik Zurzach [2] hat als Standort-
grundlage die zwischen Waldshut und Zurzach gelegenen Salzlagerstätten.

Während der benötigte Kalkstein per Seilbahn aus einem eigenen Kalksteinbruch
bei Reckingen ins Werk gelangt, müssen Koks und Ammoniak über größere Entfernungen zugekauft werden.

Die Sodaproduktion wurde 1944 durch eine Elektrolyse ergänzt und neben Chlor,
Natronlauge und Salzsäure auch die Produktion von Chlorfolgeprodukten wie
Trichloräthylen und Perchloräthylen auf Acetylenbasis aufgenommen.

Das benötigte Karbid wird vermutlich von der Lonza Werke AG im benachbarten
Waldshut bezogen.

---

1) Briefliche Angaben der Chemischen Fabrik Uetikon vom 5.10.72
2) Schuhmacher, H.: 50 Jahre Schweizerische Sodafabrik Zurzach, Zürich 1964

Die größte Ballung von Werken der Grundchemie findet sich nach wie vor in Rheinfelden, dem Endpunkt der Rheinschiffahrt, das auch Standort der erwähnten Aluminiumhütte (69.000 to/a Aluminium) und einer Elektrodenfabrik der Alusuisse mit insgesamt 1.400 Beschäftigten sowie eines Elektrokorund-Werkes der Cincinatti Milacron GmbH ist.

Die Chemiewerke der Degussa und Dynamit Nobel AG beschäftigen je 850 Mitarbeiter.

Die Dynamit Nobel AG bezieht ihren Hauptrohstoff Salz seit Ausbeutung der Rheinfeldener Salzvorkommen in Form von Sole durch eine 1955 in Betrieb genommene Rohrleitung aus einer eigenen Saline im 50 km entfernten Rheinheim bei Waldshut.

Auf den ursprünglichen Elektrolysefolgeprodukten Chlor, Ätznatron und Wasserstoff hat sich im Laufe der Jahre eine weitverzweigte Produktpalette aufgebaut.

Die 1921 aufgenommene Produktion von organischen Chlorfolgeprodukten wie Di- und Trichloräthylen, Perchloräthylen und Vinylchlorid beruhte zunächst auf eigenem Calziumcarbid, später wurde das für die Acetylenerzeugung notwendige Karbid jedoch wie auch heute noch von einer nahe gelegenen Karbidfabrik - vermutlich Lonza in Waldshut - gekauft.

Die Chlorkapazität betrug 1965 47.000 to/a und entsprechend 53.000 to/a Ätznatron, das als 50 %ige Lauge weitgehend das Werk verläßt und u.a. bei der benachbarten Degussa als Rohstoff eingesetzt wird.

Aufgrund des augenblicklichen Chlorüberschusses, bedingt durch den Rückgang des Bedarfes an Chlor für Insektizide und Herbicide (teilweises Anwendungsverbot des von Geigy erfundenen und hergestellten Dichlordiphenyltrichloräthans, kurz DDT), setzt Dynamit Nobel das überschüssige Chlor vermehrt zu Perchloräthylen (meistbenutztes Lösungsmittel in Chemischen Reinigungen) und Trichloräthylen um, obwohl diese Produkte nicht zum Ergebnis beitragen [1]. Der überwiegende Teil des Chlors dient aber nach wie vor zur Herstellung folgender Produkte:

---

1) Chemische Industrie, September 1972, S.590

- Vinylchlorid, das teils als Vorprodukt an das Stammwerk in Troisdorf geliefert und teils in Rheinfelden selbst zu PVC verarbeitet wird oder als Treibmittel für im Werk abgefüllte Sprühdosen (Aerosol) dient.

- Siliciumtetrachlorid (40.000 to/a) [1], dessen anderer Hauptrohstoff Ferrosilicium vermutlich importiert wird und das zur Gewinnung hochdispersiver Kieselsäure und zur Herstellung von Kieselsäureestern dient.

Außerdem werden Chlorkalk, Salzsäure und Wasserstoff verkauft.

Während ein großer Teil der Produktion des Dynamit Nobel Werkes auf Chlor basiert, ist der Hauptrohstoff der beiden benachbarten Degussa Werke die in der Chlor-Alkali-Elektrolyse anfallende Natronlauge, die außer von Dynamit Nobel vermutlich auch noch von der Schweizerischen Sodafabrik Zurzach bezogen wird.

Unter Zugabe von Rasorit und Wasserstoffperoxid, wobei der Wasserstoff in einer Spaltgasanlage aus Propan und Butan erzeugt wird, werden hier 120.000 to/a Natriumperborat erzeugt, ein wichtiger Waschmittelrohstoff, der seit Jahrzehnten hauptsächlich an die Firma Henkel (Persil) geliefert wird. Neben dem Düsseldorfer Stammwerk wird auch das vor den Toren Basels auf Schweizer Boden liegende Henkel Waschmittelwerk versorgt. Der nicht verarbeitete oder verkaufte Teil des erzeugten Wasserstoffperoxids (Kapazität 30.000 to/a) dient zur Herstellung von Natriumchlorit, einem weiteren Bleich- und Oxydationsmittel.

Seit der 1928 erfolgten Verlagerung der Natriumproduktion nach Knapsack bei Köln bezieht das Werk Rheinfelden das für die Natriumperoxidproduktion notwendige Natrium vom Degussa Werk Knapsack (siehe Übersicht 14). Letzteres beliefert Rheinfelden auch mit Siliciumtetrachlorid, dem wichtigen Grundstoff zur Erzeugung von weißen Füllstoffen für die Kautschuk-, Kunstharz-, Farben- sowie pharmazeutische Industrie. Den benötigten Wasserstoff liefert die erwähnte Spaltgasanlage, die anfallende Salzsäure wird verkauft.

---

1) Chemische Industrie, September 1972, S.590

Der ursprüngliche Standortvorteil des preiswerten Energiebezuges ist für die Chemiewerke der Degussa, Dynamit Nobel und Lonza heute nur noch bedingt gegeben, da das Wasserkraftpotential des Hochrheins seit Jahren kraftwerksmäßig voll ausgenutzt ist und zur Versorgung von Anlageerweiterungen andere, teuerere Energiequellen benutzt werden müssen.

Darüberhinaus scheint sich für diesen Raum in den nächsten Jahren sogar eine Energieversorgungskrise abzuzeichnen, da der Bau von seit langem geplanten und dringend benötigten Kernkraftwerken durch übertriebene Umweltschutzkampagnen unverantwortlich verzögert wird [1][2].

Immer stärker macht sich auch der Standortnachteil einer fehlenden petrochemischen Rohstoffbasis bemerkbar. Die Einstellung der Karbidproduktion und die dann notwendige Umstellung von carbochemischem Acetylen auf petrochemische Rohstoffe, die allerdings zwangsläufig mit hohen Transportkosten belastet sein werden, scheint nur eine Frage der Zeit zu sein.

Anstelle eines weiteren Ausbaus der Rheinfeldener Anlagen stellt die Degussa einen großen Teil der Rheinfeldener Produkte auch in ihrem neuen Werk in Antwerpen her, ebenso die Dynamit Nobel in ihrem Werk in Lülsdorf bei Köln.

Für eine weitere Expansion der bestehenden Werke oder gar größere Neuansiedlungen scheint der Raum Hochrhein unter den heutigen Bedingungen daher ungeeignet zu sein.

---

1) Schweiz befürchtet Engpässe in der Stromversorgung, in: WID-Energiewirtschaft, Nr.37, 1972, Düsseldorf, S.5-7
2) Ab 1975 Stromengpässe in der Schweiz?, in: WID Energiewirtschaft, Nr.10, 1973, Düsseldorf, S.2-4

2.3.3. Der Albertkanal im Raum Geel-Tessenderloo

Der die Maas bei Maastricht mit der Schelde bei Antwerpen verbindende 122 km lange Albertkanal, befahrbar für 2.000 to Binnenschiffe, ist eine der wichtigsten Binnenwasserstraßen Belgiens.

Als Transportweg für Güter von den Antwerpener Hafenbecken zu den Industriegebieten um Lüttich und zur französischen Maas und umgekehrt besitzt er eine nationale und internationale Funktion [1].

Infolge der größtenteils parallel zum Albertkanal verlaufenden Autobahn E 3 Antwerpen - Lüttich haben fast alle Standorte entlang dieser Trasse eine sehr verkehrsgünstige Lage.

Die ebenfalls parallel zu Autobahn und Kanal verlaufende Äthylenrohrleitung der Äthylen-Rohrleitungsgesellschaft ARG von Geleen/Beek nach Antwerpen verleiht dieser "Kanalzone" eine besondere Attraktivität für petrochemische Betriebe (siehe Karten 1, 12 und 13).

Da außerdem rund zwei Drittel der Kanalstrecke in einem regionalen Förderungsgebiet des belgischen Staates liegen [2], erfreuen sich die von mehreren Gemeinden in diesem Gebiet erschlossenen "Industrieparks" zunehmender Beliebtheit für kleine und mittlere Industrieansiedlungen.

Die chemische Industrie ist besonders im Raum Geel-Tessenderloo konzentriert.

Das 22 km nordwestlich Hasselt gelegene Tessenderloo ist bereits seit 1919 Standort einer chemischen Fabrik. Die Gesellschaft "Produits chimiques de Tessenderloo" (PTC) produziert hier Schwefelsäure, Salzsäure, Kaliumsulfat, Calziumbiphosphat und Chlor [3].

---

1) Gaffron, H.-J.: Antwerpen und sein Hinterland, Diss. Köln 1964, S. 68
2) Wauters, L.: Balanced distribution theme of industrial incentives, in: Chemscope, European Chemical News, 31.3.72, S. 18-22
3) European Chemical News, Chemscope: Belgium 72, 31.3.72, S. 54

Im Jahr 1954 erwarb diese Gesellschaft eine Mehrheitsbeteiligung an der elsässischen Kaligesellschaft Potasse d'Alsace, die ihrerseits mehrheitlich an der "Produits
chimiques du Limbourg" (PCL) beteiligt war [1]. Letztere Gesellschaft produziert
nur ca. 4 km nordöstlich von Tessenderloo am südlichen Ufer des Albertkanals auf
dem Gebiet der Gemeinde Kwaadmechelen gelegen seit Jahren ein ähnliches Programm wie die PCT.

Ende 1965 erwarben PCT und die Potasse d'Alsace die Mehrheit an der Pont Brulé
S.A., die in Vilvoorde nördlich Brüssel ebenfalls die gleiche Produktpalette wie die
Gesellschaften PCT und PCL herstellt [2].

Heute gehören alle genannten Gesellschaften zur "Enterprise Minière et Chimique",
Paris (EMC) und befinden sich damit im Besitz des französischen Staates [3,4].

Aus diesen Beteiligungsverhältnissen erklärt sich auch die Zusammenarbeit dieser
staatlichen französischen Gesellschaft mit den ebenfalls staatlichen niederländischen
DSM, die 1969 zur Gründung der Gesellschaft "Limburgse Vinyl Maatschappij
N.V." (LMV) führte, deren Kapital zu 50 % DSM und zu je 25 % die Tochtergesellschaften PCT und PCL des französischen Partners halten [5].

Auf einem südlich der PCT-Anlagen in Tessenderloo an der Bahn nach Diest gelegenen Gelände wird seit Anfang 1972 mit 106 Mitarbeitern monomeres Vinylchlorid
(Kapazität: 200.000 to/a) produziert [6].

Rohstofflieferant ist zum einen die DSM, die durch das ARG-Netz, an das die LMV
durch eine Stichleitung angeschlossen ist, ca. 90.000 to/a Äthylen aus den eigenen
Anlagen in Beek nach Tessenderloo pumpt, und die restlichen Äthylenmengen durch
die ARG von den ROW aus Wesseling bezieht und direkt an die LMV weiterleitet.

---

1) European Chemical News, a.a.O., S.54/55
2) Ebenda, S.55
3) Ebenda, S 64
4) PR-Broschüre der CDF-Chimie, Nr.823, 19.6. 71, S.12
5) Industrial activities, PR-Broschüre der DSM, August 1970, S.32
6) European Chemical News, a.a.O., S.55

Zum anderen liefern die benachbarten Gesellschaften "Produits Chimiques du Limbourg" (PCL) und "Produits Chimiques de Tessenderloo" (PCT) die außerdem benötigten Rohstoffe Salzsäure und Chlor [1] (siehe Übersicht 19).

Die LMV wiederum pumpt 75.000 to/a Vinylchlorid durch eine 65 km lange Rohrleitung an die DSM in Beek [2], wo es zu Polyvinylchlorid polymerisiert wird - zwei Drittel der Menge übrigens im Rahmen eines Lohnverarbeitungsvertrages mit der gleichfalls staatlich beeinflußten CDF-Chimie, die 50.000 to/a des Polyvinylchlorids abnimmt [3] (siehe Karte 12).

Die übrigen Vinylchloridmengen der LMV werden per Bahn und LKW an andere PVC-Hersteller abgesetzt, so auch an das Werk der Wacker Chemie in Köln [4].

Die heutigen Kapazitäten der Grundstoff- und Düngemittelfabriken der PCT (809 Beschäftigte) und PCL (634 Beschäftigte) sind aus Gründen der Übersicht in folgender Tabelle zusammengestellt [5]:

Produkt	PCT to/a	PCL to/a	zusammen to/a
Schwefelsäure	200.000	180.000	380.000
Salzsäure	470.000	500.000	970.000
Calziumphosphat	200.000	240.000	440.000
Kaliumsulfat	300.000	400.000	700.000
Chlor	50.000	-	50.000

1) Brief der LMV vom 19.5.72
2) Chemische Industrie, Sept.72, S.574
3) PR-Broschüre der CDF-Chimie, Nr.823, Juni 1971, S.12
4) Beobachtungen des Verfassers
5) Nach brieflichen Angaben der PCT vom 11.4.72 und der PCL vom 7.6.72

Selbst wenn man berücksichtigt, daß die Schwefelsäure jeweils zu einem großen
Teil für die Kaliumsulfat-Herstellung benötigt wird und daß die Kapazitäten wegen
der schlechten Absatzlage meist nie voll ausgelastet sind, so stellen die beiden
Werke mit ihrer mengenmäßig sehr großen Produktion und ihren mehr als 1.400 Beschäftigten doch einen sehr beachtlichen Wirtschaftsfaktor in diesem Gebiet dar.

Während die PCT nur in Bezug auf den Salzsäure- und Chlorabsatz zur benachbarten LMV günstig liegt, hat die PCL mit ihrer Lage direkt am Albertkanal eindeutig den besseren Standort, da fast alle Rohstoffe in großen Mengen per Schiff
aus dem Ausland bezogen werden. Im folgenden die Bezugsmengen der PCL [1]:

- 150.000 to/a Pyrit aus Spanien und Portugal
- 300.000 to/a Phosphate aus Marokko
- 340.000 to/a Kalisalze aus Frankreich, Deutschland, Israel und Kongo-Brazzaville

Die Bezugsmengen der PCT sind ähnlich hoch und kommen aus denselben Ländern.

Beziehungen dieser Werke zu den östlich gelegenen Kohlengruben von Behringen
und Honthalen waren nicht feststellbar. Auch die Energieversorgung geschieht unabhängig von der Kohle: Während die PCL ausschließlich Schweröl einsetzt
(300.000 to/a), werden bei der PCT Schweröl und Erdgas und bei der LMV nur
Erdgas zur Energieerzeugung verwendet [2].

Durch regionale Förderungsmaßnahmen des belgischen Staates und nicht zuletzt
infolge der hervorragenden Verkehrserschlossenheit durch den Albertkanal und die
Autobahn Antwerpen-Lüttich haben neben den Ansiedlungen anderer Industriezweige zwei weitere Chemieunternehmen in diesem Gebiet entlang des Albertkanals
und der Autobahn in Richtung Antwerpen petrochemische Werke erbaut.

---

1) Brief der "Produits Chimiques du Limbourg S.A.", vom 7.6.72
2) Nach brieflichen Angaben der jeweiligen Unternehmen

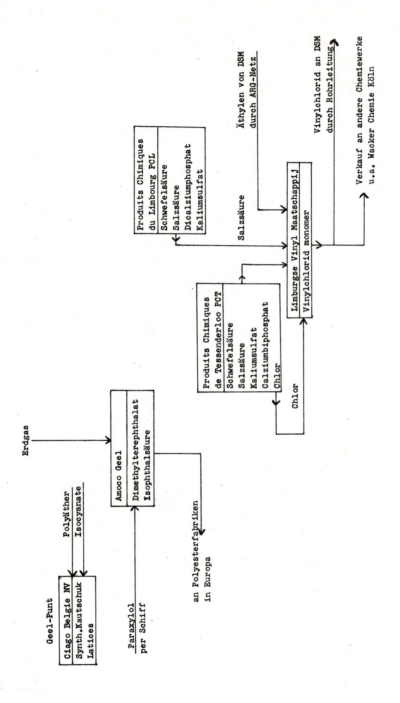

Übersicht 19 : Verbund der Chemiewerke im Raum Geel – Tessenderloo

Zum einen handelt es sich um die amerikanische Gesellschaft Amoco-Chemicals, die in Geel mit rund 300 Beschäftigten 100.000 to/a Dimethylterephtalat (DMT) und Terephtalsäure sowie seit 1973 30.000 to/a Isophthalsäure produziert [1].

Bevor sich die Amoco 1967 für den Standort Geel entschied, stand sie in Verhandlungen mit der Stadt Antwerpen. Da für die DMT-Produktion ein Tiefwasseranschluß jedoch nicht unbedingt notwendig ist, entschied sich Amoco für das im Binnenland in einem Strukturförderungsgebiet liegende Geel und baute die Anlagen sehr verkehrsgünstig zwischen Albertkanal, Autobahn und Eisenbahn. Insgesamt waren hier die Vorteile größer als bei einem Standort in Antwerpen [2].

Der Hauptrohstoff, Paraxylol, wird per Binnenschiff angeliefert. Außerdem werden noch größere Mengen Erdgas eingesetzt.

Das erzeugte DMT wird an Polyesterharz- und Polyesterfaserwerke in ganz Europa geliefert [3].

Das andere Werk befindet sich ebenfalls in der Nähe von Geel, ca. 4 km nordwestlich der Amoco an der Autobahn in Oevel, und gehört der N.V.Chemische Industrie AKU-Goodrich (Ciago), einer mehrheitlich amerikanischen Gesellschaft mit Sitz und dem Hauptwerk in Arnheim/Holland. Die in Oevel erbaute und Mitte 1972 in Betrieb genommene Polyurethanharz- und Synthesekautschukfabrik sollte zunächst im niederländischen Bergen-op-Zoom errichtet werden [4]. Das Unternehmen entschied sich dann aber für eine Ansiedlung im industriefreundlichen Belgien und nahm ähnlich wie die Amoco die Standortvorteile des Großraums Geel wahr.

Über genauere Produktionsdaten und Verflechtungen war nichts zu erfahren [5]. Es ist zu vermuten, daß die benötigten petrochemischen Rohstoffe wie Isocyanate und Polyäther aus Antwerpen (Bayer-Shell Isocyanates) bezogen werden.

---

1) Brief der Amoco Chemicals Europe, Genf, vom 9.4.72
2) Nach einem Gespräch mit der Stadtverwaltung Antwerpen vom 28.6.72
3) PR-Broschüre der Amoco-Chemicals Belgium
4) Jaarverslag 1971, Vereniging van de Nederlandse Chemische Industrie, S.37
5) Brief der Ciago vom 6.6.72

2.3.4. Der Willebroek-Kanal

Der Willebroek-Kanal verbindet die Schelde bei Rupelmonde südlich von Antwerpen mit Brüssel und stellt die nördliche Fortsetzung des Charleroi-Brüssel-
Kanals dar.

Nördlich von Brüssel befinden sich entlang dieser für 2.000 to Binnenschiffe befahrbaren Wasserstraße mehrere große Düngemittel- und Grundchemikalienwerke.

In Marly bei Brüssel liegt die 1929 gegründete "Société des Produits Chimiques du
Marly". Dieses große Düngemittelwerk bezog bis 1969 Kokereigas[1] von der benachbarten Kokerei "Cokeries du Marly", mit der auch finanzielle Verflechtungen
bestehen[2], verließ dann aber die carbochemische Basis und stellte die Ammoniakerzeugung auf Erdgas um.

Nach den üblichen Verfahren werden Salpetersäure, Ammoniumnitrat, NPK- und
flüssige Dünger hergestellt.

Die benötigte Phosphorsäure wird fremd bezogen, vermutlich von der weiter nördlich am Willebroek-Kanal liegenden "Produits Chimiques et Metallurgiques du
Rupel SA". Dieses 1928 gegründete Werk zählt mit seiner Kapazität von 100.000 to/a
Phosphorsäure zu den größten Phosphorsäure-Verkäufern Europas[3] und beliefert
auch ein im benachbarten Willebroek liegendes großes Düngemittelwerk.

Schon 1937 fusionierte die "Société des Produits Chimiques du Marly" mit der
"Société Belge de l'Azote", die seit 1923 in Renory bei Lüttich die erste Ammo-
niaksynthese in Belgien betrieb, und firmiert seitdem unter der Abkürzung
"SBA-PCM"[4].

---

1) Geschäftsbericht 1970 der "Société Belge de l'Azote et des Produits Chimiques
   du Marly SA", S.7
2) Geschäftsbericht 1970 der "SBA-PCM", S.12
3) European Chemical News, Chemscope, 31.3.72, S.56
4) La Belgique à l'age de la Chimie, Brüssel, Oktober 1971, S.41

Seit einigen Jahren hat sich zwischen den beiden Werken aus Rationalisierungsgründen eine Arbeitsteilung dergestalt entwickelt, daß die Ammoniak- und anschließende Düngemittelproduktion in Marly konzentriert ist, während im Werk
Renory die Herstellung von Kunststoffen und Pharmazeutika durchgeführt wird.
Das dort benötigte Ammoniak bezieht man aus Marly.

In Vilvorde befindet sich das Grundstoff- und Düngemittelwerk "Pont Brulé SA".
Als Tochtergesellschaft von "Produits Chimiques de Tessenderloo" (PCT) befindet
es sich heute über die "Entreprise Minière et Chimique" im Besitz des französischen Staates. Mit 228 Beschäftigten wird ein ähnliches Produktionsprogramm wie
bei PCT erstellt [1]:

- 110.000 to/a Schwefelsäure
- 80.000 to/a Salzsäure
- 80.000 to/a Natrium- und Kaliumsulfat
- 20.000 to/a Calziumbiphosphat
- 50.000 to/a Superphosphat

Die Rohstoffquellen sind fast die gleichen wie bei der PCT in Tessenderloo [2] und
die Lage in Kanalnähe bewirkt einen ähnlich kostengünstigen Antransport der umfangreichen Rohstoffmengen von Pyrit, Phosphat, Schwefel, Kali und Salz.

Neben diesem mineralischen Produktionsbereich unterhält Pont Brulé auch noch
eine organische Abteilung, mit der das Werk Weltgeltung erlangt hat und die aus
einer 1885 hier gegründeten Klebstoffabrik hervorgegangen ist. Aus tierischen
Knochen und Häuten werden 2.500 to/a Gelantine und Ossein hergestellt. Mit
dieser Kapazität ist das Werk der größte Produzent Belgiens und der drittgrößte
der EWG [3].

---

1) Briefliche Angaben der "Produits Chimiques de Tessenderloo" vom 11.4.72
2) Siehe Kapitel 2.4.3.
3) La Belgique à l'age de la Chimie, a.a.O., S.47

Nur wenige Kilometer vor der Einmündung des Willebroek-Kanals in die Schelde ist seit 1926 ein weiteres großes Düngemittelwerk in Betrieb, die "Ammoniaque Synthétique et Derives SA" (ASED) [1], die mit ihren 650 Mitarbeitern 1971 von der Carbochimique SA übernommen wurde. Das früher auf Kohlebasis arbeitende Werk setzt seit einigen Jahren ausschließlich aus Holland bezogenes Schweröl zur Ammoniakerzeugung ein [2]. Auf der Basis von Ammoniak und dem anfallenden Kuppelprodukt Kohlendioxid wird die übliche Produktpalette mit folgenden Kapazitäten erstellt [3]:

- 150.000 to/a Ammoniak
- 50.000 to/a Kohlendioxid
- 57.000 to/a Harnstoff
- 263.000 to/a Salpetersäure
- 200.000 to/a Ammoniumnitrat
- 150.000 to/a NPK-Dünger

Das zwischen Kanal, Autobahn und Eisenbahn gelegene Werk kann die für die NPK-Dünger-Produktion benötigten Rohstoffe [4]

- 30.000 to/a Phosphat aus Marokko
- 40.000 to/a Kali aus Deutschland
- 35.000 to/a Kalkstein aus Belgien
- 10.000 to/a Kreide und Dolomit aus Belgien
- 10.000 to/a Phosphorsäure (53 %) von der

nahe gelegenen "Produits Chimiques et Metallurgiques du Rupel SA" in Sauvegarde auf dem jeweils transportgünstigsten Weg beschaffen.

---

1) European Chemical News, Chemscope, 31.3.72, S.56
2) Briefliche Angaben der ASED vom 24.5.72
3) European Chemical News, Chemscope, 31.3.72, S.56
4) Briefliche Angaben der ASED vom 24.5.72

Diese Chemiewerke nördlich von Brüssel stehen, wenn man von den Lieferungen der Phosphorsäurefabrik absieht, isoliert nebeneinander und konkurrieren auf dem Düngemittelmarkt direkt miteinander.

Gemeinsamkeiten bestehen lediglich in dem mengenmäßig großen Bedarf an meist importierten Rohstoffen, wie Phosphate, Kali, Schwefel u.a., sowie in der Tatsache, daß die beiden größten Düngemittelfabriken von der Kohlenbasis auf petrochemische Rohstoffe übergewechselt sind.

Eine Expansion der chemischen Industrie in diesem Raum scheint so gut wie ausgeschlossen: Neue Düngemittelwerke können, wenn überhaupt, nur mit einem Tiefwasseranschluß kostengünstig produzieren, da so die importierten Rohstoffe direkt vom Seeschiff in die Fabrik gelangen und die Düngemittel wiederum direkt nach Übersee exportiert werden können. Hier bieten Antwerpen und die Genter Kanalzone gute Standortmöglichkeiten.

Nicht auf seeschifftiefes Wasser angewiesene Chemiewerke dagegen bevorzugen aus finanziellen Gründen meist eines der regionalen Förderungsgebiete in Belgien. Das Gebiet nördlich von Brüssel wird jedoch in keiner Weise gefördert und ist auch arbeitsmarktmäßig durch die Nähe Brüssels und Antwerpens ausgetrocknet.

2.4. Chemiezentren an Binnenstandorten ohne Schiffsanschluß

   2.4.1. Das oberbayerische Chemiedreieck

Die Wasserkraft der mit starkem Gefälle fließenden Flüsse Alz und Inn hat bereits zu Beginn dieses Jahrhunderts in Oberbayern den Bau bedeutender elektrochemischer Werke bewirkt.

Infolge ihrer energieintensiven Herstellungsverfahren waren diese auf einen preisgünstigen Strombezug von Wasserkraftwerken angewiesen. Zur damaligen Zeit war der Transport von elektrischer Energie über große Entfernungen aus technischen Gründen noch mit sehr großen Verlusten verbunden. Potentielle Großabnehmer waren aus wirtschaftlichen Gründen daher gezwungen, sich unmittelbar neben den Kraftwerken niederzulassen.

Der als "oberbayerisches Chemiedreieck" bekannt gewordene Raum wird von den drei Standorten Burghausen an der Salzach sowie Trostberg und Hart an der Alz begrenzt.

Innerhalb dieses Dreiecks befinden sich an der Alz in Schalchen und Gendorf noch größere Chemiewerke.

Das erste Chemieunternehmen in diesem Raum waren die Bayerischen Stickstoffwerke. Für die großtechnische, sehr elektroenergieintensive Produktion des erst kurz vorher als damals bestes Düngemittel entdeckten Kalkstickstoffes suchte man einen Standort mit leicht nutzbaren Wasserkräften für die Stromerzeugung. Die besten Bedingungen bot die gefällereiche und geschiebearme Alz, die als Abfluß des Chiemsees außerdem einen recht kontinuierlichen Wasserstand garantierte [1].

Das einen Kilometer südlich der Stadt Trostberg am rechten Alzufer erbaute Werk ging 1910 in Betrieb [2]. Den Strom lieferte eine werkseigene Kanalkraftstufe.

---

1) Zitka, H.-R.: Die wirtschaftlichen Veränderungen im bayerischen Raum zwischen Inn und Salzach, München 1959, S.98
2) Ebenda

Bereits 1911 wurde ein zweites werkseigenes Kanalkraftwerk wenige Kilometer alzabwärts in Schalchen zusammen mit einem kleinen Karbidwerk erbaut, dem 1918 ein drittes Kanalkraftwerk in Hart mit einem großen Karbidwerk folgte [1].

Im Laufe der Jahre wurde zwischen den Werken, die ab 1939 als Süddeutsche Kalkstickstoff-Werke AG firmierten, eine Arbeitsteilung dergestalt durchgeführt, daß nur noch das Werk Hart Calciumcarbid herstellte und einen Teil seiner umfangreichen Produktion an das Werk Trostberg zur Verarbeitung zu Kalkstickstoff lieferte.

Damals wie heute sind die Rohstoffe für die Calciumcarbiderzeugung mit hohen Transportkosten belastet, wie Koks und Kohle aus dem Ruhrgebiet und Kalk, der aus werkseigenen Kalkbrüchen im oberen Donauraum stammt und in einem ebenfalls eigenen Betrieb in Saal bei Kelheim an der Donau zu Branntkalk verarbeitet wird [2].

Dritter und mit Abstand wichtigster Punkt des "Chemiedreiecks" wurde die an der Salzach liegende kleine Stadt Burghausen, im Mittelalter ein wichtiger Umschlagsplatz des Salzhandels [3].

Ihre Bedeutung als Chemiestandort verdankt die Stadt Dr. Alexander Wacker, dem ehemaligen Direktor der damals weltbekannten Elektrizitäts AG, vormals Schuckert & Co.

In der auf den Karbidboom der Jahrhundertwende folgenden Karbidabsatzkrise, hervorgerufen durch die zunehmende Substitution von Karbid durch elektrischen Strom für Beleuchtungszwecke, faßte er die über ganz Europa verstreuten elektrochemischen Interessen der Schuckertwerke in einer Gesellschaft zusammen und gründete anschließend 1903 das heute noch bestehende "Consortium für elektrochemische Industrie", das neue Verwendungszwecke für das damals ausschließlich nur für Beleuchtungszwecke benutzte Karbid finden sollte, speziell Verfahren zur chemischen Verwertung des Acetylens [4].

---

1) Zitka, H.-R.: 1959, a.a.O., S. 98 f.
2) Ebenda, S. 99
3) Freiesleben, W.: Im Wandel gewachsen. Der Weg der Wacker-Chemie 1914-1964, Wiesbaden 1964, S.25
4) Ebenda, S.19

Die positiven Ergebnisse dieser Forschungsgesellschaft wollte Wacker in einem eigenen neuen elektrochemischen Werk verwerten.

Der zunächst vorgesehene Ausbau des Lechs zur Stromerzeugung wurde von der königlich-bayerischen Regierung nicht genehmigt; man verwies Wacker an die untere Alz [1].

Das günstigste Projekt zur Stromerzeugung in diesem Gebiet war die Ausnutzung der Höhendifferenz von fast 100 m zwischen Alz und Salzach durch einen von Margarethenberg an der Alz zum 63 m hohen Steilufer der Salzach nördlich von Burghausen verlaufenden 16 km langen Kanal [2].

Durch die Verpflichtung, die Farbenfabriken Bayer in Leverkusen mit Aceton, dem wichtigen und damals knappen Rohstoff zur Herstellung von synthetischem Dimethylkautschuk, der während des Krieges dringend für die Akkumulatorenkästen der U-Boote gebraucht wurde, zu beliefern, erhielt Wacker die unbedingt notwendige staatliche Unterstützung für den Anfang 1916 - mitten im Krieg - begonnenen Bau seines Werkes in Burghausen [3].

Ein Jahr später stellte das Werk bereits Acetaldehyd, Essigsäure und Aceton aus zunächst von anderen Werken bezogenem Karbid her [4]. Trotz der Bauverzögerung des Alzkanals, als deren Folge erst Ende 1922 in Burghausen Wasserkraft zur Elektrizitätserzeugung zur Verfügung stand, konnte Wacker durch Strombezug vom Saalachwerk bei Reichenhall 1918 die Karbiderzeugung in Burghausen aufnehmen [5].

Durch die 1921 begonnene Steinsalzelektrolyse stand Chlor für die Chlorierung von Kohlenwasserstoffen zu den bekannten Reinigungs- und Lösungsmitteln Per- und Trichloräthylen sowie Wasserstoff zur Hydrierung von Aldehyden zu Alkoholen zur Verfügung. Zur gleichen Zeit wurden auch die ersten Kunststoffe in Burghausen hergestellt.

Zur besseren Bewältigung der Nachkriegsprobleme und Investitionsvorhaben hatte man bereits Ende 1920 die Farbwerke Hoechst zu 50 % an dem Unternehmen beteiligt [6].

1) Freiesleben, W.: 1964, a.a O., S.19
2) Ebenda, S.23
3) Ebenda, S.28 ff
4) Ebenda, S.30

Auf Anordnung der damaligen Reichsregierung wurde 1939 aus strategischen Gründen ein weiteres Chemiewerk an der Alz in Gendorf, knapp 8 km westlich von Burghausen und ebensoweit alzabwärts von Hart, erbaut.

Das von Anfang an mit Tarnnetzen und Tarnanstrich versehene Werk wurde von der zum I.G. Farbenkonzern gehörenden Anorgana GmbH betrieben und erzeugte von 1941 bis Kriegsende Äthylenoxid, Glykole, Acetaldehyd und weitere Produkte sowie in einer Chlor-Alkali-Elektrolyse Chlor, Ätznatron und Wasserstoff [1].

Die Wasserkraft der Alz war nicht standortentscheidend - im Gegenteil, diese war von Altenmarkt bis Magarethenberg durch eine zusammenhängende Treppe von Kanalkraftwerken bereits voll ausgenutzt und das Unterwasser des Carowerkes (38 m Nutzfallhöhe) wurde direkt in den nach Burghausen führenden Alzkanal geleitet, so daß bis heute in Gendorf nicht einmal genügend Wasser zur Vorflutung der Abwässer zur Verfügung steht.

Die Energieversorgung des Werkes, das während des Krieges auch einige in der Nähe angesiedelte Munitionsfabriken mit Rohstoffen belieferte, geschah sowohl durch ein eigenes Dampfkraftwerk als auch durch Lieferungen der hier im Raum ansässigen Elektrizitätswerke.

Das nach dem Krieg größtenteils demontierte Werk ging 1954 in das Eigentum der Farbwerke Hoechst AG über und nahm die Produktion mit einem teilweise modifizierten Programm wieder auf [2].

Fortsetzung der Fußnoten v. S.222

5) Freiesleben, W.: 1964, a.a.O., S.32
6) Ebenda

1) Zitka, H.-R.: 1959, a.a.O., S.117
2) Ebenda, S.118

Obwohl streng genommen kein Chemiestandort, soll hier kurz Töging am Inn erwähnt werden, wo 1924 nach Fertigstellung eines Kanalkraftwerkes der Innwerk AG
eine Aluminiumhütte in Betrieb ging. Ein Jahr später wurde die Hütte von der Vereinigten Aluminiumwerke AG übernommen.

Das Grundkapital beider Gesellschaften lag damals wie heute in den Händen der
"Vereinigten Industrie-Unternehmungen AG" (VIAG), welche sich früher in Reichs-
eigentum befand und nach 1948 in den Besitz des Bundes überging.

Die Rohstoffversorgung des "VAW-Innewerks" übernahm ab 1937 ein in Schwandorf
an der Naab von der VAW zu diesem Zweck erbautes Tonerdewerk, das damals wie
heute auf der Donau und teils per Bahn über Regensburg herantransportierten unga-
rischen und jugoslawischen Bauxit einsetzt [1].

Die für den Schmelzvorgang notwendige Flußsäure erhält das Werk aus den Anlagen
der nördlich von Schwandorf in Stulln gelegenen VAW-Flußspat-Chemie GmbH, die
hier ein Flußspatvorkommen ausbeutet und Flußsäure sowie Aluminiumfluorid herstellt [2].

Eine 1938 von der VAW in Ranshofen südlich von Braunau am Inn erbaute Aluminiumhütte gehört heute nicht mehr zum VAW-Verbund, sondern wird seit Kriegsende vom
österreichischen Staat betrieben [3].

Die Innwerk AG konnte zwischen den stromintensiven Industriebetrieben in diesem
Raum einen Verbund [4] dergestalt einrichten, daß die Aluminiumhütte Töging neben
anderen Bezügen mit einer Hälfte der Erzeugung des Kanalkraftwerkes Töging beliefert wird.

---

1) VAW-Geschäftsbericht 1971, S.10
2) Ebenda, S.14
3) Zitka, H.-R.: 1959, a.a.O., S.121
4) Ebenda, S.111

Während die Aluminiumhütte für die Elektrolyse eine gesicherte konstante Stromzu-
fuhr benötigt und daher die Grundlast erhält, können sich die Karbidöfen der Süd-
deutsch.Kalkstickstoff Werke in Hart vorkommenden Stromschwankungen ohne Qua-
litätsminderungen anpassen und erhalten daher den inkonstanten Strom.

Mitte der fünfziger Jahre spürte man besonders bei der Wacker-Chemie in Burghausen
die immer nachteiliger gewordenen Standortgegebenheiten Oberbayerns: Infolge der
gestiegenen Produktionsmengen mußte immer mehr Strom zu hohen Preisen von entfernteren Energieversorgungsunternehmen bezogen werden und die durch die revierfer-
ne Lage bedingten hohen Transportkosten der umfangreichen Koks- und Kohlemengen
belasteten immer mehr das Geschäftsergebnis.

Auf der Suche nach Substitutionsmöglichkeiten für den teuren Karbid gründete die
Wacker-Chemie 1958 gemeinsam mit einer italienischen Erdgasverwertungsgesell-
schaft in Ravenna die "Societa Chimica Ravenna S.p.A.", die seit Mitte 1959 in
einem in Hafennähe gelegenen Werk aus oberitalienischem Erdgasacetylen monomeres
Vinylchlorid erzeugt und das seitdem das Wacker Werk in Burghausen mit einem Teil
seiner Produktion versorgt [1].

Mitte 1956 hatte die Esso AG öffentlich mitgeteilt, daß ab 1958 in ihrer neuen Raffinerie Köln Äthylen für die chemische Weiterverarbeitung zur Verfügung stände [2].

Da es sich für die Wacker-Chemie nur lohnte, Äthylen einzusetzen, wenn man
daraus Acetaldehyd, das wichtige Zwischenprodukt des Burghausener Werkes herstellten konnte, forschte man entsprechend und erfand das inzwischen weltweit lizen-
sierte Verfahren der Direktoxidation von Äthylen zu Acetaldehyd.

Daraufhin erbaute die Wacker-Chemie neben der Esso Raffinerie in Köln-Merkenich
ein neues Petrochemiewerk, das 1960 die Versorgung des Burghausener Stammwerkes
mit Acetaldehyd aufnahm [3].

---

1) Freiesleben,W.: 1964, a.a.O., S. 102
2) Ebenda, S.96
3) Ebenda, S.102 f.

Eine endgültige Besserung der Rohstoffprobleme des Burghausener Werkes brachte eine Ende 1967 in unmittelbarer Nähe des Wacker-Werkes in Betrieb genommene Raffinerie der amerikanischen Marathon International Oil Company.

Standortentscheidender Faktor war die Versorgung der beiden großen chemischen Werke in diesem Raum, Wacker und Hoechst in Gendorf, mit petrochemischen Rohstoffen [1].

Voraussetzung war allerdings die Fertigstellung der Transalpinen Oelleitung, durch die diese Spezialraffinerie mit ihren mittlerweile 600 Beschäftigten mittels einer 62 km langen Zweigleitung von Steinhörig aus mit schwefelarmem Öl aus Marathon eigenen Quellen in Libyen versorgt wird [2].

Im Rohrgraben der Rohölleitung verlegte man gleichzeitig eine Mineralölprodukten-leitung von Burghausen nach Steinhörig und verlängerte sie noch 28 km bis Feldkirch bei München. Durch diese Leitung pumpt die Marathon Raffinerie, Durchsatzkapazität 3 Mio to/a Rohöl, jährlich 1,5 Mio to Dieselöl und Heizöl nach München. Motorenbenzine erzeugt die Raffinerie nicht.

Wie aus der Übersicht 20 über die Verflechtungen der oberbayerischen Chemiewerke hervorgeht, liefert Marathon durch je zwei Rohrleitungen Äthylen (125.000 to/a) und Acetylen (80.000 to/a) an die Wacker-Chemie und an das 8 km entfernte Hoechst-Werk Gendorf (Abnahme von 65.000 to/a Äthylen und 12.500 to/a Acetylen)[3].

Andererseits versorgen diese beiden Werke die Raffinerie- und Petrochemieanlagen der Marathon mit dem für die Prozesse benötigten Wasserstoff, ebenfalls durch Rohrleitungen.

---

1) Briefliche Angaben der Deutschen Marathon Petroleum GmbH München vom 25.2.72
2) Marathon Burghausen heute, in: Oel-Zeitschrift für die Mineralölwirtschaft, September 1972, S.247
3) Thies, W.: Die Kunststoff-Produktion bei Hoechst, in: Oel-Zeitschrift für die Mineralölwirtschaft, November 1968, S.357

Durch Inbetriebnahme einer eigenen Wasserstoffanlage der Marathon 1970 ist die
Bedeutung dieser letzteren Rohrleitungsverbindungen jedoch stark abgesunken [1].
Ob in Zukunft auch die anderen in der Marathon Raffinerie zur Verfügung stehenden
petrochemischen Rohstoffe, wie 45.000 to/a Propylen und seit 1972 100.000 to/a
Benzol [2] in Burghausen, Gendorf oder Trostberg weiterverarbeitet werden, bleibt
abzuwarten.

Die schweren Rückstände der Raffinerie wurden von Anfang an zu Petrolkoks verarbeitet. Die Produktion von 200.000 to/a Elektrodenkoks wird fast ausnahmslos an
Elektrodenfabriken abgesetzt.

Vermutlich wird ein Teil der Produktion auch an das VAW-Innwerk in Töging geliefert, die ihre für die Aluminiumproduktion benötigten Elektroden - bei einer Kapazität von 70.000 to/a Aluminium rund 35.000 to/a Elektrodenkoks - in einem angeschlossenen Elektrodenwerk selbst fertigt.

Während die Wacker-Chemie den weitaus größeren Teil der in der Raffinerie zur
Verfügung stehenden petrochemischen Rohstoffe erhält und sich dadurch 1969 durch
Stillegung der letzten Karbidöfen und Einstellung des bis dahin durchgeführten Karbidbezuges vom Karbidwerk Hart der Süddeutschen Kalkstickstoff Werke von der Carbochemie verabschieden konnte, ist Hoechst in Gendorf auch heute noch auf umfangreiche Karbidlieferungen vom 8 km entfernten Karbidwerk Hart angewiesen.

Allerdings ist auch hier die völlige Umstellung auf petrochemische Rohstoffe bereits
eingeleitet: ab Ende 1973 wird das Gendorfer Werk durch eine ca. 100 km lange
Rohrleitung vom neuen Petrochemiekomplex der Gelsenberg in Münchsmünster an
der Donau mit Äthylen versorgt werden.

---

1) Marathon Burghausen heute, 1972, a.a.O., S.249
2) Oel-Zeitschrift für die Mineralölwirtschaft, Februar 1973, S.44

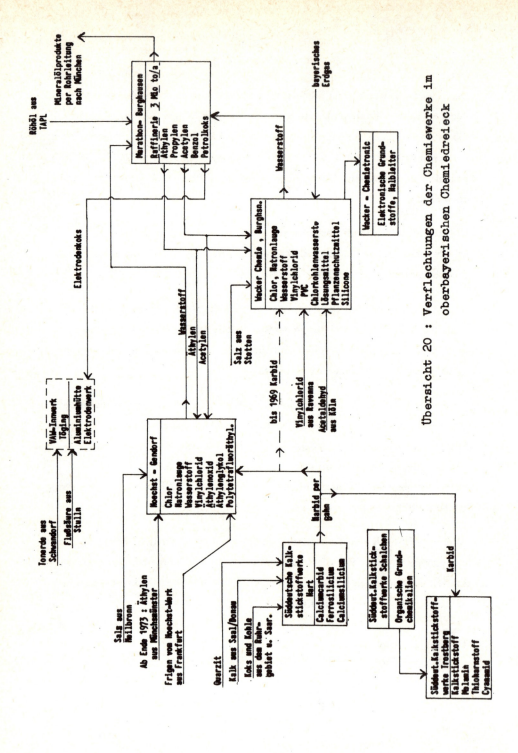

Übersicht 20 : Verflechtungen der Chemiewerke im
oberbayerischen Chemiedreieck

Gleichzeitig wird dieses Werk (4.223 Beschäftigte) [1] seine Vinylchloridkapazität auf Äthylen umstellen und auf 160.000 to/a erweitern sowie die Äthylenoxidkapazität von 40.000 to/a auf 110.000 to/a vergrößern [2].

Letzteres Produkt wird in Gendorf zu Äthylenglykol weiterverarbeitet, das sowohl als Rohstoff für Polyesterfasern (Trevira) als auch für Frostschutzmittel (Genantin) Verwendung findet.

Das für die Herstellung von Vinylchlorid notwendige Chlor (ca. 60.000 to/a) erzeugt Hoechst elektrolytisch aus Heilbronner Salz [3]. Neben Lösungsmitteln und anderen Stoffen umfaßt das Produktionsprogramm noch 2.400 to/a Polytetrafluoräthylen [4], einen als Hostaflon von damit beschichteten Küchengeräten bekannten Kunststoff mit extremen Gleiteigenschaften, der aus vom Frankfurter Hoechst Werk geliefertem Frigen hergestellt wird.

Die Einstellung des Karbidbezuges durch Hoechst wird allerdings negative Auswirkungen auf das Karbidwerk Hart der Süddeutschen Kalkstickstoff-Werke haben, einer mittlerweile 50 %igen Tochtergesellschaft der Hoechst AG. Die anderen 50 % hält der bundeseigene VIAG-Konzern, dem - wie erwähnt - auch die Vereinigten Aluminium Werke mit ihrem Werk in Töging zu 99,98 % (0,02 % Innwerk AG) und die Innwerk AG, der größte Stromlieferant in diesem Raum, zu 99,96 % (0,04 % Land Bayern gehören) [5].

Der Höhepunkt der Calciumcarbiderzeugung im Werk Hart wurde 1970 mit 383.000 to/a erreicht, wozu ca. 230.000 to/a Koks und Kohle aus dem Ruhrgebiet und 385.000 to/a Branntkalk aus Saal an der Donau per Bahn bezogen werden mußten. Inzwischen ist die Karbiderzeugung wesentlich zurückgegangen.

---

1) Hoechst-Geschäftsbericht 1971, S. 42
2) Ebenda, 1970, S. 22
3) Schall, H.: Die chemische Industrie Deutschlands, in: Nürnberger Wirtschafts- und Sozialgeographische Arbeiten, Band 2, Diss. 1959, S. 135
4) Hoechst-Geschäftsbericht 1970, S. 28
5) Commerzbank: Wer gehört zu wem? 1971, S. 328 u. S. 646

Durch die Entscheidung der Hoechst AG, die seit 64 Jahren in ihrem Werk Knapsack bei Köln betriebene Kalkstickstoffproduktion Mitte 1971 einzustellen, konnte das Trostberger Werk der Süddeutschen Kalkstickstoff-Werke seinen Kalkstickstoffabsatz erheblich steigern [1] und dadurch auch den Rohstoff Karbid in größeren Mengen vom ca. 15 km alzabwärts liegenden Werk Hart beziehen und so dessen negative Absatzentwicklung abbremsen. Das Werk Hart stellt außerdem noch Desoxydationslegierungen für die Stahlindustrie, wie Ferrosilicium und Calciumsilicium her.

Im Trostberger Werk dieses Unternehmens werden neben Kalkstickstoff (72.000 to/a) auch organische Grundchemikalien (56.000 to/a) auf bisher noch carbochemischer Grundlage wie Cyanamid, Thioharnstoff, Nitrile und Melamin-Harze hergestellt [2].

Ein Teil dieser Chemiekalien und Vorprodukte wird auch im zwischen Trostberg und Hart liegenden Werk Schalchen erzeugt.

Inzwischen haben auch die Süddeutschen Kalkstickstoff-Werke Anschluß an die rentablere Petrochemie gefunden, wenngleich an einem entfernteren Standort - im neuen Petrochemiekomplex Münchsmünster - und noch ohne Beziehungen zu ihren oberbayerischen Werken, in denen 1971 knapp 2.700 Mitarbeiter beschäftigt waren.

Nach bisherigen Plänen soll nur das Hoechst Werk Gendorf - wie erwähnt - durch eine Äthylenrohrleitung versorgt werden.

Allerdings wäre durch Umkehrung der Pumprichtung der zwischen Gendorf und Burghausen verlaufenden Äthylenrohrleitung der Marathon Raffinerie auch eine Versorgung der Wacker-Chemie mit Äthylen aus Münchsmünster zusätzlich oder bei einem Ausfall der Marathon Anlagen möglich.

---

1) Süddeutsche Kalkstickstoff-Werke Geschäftsbericht 1971, S.6
2) Briefliche Angaben der Süddeutschen Kalkstickstoffwerke AG vom 20.6.72

Wie schon 1924 so erhält die Wacker-Chemie auch heute noch das Salz für ihre Chlor-Alkali-Elektrolyse aus einem eigenen Salzbergwerk in Stetten bei Haigerloch in Württemberg. Das Chlor dient neben der Erzeugung von Chlorkohlenwasserstoffen und Pflanzenschutzmitteln, speziell für den Hopfen- und Weinbau, vorwiegend zur Herstellung von ca. 70.000 to/a Vinylchlorid, die zusammen mit von der italienischen Tochtergesellschaft in Ravenna geliefertem Vinylchlorid zu über 100.000 to/a Polyvinylchlorid (PVC) polymerisiert werden. Die vom Kölner Werk bezogenen Acetaldehydmengen dienen u.a. zur Herstellung von Essigsäure, Essigsäureanhydrid, Aceton und Acetaten.

Seit Mitte der sechziger Jahre produziert die Wacker-Chemie in Burghausen auch in verstärktem Maß Silicone und Silane.

Eines der beiden notwendigen Vorprodukte, Methylchlorid, stellt Wacker in Burghausen aus bayerischem Erdgas und Chlor her.

Das andere Vorprodukt, Silicium, erhält Wacker von ihrer Tochtergesellschaft Elektroschmelzwerk Kempten GmbH, welche die sehr elektroenergieintensive Siliciumcarbid- und Siliciumherstellung - Rohstoffe sind Koks und Quarzsand - in ihrem Werk Kempten auf Wasserkraftbasis und im Werk Grefrath bei Köln mit preiswertem Braunkohlenstrom betreibt. Diese beiden Werke werden in Zukunft durch ein neues Siliciumcarbidwerk in Delfzijl ergänzt werden, das durch preiswerten Strom holländischer Erdgaskraftwerke versorgt wird [1].

Neben ihrem Chemiewerk mit seinen 5.000 Beschäftigten betreibt Wacker in Burghausen noch ein Werk ihrer Tochtergesellschaft "Wacker Chemietronic", die mit fast 1.000 Mitarbeitern aus Silicium und Chlorsilanen elektronische Grundstoffe wie Halbleiter herstellt.

---

1) Der Fluß der Investitionen nach Holland wird langsam breiter, in: Handelsblatt vom 26.3.73

Trotz der vielen Veränderungen und Neuansiedlungen anderer Industrien im Raum Inn-Salzach-Alz in der Nachkriegszeit [1] hat die chemische Industrie in diesem Gebiet nichts an ihrer Bedeutung eingebüßt und ist nach wie vor der mit Abstand dominierendste Wirtschaftsfaktor.

Im oberbayerischen Chemiedreieck - treffender wäre der Ausdruck Chemiekette, denn entlang der Alz und dem Alzkanal sind von Trostberg bis Burghausen auf einer Länge von nur 25 km 6 große Werke aufgereiht - finden über 13.500 Menschen in der chemischen Industrie Beschäftigung.

Die Probleme, die eine derartige industrielle Agglomeration in diesem ansonsten ländlich strukturierten Gebiet ohne größere Siedlungsballungen aufwirft, wurden bereits von Zitka [2] beschrieben.

2.4.2. Der Raum Ingolstadt-Kelheim

Die sich heute von Ingolstadt bis Kelheim entlang der Donau erstreckende Ballungszone von Raffinerien sowie Petrochemie- und Chemiewerken entstand aus zwei unterschiedlichen Entwicklungszentren.

Den Anfang machte Kelheim, wo in den dreißiger Jahren an der Donau ein Zellstoffwerk errichtet wurde, das zur Behebung der Arbeitslosigkeit in dem als Notstandsgebiet ausgewiesenen ostbayrischen Raum dienen sollte [3].

Von süddeutschen Spinnereien und Spinnwebereien wurde 1935 in Kelheim die Süddeutsche Zellwolle AG gegründet, - heute die Süddeutsche Chemiefaser AG und zu 99 % im Besitz der Farbwerke Hoechst AG.

Standortentscheidend waren neben der Arbeitsmarktlage die Existenz des Kelheimer Zellstoffwerkes, von dem der Hauptrohstoff Zellstoff bezogen werden konnte, sowie die ausreichende Wasserversorgung durch Donau und Altmühl [4].

---

1) Vgl. Zitka, H.-R.: 1959, a.a.O.
2) Ebenda
3) Schall, H.: 1959, a.a.O., S. 115
4) Brief der Süddeutschen Chemiefaser AG vom 9.11.72

Nur zwei Jahre später, 1937/38 wurde von der heutigen Südchemie AG ebenfalls
in Kelheim ein Schwefelsäurewerk errichtet [1], das die Zellwollefabrik in der Folge
mit den benötigten umfangreichen Schwefelsäuremengen belieferte. Zur besseren
Ausnutzung der 1941 verdreifachten Schwefelsäurekapazitäten nahm die Südchemie
AG 1953 in Kelheim zusätzlich die Produktion von Superphosphat- und Phosphatkali-
Düngern auf, wobei gleichzeitig entsprechende Anlagen im ungünstig gelegenen
Werk Heufeld - 12 km westlich von Rosenheim/Obb. - der Südchemie stillgelegt
wurden.

Die aus Übersee und Osteuropa bezogenen Rohstoffe Pyrit und Rohphosphat gelangen
im mehrfach gebrochenen Verkehr ins Werk [2].

Die anfangs standortentscheidenden Beziehungen zwischen dem Zellwollewerk der
Süddeutschen Chemiefaser AG und dem benachbarten Zellstoffwerk der Papierwerke
Waldhof-Aschaffenburg AG (PWA), früher Zellstoffabrik Waldhof, bestehen heute
nicht mehr, da dieses Werk aus Rentabilitätsgründen schon seit einigen Jahren keinen
Faserzellstoff mehr produziert [3].

Für die Zellwolle-Produktion setzt die Süddeutsche Chemiefaser AG vorwiegend
Buchenzellstoff ein, so daß als Rohstofflieferanten diejenigen Produktionsstätten in
Frage kommen, die entsprechende Waldgebiete in der Nähe haben, wie im Inland
vor allem das Zellstoffwerk Aschaffenburg, aber auch die Schwäbische Zellstoff
AG in Ehingen/Donau und im Ausland jugoslawische Produzenten.

Transportmittel sind Bahn und LKW. Schwefelsäure wird weiterhin von dem benachbarten Werk der Südchemie AG bezogen, deren Heufelder Werk auch den benötigten
Schwefelkohlenstoff liefert. Mit einer Produktion von 60.000 to/a ist das Werk
heute der größte Produzent von Zellwolle in der Bundesrepublik [4].

---

1) Broschüre der Süd-Chemie AG, München 1970, S.36
2) Briefliche Angaben der Südchemie AG vom 28.3.72
3) Briefliche Angaben der Süddeutsche Chemiefaser AG vom 9.11.72
4) Hoechst Geschäftsbericht 1969, S.30

Neben einem hohen Wasserverbrauch werden im einzelnen folgende Roh- und Hilfs-
stoffmengen eingesetzt:

- 58.000 to/a Zellstoff
- 53.000 to/a Schwefelsäure
- 36.000 to/a Ätznatron
- 10.000 to/a Schwefelkohlenstoff

Anfang der sechziger Jahre begann die Süddeutsche Chemiefaser AG mit ihren heute
2.134 Beschäftigten zusätzlich zur Zellwolle auch Acrylfasern herzustellen.

Die Kapazitäten für die in Kelheim produzierte und von Hoechst vertriebene Polyacrylfaser "Dolan" betrugen 1969 40.000 to/a [1], übertreffen mittlerweile jedoch
die Zellwollekapazität und dürften bei 80.000 bis 90.000 to/a liegen.

Bis Ende 1972 erfolgte die Rohstoffversorgung mit Eisenbahnkesselwagen aus Frankreich, seit Anfang 1973 erfolgt der Bezug des monomeren Acrylnitrils (ca. 90.000 to/a)
jedoch aus dem neuen Acrylnitrilwerk, das die 50 %ige Hoechst Tochtergesellschaft
Süddeutsche Kalkstickstoffwerke AG im 25 km entfernten Münchsmünster im Verbund
mit anderen Petrochemiewerken errichtet hat.

Wegen zu hoher Qualitätsrisiken wurde vorerst auf einen Rohrleitungsbau zwischen
Kelheim und Münchsmünster verzichtet und die Versorgung durch Bahnkesselwagen
vorgezogen. Somit ist der Raum Kelheim eng mit dem Petrochemiegebiet von Ingolstadt-Neustadt verbunden, das im folgenden beschrieben wird.

Die Bemühungen des bayrischen Wirtschaftsministeriums, auch Bayern in den Genuß
billiger Energie gelangen zu lassen, führten Anfang der sechziger Jahre zu dem Entschluß mehrerer Mineralölgesellschaften, im Raum Ingolstadt Raffinerien zu errichten.

---

1) Hoechst Geschäftsbericht 1969, S. 30

"Die Wahl des Raumes Ingolstadt für die Errichtung eines bayrischen Raffinerie-
zentrums resultierte aus einer Kombination verkehrsgeographischer Überlegungen
und Transportkostenrechnungen" [1].

Da dieser Raum bereits von Schall genau beschrieben wurde, sollen hier nur die
wichtigsten Zusammenhänge dargestellt und neuere Entwicklungen aufgezeigt werden.

Die staatliche italienische Mineralölgesellschaft ENI erwarb als erste am südöst-
lichen Stadtrand von Ingolstadt ein geeignetes Grundstück. Dadurch sahen sich die
Mineralölgesellschaften Esso und Shell veranlaßt, ihre Raffineriebaupläne für Bayern
zeitlich vorzuziehen und sich 1960 ebenfalls bei Ingolstadt Raffinerie-Grundstücke
zu sichern [2][3].

Esso und Shell erwarben zwei dicht nebeneinander liegende Grundstücke nordöstlich
von Ingolstadt und östlich der Autobahn Nürnberg-München. Bereits Ende 1963
gingen beide Raffinerien in Betrieb.

Im April 1964 folgte die etwa 3 km südwestlich von Neustadt an der Donau gelegene
Erdölraffinerie Neustadt, eine Gemeinschaftsgründung der Gelsenberg AG und der
Mobil Oil AG.

Diese Gesellschaften bevorzugten Neustadt wegen der angeblich günstigeren Arbeitsmarktlage und wegen der besseren Lage zum energiewirtschaftlich wenig erschlossenen
bayrischen Ostraum [4].

Auch erhoffte man sich eine Brennstoffabnahme von den in Kelheim ansässigen
Chemiewerken [5].

Alle drei Raffinerien wurden zunächst durch die Rhein-Donau Oelleitung (RDO)
versorgt, die bei Karlsruhe aus Lavera kommendes Öl von der SEPL übernahm.

---

1) Schall, H.: Der Raum Ingolstadt als neuer Raffineriestandort, in: Nürnberger
   Wirtschafts- u. Sozialgeogr. Arbeiten, Bd. 5, Nürnberg 1966, S. 183
2) Donau Kurier, Sonderbeilage Oktober 1964, S. 1
3) Vgl. auch: Riffel, E.: Die Mineralölwirtschaft der Bundesrepublik Deutschland,
   in: Geographisches Taschenbuch 1970-72, Wiesbaden 1972, S. 89
4) Die blau-weiße Raffinerie an der Donau, Sonderbeilage des Donaukurier vom
   Oktober 64, S. 2
5) Ebenda

Die Erdölraffinerie Neustadt setzt auch noch die in den Feldern des bayrischen Alpenvorlandes geförderten Mineralöle ein, die nach einer Aufbereitung und Gastrennung an den Förderorten in Kesselwagen angeliefert werden [1].

Die Durchsatzkapazität dieser Raffinerie erhöhte sich seit dem Sommer 1972 von 3,5 auf 5,5 Mio to/a und soll bis 1974 auf 7,0 Mio to/a Rohöl gebracht werden [2].

Die Stadtgasanlage dieser Raffinerie versorgt die Städte Regensburg und München durch zwei Gasfernleitungen.

Mit besonderen Schwierigkeiten hatte die Erdölraffinerie Ingolstadt der ENI zu kämpfen. Durch Einspruch mehrerer Bodenseegemeinden gegen die Trassenführung der von Genua Kommenden und der ENI gehörenden "Central-Europäischen-Pipeline" (CEL) verzögerte sich der Bau, und so mußte die im Februar 1965 in Betrieb genommene ENI-Raffinerie zunächst mit Straßentankwagen von der 5 km entfernten Esso-Raffinerie versorgt werden, bis sie Ende 1965 auch an die RDO angeschlossen werden konnte.

Als im Spätsommer 1966 die CEL endlich in Betrieb gehen durfte, wurden neben der Erdölraffinerie Ingolstadt noch die Esso, Shell und nach ihrer Fertigstellung Ende 1967 auch die BP-Raffinerie in Vohburg [3] mitversorgt, um die Kapazität dieser Rohrleitung auszulasten [4]. Außerdem wurden alle fünf Raffinerien an die im Oktober 1967 in Betrieb genommene Transalpine Oelleitung (TAL) angeschlossen, die ab Ende 1967 auch noch die Raffinerien im Raum Karlsruhe-Speyer-Mannheim über die nun in ihrer Pumprichtung umgedrehte RDO mitversorgte [5].

Die Hauptdaten der fünf Raffinerien sind aus Tabelle 5 ersichtlich.

---

1) Die blau-weiße Raffinerie an der Donau, a.a.O., S. 5
2) Oel-Zeitschrift für die Mineralölwirtschaft, August 1972, S.237
3) Vgl. Huisken, W.: BP-Raffinerie in Bayern, in: Oel-Zeitschrift f.d. Mineralölwirtschaft, Nr.7, 1967, S.210-214
4) Nagel, D.: Die ökonomische Bedeutung der Mineralölpipelines, Hamburg 1968, S.34
5) Ebenda, S. 32 u. 36

Tabelle 5: Hauptdaten der Raffinerien im Raum Ingolstadt-Neustadt (Stand 1972)

	Shell Ingolstadt	Esso[1] Ingolstadt	Erdölraffinerie[2] Neustadt (Mobil-Oil, Gelsenb.)	Erdölraffinerie Ingolstadt (ENI/Veba)	BP-Raffinerie[3] Vohburg
Jahr der Inbetriebnahme	Ende 1963	Ende 1963	April 1964	Februar 1965	Ende 1967
Rohölkapazität in Mio to/a	3,0	5,0	5,0	3,2	4,4
Beschäftigtenzahl	300	280	340	300	300
Bitumenanlage (to/a)	300.000	450.000	200.000	-	210.000
Chemiebenzin (to/a)	?	?	700.000	?	ja
Schwefel (to/a)	5.300	7.700	14.400	ja	12.000
Stadtgas in Mio Nm³	-	-	180	-	-

Quellen: 1) Die Esso-Raffinerien, Faltblatt, Stand 1.1.72
2) Briefliche Angaben der Erdölraffinerie Neustadt vom 25.5.1972
3) Huisken, W. und White, T.C.: Die BP-Raffinerie bei Vohburg an der Donau, in: Erdöl und Kohle, Erdgas Petrochemie, Nr.7, 1967, S. 485-487

Um das durch die Raffinerieneubauten gegebene Heizöl- und Raffineriegasangebot
in diesem Raum möglichst günstig zu nutzen, erbaute die Bayernwerk AG [1] fünf
Kilometer flußabwärts von Ingolstadt am Nordufer der Donau ein Wärmekraftwerk
mit 2 mal 150 MW.

Seit seiner Inbetriebnahme Mitte 1965 wird es durch je zwei Rohrleitungen für
schweres Heizöl und Raffineriegas von den Raffinerien der Esso und Shell mit Brenn-
stoffen versorgt. Wenn 1973 und 1974 zwei im Bau befindliche 400 MW Blöcke in
Betrieb gehen, wird sich das augenblickliche Einsatzverhältnis Heizöl zu Raffineriegas von 3:1 auf 11:1 verändern.

Impulse für eine petrochemische Veredelung von Raffinerieprodukten gingen zuerst
von der BP aus, auf deren Raffineriegelände in Vohburg eine Paraxylol-Anlage von
20.000 to/a [2] von der Deutschen BP und California betrieben wird. Diese gemeinsame Tochtergesellschaft der BP und der Chevron Chemical GmbH betreibt auch
auf dem Gelände der BP-Raffinerie Dinslaken eine Paraxylol- und eine Orthoxylol-
Anlage [3]. Das in Vohburg erzeugte Paraxylol wird an das Hoechst Faserwerk in
Gersthofen bei Augsburg geliefert, wo es über Terephthalsäure zu Polyesterfasern
verarbeitet wird [4].

Das erste große rein petrochemische Werk ging Ende 1972 in Münchsmünster an der
Donau in Betrieb.

Die Gelsenberg AG erstellte hier in einem sinnvollen engen Verbund mit mehreren
anderen Werken eine Olefinanlage für 150 Mio DM [5].

Von der nur 4 km nordöstlich gelegenen Erdölraffinerie Neustadt, an der Gelsenberg bekanntlich zu 50 % beteiligt ist, bezieht die Olefin-Anlage jährlich
700.000 to/a Chemiebenzin durch eine Rohrleitung und spaltet sie in folgende
Produktmengen auf:

---

1) Briefliche Angaben der Bayernwerk AG vom 6.12.72
2) Oel-Zeitschrift f.d.Mineralölwirtschaft, Nr.2, 1972, S.38
3) Jahrbuch für Bergbau, Energie, Mineralöl und Chemie, Essen 1971, S.485
4) Oel-Zeitschrift f.d.Mineralölwirtschaft, Nr.7, 1967, S.211
5) Noch in diesem Jahr läuft in Ingolstadt die Petrochemie an, in: Handelsblatt
   vom 18.7.72

- 200.000 to/a Äthylen
- 130.000 to/a Propylen
- 65.000 to/a C_4-Mischkohlenwasserstoffe
- 215.000 to/a Pyrolysebenzin

Das Pyrolysebenzin wird durch eine zweite Rohrleitung an die Raffinerie Neustadt zurückgepumpt, wo es als hochwertige Mischkomponente für Vergaserkraftstoffe verwendet wird.

Das Äthylen wird zunächst vollständig durch eine Rohrleitung an das ca. 100 km südöstlich an der Alz liegende Hoechst Werk Gendorf geliefert, wo man es zu Äthylenoxid verarbeitet, das dann zu Äthylenglykol umgewandelt wird. Äthylenglykol wird vorwiegend bei der Herstellung der Polyesterfaser Trevira eingesetzt. Ab 1974 wird ein Teil des Äthylens durch eine kurze Rohrleitung an das dann fertiggestellte Hoechst Werk Münchsmünster gepumpt, wo man es zu Polyäthylen verarbeiten wird.

Ein großer Teil des Propylens gelangt durch eine Rohrleitung an die benachbarten Anlagen der Süddeutschen Kalkstickstoffwerke AG, - Zweigwerk Münchsmünster - wo das Propylen unter Zugabe von Ammoniak zu 90.000 to/a Acrylnitril verarbeitet wird.

Diese 50 %ige Hoechst Tochter, die andere Hälfte hält der Bundeskonzern VIAG, liefert ihre gesamte Acrylnitrilproduktion in Bahnkesselwagen an die bereits erwähnte Hoechst Tochtergesellschaft Süddeutsche Chemiefaser AG im 25 km nordöstlich liegenden Kelheim, wo man daraus die Polyacrylfaser Dolan herstellt.

Das dritte Hauptprodukt der Gelsenberg Olefinanlage, die C_4-Mischkohlenwasserstoffe, wird in Kesselwagen an die Bunawerke Hüls AG in Marl im Ruhrgebiet geliefert und dort zu Butadien, einem Vorprodukt zur Herstellung von synthetischem Kautschuk und Kunststoffen, weiterverarbeitet.

Durch dieses neue Petrochemiezentrum (vgl. Karte 8) hat der Raum Ingolstadt-Kelheim weiter an industrieller Attraktivität gewonnen.

Karte 8 : Verbund der Raffinerien und
Chemiewerke im Raum Ingolstadt
- Kelheim (ohne Rohölleitungen)

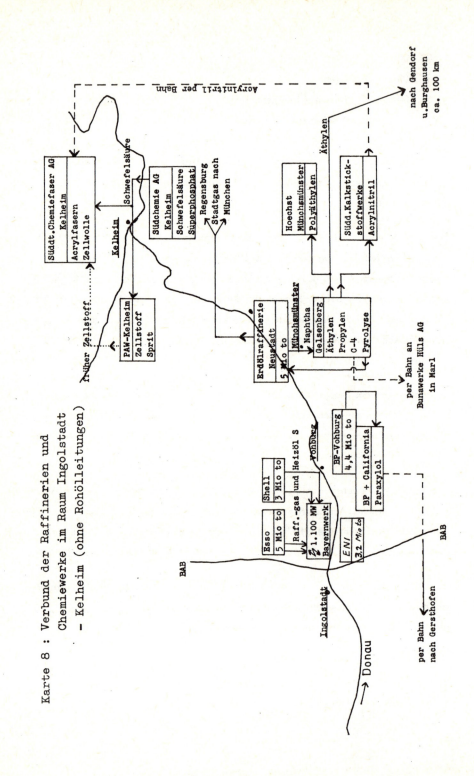

So entschloß sich die Deutsche Texaco AG im Oktober 1972, ihre erste Raffinerie im süddeutschen Raum in Schwaig, nur 2 km nordöstlich von Münchsmünster, zu bauen [1].

Diese Raffinerie soll eine Durchsatzkapazität von 5-6 Mio to/a haben und Ende 1976 in Betrieb gehen.

Von dem Bau dieser Raffinerie dürfte die in Erweiterung befindliche Erdölraffinerie Neustadt am stärksten betroffen sein, da die Texaco bislang ihre Produkte für den ostbayerischen Raum von dort bezog [2].

Mit Ausnahme der BP, die ebenfalls die Texaco beliefert [3], planen auch die anderen in diesem Raum ansässigen Mineralölgesellschaften bis Mitte der siebziger Jahre beträchtliche Erweiterungen ihrer Anlagen.

So soll die Shell-Raffinerie Ingolstadt von 3 auf 8,8 Mio to/a erweitert werden [4].

Für die Erweiterung der Erdölraffinerie Ingolstadt vereinbarten die beiden im staatlichen Einflußbereich stehenden Konzerne ENI und Veba eine Kooperation dergestalt, daß künftig beide Gesellschaften zu 50 % an dem Kapital der Erdölraffinerie Ingolstadt beteiligt sind und daß bis 1974 die Kapazität von 3 auf 6 Mio to/a verdoppelt wird [5].

Die Esso plant eine Erweiterung ihrer Raffinerie Ingolstadt von 5 auf 6 Mio to/a [6]. die jedoch wegen der bis Ende 1972 andauernden schlechten Ertragslage vorerst verschoben wurde [7].

---

1) Texaco entschied sich für Standort Kelheim, in: Handelsblatt vom 17.10.1972
2) Ebenda
3) BP mit dickem Rotstift an die Kosten, in: Handelsblatt vom 25.4.1972
4) Töchter der Deutschen Shell mußten die Dividende verdienen, in: Handelsblatt vom 6.7.72
5) ENI und Veba auf Ölpfad Hand in Hand, in: Handelsblatt vom 19.6.72
6) Texaco plant in Bayern neue Raffinerie, in: Handelsblatt vom 15.5.72
7) Im Ölgeschäft zapfte die Esso weiter rote Zahlen, in: Handelsblatt vom 24.8.72

Für die Zukunft erhofft sich das bayrische Wirtschaftsministerium, daß der mit dem staatlich geförderten Chemiezentrum Münchsmünster begonnene Ausbau einer petrochemischen Folgeindustrie im Raffineriezentrum Ingolstadt durch das gemeinsame Engagement zwischen Veba und ENI weiter vorangetrieben wird [1].

In nicht allzu ferner Zukunft wird bei Kelheim der Rhein-Main-Donau-Kanal in die Donau münden und so diesem Raum zusätzliche Standortvorteile und damit -anreize geben.

---

1) ENI und Veba auf Ölpfad Hand in Hand, a.a.O.

2.5. Chemiezentren in Räumen mit seeschifftiefem Fahrwasser

2.5.1. Die Kanalzone Gent-Terneuzen

2.5.1.1. Geschichtliche Entwicklung der Genter Kanalzone [1]

Im 55 km von der Nordseeküste entfernten Gent erkannte man schon sehr früh, daß eine direkte Seeverbindung der Stadt erhebliche Vorteile bringen würde.

Vom 1251 eröffneten Lievekanal nach Damme - der ersten Seeverbindung Gents -, der nach der Versandung des Zwins durch die 1563 eröffnete Sassevaart - der ersten Verbindung Gents zur Westerschelde - ersetzt wurde, über den 1665 eröffneten Gent-Brügge-Oostende-Kanal führte der Weg zum Kanal von Gent nach Terneuzen. 1827 eingeweiht, beruhte er auf einem Ausbau der alten Sassevaart. Im Laufe der Jahre wurden der Kanal und die Seeschleuse in Terneuzen mehrmals erweitert und den gängigen Schiffsgrößen angepaßt. Bereits 1910 konnten Seeschiffe mit einem Tiefgang von 8 m und einer Tragfähigkeit von 10.000 to in den Hafen von Gent einlaufen.

In der Folgezeit siedelten sich die ersten Industrieunternehmen längs der Kanalzone an.

Nach dem II.Weltkrieg wurden die Ansiedlungen bewußt gefördert. Da durch die zu geringen Abmessungen des Kanals die Gefahr bestand, vom modernen Seefahrtverkehr abgeschnitten zu werden, entschloß man sich Ende der fünfziger Jahre, den Kanal abermals auszubauen.

Diese Ausbaupläne führten zur Ansiedlung weiterer Industriebetriebe, wie dem zwischen Gent und Zelzate gelegenen großen Hüttenwerk der Sidmar.

Seit Anfang 1969 ist der Kanal bei einer Fahrwassertiefe von 13,50 m nun für Seeschiffe bis zu 60.000 tdw bis Gent befahrbar.

---

1) Nach einer Broschüre der Stadt Gent: Der Hafen von Gent.

2.5.1.2. Chemieunternehmen auf belgischem Gebiet

Eines der größten und ältesten Chemiewerke im Raum Gent ist ein 1925 am südlichen Stadtrand von der "Société Industrielle de la Cellulose" (Sidac) erbautes
Cellophanwerk.

Die Anlagen befinden sich direkt an der hier nur für Binnenschiffe befahrbaren
Schelde - das Produktionsprogramm erfordert jedoch auch keinen seeschifftiefen
Wasseranschluß. Mit ca. 1.800 Beschäftigten werden hier Folien und Verpackungs-
materialien aus petrochemischen und zellulosischen Grundstoffen hergestellt. Seit
dem 1961 erfolgten Zusammenschluß der Sidac mit drei anderen Chemiegesell-
schaften zur Union Chimique Belge (UCB) firmiert das Werk unter der Bezeichnung
UCB-Sidac [1].

Das Programm umfaßt 16.000 to/a Cellophan, 20.000 to/a Polyäthylen- und Polypropylenfolien, sowie mehrere Tausend Tonnen PVC und Laminate [2].

In direkter Nachbarschaft produziert seit 1961 ein kleineres Folienwerk der Monsanto, das seit 1971 ein spezielles Polyvinyl des Chemiewerkes der Monsanto in Antwerpen als Rohstoff einsetzt [3].

In Wondelgem nördlich von Gent liegt am hier endenden seeschifftiefen Kanal
ein weiteres Werk der UCB. Mit einer Belegschaft von 400 Mitarbeitern werden
neben Salzsäure und Schwefelsäure auch spezielle Petrochemikalien erzeugt,
wie 18.000 to/a Methylamine, 25.000 to/a Dimethylformamid, DTMT und Maleinsäureanhydrid, das allerdings auf carbochemischer Basis aus Benzol des Steinkohlen-
teerverarbeitungswerkes der UCB in Havre-Ville bei Mons hergestellt wird [4].

---

1) Principal chemical companies operating in Belgium, in: European Chemical
   News, Chemiscope, 31.3.1972
2) Nach Unterlagen der UCB
3) Briefliche Angaben der Monsanto Europe SA vom 25.5.1972
4) Nach Unterlagen der UCB

Karte 9 : Die chemischen Werke in der Kanalzone von
Gent - Terneuzen

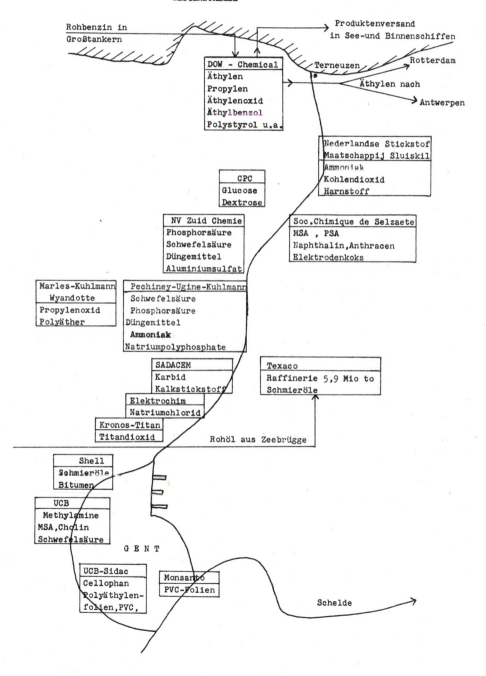

WESTERSCHELDE

Rohbenzin in
Großtankern

Produktenversand
in See-und Binnenschiffen

DOW - Chemical
Äthylen
Propylen
Äthylenoxid
Äthylbenzol
Polystrol u.a.

Terneuzen

Rotterdam

Äthylen nach

Antwerpen

Nederlandse Stickstof
Maatschappij Sluiskil
Ammoniak
Kohlendioxid
Harnstoff

CPC
Glucose
Dextrose

NV Zuid Chemie
Phosphorsäure
Schwefelsäure
Düngemittel
Aluminiumsulfat

Soc.Chimique de Selzaete
MSA , PSA
Naphthalin,Anthracen
Elektrodenkoks

Marles-Kuhlmann
Wyandotte
Propylenoxid
Polyäther

Pechiney-Ugine-Kuhlmann
Schwefelsäure
Phosphorsäure
Düngemittel
Ammoniak
Natriumpolyphosphate

SADACEM
Karbid
Kalkstickstoff

Texaco
Raffinerie 5,9 Mio to
Schmieröle

Elektrochim
Natriumchlorid

Kronos-Titan
Titandioxid

Rohöl aus Zeebrügge

Shell
Schmieröle
Bitumen

UCB
Methylamine
MSA,Cholin
Schwefelsäure

G E N T

UCB-Sidac
Cellophan
Polyäthylen-
folien,PVC,

Monsanto
PVC-Folien

Schelde

Für das 1925 gegründete Elektrochemiewerk der S.A.D.A.C.I. in Langerbrugge
bei Gent war nicht so sehr die Lage am seeschifftiefen Kanal als vielmehr der preisgünstige Energiebezug von einem direkt benachbarten Elektrizitätswerk standortentscheidend. Die hier betriebene Karbidproduktion wurde 1945 durch Ferroverbindun-
gen ergänzt.

Mit ca. 1000 Beschäftigten erzeugt das 1961 mit der benachbarten "Société Belge
d'Electrochimie" zur S.A.D.A.C.E.M. fusionierte Werk heute 150.000 to/a
Calziumkarbid, wovon ein Teil zu 50.000 to/a Kalkstickstoff weiterverarbeitet und
als Düngemittel verkauft wird.

Den weitaus größten Teil des Karbids setzt das Werk jedoch als Schweißkarbid und als
Grundstoff für carbochemische Produkte ab [1].

Gemeinsam mit Solvay gründete S.A.D.A.C.E.M. 1968 die Tochtergesellschaft
Elektrochim S.A., die auf dem Werksgelände in Langerbrugge eine Natriumchlorat-
anlage (8.000 to/a) betreibt [2].

Unmittelbar neben diesen beiden Werken produziert seit 1958 eine Titandioxidfabrik.

Von dem führenden französischen Titandioxidhersteller "Produits Chimiques de Thann
et Mulhouse" zusammen mit belgischen Interessenten 1954 als "Société Chimiques des
Dérivés du Titane" gegründet, wurde die Fabrik 1960 mehrheitlich von der amerikanischen National Lead übernommen und firmiert nun unter deren Warenzeichen
Kronos [3]. Das Anfang 1973 von 16.500 to/a auf eine Kapazität von 40.000 to/a
Titandioxid ausgebaute Werk bezieht als Rohstoffe 60.000 to/a angereicherte Titanschlacke aus Kanada und ca. 100.000 to/a Schwefelsäure von belgischen Produzenten [4]. Ob ein Teil der Schwefelsäure von dem ebenfalls in der Kanalzone liegenden
Werk des französischen Unternehmens Ugine-Kuhlmann in Rieme geliefert wird, war
nicht feststellbar.

---

1) Nach Unterlagen der S.A.D.A.C.E.M. vom 28.3.1972
2) Solvay Geschäftsbericht 1970, Deutsche Ausg., S.24
3) Klein,J. und Rechmann,H.: 50 Jahre Titandioxid-Pigment-Industrie, Sonderdruck
   aus Farbe und Lack, 73.Jg.1967, Nr.5, für Kronos Information, o.S.
4) Briefliche Angaben der Kronos S.A., Brüssel

Das letztere Unternehmen hatte sich als eines der ersten schon Anfang dieses Jahrhunderts auf dem linken Ufer des Kanals in Rieme niedergelassen, um hier Düngemittel zu produzieren [1]. Die Grundstoffe Schwefelsäure und Phosphorsäure werden im eigenen Werk aus importierten Rohstoffen erzeugt.

Bis 1969 lieferte die benachbarte Kokerei der 100 %igen Tochtergesellschaft "Fours a Coke de Selzaete SA" die benötigten Gase für die Ammoniakanlagen [2]. Inzwischen wird Ammoniak auch hier auf petrochemischer Basis hergestellt.

Auf dem ehemaligen Kokereigelände nahm Pechiney-Ugine-Kuhlmann Ende 1971 eine große Schwefelsäureanlage mit einer Kapazität von 450.000 to/a in Betrieb [3], um neben dem Eigenbedarf auch andere Unternehmen mit Schwefelsäure versorgen zu können.

Den benötigten Schwefel (150.000 to/a) erhält das Werk in flüssiger Form in Tankschiffen aus Antwerpen, wo der amerikanische Schwefelproduzent Duval neben dem Bayer Werk eine Verflüssigungsanlage für seinen aus Galveston importierten Trockenschwefel betreibt.

Nördlich an die Düngemittelfabrik anschließend befindet sich seit 1964 ein Petrochemiewerk der Marles-Kuhlmann-Wyandotte S.A. Das Kapital dieser Gesellschaft halten zu 50 % Pechiney-Ugine-Kuhlmann und die BASF (5 % direkt und 45 % über ihre amerikanische Tochtergesellschaft BASF Wyandotte Corp) [4].

In Schiffen bezogenes Propylen wird hier mit Sauerstoff, den eine benachbarte Lufttrennanlage der L'Oxhydrique Internationale per Rohrleitung liefert, zu Propylenoxid oxodiert, das man anschließend zu 70.000 to/a Polyäther [5] weiterverarbeitet. Dieses wichtige Vorprodukt für Polyurethane wird vermutlich von den beiden Muttergesellschaften abgenommen. Beide Kuhlmann-Werke zusammen beschäftigen ca. 900 Mitarbeiter.

---

1) Leider verweigerte Ugine-Kuhlmann jegliche Auskunft über das Unternehmen.
2) European Chemical News, Chemiscope, 31.3.1972, S.62
3) Chemische Industrie, Nr.12, 1971, S.812
4) BASF Geschäftsbericht 1971, S.23
5) Europa Chemie, Nr.8, 1972, S.155

Auf zwei ältere, westlich von Ugine-Kuhlmann liegende Fettsäure- und Marga-
rinefabriken (Palmafina und Oleochim) soll hier nicht näher eingegangen werden.

Die auf dem östlichen Kanalufer in Zelzate liegende "Société Chimique de Selzaete
S.A." bildet mit ihrer Lage an der holländisch-belgischen Grenze den Abschluß des
belgischen Teils der Kanalzone.

Dieses Steinkohlenteerverwertungswerk besitzt eine Teerdestillation mit einer Kapa-
zität von 115.000 to/a und eine Rohbenzoldestillationsanlage von 37.500 to/a. Es
werden sowohl belgische als auch importierte Kokereinebenprodukte eingesetzt. Ein
Teil des Benzols wird zu 5.000 to/a Maleinsäureanhydrid (MSA) verarbeitet, ein
Teil des erzeugten Naphthalins (7.200 to/a) dient zur Herstellung von 6.000 to/a
Phthalsäureanhydrid (PSA). Aus den festen Rückständen erzeugt man 12.000 to/a
Elektrodenkoks [1].

Als Folge der Anfang 1973 erfolgten Übernahme der Gesellschaft (201 Mitarbeiter)
durch die Rütgerswerke AG wird das Werk in Zukunft mit den deutschen Teerdestillationen der Rütgerswerke im Verbund arbeiten [2]. Wegen seiner Lage am seeschifftiefen Wasser soll es vorwiegend die bisherigen Überseelieferungen der anderen
Werke übernehmen [3].

Die eingangs erwähnte Mineralölverarbeitung in der Kanalzone ist durch eine ältere kleine Schmieröl- und Bitumenraffinerie der Shell (Rohöldurchsatzkapazität
375.000 to/a) in Wondelgem neben der UCB und durch eine 1966 auf der Ostseite
des Kanals am Stadtrand von Gent in Betrieb gegangene Schmieröl-, Schmierfett-
und Additivanlage der Texaco, die hier 1968 auch eine Mineralölraffinerie mit einer
Kapazität von 5,9 Mio to/a [4] erbaute, vertreten. Beide Unternehmen beschäftigen
zusammen im Raum Gent über 1.000 Mitarbeiter.

---

1) Briefliche Angaben der "Société Chimique de Selzaete" vom 14.6.1972
2) Europachemie, Nr.3, 1973, S.48
3) Mündliche Angaben der Rütgerswerke AG Duisburg vom 19.2.1973
4) Kapazität Ende 1971

Wegen der zu geringen Fahrwassertiefe des Kanals für moderne Großtanker erfolgt die Rohölversorgung der Texaco-Raffinerie durch eine 49 km lange Rohrleitung von Zeebrügge aus. Auch die Shell Raffinerie erhält ihr venezuelanisches Rohöl nicht direkt per Seeschiff, sondern wird von Rotterdam aus mit Binnentankern versorgt [1].

2.5.1.3. Chemieunternehmen auf holländischem Gebiet

Entlang des durch holländisches Gebiet verlaufenden Kanalabschnitts befinden sich im Gegensatz zu der industriellen Vielfalt des belgischen Kanalabschnitts nur 5 größere Unternehmen, von denen mit Ausnahme einer Glasfabrik alle zur chemischen Industrie gehören.

Direkt hinter der Grenze liegt südlich von Sas van Gent die N.V. Zuid Chemie [2], eine Tochtergesellschaft der französischen Konzerne Pechiney und St. Gobain.

Das Produktionsprogramm umfaßt zum einen Düngemittel (Superphosphat, Harnstoff und Mischdünger), wobei die Vorprodukte wie Phosphorsäure (60.000 to/a), Schwefelsäure (90.000 to/a) sowie Ammoniak und Kohlendioxid im Werk selbst erzeugt werden, und zum anderen spezielle Chemikalien, wie 80.000 to/a Aluminiumsulfat und Natriumfluorsilikat.

Mit Ausnahme des reinen Düngemittelsektors wurden die Aktivitäten dieses Unternehmens Anfang 1973 in die "Rhone-Progil-Nederland BV", eine Tochter der Rhone-Progil S.A., eingegliedert [3].

Am nördlichen Ortsausgang von Sas van Gent befindet sich am Kanal eine größere Glucose- und Dextrosefabrik.

Früher unter dem Namen "N.V. Stijfsel en Glucosefabriek Sas van Gent" bekannt, firmiert das Unternehmen nach der Übernahme durch die amerikanische CPC International Inc. als "CPC Sas van Gent N.V." [4].

---

1) Briefliche Angaben der Shell Raffinerie Gent vom 23.5.1972
2) Europa Chemie, Nr.2, 1972, S.29
3) Chemische Industrie, Nr.3, 1973, S.162
4) Jaarverlag 1971, a.a.O., S. 48

Genau in der Mitte zwischen Sas van Gent und Terneuzen liegt gegenüber von Sluiskil auf dem in Holland sonst völlig industriefreien östlichen Kanalufer ein großes Düngemittelwerk.

Die Nederlandse Stickstof Maatschappij erzeugt hier 660.000 to/a Ammoniak und eine entsprechende Menge Kohlendioxid, die anschließend zu 760.000 to/a Harnstoff verarbeitet werden [1]. Am werkseigenen Kai wird der Düngeharnstoff direkt in Seeschiffe bis 30.000 tdw verladen und dann vorwiegend in Entwicklungsländer exportiert.

Das mit Abstand größte und bedeutendste Chemiewerk in diesem Raum ist ein 1966 westlich der Kanaleinfahrt bei Terneuzen in Betrieb genommenes Petrochemiewerk des amerikanischen DOW-Chemical Konzerns.

Auf einem ausgedehnten, in die Westerschelde hineinreichenden, eingedeichten Gelände erzeugt DOW mit einer Belegschaft von über 1.400 Mitarbeitern chemische Grundstoffe und Zwischenprodukte. Die meisten Rohstoffe bezieht DOW per Schiff. Binnentanker und kleinere Seeschiffe werden über eine in die Schelde reichende werkseigene Pier für Flüssiggüter be- und entladen. Die für den Antransport der umfangreichen Leichtbenzinmengen verwendeten größeren Tankschiffe müssen allerdings im Fahrwasser gelöscht werden. Bei der 1972 auf 800.000 to/a Äthylen verdoppelten Steam-Crack-Kapazität werden pro Jahr fast 3 Mio to Benzin benötigt.

Ein großer Teil des erzeugten Äthylens verläßt das Werk durch zwei Rohrleitungen. Eine führt direkt nach Antwerpen und trägt zur Versorgung der BASF (Bedarf in Kürze über 300.000 to/a) und der Solvay bei, die ihrerseits das Äthylen durch eine eigene Rohrleitung zu ihrer Tochtergesellschaft Solvic in Jemeppe an der Sambre pumpt (Bedarf ca. 100.000 to/a Äthylen).

---

1) Jaarsverlag 1971, a.a.O., S. 50

Außerdem besteht auf dem Solvay-Gelände in Antwerpen die Möglichkeit, Äthylen in die anderen dort zusammenlaufenden Äthylenleitungen der ARG und Petrochinn zu pumpen oder von dort zu empfangen. Die andere Rohrleitung verläßt Terneuzen in nordöstlicher Richtung und verbindet sich südlich von Bergen-op-Zoom mit der von Rotterdam nach Antwerpen führenden Gulf-Äthylenleitung. Die letztere DOW-Leitung ist mehr als gegenseitige Ausfallsicherung bei Betriebsstörungen gedacht (siehe Karten 1 und 12).

Das im DOW-Werk verbleibende Äthylen wird teils zu Polyäthylen (60.000 to/a) polymerisiert, teils zu Äthylenoxid (100.000 to/a) und anschließend zu Äthylenglykol verarbeitet, wobei eine auf dem Werksgelände befindliche Lufttrennanlage der Air Products den erforderlichen Sauerstoff liefert, und teils dient es zur Erzeugung von Äthylenbenzol, das wiederum zu Styrol und Polystyrol weiterveredelt wird. Das benötigte Benzol erhält DOW aus einer mit dem Pyrolysebenzin der Steam-Cracker gespeisten Aromatenanlage.

Von den anderen, zwangsläufig anfallenden Produkten wird das C_4-Gemisch zu Butadien verarbeitet, während das Propylen (Gesamtanfall 500.000 to/a) vorwiegend unveredelt das Werk verläßt. Vermutlich liefert das Werk Terneuzen Propylen per Schiff für die Propylen-Glykol-Anlagen im neuen DOW-Werk in Stade.

Vermutlich werden auch die anderen DOW-Werke, wie Greffern, Drusenheim und Rotterdam mit Rohstoffen aus Terneuzen versorgt.

2.5.1.4. Die Bedeutung und künftige Entwicklung der chemischen Industrie
in der Kanalzone

Durch die Agglomeration der vielen Chemiewerke entlang des Seekanals von Gent
nach Terneuzen kann dieses Gebiet mit Recht zu den größeren Chemiezentren Europas gezählt werden.

Eine genauere Analyse dieser Chemieansiedlungen - soweit das infolge der oft ungenügenden Informationsbereitschaft der betreffenden Unternehmen möglich war -
zeigt einmal mehr, daß die räumliche Nähe allein Chemieunternehmen noch nicht
zur Zusammenarbeit und zur Ausnutzung von Fühlungsvorteilen veranlaßt.

Von den Chemiewerken der Kanalzone - das Petrochemiewerk der DOW bleibt wegen seiner Lage an der Westerschelde hier ausgeklammert - wird der seeschifftiefe
Wasseranschluß lediglich von den vier Düngemittelwerken, von denen zwei Phosphate
aus Übersee importieren und die ihre Produkte meist in Entwicklungsländer exportieren, sowie von der Titandioxidfabrik ausgenutzt, die Titanschlacke aus Kanada
bezieht.

Im Vergleich zu den 2,6 Mio to Eisenerz, die das Stahlwerk der Sidmar zwischen
Gent und Selzate 1970 per Seeschiff empfing [1], kommt dem von den Chemiewerken
der Kanalzone verursachten Seeverkehr nur eine äußerst untergeordnete Bedeutung
zu. Allerdings erfüllt der Hafen von Gent eine relativ bedeutende Funktion als
Transithafen für im Binnenland liegende belgische und französische Düngemittelfabriken, die Phosphate über Gent beziehen und ihre Düngemittel über diesen Hafen
exportieren.

---

1) Antwerpen verteidigt seine Schlüsselstellung im Erzumschlag, in: Handelsblatt
vom 5.11.1971

Die einstige Vormachtstellung der Textilindustrie im Bezirk Gent - noch 1960 beschäftigte sie 40 % der Erwerbstätigen - ist in den letzten Jahren stark zu Gunsten der chemischen Industrie und der Mineralölverarbeitung sowie der Stahlindustrie abgeschwächt worden [1].

Ob der Plan eines neuen, teilweise parallel laufenden Seekanals für Schiffe bis zu 125.000 to Tragfähigkeit [2] schon jetzt weitere Chemieunternehmen zur Ansiedlung bewegen wird, muß angesichts der schon begonnenen Erschließung des neuen Industriegebiets auf dem linken Scheldeufer westlich von Antwerpen stark bezweifelt werden. Der hier bereits im Bau befindliche Baalhoek-Kanal, der für Schiffe bis 150.000 to Tragfähigkeit zugänglich sein wird [3], sowie der Verbund vieler Antwerpener Chemiewerke werden als standortentscheidende Faktoren viele ansiedlungswillige Unternehmen veranlassen, sich dort und nicht in der nur knapp 25 km westlich liegenden Kanalzone von Gent niederzulassen.

In fernerer Zukunft wird die Kanalzone Gent-Terneuzen Teil eines großen Chemiedreiecks sein, das von den beiden heutigen Oberzentren Rotterdam im Norden und Antwerpen im Süden sowie Gent, Terneuzen und Vlissingen im Westen begrenzt wird.

Auf dem östlichen Schenkel dieses Dreiecks hat sich durch die Chemieansiedlungen in Dordrecht, Moerdijk, Bergen-op-Zoom und Krabbendijke schon heute eine durchgehende Kette von großen und kleinen Chemiewerken gebildet.

---

1) Gent arbeitet, Vierteljahresheft der Stadt und des Hafendienstes Gent, März 1972, Nr.17, S.17
2) Van den Daele, G.: der Genter Hafen muß für Schiffe von 125.000 Tonnen zugänglich gemacht werden, in: Gent arbeitet, a.a.O., S.258 ff.
3) Das Tauziehen um den Baalhoek-Kanal ist beendet, in: Handelsblatt vom 25.1.1972

2.5.2. Der Großraum Antwerpen

Die durch ihre Diamantschleifereien und ihren Hafen – den viertgrößten der Welt
nach Rotterdam, Yokohama und New York – bekannte alte Handelsstadt Antwerpen
hat sich in den letzten Jahren auch noch zu einem wichtigen Industriestandort
entwickelt.

Zwei größere Schiffsreparaturbetriebe mit zusammen 4.418 Beschäftigten sowie
vier Montagewerke für amerikanische PKW und Traktoren, die mit angeschlossenen
Ersatzteillagern insgesamt 11.746 Mitarbeiter beschäftigen, sind zwar die arbeits-
intensivsten Betriebe, jedoch wird das Bild des Industriehafens eindeutig von der ka-
pitalintensiven chemischen und Mineralöl verarbeitenden Industrie mit ihren 26 Unternehmen und 10.391 Beschäftigten geprägt [1].

Heute gehört Antwerpen zu den wichtigsten Chemiezentren der Welt. – Die Lage
am seeschifftiefen Wasser gepaart mit den Agglomerations- und Fühlungsvorteilen
benachbarter Chemiewerke scheint ideal – wie weit sie von den hier ansässigen
Werken genutzt wird, soll die folgende Analyse zeigen.

Auf die ausgezeichnete Verkehrslage Antwerpens, seine bedeutende Umschlags-
funktion, insbesondere als führender Hafen für den Erzumschlag (1970 = 12,7 Mio
to) [2], sowie auf seine vielfältigen Hinterlandbeziehungen wird wegen vieler vor-
liegender Veröffentlichungen [3] hier nicht näher eingegangen.

---

1) Zahlenangaben aus: 2M Bulletin, Antwerpen, III 1971, S.38-44
2) Antwerpen verteidigt seine Schlüsselstellung im Erzumschlag, in: Handelsblatt
   vom 5.11.71
3) Vgl.: Gaffron, H.-J.: Antwerpen und sein Hinterland, Diss. Köln 1964;
   vgl.: Antwerpen-Hinterland, Dreimonatszeitschrift des Hafens Antwerpen,
   Nr.11, 1962;
   vgl.: Düsterloh, D.: Rotterdam und Antwerpen, in: Zeitschrift für Wirtschaftsgeographie, Heft 4, 1973, S.97-119

2.5.2.1. <u>Geschichtliche Entwicklung der chemischen Industrie in Antwerpen</u> [1]

Die Entwicklung Antwerpens zu einem der bedeutendsten Chemiezentren verlief ähnlich wie in Rotterdam.

Die Mineralölverarbeitung - ältere Chemiewerke fehlen in Antwerpen - begann 1910 mit der Inbetriebnahme einer auch heute noch produzierenden Schmieröl- und Fettraffinerie der Chevron Oil im südlich der Stadt bei Kiel an der Schelde gelegenen alten "Petroleumgebiet", wo 1935 auch eine Treibstoffraffinerie der heutigen Albatros mit damals 150.000 to/a Durchsatzkapazität [2] sowie kleine Schmierölraffinerien der BP und der Burmah Oil in Betrieb gingen.

Zur gleichen Zeit siedelte sich die erste Raffinerie im Hafengebiet nördlich des Stadtzentrums an, die Belgische Petroleum Raffinaderij.

Nach dem II. Weltkrieg wurde die Rohölverarbeitungskapazität Antwerpens durch die Inbetriebnahme der Raffinerie der Société Industrielle Belge des Pétroles (S.I.B.P.), einer Gemeinschaftsgründung von Petrofina und BP im Jahre 1951 und der Esso Raffinerie 1953 im neu erbauten Erdölhafen um das Marshallbecken wesentlich vergrößert.

Die während der ersten Nachkriegsjahre gefaßten Pläne zum Aufbau einer petrochemischen Industrie in Antwerpen fanden ihren Ausdruck in der 1954 gegründeten Gesellschaft Pétrochim, die jedoch erst 1958 ihre zwischen den Raffinerien der Esso und der S.I.B.P. gelegenen Anlagen zur Erzeugung von Äthylen, Propylen und Folgeprodukten in Betrieb nahm [3].

Ebenfalls zwischen beiden Raffinerien erbaute kurz darauf der amerikanische Chemiekonzern Union Carbide ein Petrochemiewerk.

---

1) Viele Informationen verdankt der Verfasser einem Gespräch mit der Hafendirektion Antwerpen am 28.6.72
2) Briefliche Angaben der Albatros S.A. vom 124.72
3) Rouir, E.V.: Le développement de la pétrochimie en Belgique, in: Industrie Chimique Belge, Nr.3, 1968, S.245

Die Grundlage des eigentlichen Aufschwungs Antwerpens zum bedeutenden Industrie-standort ist der 1956 begonnene Zehnjahresplan für den Ausbau und die Modernisie-rung des Hafens. Er sah unter anderem die Aufspülung des nördlich der bisherigen Hafenanlagen liegenden Scheldelaan-Gebietes vor.

Den Erfolg Rotterdams vor Augen, folgte man dem Beispiel jener Stadt und hub große Hafenbecken aus, legte Schleusen an und erschloß riesige Flächen für die Industrie-ansiedlung.

Als erstes großes Chemieunternehmen interessierte sich schon 1960 die Bayer AG für diesen Standort mit seiner idealen Verkehrslage. Obwohl die Stadt Antwerpen in der Regel die Hafengelände nur verpachtet, gelang es Bayer in harten Verhandlungen, die Stadt zum Verkauf zu bewegen. Letztere gab nach, weil sie wegen des "psycho-logischen Initialzündungseffektes" nicht auf die Bayer-Ansiedlung verzichten wollte. Zur Finanzierung des Kaufpreises erhielt Bayer außerdem ein zinsverbilligtes Darlehn.

Sich auf Bayer berufend setzte auch die später kommende BASF einen Kauf durch, ebenso General Motors für ihr Montagewerk. An alle anderen Unternehmen wurde und wird das Gelände, wie in Hafenstädten üblich, verpachtet.

Von der Unternehmensgründung der N.V. Bayer S.A. bis zum Baubeginn vergingen allerdings noch einige Jahre, so daß ein 1963 von dem amerikanischen Chemiekonzern Monsanto gegründetes Werk noch vor Bayer 1966 den Betrieb im Scheldelaan-Gebiet aufnehmen konnte. 1967 folgten fast gleichzeitig Bayer und BASF, ein Jahr später die neue Albatros-Raffinerie und 1970 schließlich Degussa und Solvay.

Unterdessen waren auch die noch freien Gelände im alten Hafengebiet durch kleinere Chemieanlagen der Gesellschaften Union Carbide, Amoco-Fina, Polyolefins, Petro-chim und Quaker Furans gefüllt worden.

Ein 1964 auf dem südlichen Scheldeufer in Betrieb gegangenes Petrochemiewerk der Polysar markierte den Beginn einer neuen Phase der Antwerpener Hafengeschichte, in deren Verlauf sich die Chemieunternehmen USI, Union Carbide, 3 M und Petrochim hier auf dem linken Scheldeufer niederließen.

Diese Phase sieht die Erschließung eines riesigen neuen Hafen- und Industriegeländes entlang eines neuen von Kallo aus nordwestlich verlaufenden und auf niederländischem Gebiet in die Schelde mündenden Seekanals vor [1], der für Schiffe bis 150.000 tdw im Gegensatz zu der augenblicklichen Maximalgröße von 85.000 tdw für Antwerpen zugänglich sein soll (siehe Karte 10).

Nach langwierigen Verhandlungen mit Holland, das Antwerpens Pläne mit Rücksicht auf den weiteren Ausbau der Rotterdamer Hafenanlagen bremsen möchte [2], sowie mit den betroffenen belgischen Gemeinden, die ihre Planungshoheit nicht ohne Zugeständnisse Antwerpens aufgeben wollten [3], konnte Ende 1971 endlich mit dem Bau der Seeschleuse bei Kallo und 1972 mit dem Bau der Schleuse bei Baalhoek begonnen werden.

Die Reihenfolge der Ansiedlungen der Mineralöl verarbeitenden und der chemischen Industrie geht aus der Tabelle 6 hervor.

---

1) Mehr Industrie und Hafenanlagen - Antwerpen baut linkes Scheldeufer aus, in: Handelsblatt vom 5.11.71
2) Das Tauziehen um den Baalhoek-Kanal ist beendet, in: Handelsblatt vom 25.1.72
3) Provinz bremst einen Welthafen - Hafenerweiterungen an der Schelde haben ihren Preis, in: Handelsblatt vom 21.11.72

Tabelle 6: Die Mineralöl verarbeitende und chemische Industrie Antwerpens
in ihrer zeitlichen Entwicklung

Jahr	Altes Hafengebiet	Schelde-laangebiet	Linkes Schelde-ufer
1910	Chevron Schmierölraff.		
1934	BPR in Betrieb, Albatros gegründet		
1935	Albatros in Betrieb		
1951	S.I.B.P. in Betrieb		
1953	Esso in Betrieb		
1954	Petrochim gegründet		
1958	Petrochim in Betrieb		
1961	Union Carbide in Betr. Amoco-Fina in Betr.	N.V. Bayer gegründet	
1962			Polysar gegr.
1963		Monsanto gegründet	
1964		BASF gegründet	Polysar in Betr.
1965		Bayer im Bau	
1966	Polyolefins gegr.	Monsanto in Betr. Badiphil gegr. (BASF)	
1967	Quaker Furans in Betr.	Bayer in Betr. BASF in Betr.	
1968	Polyolefins in Betr.	Degussa gegr. Badiphil in Betr. Albatros Nord in Betr.	Union Carbide i. Betr. USI in Betr.
1969	Petrochim (2) in Betr.		
1970		Degussa in Betr. Solvay in Betr.	
1971		L'Air Liquide i. Betr.	3 M in Betr.
1972		Bayer-Shell Isocyanates in Betr.	Petrochim (3) im Bau Progil in Betr.
1973			Haltermann in Betr. Bayer (2) in Betr.

2.5.2.2. Die in Antwerpen ansässigen Chemieunternehmen und ihre wirtschafts-
räumlichen Verflechtungen

2.5.2.2.1. Raffinerien

Obgleich streng genommen nicht zur chemischen Industrie gehörend, soll auch hier
kurz auf die Raffinerien eingegangen werden, da sie mit einer Ausnahme wichtige
Rohstofflieferanten der direkt benachbarten Petrochemischen Werke sind und teilweise in einem engen gegenseitigen Verbund mit diesen stehen.

Da der Antwerpener Hafen nur für Schiffe bis maximal 85.000 tdw zugänglich und
ein rentabler Antransport des Rohöls in Supertankern somit unmöglich ist, entschieden
sich die großen Mineralölgesellschaften vor einigen Jahren zum Bau einer Rohrleitung
von Rotterdam nach Antwerpen, um so die Rohölversorgung kostengünstiger zu ge-
stalten [1].

Seit Mitte 1971 ist die 102 km lange Rotterdam-Antwerpen Pijpleiding (RAPL), deren Kapital zu je 27,8 % BP, Esso und Petrofina sowie mit 16,6 % Chevron halten,
mit einer Kapazität von 28 Mio to/a Rohöl in Betrieb und versorgt neben den vier
Antwerpener Raffinerien auch noch die Chevron Raffinerie in Feluy (7 Mio to/a
Durchsatzkapazität) über eine Anschlußleitung.

Die an der RAPL beteiligten Gesellschaften haben der belgischen Regierung allerdings zugesagt, daß sie auch zukünftig eine bestimmte Mindestmenge - ca. 2 Mio
to/a je Gesellschaft - im Hafen Antwerpen umschlagen werden, um so den Interessen
dieses Hafens Rechnung zu tragen [2].

Durch die Ausbaupläne der Esso von 5 auf 12 Mio to/a und die geplante Shell
Raffinerie auf dem linken Ufer wird der Rohölbedarf Antwerpens schlagartig zunehmen [3].

---

1) Tests der Pipeline Rotterdam-Antwerpen bald beendet, in: Handelsblatt vom
   13.11.71
2) Henze, G.-W.: Die Mineralölwirtschaft in den Benelux-Ländern im Jahre 1970,
   in: ANEP 1971, S.113
3) Esso modernisiert Raffinerie Antwerpen, in: Handelsblatt vom 14.11.72

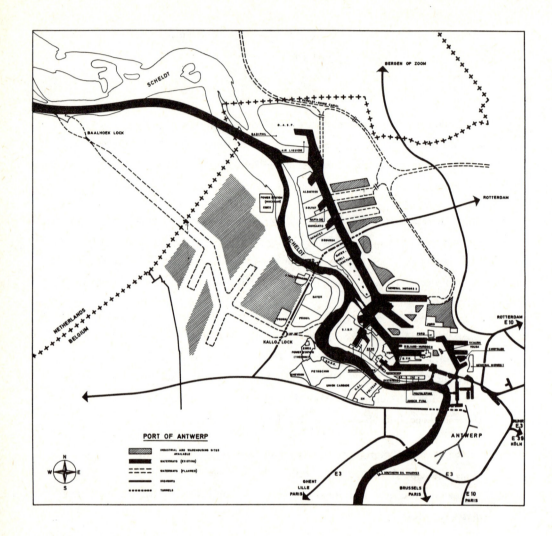

Karte 10 : Der Hafen von Antwerpen

Mit der Kapazitätserweiterung der RAPL auf 40 Mio to/a durch Einbau einer zusätzlichen Pumpstation bei Hoeven in Nordbrabant wurde Mitte 1972 begonnen [1].

Einer der Hauptlieferanten der petrochemischen Industrie Antwerpens ist die Raffinerie der S.I.B.P., mit einer Rohöldurchsatzkapazität von 15,5 Mio to/a und 911 Beschäftigten gleichzeitig die größte Raffinerie Antwerpens [2].

Sie versorgt die benachbarte Petrochim mit Naphtha und Raffineriegasen.

Petrochim wiederum pumpt das in den Äthylenanlagen anfallende Pyrolysebenzin
(ca. 500.000 to/a) größtenteils an die S.I.B.P. zurück.

Daneben versorgt S.I.B.P. die Amoco-Fina Anlagen mit C-3/C-4-Gasen, die Kraftwerke Merksem und Schelle mit Raffineriegas und das EBES-Kraftwerk auf der
gegenüberliegenden Scheldeseite mit Schweröl.

Zusammen mit der Esso-Raffinerie speist die S.I.B.P. auch noch Kerosin in eine
Nato-Pipeline ein.

Obige Transporte erfolgen alle durch Rohrleitungen und sind aus Übersicht 22
ersichtlich.

Die mit 4,7 Mio to/a Durchsatzkapazität wesentlich kleinere Esso-Raffinerie
versorgt die Anlagen der Union Carbide und Petrochim mit Naphtha sowie das
Kraftwerk Merksem mit Raffineriegasen.

Darüberhinaus unterhält Esso südlich des Industriedocks noch ein größeres Äthylen-
tanklager. Per Schiff bezogenes Äthylen wird hier zwischengelagert und über eine
kurze Rohrleitung an die gegenüberliegenden Polyäthylenanlagen der USI abgegeben [3].

---

1) Größere Kapazität für Pipeline Rotterdam-Antwerpen, in: Handelsblatt vom
   28.3.72
2) Briefliche Angaben der S.I.B.P. Antwerpen vom 5.3.1972
3) Van de Wal, G.: Pipelines in Antwerp's Port and Industrial Zone, in: Hinterland,
   Vierteljahresheft des Hafens Antwerpen, 1971, 70, S.42 f.

Das Esso-Äthylenlager ist außerdem an das ARG-Netz angeschlossen und kann somit auch aus dem Rhein-Ruhr-Gebiet mit Äthylen versorgt werden oder Äthylen dorthin abgeben.

Während die jetzt zur amerikanischen Occidental Oil gehörende Belgische Petroleum Raffinaderij (BPR), Kapazität 5,0 Mio to/a, keine Beziehungen zur chemischen Industrie unterhält, scheint die neue Albatros Raffinerie im Scheldelaan-Gebiet künftig die in der Nähe liegenden BASF-Anlagen mit petrochemischen Rohstoffen zu versorgen.

Bereits 1970 erwarb die BASF über ihre Tochtergesellschaft Wintershall AG eine 25 %ige Schachtelbeteiligung an der S.A.B. Albatros, wobei sie gleichzeitig die Wintershall mit 25 % an der BASF Antwerpen N.V. beteiligte [1]. 1971 stockte die Wintershall AG ihre Beteiligung an der Albatros auf 37,5 % auf und ließ 0,5 Mio to Rohöl in dieser Raffinerie verarbeiten [2]. 1972 erhöhte Wintershall ihren Beteiligungsanteil an der Albatros nochmals auf nun 49,9 % [3].

Nach dem Ausbau ihrer 1968 in Betrieb gegangenen neuen Raffinerie Nord auf 3,5 Mio to/a legte Albatros ihre alte Raffinerie im Süden der Stadt still [4].

In Zukunft wird sich die Raffineriekapazität und damit die petrochemische Rohstoffbasis Antwerpens wesentlich vergrößern.

Die Esso-Raffinerie wird bis 1976 von jetzt 5 Mio to/a auf eine Durchsatzkapazität von 12 Mio to/a erweitert [5].

Gleichzeitig gab die Shell bekannt, daß sie auf dem neuen Industriegelände bei Kallo am linken Scheldeufer eine neue Raffinerie errichten wolle [6].

---

1) BASF Geschäftsbericht 1970, S. 37
2) BASF Geschäftsbericht 1971, S. 61
3) Wintershall hat besser verdient, in: Handelsblatt vom 17.5.73
4) Briefliche Angaben der S.A.B. Albatros vom 12.4.72
5) Esso modernisiert Raffinerie Antwerpen, in: Handelsblatt vom 14.11.72
6) Ebenda

2.5.2.2.2. Reine Petrochemiewerke

2.5.2.2.2.1. Petrochim

Hauptabnehmer des von den Raffinerien erzeugten Naphthas sind die Steam-Cracker der Petrochim mit einer Kapazität von 500.000 to/a Äthylen, 220.000 to/a Propylen sowie den anderen üblichen Kuppelprodukten.

Über ein eigenes Rohrleitungsnetz versorgt dieses älteste Petrochemiewerk Antwerpens mit seinen heute 750 Beschäftigten mehrere Großabnehmer im Antwerpener Hafengebiet mit Äthylen, so die beiden Werke der Union Carbide und die Anlagen der Unternehmen USI, Polysar, Polyolefins und BASF. Daneben besteht die Möglichkeit, über die Solvay-Äthylenkopfstation, wo alle Antwerpen berührenden Äthylenrohrleitungen zusammenlaufen, - wie die DOW-Leitung von Terneuzen, die Gulf-Leitung von Rotterdam und das ARG-Netz aus dem Rhein-Ruhr-Gebiet - Äthylen in die Solvay-Leitung nach Jemeppe an der Sambre zur Versorgung des dortigen Petrochemiewerkes der Solvic zu pumpen.

Der bei Petrochim verbleibende Teil des Äthylens wird zu 20.000 to/a Äthylenoxid und davon wiederum ein Teil zu Glykol (13.000 to/a) sowie zu Detergentien (9.000 to/a) verarbeitet.

Kleinere Propylenmengen werden zusammen mit Benzol, welches eine Aromatenanlage (150.000 to/a Benzol, Toluol, Xylol) aus einem Teil des Pyrolysebenzins der Steam-Cracker erzeugt, zu 30.000 to/a Cumol verarbeitet.

Ein weiterer Teil des Propylens wird per Rohrleitung an das direkt benachbarte Werk der Union Carbide gepumpt.

Das andere auf dem linken Scheldeufer liegende Werk dieses Unternehmens wird von Petrochim durch eine 7 km lange Rohrleitung mit Äthan versorgt.

Benzol und Äthylen dienen seit kurzem auch zur Erzeugung von Äthylbenzol, das zu Styrol weiterverarbeitet wird und zur Versorgung der in Feluy liegenden Polystyrol-anlage (45.000 to/a) der Belgochim S.A. dient [1]. Genau wie Petrochim ist auch Belgochim eine Tochtergesellschaft von Petrofina und Phillips Petroleum.

Ferner produziert Petrochim 85.000 to/a Cyclohexan, von denen 70.000 to/a per Leichter an das Bayer Werk Antwerpen transportiert werden, wo sie als Rohstoff für die Caprolactamerzeugung dienen [2].

Aus dem zur Verfügung stehenden C-4 Schnitt werden Butane und Butadien herge-stellt. Letzteres wird durch eine 7,5 km lange Rohrleitung zu Petrochim-Anlagen im 5. Hafendock gepumpt [3], und dort zu 55.000 to/a Isobutylen verarbeitet, das anschließend zum Petrochim Hauptwerk im Marshall Dock zurückgepumpt wird.

Überschüssige Prozeßgase leitet Petrochim in die von der S.I.B.P.Raffinerie zum Kraftwerk Schelle führende Gasleitung ein, um diese so einer nützlichen Verwendung zuzuführen. Da die beiden bisherigen Werke keinen Platz mehr für Erweiterungen bieten, hat Petrochim auf dem linken Scheldeufer ein 200 ha großes Gelände erwor-ben und wird künftige Anlagen dort erstellen [4].

2.5.2.2.2.2. Union Carbide

Das zweitälteste Petrochemiewerk Antwerpens, das seit 1961 hier produzierende amerikanische Unternehmen Union Carbide, ergänzte 1968 seine zu klein gewordenen Anlagen zwischen der S.I.B.P. und Petrochim durch ein neues Werk auf dem linken Scheldeufer.

Beide Werke werden sowohl von Petrochim als auch von Gulf aus Rotterdam durch Rohrleitungen mit Äthylen versorgt.

---

1) Europachemie Nr.3, 1972, S.49
2) Mündliche Auskunft der Bayer Antwerpen NV
3) Van de Wal, G.: 1971, a.a.O., S.45 f.
4) Nicht zitierte Zahlenangaben entstammen folgenden Quellen:
   - 2M Bulletin, Antwerpen III, 1971, S.40
   - Rouir, E.V.: Le developpement de la pétrochimie en Belgique, a.a.O.

Dieses wird zum einen zu 140.000 to/a Polyäthylen polymerisiert - ein Teil davon wird in eigenen Werken zu Kunststoffertigprodukten weiterverarbeitet, so in dem Union Carbide Werk Alsdorf bei Aachen, das 4.000 to/a Haushaltfolien und -beutel herstellt [1] -, zum anderen wird das Äthylen zu Äthylenoxid (100.000 to/a) verarbeitet. Den erforderlichen Sauerstoff liefert eine eigene Lufttrennanlage.

Der anfallende und nicht verwertbare Stickstoff wird in ein Stickstoffverbundnetz der L'Air Liquide eingespeist, an das die meisten Antwerpener Chemiewerke als Abnehmer angeschlossen sind und die den Stickstoff als Schutzgas benötigen.

Außerdem stellt Union Carbide mit seinen über 900 Mitarbeitern noch ca. 150.000 to/a Glykole sowie Silicone (1.000 to/a) her.

2.5.2.2.2.3. Kleinere Werke

Neben den insgesamt fünf Werken von Petrochim und Union Carbide betreiben noch mehrere andere Unternehmen mittelgroße Petrochemiewerke in Antwerpen.

So stellt Polyolefins mit seinen 120 Beschäftigten, eine Tochtergesellschaft von Rhone-Poulenc (40 %), Phillips Petroleum (30 %) und Petrofina (30 %) aus von Petrochim geliefertem Äthylen 55.000 to/a Polyäthylen ND her [2].

In den westlich benachbarten Anlagen der Amoco-Fina (85 Beschäftigte) werden aus C-3/C-4 Gasen der S.I.B.P., per Schiff bezogenem Isobutylen und anderen Rohstoffen, Additive für Öle und Polyisobutylen (insgesamt 17.000 to/a) erzeugt.

Auf dem linken Scheldeufer ist seit 1964 die zur kanadischen Polymer Corp. gehörende Polysar S.A. in Betrieb.

---

1) Blick durch die Wirtschaft, Frankfurter Zeitung vom 15.5.72
2) Briefliche Angaben der N.V. Polyolefins vom 18.4.72

Mit 325 Mitarbeitern werden hier 50.000 to/a Butylkautschuk sowie 60.000 to/a Isobutylen und 70.000 to/a N-Butene hergestellt. Neben Äthylenlieferungen von Petrochim werden C-4 Schnitte und zusätzliches Isobutylen per Schiff von der ICI aus England bezogen.

Zwischen Polysar und Union Carbide produziert seit 1968 ein Werk der United States Industrial Chemicals (USI) 100.000 to/a Polyäthylen und in einer gemeinsam mit Esso Chemicals betriebenen Anlage nochmals 50.000 to/a Polyäthylen. Das benötigte Äthylen erhält das Werk mit seinen 450 Mitarbeitern durch Rohrleitungen sowohl von Petrochim als auch vom Esso Äthylenlager.

Ebenfalls auf dem linken Ufer hat sich das französische Unternehmen Rhone-Progil niedergelassen und stellt hier seit Mitte 1972 aus importiertem flüssigen Schwefel und holländischem Erdgas 60.000 to/a Schwefelkohlenstoff her [1].

Im alten Hafengebiet befindet sich neben dem Esso Tanklager seit 1967 noch ein interessanter chemischer Kleinbetrieb. Mit einer 33 Mitarbeiter starken Belegschaft erzeugt die N.V. Quaker Furans, eine Tochtergesellschaft der amerikanischen Quaker Oats Company, hier 10.000 to/a Furfurolalkohol durch katalytische Wasserstoffreduktion von aus den USA importiertem Furfurol [2,3].

Die Anlage dient vermutlich zur Deckung des Furfurolbedarfs, der in Belgien zur gesetzlich vorgeschriebenen Kennzeichnung des Heizöl L benötigt wird [4].

Eine Zwischenstellung zwischen Raffinerie und Petrochemiewerk nimmt das auf dem linken Scheldeufer gegenüber der N.V. Bayer errichtete Zweigwerk des Hamburger Unternehmens Johann Haltermann ein. Diese 1973 in Betrieb gegangene Spezialraffinerie stellt vorwiegend im Lohnauftrag Spezial- und Testbenzine sowie Lösungsmittel her.

---

1) Briefliche Angaben der Rhone-Progil, Paris vom 12.4.72
2) Rouir, E.V.: 1968, a.a.O., S.248
3) 2 M Bulletin, Antwerpen 1971, 3, S.40
4) Bley, W.: Fragen der Heizölkennzeichnung, in: Oel-Zeitschrift für die Mineralölwirtschaft, Nr.8, 1972, S.222-224

2.5.2.2.3. Chemiewerke mit gemischtem Produktionsprogramm

2.5.2.2.3.1. Das Bayer Werk Antwerpen

Ende der fünfziger Jahre besaßen von den vier deutschen Bayer Werken Leverkusen, Dormagen, Elberfeld und Uerdingen nur noch Dormagen und Uerdingen freies Gelände [1].

Da man wegen der in Leverkusen gesammelten Erfahrungen diese beiden Werke nicht bis zur Größenordnung Leverkusens mit den vielen sich daraus ergebenden Problemen anwachsen lassen wollte, suchte man einen Standort für ein neues Werk, das wegen des angestrebten Verbundes nicht zu weit von den niederrheinischen Betriebsstätten entfernt sein sollte [2]. Die wachsende Verwendung überseeischer Rohstoffe, die zunehmende Bedeutung des Exports sowie die einfachere Lösung der Abwasserprobleme ließen eine Lage an der Küste wünschenswert erscheinen [3].

Die Wahl des günstig gelegenen Rotterdams hätte nahe gelegen, jedoch näherte sich das Rotterdamer Industriegebiet zu dieser Zeit bereits seiner damaligen Sättigungsgrenze [4].

Als bekannt wurde, daß in Antwerpen eine großzügige Erweiterung des Hafens und die Ansiedlung geeigneter Industrien geplant wurde, nahm Bayer eine Option auf ein 180 ha großes Gelände mit idealer Verkehrslage - direkt von Hochseeschiffen erreichbar, mit Anschluß an das Eisenbahnnetz sowie direktem Autobahnanschluß [5].

Im folgenden Jahr, 1961, wurde das Gelände gekauft und die N.V. Bayer S.A. Antwerpen gegründet. Letztere ist nicht eine der zahllosen Auslandsniederlassungen dieses Chemiekonzerns, sondern wird von Bayer bewußt als das 5. Werk neben Elberfeld, Leverkusen, Dormagen und Uerdingen gesehen.

---

1) Kersting, A.: Antwerpen - das 5. Bayer-Werk, in: Bayer-Berichte, Heft 23, 1969, S.8
2) Ebenda
3) Ebenda
4) Mündliche Auskunft der N.V. Bayer Antwerpen
5) Kersting, A.: 1969, a.a.O., S. 10

Die gesamte Infrastruktur des neuen Industriegebietes von der Aufspülung bis zur Erschließung des neuen Geländes mit Straßen, Kanälen, Rohrbrücken u.a. sowie einem Straßentunnel unter dem Hafenbecken wurde finanziell von der Stadt Antwerpen getragen.

Bayer war zwar das erste Unternehmen, das sich für das neu erschlossene nördliche Scheldelaan-Industriegebiet als Standort entschied, das erste Chemieunternehmen in Antwerpen jedoch war es nicht.

Die schon vorhandenen Raffinerien und Petrochemiewerke wie Petrochim und Union Carbide hatten auf die Ansiedlungsentscheidung Bayers keinen Einfluß. Ein Verbund mit benachbarten Werken war bei der Gründung nicht vorgesehen.

Zwar bezieht Bayer heute größere Mengen Cyclohexan, ein Vorprodukt für das bei Bayer hergestellte Faservorprodukt Caprolactam, von Petrochim, die Erzeugung dieses Produktes nahm Petrochim jedoch erst 1968 auf.

Die Frage, inwieweit die Tatsache der Bayer Gründung wiederum andere Unternehmen zur Ansiedlung in Antwerpen bewogen hat, läßt sich nicht eindeutig beantworten.

Zwar hat Bayer Anregung zu der enormen industriellen Expansion im Antwerpener Hafengebiet gegeben, jedoch nicht in der Weise, daß die nachfolgenden Werke sich auf einen sinnvollen Verbund mit dem Produktionsprogramm von Bayer einstellten.

Im Gegenteil, die kurz nach Bayer gegründeten Werke wie Polysar und Monsanto haben entweder überhaupt keine Beziehungen zu Bayer, oder sie stehen wie das 1967 mit Bayer in Betrieb gegangene Werk der BASF mit einem teilweise identischen Produktionsprogramm sogar in einem direkten Konkurrenzverhältnis.

Zwar hatten vor dem Bau der Werke zwischen diesen beiden Unternehmen Verhandlungen über die Errichtung einer gemeinsamen Großanlage für Caprolactam stattgefunden, man entschied sich dann jedoch für jeweils eigene Anlagen.

Eine Zusammenarbeit besteht nur insofern, als Bayer von BASF durch eine Rohrleitung das für die Caprolactamerzeugung notwendige Ammoniak bezieht, das BASF wiederum per Schiff von mehreren Herstellern, u.a. von der eigenen Tochtergesellschaft Ammoniak Unie in Rotterdam, erhält.

Das bei der Caprolactamherstellung als Kuppelprodukt in großen Mengen anfallende Ammoniumsulfat beider Werke (700.000 to/a) wird zentral von der BASF verkauft [1].

Wie das Produktionsflußschema, Übersicht 21, zeigt, nutzt Bayer die in Antwerpen gegebenen Standortvorteile durch ein entsprechendes Produktionsprogramm voll aus.

Den für die Schwefelsäureherstellung benötigten Schwefel (240.000 to/a) erhält Bayer in flüssiger Form von der im Süden an das Werk angrenzenden Gesellschaft Duval Sales International, die den Schwefel in eigenen Schwefelgruben in Texas abbaut und dann in fester Form von Galveston per Schiff nach Antwerpen transportiert, wo er verflüssigt wird [2].

Als 1969 eine Erweiterung der Schwefelsäurekapazität zur Deckung des erhöhten Bedarfes für die Produktion von Titandioxid und Caprolactam zur Diskussion stand, wollte man wegen des damals gerade stark anziehenden Schwefelpreises die neuen Anlagen auf spanischen Pyrit umstellen [3], blieb dann aber auf Grund des anschließend wieder gesunkenen Schwefelpreises beim ursprünglichen Verfahren.

---

1) Mündliche Angaben der N.V. Bayer Antwerpen
2) Briefliche Angaben der Duval Sales International S.A. vom 4.7.72
3) Kersting, A.: 1969, a.a.O., S. 12 f.

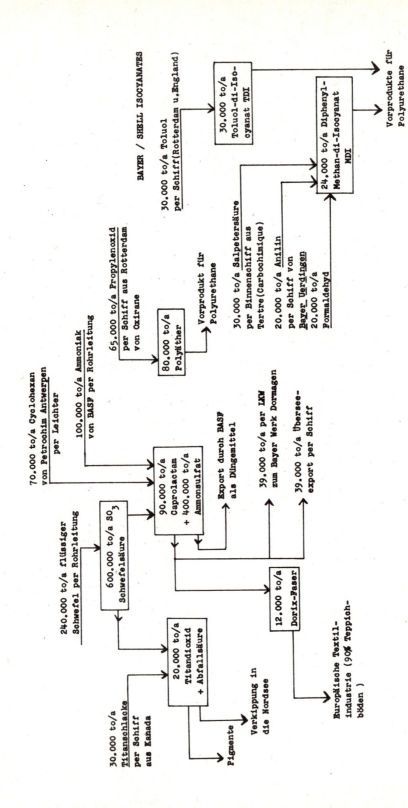

Übersicht 21 : Vereinfachtes Produktionsflußschema des
Bayer Werkes Antwerpen

Auf dem Bayer Gelände befindet sich auch eine Kompressorenanlage der Äthylen-Rohrleitungsgesellschaft (ARG), so daß bei späterem Bedarf die sofortige Äthylenversorgung des Werkes sichergestellt ist.

Ende 1971 hat Bayer auf dem linken Scheldeufer bei Kallo ein weiteres Industriegelände (200 ha) erworben und wird hier die Herstellung von solchen Produkten konzentrieren, die nicht auf einen direkten Tiefwasseranschluß angewiesen sind [1].

Mit dem Bau von Anlagen zur Erzeugung von Kautschuk-Chemikalien und Vorprodukten für Pflanzenschutzmittel wurde bereits begonnen [2]. Nach Fertigstellung wird die Beschäftigtenzahl beider Werke von jetzt 1.300 auf ca. 1.800 ansteigen.

2.5.2.2.3.2. Das BASF Werk Antwerpen [3]

Nur kurze Zeit nach Bayer ging die erst wesentlich später gegründete BASF Antwerpen N.V. 1967 in Betrieb.

Sowohl vom Produktionsumfang - allein der BASF eigene Hafenumschlag betrug 1970 über 3 Mio to - als auch von der Beschäftigtenzahl (2.400 Mitarbeiter) und von der Größe des Werksgeländes (570 ha) her ist BASF das mit Abstand größte Chemieunternehmen im Antwerpener Hafen und die größte Produktionsstätte der BASF außerhalb Ludwigshafens.

Das Werk liegt ganz im Norden des Scheldelaan-Gebietes und grenzt an die holländische Grenze. Der im Bau befindliche neue Rhein-Schelde-Kanal wird neben dem Werk münden (siehe Karte 10).

Den mengenmäßig größten Anteil am Güterausstoß des Werkes hat die Erzeugung des Volldüngers Nitrophoska mit 700.000 to/a.

---

1) Mündliche Auskunft der N.V. Bayer Antwerpen
2) Neues Bayer-Werk am linken Scheldeufer, in: Handelsblatt vom 26.11.71
3) Zahlenangaben nach Unterlagen der BASF und entnommen aus: 2M Bulletin, Antwerpen, 3, 1971, S.38

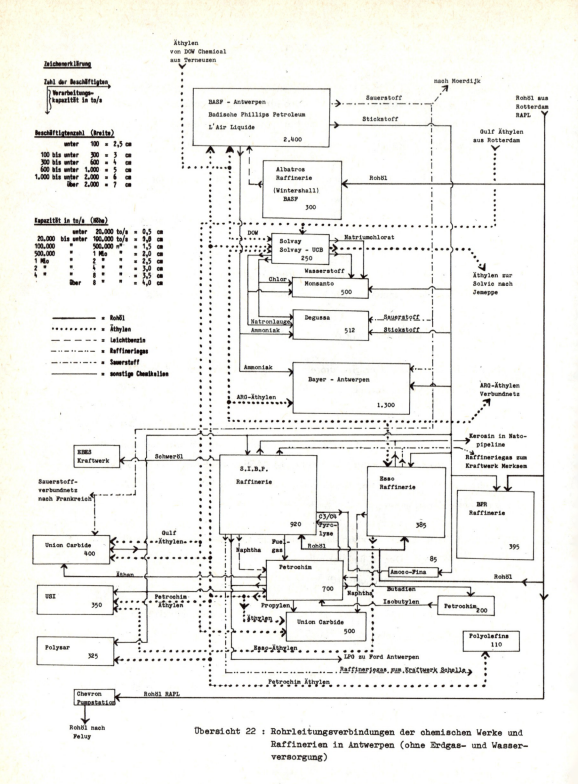

Übersicht 22 : Rohrleitungsverbindungen der chemischen Werke und
Raffinerien in Antwerpen (ohne Erdgas- und Wasserversorgung)

Die notwendigen Vorprodukte wie Salpetersäure (325.000 to/a), Schwefelsäure (165.000 to/a) und Phosphorsäure (60.000 to/a) werden ebenfalls im Werk erzeugt.

Rohphosphat und Kali aus Übersee werden vom Seeschiff direkt ins Werk gelöscht.

Das für die Herstellung von Salpetersäure und Caprolactam benötigte Ammoniak bezieht BASF per Schiff von ihrer Tochtergesellschaft Ammoniak Unie aus Rotterdam und auch von anderen Herstellern. Neben dem Eigenverbrauch beliefert BASF über Rohrleitungen noch die Degussa und, wie erwähnt, Bayer mit Ammoniak. Während Bayer das für die Caprolactamerzeugung notwendige Cyclohexan von der in Antwerpen produzierenden Petrochim kauft, erhält BASF Cyclohexan aus Übersee.

Die petrochemische Produktion der BASF umfaßt 100.000 to/a Äthylenoxid und Glykole, 33.000 to/a Polyäthylen, 350.000 to/a Äthylbenzol, das größtenteils zu Polystyrol (165.000 to/a) weiterverarbeitet wird, sowie Vinylchlorid (100.000 to/a), das anschließend in einer gemeinsam mit der amerikanischen Gesellschaft Phillips Petroleum betriebenen Anlage zu 72.000 to/a PVC polymerisiert wird.

Die Äthylenversorgung erfolgt durch je eine Äthylenleitung der Petrochim und der DOW Chemical aus Terneuzen. Mit letzterem Unternehmen arbeitet BASF in den USA eng zusammen.

Den für die Herstellung von Äthylenoxid erforderlichen Sauerstoff liefert eine auf dem Werksgelände befindliche Anlage der L'Air Liquide. Diese Gesellschaft betreibt ein von Dünkirchen über Mons und Charleroi nach Antwerpen bis zum holländischen Moerdijk südlich von Rotterdam, dem Standort des neuen Petrochemiekomplexes von Shell, verlaufendes Sauerstoffverbundnetz [1]. Der Trassenverlauf ist aus Karte 11 ersichtlich.

---

1) Unterlagen der L'Air Liquide

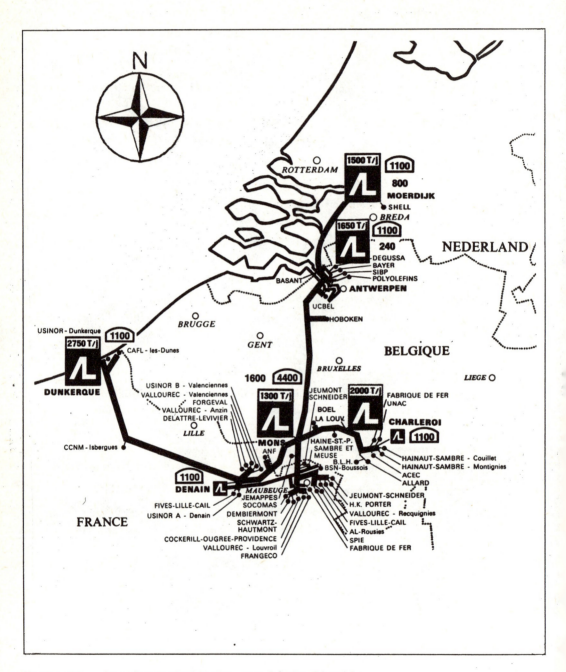

Karte 11 : Das Sauerstoffnetz der L'Air Liquide

Die Antwerpener Anlage ist eine der sechs Einspeisungsstationen. Außer BASF sind in Antwerpen an das Sauerstoffverbundnetz noch Degussa, Bayer und Union Carbide angeschlossen.

In Zukunft wird die Produktpalette der BASF-Antwerpen noch um das Polyurethan-Vorprodukt MDI erweitert, das ab 1975 in einer 24.000 to/a Anlage der Marles Kuhlmann Wyandotte, einer gemeinsamen Tochtergesellschaft von BASF und Pechiney-Ugine-Kuhlmann, auf dem BASF Gelände hergestellt werden wird [1].

In Rieme am Seekanal Gent-Terneuzen stellt Marles-Kuhlmann Wyandotte bereits seit 1964 ein anderes wichtiges Polyurethan-Vorprodukt, Polyäther, her.

2.5.2.2.3.3. Das Degussa Werk Antwerpen [2]

Als dritter deutscher Chemiekonzern erwarb die Degussa 1968 den letzten freien Platz im Scheldelaan-Gebiet.

Standortentscheidend waren wie bei den anderen Unternehmen die überaus günstige Verkehrslage, welche über die Rhein-Schelde Verbindung einen Verbund mit den am Rhein liegenden Degussa-Werken ermöglichte, dann die preiswerte Energie- und Rohstoffversorgung mit Erdgas und ausdrücklich der angestrebte Verbund per Rohrleitung mit anderen Chemieunternehmen in Antwerpen.

Die Produktion des 520 Mitarbeiter beschäftigenden Werkes umfaßt die Bereiche Aktivsauerstoffverbindungen, Blausäurederivate und weiße Füllstoffe.

Aus den beiden Hauptrohstoffen des Werkes, Methan in Form von holländischem Erdgas (36 Mio Nm^3/a) und per Rohrleitung von der BASF geliefertem Ammoniak, wird Blausäure hergestellt, wobei der in größeren Mengen anfallende Wasserstoff willkommener Rohstoff der beiden anderen Produktionsbereiche ist.

---

1) Europa Chemie Nr. 1, 1973, S. 10
2) Nach Unterlagen der Degussa

Vermutlich vom Antwerpener Solvay-Werk bezieht Degussa Chlor und Natronlauge, die zur Herstellung der Blausäurederivate Cyanurchlorid (10.000 to/a), dem wichtigen Vorprodukt für Herbicide - insbesondere für Maiskulturen - und Natriumcyanid (3.000 to/a) dienen.

Unter Verwendung von belgischem Kalk sowie Eisenchlorid werden außerdem noch 17.000 to/a Calciumferrocyanide erzeugt, die größtenteils an die Chemische Fabrik Wesseling geliefert und dort zu komplexen Natrium- und Calciumcyaniden und zu Blaufarben verarbeitet werden.

Ein anderes Degussa Werk im Kölner Raum, das Werk Knapsack, wiederum beliefert das Werk Antwerpen mit Siliciumtetrachlorid, das unter Zugabe von Wasserstoff der Blausäureherstellung und von Sauerstoff aus dem L'Air Liquide Verbundnetz zu 8.000 to/a hochdispersiver Kieselsäure verarbeitet wird.

Während das Degussa Werk Rheinfelden den zentraleuropäischen Markt mit letzterem Produkt beliefert, bedient Antwerpen den Überseemarkt mit diesem wichtigen weißen Füllstoff.

Der dritte Produktionsbereich setzt ebenfalls den bei der Blausäureherstellung anfallenden Wasserstoff ein. Nach dem Antrachinonverfahren wird unter Zugabe von Sauerstoff aus dem L'Air Liquide Netz Wasserstoffperoxid, das bekannte Bleich- und Oxidationsmittel, erzeugt. Während 36.000 to/a Wasserstoffperoxid verkauft werden, dienen die restlichen Mengen zusammen mit Natronlauge und mit aus den USA bezogenem Rasorit zur Herstellung von 60.000 to/a Natriumperborat, dem seit Jahrzehnten bekannten Waschmittelzusatz (Persil).

2.5.2.2.3.4. Solvay Antwerpen

Um den wachsenden Bedarf der neuen Chemiewerke in Antwerpen an Chlor und
Alkalien besser decken zu können, erwarb der belgische Chemiekonzern Solvay & Cie.
ein 100 ha großes Gelände südlich der neuen Albatros Raffinerie und nahm hier 1970
eine größere Chlor-Alkali Elektrolyse in Betrieb.

Für einen potentiellen Großabnehmer kam diese Anlage zwei Jahre zu spät - bereits
seit 1968 erzeugte die BASF in einer eigenen Anlage 80.000 to/a Chlor für die Herstellung von Vinylchlorid.

Die Solvay-Anlagen wurden bis Anfang 1973 zügig erweitert und haben folgende
Kapazitäten:

- 185.000 to/a Chlor
- 200.000 to/a Natronlauge
-     5.000 to/a Wasserstoff

Das südlich an Solvay angrenzende Werk der N.V. Monsanto Europe bezieht alle
drei Produkte durch kurze Rohrleitungen. Ebenfalls per Rohrleitung scheint Solvay
die Degussa mit Chlor und Natronlauge zu versorgen.

Neben den ca. 200 Solvay-Beschäftigten sind noch 60 Mitarbeiter in einer 1972
angelaufenen Sodatripolyphosphatanlage (75.000 to/a) tätig, die Solvay gemeinsam
mit dem belgischen Chemiekonzern UCB betreibt.

Außerdem befindet sich auf dem Solvay-Gelände eine große Äthylenzentrale, in der
die Äthylenleitungen der ARG, DOW, Gulf und Petrochim zusammenlaufen.

Von hier aus versorgt Solvay die petrochemischen Anlagen der Tochtergesellschaft
Solvic in Jemeppe an der Sambre durch eine Fernrohrleitung mit Äthylen (ca.
100.000 to/a).

2.5.2.2.3.5. Monsanto Antwerpen [1]

Das heute zwischen den Geländen von Solvay und Degussa liegende Werk des amerikanischen Chemiekonzerns Monsanto nahm bereits 1966 einige Anlagen in Betrieb
und war damit die erste produzierende Gesellschaft im neuen Scheldelaan-Gebiet.

Nach zügigen Erweiterungen der letzten Jahre stellt das Werk mit seinen heute 500
Mitarbeitern eine breite Palette von Kautschukchemikalien sowie Unkrautvertilgungsmittel und einen PVC-Rohstoff für Sicherheitsglas her, der im Monsanto Werk Gent
weiterverarbeitet wird.

1972 wurde die Produktion noch durch eine Anlage für 45.000 to/a ABS-Kunststoffe
ergänzt.

Neben den erwähnten Beziehungen zu Solvay sind keine weiteren wirtschaftsräumli-
chen Verflechtungen des Werkes bekannt.

Durch das neue Bayer Werk auf dem linken Scheldeufer wird Monsanto einen direkten
Konkurrenten in Antwerpen erhalten.

2.5.2.2.4. Tanklager- und Chemiehandelsgesellschaften

Wie in Rotterdam [2], so sind auch in Antwerpen zahlreiche Tanklager- und Chemiehandelsgesellschaften ansässig, die durch ihr spezielles Lagerangebot willkommene
Geschäftspartner vieler Chemieunternehmen sind.

Eine Sonderstellung nimmt die im Scheldelaan-Gebiet zwischen Solvay und Monsanto
befindliche Gesellschaft N.V.Nafta B ein, die Eigentum der Sowjetunion ist.

---

1) Briefliche Angaben der Monsanto Europe S.A. vom 25.5.72
2) Vgl. Abschnitt 2.5.4.2.6. dieser Arbeit

Der russische Staat betreibt hier eine Mineralölumladeanlage sowie ein relativ großes Tanklager von 850.000 cbm [1], das zur Zwischenlagerung von aus der Sowjetunion importierten Mineralölerzeugnissen dient, die zum Teil von hier aus weiterverschifft werden. Der Gesamtimport betrug 1972 4 Mio to [2]. Ob von hier aus auch Antwerpener Chemiebetriebe beliefert werden, ist nicht bekannt.

Alle anderen Gesellschaften sind unabhängig und lagern Chemikalien und Mineralölprodukte der verschiedensten Unternehmen ein.

Den mit 290.000 cbm größten Tankraum besitzt die N.V. Havenbehandelingen, gefolgt von N.V. Eurotank mit 172.500 cbm und Noord Natie S.V. mit 165.000 cbm [3]. Den mit nur 48.800 cbm kleinsten Tankraum hat zur Zeit noch die Gematex N.V., eine Gemeinschaftsgründung einer amerikanischen und einer holländischen Tanklagergesellschaft.

Erst 1971 in Betrieb gegangen, plant sie auf ihrem 47 ha großen Gelände im Scheldelaan-Gebiet jedoch umfangreiche Erweiterungen [4].

Der durchschnittliche Jahresdurchsatz der Gesellschaften beträgt bei Chemikalien und Petrochemikalien das 4-5 fache und bei Mineralölprodukten des 2-3 fache der Lagerkapazität.

Zu den Chemiehandelsgesellschaften zählt die N.V. Antwerp Cleaning and Storage Company, unter deren Namen das amerikanische Unternehmen Duval südlich des Bayer-Geländes ein Schwefellager von 100.000 to sowie eine Verflüssigungsanlage mit Lagertanks für 45.000 to Flüssigschwefel betreibt.

---

1) 2 M Bulletin, Antwerpen 1971, 3, S. 43
2) Petroleum Press Service, März 1972, S. 107
3) European Chemical News, 26. Mai 1972, S. 58
4) Briefliche Angaben der Gematex N.V. vom 30.6.72

Wie erwähnt, erhält Bayer, das dem Unternehmen bei der Ansiedlung an gerade diesem Standort behilflich war, über eine kurze Rohrleitung 240.000 to/a flüssigen Schwefel für seine Schwefelsäureanlagen.

Weitere Großabnehmer von Duval, wie Ugine-Kuhlmann in Rieme und Rhone-Progil in Rouen und Le Havre werden von Antwerpen aus mit einem Spezialschwefeltank-schiff versorgt [1].

2.5.2.3. <u>Beurteilung der chemischen Industrie im Raum Antwerpen und ihre</u>
<u>zukünftige Entwicklung</u>

Aus der Übersicht 22 über den Verbund der chemischen Industrie in Antwerpen geht hervor, daß ein großer Teil der hier gegebenen Fühlungsvorteile ausgenutzt wird.

Als beispielhaft kann die Verbundwirtschaft der Petrochim-Werke mit ihren Lieferan-ten und Abnehmern gelten.

Nicht ganz sinnvoll dagegen erscheinen die vier getrennten und teilweise parallel laufenden Äthylenrohrleitungsnetze.

Die Zukunft wird zweifellos gemeinschaftlich von mehreren Unternehmen betriebenen Äthylennetzen gehören, ähnlich dem in Antwerpen endenden Netz der Äthylen-rohrleitungs-Gesellschaft (ARG).

Viele Chemiewerke in Antwerpen haben ein teilweise konkurrierendes Produktionspro-gramm, wie Bayer und BASF; USI, Union Carbide und Polyolefins sowie Polysar und Petrochim. Diese Unternehmen wählten Antwerpen nicht, um sich im Verbund mit anderen Werken gegenseitig zu ergänzen, wie etwa die Degussa, sondern wegen der sonstigen Standortvorteile.

---

1) Briefliche Angaben der Duval Sales International S.A. vom 4.7.72

Bei der Erteilung von Ansiedlungsgenehmigungen war es der Stadt Antwerpen gleichgültig, ob das betreffende Werk zu einem sinnvollen Verbund beitrug oder nicht - entscheidend war nur die Erfüllung der folgenden Bedingungen:

- Notwendigkeit eines Tiefwasseranschlusses,
- Ausnutzung der Hafendienste.

So stand das sich für einen Standort im neuen Hafengebiet interessierende Unternehmen Amoco in Verhandlungen mit der Stadt Antwerpen, entschied sich dann aber für einen Bau des Petrochemiewerkes im Binnenland, verkehrsgünstig am Albertkanal bei Geel gelegen. Da für die geplante Produktion des Kunstfaservorproduktes DMT ein Tiefwasseranschluß nicht unbedingt erforderlich war, bot der Raum Geel auf Grund seiner Strukturförderungshilfen größere Vorteile als ein Standort im Raum Antwerpen [1].

Mit einem Seegüterumschlag von 72,25 Mio to [2] und 18.634 angelaufenen Seeschiffen [3] verteidigte Antwerpen auch 1971 seine Stellung als viertgrößter Hafen der Welt, obgleich Schiffsverkehr und Güterumschlag in diesem Jahr leicht zurückgingen, was vor allem auf die Inbetriebnahme der Rohölleitung zwischen Rotterdam und Antwerpen zurückgeführt wird, durch die 7 Mio to Rohöl befördert wurden [4].

Ein beachtlicher Teil des Antwerpener Güterumschlags wird durch die hier ansässigen Chemieunternehmen bestritten.

Mit 2,75 Mio to - davon sind allein 2,6 Mio to Kunstdüngemittel - betrug ihr Anteil am Seegüterverkehr 1971 zwar nur 4 %, der von ihnen benutzte Binnenschiffsverkehr bezifferte sich jedoch auf 3,5 Mio to oder 10 % des an Antwerpen gebundenen Binnenschiffsverkehrs [5].

---

1) Nach mündlichen Auskünften der Stadtverwaltung Antwerpen
2) Seegüterumschlag in Zeebrügge überschritt 10 Mio to Grenze, in: Handelsblatt vom 2.5.72
3) Antwerpens beste Hafenkunden sitzen an Rhein und Ruhr, in: Handelsblatt vom 21.11.72
4) Auslandshäfen berichten, in: Hansa, Zentralorgan für Schiffahrt, Schiffbau, Hafen, 109.Jahrg.Nr.7, 1972, S.527
5) Chemie spielt im Antwerpener Hafen eine wichtige Rolle, in: Handelsblatt vom 30.5.72

Aber auch der Transitverkehr von Chemikalien ist nicht unerheblich: von den 4,3
Mio to seewärtig umgeschlagenen Chemikalien entfielen 2,6 Mio to oder 61 % auf
den Transit, davon 1,1 Mio to mit Deutschland [1].

Zählt man den Chemikalienumschlag (4,3 Mio to), den Kunstdüngerexport (2,6 Mio
to) sowie die Grundstoffeinfuhr (1,6 Mio to, hauptsächlich Rohphosphate, Kalisalze
und Schwefel) zusammen, so beträgt der durch die gesamte chemische Industrie in
Antwerpen verursachte Güterumschlag 8,5 Mio to oder unter 12 % des Gesamtum-
schlages [2] und ist damit keinesfalls dominierend.

Trotzdem wird eine weitere Ansiedlung von Chemieunternehmen in Antwerpen von
der Stadt nicht mehr gewünscht, da diese vorwiegend nur Massengutverkehr nach sich
ziehen, den arbeitsträchtigen und für einen Hafen gewinnbringenderen Stückgut-
verkehr dagegen nur unwesentlich steigern [3].

Auf dem noch verfügbaren freien Gelände östlich der Chemiebetriebe und des
Kanaldocks will die Stadt daher Betriebe ansiedeln, die den Stückgutumschlag
steigern, wie die schon vorhandenen Montagewerke und Ersatzteillager von Ford,
General Motors und Chrysler [4].

Den expansierenden sowie neuansiedlungswilligen Chemieunternehmen im Raum
Antwerpen bleibt daher nur die Möglichkeit, sich auf dem linken Scheldeufer niederzulassen, auf das die Stadt Antwerpen keinen Einfluß hat.

Alle hier bisher erfolgten Neuansiedlungen sind nicht mit der Stadt koordiniert worden, sondern die Unternehmen haben mit den jeweiligen Gemeinden wie Kallo und
Zwijndrecht verhandelt.

---

1) Chemie spielt im Antwerpener Hafen eine wichtige Rolle, a.a.O.
2) Ebenda
3) Mündliche Angaben der Hafendirektion Antwerpen vom 28.6.72
4) Ebenda

Viele der hier schon ansässigen Chemiewerke stehen in einem engen Verbund mit Werken auf der Antwerpener Scheldeseite und sind teilweise durch mehrere Rohrleitungen miteinander verknüpft, wie Union Carbide, USI, Polysar und 2M.

Aber auch das neue Bayer Werk, Rhone-Progil und Haltermann werden enge Beziehungen zum anderen Ufer unterhalten.

Durch die kürzlich bekannt gewordenen Pläne von zwei Raffinerieneubauten der Esso und Shell - gegen deren Bau Frankreich interessanterweise bei den EWG-Behörden Einspruch zu Gunsten von Le Havre und Marseille erhoben hat [1] - und den in Angriff genommenen Bau des Baalhoek-Kanals hat sich die Attraktivität des Großraumes Antwerpen für weitere Chemieunternehmen noch erhöht.

Darüberhinaus bieten Ansiedlungen auf dem linken Scheldeufer den Vorteil von noch weitgehend ungenutzten Arbeitskraftreserven. Wegen fehlender Fähren, Brücken oder Tunnel bildet die Schelde nördlich des Hafengebietes ein natürliches Hindernis für den Arbeitskräfteeinzugsbereich der im Antwerpener Scheldelaan-Gebiet angesiedelten Chemieunternehmen.

Bei dem bisherigen Bayer Werk Antwerpen, das als typisch für die großen Chemiewerke im Scheldelaan-Gebiet gelten kann, kommen nur 6,4 % der Beschäftigten vom linken Scheldeufer.

Aus der Tabelle über den Einpendlereinzugsbereich des Bayer Werkes Antwerpen geht klar eine Eigenart des Scheldelaan-Gebietes hervor, die auf dem linken Ufer nicht in diesem Maße gegeben ist: Wegen der großen Entfernung zu Wohngebieten - mit einer Ausnahme wohnen alle Mitarbeiter von Bayer mindestens 15 Straßenkilometer vom Werk entfernt - ist die Einrichtung von Werksbuslinien für alle hier ansässigen Werke gesetzlich vorgeschrieben.

---

1) Französischer Protest gegen Antwerpener Pläne, in: Handelsblatt vom 12.3.73

Tabelle 7: Einpendlereinzugsbereich des Bayer Werkes Antwerpen gegen Ende 1971[1]

Entfernungen in km Luftlinie einschließlich 10 km Mindestentfernung vom Verteilerkreis zum Bayer Werk	Anzahl der Beschäftigten	in Prozent	aufsummierte Prozentangaben
unter 10 km	1	0,1	0,1
10 bis unter 20 km	193	18,0	18,1
20 bis unter 25 km	464	43,3	61,4
25 bis unter 30 km	252	23,5	84,9
30 bis unter 40 km	117	11,0	95,9
40 bis unter 50 km	24	2,3	98,2
50 bis unter 60 km	16	1,4	99,6
über 60 km	4	0,4	100,0
	1.071	100,0 %	

Überhaupt waren die Arbeitskraftreserven Flanderns und vor allem die besondere Zuverlässigkeit der hier arbeitenden Bevölkerung für viele Unternehmen mit ein Beweggrund, nach Antwerpen zu gehen.

Speziell die Antwerpener Hafenarbeiter - über 12.000 geschulte Kräfte[2] - erfreuen sich wegen ihrer Arbeitsfreude eines besonders guten Rufes und haben Antwerpen als schnellen Hafen bekannt gemacht.

Soziale Probleme sind bei den schon 1263 in Zünften organisierten Hafenarbeitern fast unbekannt[3].

---

1) Nach Wohnortangaben von Bayer Antwerpen
2) 2M Bulletin, Antwerpen 3, 1971, S. 16
3) Antwerpener Hafenarbeiter leben in gesicherten Verhältnissen, in: Handelsblatt vom 20.6.72

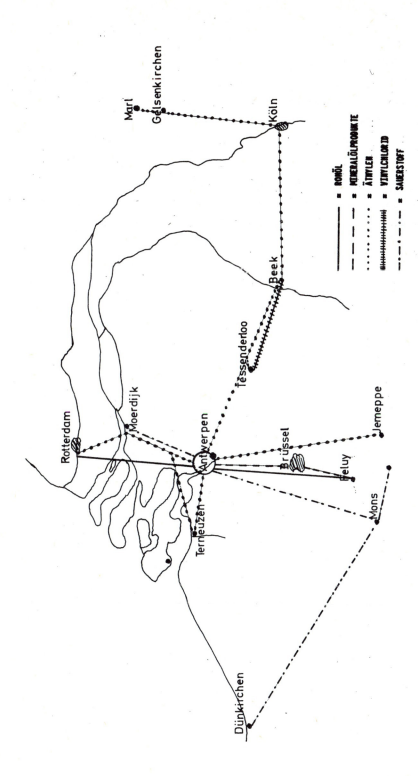

Karte 12 : Antwerpens Stellung im Fernrohrleitungsnetz

Die Stellung Antwerpens im Fernrohrleitungsnetz ist aus Karte 12 ersichtlich.
Ob der geplante Bau einer Mineralölproduktenleitung von Rotterdam nach Antwerpen
zur zusätzlichen Versorgung der hier ansässigen Petrochemiewerke in Kürze verwirklicht wird, muß angesichts der in Antwerpen geplanten Raffinerieerweiterungen bezweifelt werden.

Die voraussichtlich 1975 fertiggestellte neue, um 40 km verkürzte Schelde-Rhein-
Verbindung, die für Schubeinheiten bis 9.000 to/a befahren werden kann, wird
sowohl dem Antwerpener Hafen als auch den hier im Großraum ansässigen Industrieunternehmen neue positive Impulse verleihen.

2.5.3. <u>Das Chemiegebiet bei Vlissingen</u>

Das sich östlich von Vlissingen am nördlichen Mündungsufer der Schelde rund um den Sloe erstreckende neue Industriegebiet verdankt seine Entstehung hauptsächlich der Initiative der Farbwerke Hoechst AG.

Auf Grund der guten Verkehrslage, der sehr günstigen Energiepreise sowie der vertraglich abgesicherten Verpflichtung des niederländischen Staates, das Gelände aufzuspülen und zunächst einen Hafen für Binnenschiffe anzulegen, entschloß sich dieser deutsche Chemiekonzern 1965, in Vlissingen Gelände zu erwerben und hier die äußerst energieintensive Phosphorproduktion zusätzlich zu den Anlagen in Knapsack aufzunehmen [1].

Das 1968 angelaufene Werk verfügte 1972 mit seinen drei Phosphoröfen über folgende Kapazitäten [2]:

- 99.000 to/a Phosphor
- 144.000 to/a Phosphorsäure (thermisch)
- 210.000 to/a Natrium-Tripolyphosphat (Waschmittelrohstoff)

Da der neue Hafen bisher nur von kleineren Seeschiffen bis zu einem Tiefgang von 7,50 m angelaufen werden kann, erfolgt der Antransport der vorwiegend aus Florida stammenden Phosphate (ca. 800.000 to/a) über Rotterdam in Binnenschiffen. Auch die anderen für die Phosphorherstellung benötigten Rohstoffe, wie Koks und Kies, bzw. Quarzsand werden in Binnenschiffen antransportiert.

Für 1973 sind Versuche geplant, Phosphat-Massengutfrachter im Scheldefahrwasser vor dem Werk mit einem Schwimmkran auf Leichter zu entladen [3].

---

1) Briefliche Angaben der Farbwerke Hoechst vom 28.3.72
2) Starke Aufwärtsentwicklung bei Hoechst Holland, in: Handelsblatt vom 8.12.71
3) Mündliche Auskunft der Farbwerke Hoechst

Die bei der Phosphorproduktion in großen Mengen anfallende Schlacke (ca.
750.000 to/a) ist in Vlissingen kein Umweltproblem, sondern sie wird von den
Holländern dankbar für Zwecke der Landgewinnung abgenommen.

Seit 1972 ist außerdem ein kleines Petrochemiewerk in Betrieb, in dem Hoechst
42.000 to/a Dimethyterephthalat (DMT) herstellt, wovon etwa 50 % an Ort und
Stelle zu 24.000 to/a Polykondensat - beides Vorprodukte für die Hoechst-Polyester-
faser "Trevira" - weiterverarbeitet werden [1]. Eine Verdopplung der Kapazitäten
ist geplant.

Die in Holland besonders strengen Umwel tschutzbestimmungen wurden durch den
Einbau spezieller Abgasfilter und Kläranlagen erfüllt [2].

In direkter Nachbarschaft von Hoechst befinden sich die 1966 erbauten, relativ
kleinen Anlagen des amerikanischen Spezialchemikalienherstellers M & T International N.V., der hier mit 120 Mitarbeitern ca. 1.500 to/a Katalysatoren für
die Urethanschaum- und Polyesterfaserherstellung sowie PVC-Stabilisatoren durch
die Synthese von Metallatomen mit organischen Verbindungen produziert (Grignard-
Chemie) [3].

Landeinwärts dieser beiden Chemiewerke liegt eine Aluminiumhütte des französischen Pêchiney-Konzerns, der wie die Farbwerke Hoechst das hier gegebene
preisgünstige Energieangebot ausnutzt.

Auf einem nur 5 km nordwestlich von diesen Werken gelegenem Industriegebiet
des Ortes Middelburg hat das amerikanische Chemieunternehmen Hercules Incorporated
1966 eine Fabrik für 50.000 to/a DMT erbaut [4], die 1973 durch eine Kunstharz-
anlage von 15.000 to/a ergänzt wurde [5].

---

1) Starke Aufwärtsentwicklung bei Hoechst Holland, a.a.O.
2) Hoechst in Vlissingen- ein "gesunder" Betrieb, in: Handelsblatt vom 10.12.71
3) Briefliche Angaben der M & T N.V. v.26.6.72
4) Briefliche Angaben der Hercules N.V. vom 21.6.72
5) Erdöl, Kohle, Erdgas, Petrochemie, Nr.3, 1972, S.169

Im Gegensatz zu dem ebenfalls DMT produzierenden Werk von Hoechst besitzt das Midelburger Industriegebiet keinen Schiffsanschluß, so daß die meist per Schiff bezogenen Rohstoffe Paraxylol und Methanol erst kostenerhöhend umgeladen werden müssen.

Vom Bau einer Raffinerie mit einem Rohöldurchsatz von 5 Mio to/a der Compagnie Francaise de Pétrole (Total) erwartet man sich Anziehungseffekte für weitere Chemie-ansiedlungen im Raum Vlissingen. Es wird vermutet, daß diese Raffinerie das schräg gegenüber auf dem südlichen Scheldeufer gelegene Petrochemiewerk der DOW bei Terneuzen mit Rohbenzin versorgen wird.

Der von der deutschen Union Rheinische Braunkohlen Kraftstoff AG geplante Bau einer zweiten Raffinerie in Vlissingen wurde allerdings vorerst verschoben [1].

Das seit Anfang 1973 in Betrieb befindliche 477 MW Kernkraftwerk an der Schelde in Borssele [2] wird die Anziehungskraft dieses Raumes voraussichtlich nicht erhöhen, da die Strompreise der konventionellen Kraftwerke (Erdgasbasis) hier schon äußerst niedrig sind.

Aufgrund des bisher unzureichenden Tiefwasseranschlusses weist der Raum Vlissingen gegenüber den Standorten Rotterdam oder Antwerpen oder der Kanalzone von Gent eindeutig Nachteile auf, denen jedoch Vorteile in Form von Arbeitskraftreserven und geringerer Umweltschutzaufwendungen entgegenstehen.

---

1) Mündliche Angaben der Union Rheinische Braunkohlen Kraftstoff AG, Wesseling
2) Atomwirtschaft, Atomtechnik, Nr. 3 1973, S. 134

2.5.4. Der Großraum Rotterdam

Die verkehrsgeographisch äußerst günstige Lage im Mündungsgebiet des Rheins als
größter Binnenwasserstraße Europas sowie der Anschluß an das internationale Eisen-
bahn- und Fernstraßennetz gepaart mit einer weitsichtigen und mutigen Planung
der zuständigen Behörden haben Rotterdam seit den fünfziger Jahren seinen beispiel-
losen Aufstieg zum größten Hafen der Welt beschert [1].

Im Jahre 1970 war Rotterdams Umschlag mit rund 225 Mio to im Güterverkehr über
See größer als derjenige der beiden in der Weltstatistik folgenden Häfen Tokio/
Yokohama (110 Mio to) und New York (rund 100 Mio to) zusammen und mehr als
anderthalb mal so groß wie der Umschlag aller bundesdeutschen Nord- und Ostsee-
häfen zusammen [2].

Allerdings beruht die Vormachtstellung Rotterdams im wesentlichen auf dem Mine-
ralölumschlag, der 1970 mit 144 Mio to größer war als der Gesamtgüterumschlag
eines jeden anderen Hafens der Welt.

Zum Hinterland Rotterdams gehören die größten Bevölkerungskonzentrationen des
kontinentalen West- und Mitteleuropas.

Die bedeutende Transitfunktion Rotterdams vor allem für die Rheinanliegerstaaten
wird ergänzt durch das ständig steigende Frachtaufkommen der im Hafengebiet ansässigen Raffinerien und chemischen Werke.

2.5.4.1. Geschichtliche Entwicklung

Die Entwicklung des Großraums Rotterdam zu einem der wichtigsten Chemiezentren
der Welt geschah in mehreren Phasen.

Bis zum Ende des II.Weltkriegs unterschied sich Rotterdam kaum von anderen großen
Industriehafenstädten. Die erste chemische Fabrik im damals neu geschaffenen Indu-

1) Düsterloh, D.: Rotterdam und Antwerpen - zwei westeuropäische Welthäfen,
   in: Zeitschrift für Wirtschaftsgeographie, Heft 4, 1973, S.97
2) Ebenda

striegebiet Pernis war die "Fabriek van Chemische Producten Vondelingenplaat NV", die 1909 von dem zu klein gewordenen Schiedam auf ein erweiterungsfähiges, damals weit von Wohnorten entferntes Gelände in Pernis an der Neuen Maas umzog [1].

Direkt gegenüber auf der nördlichen Maasseite wurde 1920 in Vlaardingen ein weiteres Chemiewerk gegründet, die damalige "Eerste Nederlandsche Cooperative Kunstmestfabriek" (ENCK) [2].

Beide Werke waren auf einen preiswerten An- und Abtransport von Massengütern per Schiff angewiesen.

Die erste Erdölraffinerie Rotterdams errichtete 1936 die Royal Dutch-Shell Gruppe mit einer Kapazität von 1 Mio to/a auf dem Gelände ihres seit 1902 in Betrieb befindlichen Benzintanklagers in Pernis [3].

Die zweite Phase begann kurz nach dem II. Weltkrieg, als sich Pernis durch den großzügigen Ausbau der Shell-Raffinerie sowie durch die 1948 hier erbaute Chevron-Raffinerie zu einem Raffinerie-Zentrum entwickelte, ohne jedoch größere Geländereserven zu besitzen.

In den folgenden Jahren begann die Rotterdamer Hafenverwaltung entlang der Neuen Maas zwischen Rotterdam und der Nordsee auf dem Südufer neue Hafenbecken anzulegen und ausgedehnte Industriegelände baureif zu machen.

In der dritten Phase wurde dieser zunächst fast leere Großraum seit 1960 zügig von Industrieunternehmen besiedelt, wobei die chemische Industrie mit Abstand dominierte.

---

1) Briefliche Angaben der Vondelingenplaat N.V. vom 8.6.72
2) Briefliche Angaben der Windmill Holland N.V. vom 24.5.72
3) Shell Pernis, Engl. Broschüre der Shell Nederland Raffinaderij, N.V.,
   Haarlem, Dezember 1968, o.S.

Schwerpunkte der Industrieansiedlung waren bis Mitte der sechziger Jahre Botlek und Rozenburg, dann folgte das ausgedehnte Europoort-Gebiet, wo 1963 eine Raffinerie der Gulf Oil in Betrieb ging. Vier Jahre später folgten eine Raffinerie der BP sowie Petrochemieanlagen der Konam und ein Kunstdüngerwerk der Esso-Chemie.

Neben ausgedehnten Geländereserven, die durch das in der Erschließung befindliche Maasvlakte-Projekt noch beträchtlich vergrößert werden, besitzt das Europoort-Gebiet den Vorteil eines 22 Meter tiefen Fahrwassers, das einen kostengünstigen Rohöltransport für die Raffinerien in Tankern von 250.000 to Tragfähigkeit ermöglicht.

Die Reihenfolge der Ansiedlungen von Chemiewerken im Großraum Rotterdam, soweit sie bekannt sind, ist aus Tabelle 8 ersichtlich.

Da bei vielen Werken entweder nur das Gründungsjahr oder das Jahr der Produktionsaufnahme bekannt ist, erfolgte in der Tabelle eine Aufteilung dieser beiden Angaben. In zwei Fällen, bei der Shell-Chemie und der Esso-Chemie, liegt das Gründungsjahr nach der Produktionsaufnahme, da die entsprechenden Anlagen vorher von den jeweiligen Raffineriegesellschaften betrieben wurden.

2.5.4.2. Heute im Großraum Rotterdam ansässige Chemiewerke

2.5.4.2.1. Raffinerien

Mit seinen mittlerweile fünf Raffinerien, deren Gesamtdurchsatzkapazität 1972 bereits über 70 Mio to/a betrug, ist Rotterdam eines der größten Mineralölverarbeitungszentren der Welt.

Die Shell-Raffinerie in Pernis ist nach mehreren Erweiterungen mit nunmehr 25 Mio to/a Rohöldurchsatz die größte Raffinerie der Welt [1][2].

---

1) Der Hafenkurier, Rotterdam, 18.12.69, S. 10
2) Erdöl, Kohle, Erdgas, Petrochemie, Nr. 4, 1971, S. 269

Tabelle 8: Die Reihenfolge der Ansiedlungen von Chemiewerken im Großraum
Rotterdam [1]

Gründungs-jahr	Produktions-beginn	Ort	Unternehmen
1901	1909	Pernis	Vondelingenplaat
1920		Vlaardingen	ENCK (Windmill Holland NV)
	1936	Pernis	Shell-Raffinerie
1948		Pernis	Chevron-Raffinerie
1959		Botlek	Ketjen-Carbon
	1960	Botlek	Esso-Raffinerie
	1960	Botlek	DOW-Chemical
	1960	Botlek	Continental Columb. Carbon
	1960	Europoort	Shell Tanklager
1960	1961	Botlek	Zout Chemie Botlek
1960	1962	Botlek	Tiofine
1962	1950	Pernis	Shell-Chemie
1962	1963	Rozenburg	ICI-Chemie
	1963	Europoort	Gulf-Raffinerie
	1964	Botlek	Chem. Industrie Rijnmond
1965	1964	Botlek	Esso-Chemie
1965		Botlek	Cryoton
	1965	Europoort	Gulf-Schmierölfabrik
	1966	Botlek	Climax Molybdenum
1964	1966	Botlek	Aluminium Chemie
	1966	Botlek	Ketjen Schwefelsäure
	1967	Botlek	Cyanamid
1964	1967	Europoort	Konam
	1967	Europoort	BP-Raffinerie
1966	1968	Europoort	Esso-Chemie
	1970	Europoort	Gulf-Chemie
	1972	Rozenburg	Oxirane

1) Quellen: - Rotterdam Chemie Zentrum, Sonderausgabe der Zeitschrift: Rotterdam-
Europoort-Delta, Rotterdam 1968, S. 11-20
- Angaben der jeweiligen Unternehmen

Die 1960 im Botlek-Gebiet in Betrieb gegangene Esso-Raffinerie ist mit 16 Mio to/a die zweitgrößte Raffinerie in Rotterdam, gefolgt von den Chevron Anlagen in Pernis mit 12,5 Mio to/a Rohöldurchsatz.

Die Esso setzt ebenso wie die Shell auch Rohöle aus den Niederlanden ein. Lieferant ist die N.V. Nederlandse Aardolie Maatschappij (NAM), eine gemeinsame Tochtergesellschaft von Esso und Shell.

Per Rohrleitung gelangten 1971 400.000 to und per Bahn 600.000 to niederländisches Rohöl in die Esso-Raffinerie, zusammen 6 % des Rohöleinsatzes dieser Raffinerie [1].

Durch die in den letzten Jahren aus Gründen der Wirtschaftlichkeit immer größer gewordenen Rohöltanker erlangten diese drei Raffinerien einen gewissen Standortnachteil, da nur die Europoort-Hafenbecken auf die für 250.000 tdw Tanker im Gezeitenhafen Rotterdam notwendige Wassertiefe von 22 Metern ausgebaggert werden konnten.

Um nicht auf einen preisgünstigen Rohölantransport verzichten zu müssen, baute die Shell schon 1960 im 4. Petroleumhafen ein Tanklager mit Pumpstation und versorgt nun die Raffinerie Pernis von Europoort aus durch eine Rohrleitung. Direkt daneben errichteten Esso und Chevron ein gemeinsames Tanklager, von dem aus sie ihre Raffinerien ebenfalls per Rohrleitung mit Rohöl versorgen.

Neben dieser lokalen Versorgung ist das Europoort-Gebiet auch Ausgangspunkt von mehreren Fernrohrleitungen (siehe Karte 13):

- die ins Ruhrgebiet und nach Frankfurt führende Rotterdam-Rhein-Pipeline (RRP) mit einer Kapazität von 36 Mio to/a [2],
- die seit Mitte 1971 in Betrieb befindliche Rotterdam-Antwerpen-Pijpleiding (RAPL) mit einer Kapazität von 28 Mio to/a [3][4]

1) Briefliche Angaben der Esso Nederland N.V. vom 7.6.72
2) Jahrbuch für Bergbau, Energie, Mineralöl, Chemie, a.a.O., 1971, S.433
3) Handelsblatt vom 13.7.71
4) Handelsblatt vom 28.3.72

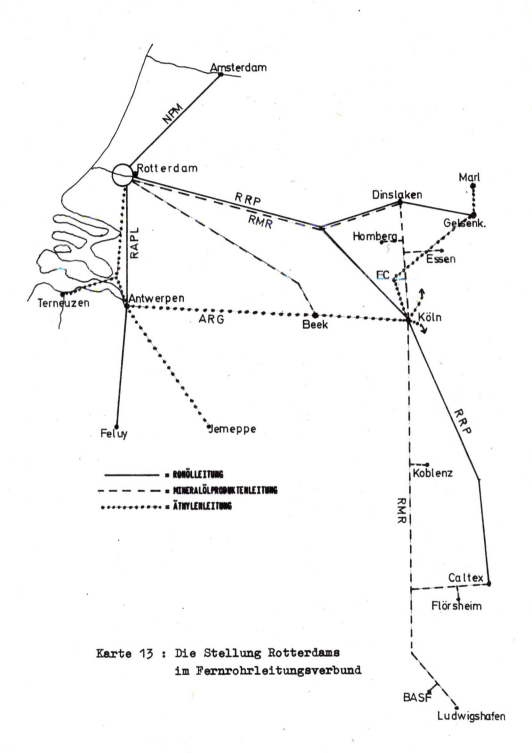

Amsterdam

NPM

Rotterdam

RRP

RMR

Dinslaken

Marl

Gelsenk.

Homberg

Essen

EC

RAPL

Köln

Terneuzen

Antwerpen

ARG

Beek

Feluy

Jemeppe

RRP

Koblenz

RMR

_____ = ROHÖLLEITUNG

_ _ _ _ _ = MINERALÖLPRODUKTENLEITUNG

• • • • • • = ÄTHYLENLEITUNG

Caltex

Flörsheim

Karte 13 : Die Stellung Rotterdams
im Fernrohrleitungsverbund

BASF

Ludwigshafen

- die Nederlandse Pijpleiding Maatschappij (NPM), durch welche die Mobil Oil ihre Raffinerie in Amsterdam (6 Mio to/a) von ihrem Tanklager im 7. Petroleumhafen aus versorgt.

Die beiden im Europoort liegenden Raffinerien der Gulf Oil und der BP können das Rohöl direkt von Supertankern in ihre Tanks füllen und genießen so durch den Wegfall von Rohrleitungstransportkosten zumindest gegenüber den anderen Rotterdamer Raffinerien gewisse Standortvorteile [1].

Während die 1967 mit einer Kapazität von 5,3 Mio to/a in Betrieb gegangene BP-Raffinerie 1972 auf 14 Mio to/a ausgebaut wurde [2], scheint die 1963 in Betrieb genommene Raffinerie der Gulf Oil ihre für Rotterdamer Verhältnisse sehr kleine Kapazität von 4,4 Mio to/a vorerst beizubehalten.

Reine Raffinerien ohne nachgeschaltete petrochemische Anlagen betreiben nur die BP und die Chevron. Allerdings speisen sie zusammen mit der Shell-Raffinerie jährlich 9,1 Mio to Fertigprodukte, davon 3,3 Mio to [3] für die chemische Industrie, in die Rhein-Main-Rohrleitung (RMR) ein und versorgen damit den west- und südwestdeutschen Raum.

Neben mehreren Tanklagern werden in Deutschland die 50 %ige BP-Tochtergesellschaft Erdölchemie GmbH in Köln-Worringen, die 50 %ige Shell-Tochtergesellschaft Rheinische Olefinwerke GmbH in Wesseling sowie die petrochemischen Anlagen der Caltex-Raffinerie in Raunheim bei Frankfurt, einer 50 %igen Chevron-Tochtergesellschaft, sowie die BASF in Ludwigshafen mit Leichtbenzin und Naphtha versorgt.

Die Chevron-Raffinerie (68,4 % Chevron, 31,6 % Texaco), die von jetzt 12,5 auf 15 Mio to/a vergrößert werden soll [4], exportiert nach eigenen Angaben darüberhinaus noch Produkte nach Dänemark, England, Belgien, Luxemburg und Spanien [5].

---

1) Vgl.: BP-Raffinerie Rotterdam, in: Oel-Zeitschrift für die Mineralölwirtschaft, Februar 1968, S. 40
2) Erdöl, Kohle, Erdgas, Petrochemie, Nr. 6, 1971, S. 438
3) Briefliche Angaben des Konsortiums Rhein-Main-Rohrleitung, Hamburg, vom 26.7.72
4) Erdöl, Kohle, Erdgas, Petrochemie, Nr. 6, 1971, S. 438
5) Briefliche Angaben der Chevron Petroleum Maatschappij (Nederland) N.V. vom 28.7.72

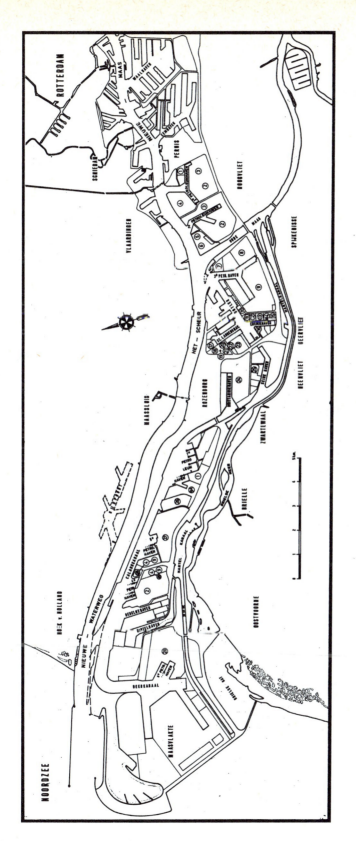

Karte 14 : Das Hafengebiet von Rotterdam

Die zu den RMR-Einspeisern gehörende Shell-Raffinerie Pernis exportiert 75 % ihrer Produktion [1].

Neben den reinen Raffinerieanlagen betreibt sie in Pernis noch eine große Schmier-ölfabrik sowie vier Bitumenblasanlagen.

Aus Platzmangel in Pernis wurde auf der gegenüberliegenden Maasseite in Vlaardingen ein Fertigproduktenlager neben der ENCK errichtet, das durch ein aus sechs Rohren bestehendes, im Fluß versenktes Leitungsbündel mit Pernis verbunden ist. Über den äußerst engen Verbund zwischen der Raffinerie und den integrierten Anlagen der Shell Nederland Chemie wird gesondert eingegangen.

Die Esso-Raffinerie speist zwar keine Produkte in die RMR ein, jedoch versorgt sie die petrochemischen Anlagen der DSM in Beek [2] durch eine Rohrleitung der DSM, deren Einspeisungsstation auf dem Esso-Gelände steht.

Da die Esso zwar 900.000 to/a Naphtha per Schiff, aber nur 600.000 to/a Naphtha per Rohrleitung abgibt [3], wovon auch noch die Anlagen der Esso-Chemie versorgt werden müssen, die DSM andererseits zwischen 800.000 und 1,3 Mio to/a Naphtha durch diese Rohrleitung bezieht [4], scheinen auch noch andere Raffinerien über diese Leitung Naphtha nach Beek zu pumpen.

Auch bei der Esso liegt der Anteil der exportierten Produkte mit über 65 % [5] sehr hoch.

---

1) Angaben der Shell Nederland N.V.
2) Siehe Kapitel 2.2.2.1.
3) Briefliche Angaben der Esso Nederland N.V. vom 7.6.72
4) Jaarverslag 1971, a.a.O., S. 39
5) Unterlagen der Esso-Chemie von 1969

2.5.4.2.2. Petrochemiewerke mit eigenen Raffinerien

2.5.4.2.2.1. Shell-Chemie

Den Anfang der petrochemischen Weiterveredelung von Raffinerieprodukten machte die Shell, die seit 1950 neben ihrer Raffinerie in Pernis zahlreiche Chemieanlagen errichtet hat [1], welche einen Teil der benötigten Rohstoffe sowie Dampf, Elektrizität, Heizöl, Heizgas und Kühlwasser von der Raffinerie beziehen [2]. Seit 1962 wird der chemische Sektor von einer gesonderten Gesellschaft, der Shell Nederland Chemie N.V., betrieben.

Da leider nicht alle Daten bekannt sind, ist die folgende Kapazitätsübersicht zwangsläufig ungenau und unvollständig [3]:

- Aromaten, wie Benzol, Toluol, Xylol
- Äthylen und Propylen
- Polyvinylchlorid (160.000 to/a)
- Allylchlorid und Epichlorhydrin (60.000 to/a)
- Epoxidharze und Alkydharze (10.000 to/a)
- Butadien-Styren-Kautschuk, Isopren (150.000 to/a)
- Äthylenoxid (50.000 to/a)
- Äthylbenzol, Äthanolamine
- Waschmittelrohstoffe (150.000 to/a)
- Isopropanol (120.000 to/a)
- Aceton (80.000 to/a)

Außerdem werden noch Desinfektionsmittel und Glycerin hergestellt.

Aus den Entschwefelungsanlagen der Raffinerie bezieht die Shell-Chemie Schwefelwasserstoff, der hier getrennt wird, wobei der chemisch reine Schwefel in den Verkauf geht.

---

1) Der Hafenkurier, Rotterdam, 23.12.71, S.2
2) Rotterdam-Chemie-Zentrum, 1968, a.a.O., S. 11
3) Quellen: - Jaarverslag 1971, a.a.O., S. 52
         - Rotterdam-Chemie-Zentrum, a.a.O., S. 11

Auch hier sei noch einmal darauf hingewiesen, daß nicht alle hergestellten Mengen das Werk verlassen, sondern teilweise wieder zur Herstellung anderer Produkte benötigt werden, wie Äthylen für Äthylbenzol und Äthylenoxid und dieses wieder für Äthanolamine, oder 80.000 to/a des Isopropanols (Isopropylalkohol) für die Acetonproduktion.

Ein Teil des Propylens wird in den Anlagen der Rotterdamse Polyolefinen Maatschappij (60 % Shell - 40 %Montecatini), die sich mitten auf dem Shell-Gelände befinden, zu 30.000 to/a Polypropylen polymerisiert.

Ende 1972 wird die Kapazität dieser Anlage 75.000 to/a betragen [1].

Insgesamt wurden von der Shell Nederland Chemie im Jahr 1970 805.000 to Chemieprodukte erzeugt [2].

Über den Rohstoffbezug und den Produktenabsatz liegen leider, wie auch bei den anderen Rotterdamer Werken, nur bruchstückhafte Informationen vor. Den für die Äthylenoxidproduktion benötigten Sauerstoff bezieht Shell durch eine Rohrleitung von Cryoton aus Botlek, einem 1965 von der AKZO und mehreren holländischen Firmen gegründetem Industriegasunternehmen. Das benötigte Chlor wird von der AKZO-Tochtergesellschaft Zout-Chemie Botlek bezogen. Von ihrer 50 %igen Tochtergesellschaft Rheinische Olefinwerke in Wesseling erhält die Shell-Chemie einige hunderttausend Tonnen Propylen im Jahr - Rohstoff für Isopropanol, Polypropylen u.a. - sowie ca. 150.000 to/a Butadien für die Synthesekautschukherstellung [3].

Von dem bei Shell erzeugten Toluol werden jährlich 20.000 to/a auf dem Wasserweg an Bayer Antwerpen geliefert, wo sie zu Toluol-di-iso-Cyanat, einem Vorprodukt für Polyurethanschaum, verarbeitet werden [4].

---

1) Jaarverslag 1971, a.a.O., S. 50
2) Ebenda, S. 51
3) Mündliche Angaben der ROW von März 1973
4) Auskunft von Bayer Antwerpen

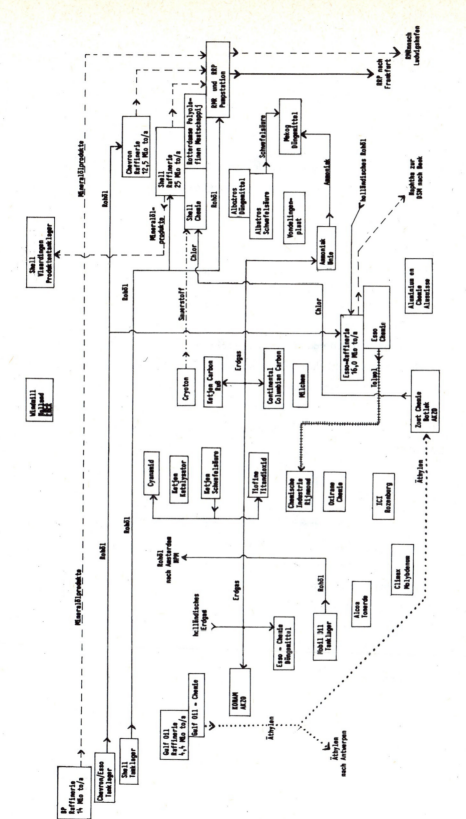

Übersicht 23 : Die chemischen Werke und Raffinerien im
Hafengebiet von Rotterdam und ihre
Rohrleitungsverbindungen

Ein Teil des Epichlorhydrins gelangt per LKW zu der 50 %igen Shell-Tochter Rheinische Olefinwerke in Wesseling, wo es zur Herstellung von Epikote-Harzen dient.

Wesentliche Erweiterungen können auf dem dicht bebauten Gelände der Shell in Pernis, das 1968 als größter chemischer Werkskomplex der Niederlande galt [1] - in den Raffinerie-, Chemie- und Tanklagerbetrieben werden mehr als 5.600 Mitarbeiter beschäftigt -, nicht mehr durchgeführt werden. Deshalb baut die Shell Chemie Nederland zur Zeit in dem ca. 25 km südöstlich von Pernis am Hollandsch Diep gelegenen Moerdijk ein neues großes Petrochemiewerk.

Allerdings dürfte bei dem Ausweichen auf das bisher gänzlich industriefreie Gebiet bei Moerdijk auch eine Rolle gespielt haben, daß Genehmigungen für neue petrochemische Anlagen in Rotterdam wegen des wachsenden Druckes der Bevölkerung gegen befürchtete Umweltbelästigungen immer schwieriger zu bekommen sind. So mußte der von Shell in Pernis geplante Bau einer Diphenylolpropan (DPP)-Anlage von 55.000 to/a, einem Rohstoff für Epikote-Harze, die in Pernis und Wesseling produziert werden, wegen mangelnder Genehmigung der Behörden vorerst aufgeschoben werden [2].

2.5.4.2.2.2. Esso Chemie

Im Anschluß an die Inbetriebnahme ihrer Raffinerie im Botlek-Gebiet erbaute die Esso Anfang der sechziger Jahre auf dem Raffineriegelände umfangreiche petrochemische Anlagen, die 1964 in Betrieb genommen werden konnten. Es handelt sich um eine der größten Aromatenfabriken, die Benzol, Toluol und Xylol herstellt und ihre Rohstoffe durch Rohrleitungen von der Raffinerie bezieht. Aus organisatorischen Gründen wurden diese Anlagen Ende 1965 der neu gegründeten Gesellschaft Esso Chemie N.V. übertragen.

---

1) Rotterdam Chemie-Zentrum, in: a.a.O., S. 11
2) Europa Chemie, 20/1972, S.406

Die Anfangskapazität von 300.000 to/a wurde 1970 auf 600.000 to/a Aromaten vergrößert, wobei zusätzlich noch je 50.000 to/a Para-Xylol und Ortho-Xylol erzeugt werden [1]. Gleichzeitig wurde die Kapazität der seit 1965 bestehenden Cyclohexan-Anlage, die als Rohstoff Benzol der Aromatenanlage einsetzt [2], auf 120.000 to/a verdoppelt.

Neben diesen rein petrochemischen Anlagen betreibt die Esso Chemie noch eine große Harnstoff- und Düngemittelfabrik auf Erdgasbasis.

Aus Platzmangel wurde diese Fabrik nicht bei den anderen Anlagen im Botlek-Gebiet, sondern auf einem ausgedehnten Gelände im Europoort am 7. Petroleumhafen errichtet.

In den 1968 in Betrieb genommenen Anlagen werden aus Erdgas, das von der 50 %igen Esso-Tochter Nederlandse Aardolie Maatschappij (N.A.M.) geliefert wird, sowie aus Luft und Wasser zunächst 456.000 to/a Ammoniak erzeugt. Während ein Teil des Ammoniaks in den Verkauf geht, dient ein anderer großer Teil einmal zur Erzeugung von 230.000 to Salpetersäure und zum anderen zusammen mit Kohlendioxid zur Herstellung von 180.000 to/a Harnstoff.

Von der Salpetersäure wiederum geht ein Teil in den Verkauf, während die übrige Menge zusammen mit Ammoniak und Kalkstein zu 350.000 to/a Kalkammonsalpeter verarbeitet wird. Der Abtransport der verschiedenen Produkte erfolgt vorwiegend auf dem Wasserweg.

---

1) Esso Chemie N.V. - The Hague, Engl. P.R. Broschüre, o.J., S. 4
2) Esso Chemie N.V., Holländische P.R. Broschüre vom 20.5.1969, S.9

2.5.4.2.2.3. Gulf Oil

Der jüngste petrochemische Komplex im Europoort-Gebiet gehört der Mineralölgesellschaft Gulf Oil. Neben ihrer Raffinerie am 5. Petroleumhafen wurde 1965
zunächst eine Schmierölfabrik in Betrieb genommen.

Anfang 1970 folgte dann eine große, durch eine Rohrleitung von der Raffinerie versorgte, Naphtha-Crackanlage mit einer Kapazität von 300.000 to/a Äthylen; außerdem fallen zwangsläufig ca. 200.000 to/a Propylen und fast 100.000 to/a butadienhaltige Gase sowie Pyrolysebenzin an.

Daneben sind noch folgende Kapazitäten bekannt [1]:

- 150.000 to/a Cumol
- 200.000 to/a Styrol
- 100.000 to/a Polyäthylen

Von der Äthylenerzeugung werden etwa 100.000 to/a zu Polyäthylen polymerisiert,
während der überwiegende Teil durch eine Gulf eigene Rohrleitung nach Antwerpen
gepumpt wird, wo er zur Rohstoffversorgung von zwei Petrochemiewerken der Union
Carbid dient.

Sowohl für die Cumol- als auch für die Styrolproduktion wird Benzol benötigt, das
die Gulf entweder fremd bezieht, z.B. von der Esso Chemie, oder aber, was eher
zu vermuten ist, in einer eigenen Benzolanlage aus dem im Steam-Cracker anfallenden Pyrolysebenzin herstellt.

Aus Benzol und dem sowieso anfallenden Propylen gewinnt man Cumol, während Benzol und Äthylen über das Zwischenprodukt Äthylbenzol zu Styrol verarbeitet werden.

Aufgrund von Protesten der Bevölkerung gegen den Lärm und Geruch der Fabrik
mußte das Chemiewerk Anfang 1972 für einige Zeit stillgelegt werden [2], konnte
jedoch nach Vornahme baulicher Veränderungen inzwischen wieder den Betrieb
aufnehmen.

---

1) EKEP, 9/70, S. 625
2) Handelsblatt vom 5.4.1972

2.5.4.2.3. Petrochemiewerke ohne eigene Raffineriebasis

        - ICI Rozenburg -

Das 1962 in Rozenburg westlich des Botlek-Hafens errichtete Petrochemiewerk der englischen Imperial Chemical Industries, Ltd. (ICI) zählt mit seinen mittlerweile 1.200 Beschäftigten nach der Shell und Esso zu den größten Arbeitgebern der chemischen Industrie im Großraum Rotterdam.

Seit dem Anlaufen von zwei Anlagen zur Erzeugung von Platten und Gießpulver auf Acrylharzbasis im Jahre 1963 wurde das Werk auf dem 180 ha großen Gelände in mehreren Stufen zügig erweitert [1].

Bei der Inbetriebnahme einer Fabrik für Nylonpolymer von 20.000 to/a sowie Anlagen für 3.000 to/a Polyesterfilm und 45.000 to/a Polythene im Jahre 1966 wurde sofort mit dem Bau einer zweiten, gleich großen Polythene-Anlage begonnen [2]. Gleichzeitig errichtete man Fabriken für die Erzeugung des Polymers der Polyesterfaser Terylene, für Acrylfolien und für chlorierten Kautschuk.

Das Rozenburger Werk war praktisch das Sprungbrett der ICI in die EWG vor dem Beitritt Englands und steht als solches in einem sinnvollen, multinationalen Verbund. So wird einer der Hauptrohstoffe, 100.000 to/a Äthylen, in dem englischen ICI Petrochemiekomplex Wilton/North Yorkshire hergestellt, dort verflüssigt und dann vom Hafen Teesside in Spezialtankern nach Rotterdam verschifft, wo die ICI im nahegelegenen Brittannie-Haven besondere Entladeeinrichtungen geschaffen hat. [3]

Ein anderer wichtiger Rohstoff, Nylon-Salz, wird ebenfalls von Teesside nach Rozenburg verschifft.

Die hier von ICI produzierten Nylon- und Polyester-Polymere sind wiederum Rohstoffe für die 1966 in Östringen, südlich Heidelberg, und 1971 in Offenbach bei Landau in Betrieb gegangenen Kunstfaserwerke der ICI mit Kapazitäten von je 20.000 to/a Nylon und Polyesterfasern [4] [5].

---

1) Rotterdam Chemie Zentrum, a.a.O., S. 20
2) ICI Europa Ltd., PR-Broschüre der ICI, 1968, o.S.
3) ICI-Information Handbook, September 1971, 1, S.2
4) ICI in Focus, London 1968, S.31
5) ICI Annual Report, 1971, S.14

Seit 1972 hat man in Rozenburg auch mit der Produktion von Iso-Cyanaten begonnen [1]. Da ein Anschluß der ICI an das Äthylenverbundnetz zwischen Antwerpen, Terneuzen und Rotterdam geplant ist, wird in Zukunft wahrscheinlich ein Teil des Äthylens von den Großherstellern DOW-Terneuzen oder Shell-Moerdijk bezogen werden.

- Konam N.V. -

Die Konam N.V. wurde im Dezember 1964 als Gemeinschaftsunternehmen der damaligen Koninklijke Zout-Ketjen N.V., heute AKZO, und der Celanese Corporation - einem der größten amerikanischen Unternehmen auf dem Gebiet petrochemischer Produkte - gegründet [2]. Seit September 1969 befindet sich die Konam jedoch im alleinigen Besitz der AKZO [3].

Die 1967 in Betrieb genommenen Anlagen dieses Petrochemieunternehmens befinden sich im Europoort-Gebiet westlich neben der Esso-Chemie auf einem 60 ha großen Gelände.

An Rohstoffen setzt Konam zum einen ca. 200 Mio cbm holländisches Erdgas ein, das vorwiegend für die Erzeugung von Methanol und Methanolfolgeprodukten benötigt wird, und zum anderen ca. 100.000 to/a Erdölderivate (Butan, Äthylen), die vermutlich von den benachbarten Rotterdamer Raffinerien bezogen werden.

Das Produktionsprogramm umfaßt inzwischen folgende Produkte:
- Methanol (80.000 to/a)
- Formaldehyd (70.000 to/a)
- Harnstoff- und Formaldehydharzleime
- Essigsäure (50.000 to/a)
- Butanol (70.000 to/a)
- Isobutanol
- Butylacetat (15.000 to/a)
- Acetylen und Äthylacetat
- Methyl-Äthyl Ketone

---

1) Chemische Industrie, 9/1971, S. 565
2) Rotterdam Chemie-Zentrum, a.a.O., S. 18
3) Chemische Industrie, Nr. 12, 1970, S. 850

Konam arbeitet eng mit anderen Chemieunternehmen zusammen. So wird die
Butanol-Anlage gemeinsam mit dem französischen Unternehmen Kuhlmann betrieben,
während bei der Methanol- und Formaldehyderzeugung eng mit der DSM zusammen-
gearbeitet wird, mit der die Konzernmutter AKZO auch schon in Delfzijl eine gemeinsame Methanol-Anlage errichtet hat.

Im Jahre 1968 - leider waren keine neueren Daten erhältlich - beschäftigte die
Konam 350 Mitarbeiter bei einer Jahresgesamtproduktion von 350.000 to [1].

- Chemische Industrie Rijnmond N.V. -

Ein wichtiges Glied in der petrochemischen Verbundwirtschaft Hollands ist die
Chemische Industrie Rijnmond, eine 100 %ige DSM-Tochter, die sich östlich der
ICI Rozenburg im Botlek-Gebiet befindet.

Standortentscheidend für das 1961 gegründete Unternehmen war die Nähe des Rohstofflieferanten [2]. Seit 1964 ist auf dem 48 ha großen Gelände eine Phenolfabrik
in Betrieb [3].

Phenol wird hier nicht durch Oxidation von Cumol erzeugt, sondern über Benzoesäure
aus Toluol, welches in einer Menge von 125.000 to/a durch eine Rohrleitung von
der nur 3 km entfernten Esso Chemie bezogen wird.

Die Kapazität des 130 Mitarbeiter beschäftigenden Werkes lag 1972 bei 85.000 to
Phenol [4]. Davon werden 60.000 to/a in Bahnkesselwagen zur DSM nach Geleen
transportiert, wo sie über Cyclohexanon zu dem Kunstfaser- und Kunststoffvorprodukt
Caprolactam verarbeitet werden. Die restlichen 25.000 to/a Phenol werden per LKW
und Schiff in andere westeuropäische Länder geliefert.

Für die Zukunft ist eine Erhöhung der Phenolkapazität um 50.000 to/a geplant, da
eine gesonderte Phenolfabrik in Geleen wegen des zerschlagenen Limburger Raffine-
rieprojektes der Shell und DSM nun nicht mehr gebaut wird [5].

---

1) Rotterdam Chemie-Zentrum, a.a.O., S. 19
2) Brief der Chemischen Industrie Rijnmond vom 26.5.1972
3) Rotterdam Chemie-Zentrum, a.a.O., S. 15
4) Brief der Chemischen Industrie Rijnmond vom 26.5.1972
5) Europa Chemie, Nr. 17/1972, S. 338

- N.V. Zout Chemie Botlek -

Seit Anfang 1971 gehört auch die N.V. Zout-Chemie Botlek, eine 100 %ige AKZO-Tochter, zur Gruppe der Petrochemiewerke.

Das 1961 im Chemie Haven neben der Esso Chemie in Betrieb genommene Werk bestand zunächst nur aus einer großen Chlor-Alkali-Elektrolyse, deren Rohstoffversorgung mit Salz durch Schifftransporte von den AKZO-Salzfabriken in Hengelo und Delfzijl sichergestellt wird [1].

Der größte Teil des anfallenden Chlors wurde bisher an die Shell Chemie N.V. in Pernis geliefert [2]. Seit 1971 wird jedoch ein beachtlicher Teil des Chlors für die eigene Vinylchlorid-Herstellung (300.000 to/a) benötigt [3].

Den ebenfalls notwendigen petrochemischen Rohstoff Äthylen bezieht die Zout-Chemie aus dem Äthylenverbundnetz Rotterdam-Antwerpen - zunächst vermutlich von der Gulf and DOW, später wahrscheinlich von Shell-Moerdijk wegen der zu Shell bestehenden Lieferbeziehungen. Großabnehmer von Vinylchlorid ist die Shell Chemie, die jährlich 160.000 to PVC herstellt [4].

Auf dem Gelände der Zout-Chemie befindet sich auch noch die AKZO-Tochter "Herbicide-Chemie Botlek" [5], die Unkrautvertilgungsmittel herstellt [6].

- Oxirane Chemie (Nederland) -

Die Oxirane Chemie (Nederland) ist das bislang jüngste Petrochemiewerk im Rotterdamer Hafengebiet.

Diese Tochter der amerikanischen Gesellschaften Atlantic Richfield und Halcon International wurde auf einem noch freien Gelände zwischen der ICI-Rozenburg und dem Seine Haven erbaut. Seit 1972 werden hier in den größten Anlagen ihrer Art in Europa folgende Produkte erzeugt [7]:

---

1) AKZO - eine internationale Unternehmensgruppe, Arnheim, April 1971, S. 13
2) A few facts about salt, KNZ Hengelo, April 1970, o.S.
3) Chemische Industrie, Nr. 7/1971, S. 485
4) AKZO Großprojekt für 350 Mill. Gulden, in: Handelsblatt vom 9.4.73
5) Products and companies of the AKZO group, Februar 1971, S. 13
6) Rotterdam Chemie-Zentrum, a.a.O., S. 16
7) Chemische Industrie Juli 1972, Anzeige Nr. 541

- Propylenoxid (155.000 to/a)
- Propylenglykol
- Dipropylenglykol
- anfallende Nebenprodukte

Da in Rotterdam mit Ausnahme des Gulf-Eigenverbrauchs kein Propylen zur Verfügung steht, wird dieser Hauptrohstoff vermutlich auf dem Wasserweg von anderen Großerzeugern, wie z.B. DOW-Terneuzen, bezogen.

Der zur Direktoxidation des Propylens notwendige Sauerstoff, sowie Stickstoff und Prozeßdampf werden von einem in unmittelbarer Nähe liegenden Werk, der Air Products Nederland N.V., geliefert.

Das Absatzgebiet der Oxirane Chemie umfaßt angeblich ganz Europa. Ein wesentlicher Teil des erzeugten Propylenoxids, 65.000 to/a, wird per Schiff an das Bayer Werk Antwerpen geliefert, wo es als Rohstoff zur Erzeugung von 80.000 to/a Polyäther, dem Vorprodukt für Polyurethan-Schäume dient [1].

- DOW Chemical -

Nicht unerwähnt bleiben soll die DOW Chemical Nederland N.V. im Botlek-Gebiet. Schon 1953 hatte dieser amerikanische Chemiekonzern in Rotterdam seine erste europäische Niederlassung gegründet und unterhält seit 1957 im Botlek-Hafen Tanks und Depots für die Lagerung und Verteilung der aus den USA und Kanada eingeführten DOW-Produkte [2].

Seit 1960 befinden sich hier auch Fabrikationsanlagen für die Herstellung von Styren-Butadien Latex, denen 1964 eine Anlage für Verpackungsfolien auf Vinylchloridbasis folgte.

Seine petrochemischen Großanlagen errichtete DOW jedoch nicht im Rotterdamer Gebiet, sondern wählte dazu einen Standort "auf der grünen Wiese" in Terneuzen an der Schelde.

---

1) Angaben der Bayer Werke Antwerpen
2) Rotterdam Chemie Zentrum, a.a.O., S.17

- Fabriek van chemische Producten Vondelingenplaat N.V. -

Halb Petrochemiewerk, halb Spezialchemikalienhersteller ist die bereits seit 1909 in Pernis ansässige "Fabriek van chemische Producten Vondelingenplaat N.V.", benannt nach dem Gelände, auf dem sie sich befindet. Im Jahre 1961 ging das heute ca. 560 Mitarbeiter beschäftigende Unternehmen mehrheitlich in die Hände der amerikanischen Pennwalt Cooperation, Philadelphia, über [1].

Während ursprünglich die guten Zu- und Abfuhrmöglichkeiten per Schiff standort-entscheidend waren, erfolgen die Rohstoffversorgung und der Produktenversand heute ausschließlich durch LKW und Bahnkesselwagen. Das Werk setzt petroche-mische Zwischenprodukte, Alkohole, Amine, Chlor, Schwefelkohlenstoff u.a. ein und stellt daraus folgende Produkte her:

- Ameisensäure

- Oxalsäure

- Anilinfarbstoffe

- Methylamine

- Celluloseacetatfilm

- Hilfsmittel für die Textil-, Gummi- und Kunststoffindustrie

- Pestizide

Der Absatz erfolgt an Abnehmer in der EWG.

2.5.4.2.4. Düngemittelwerke

Der Tiefwasserhafen Rotterdam bietet den meist sehr rohstoff- und exportintensiven Düngemittelwerken Standortvorteile in Form von niedrigen Transportkosten. So können die von Übersee bezogenen Phosphate direkt ins Werk gelöscht werden und die für den Export bestimmten Düngemittel das Werk auf diesem Weg wieder verlassen.

---

1) Brief der Vondelingenplaat N.V. vom 8.6.72

Aufgrund ihres Produktionsprogrammes arbeiten Düngemittelwerke eng mit Schwe-
felsäurewerken sowie mit Ammoniak- und Salpetersäurefabriken zusammen oder betreiben eigene Anlagen dieser Art. Diese Chemikalien stehen in Rotterdam in ausreichender Menge zur Verfügung.

Das vom mengenmäßigen Ausstoß größte Düngemittelwerk betreibt die schon be-
schriebene Esso Chemie N.V. [1] im Europoort-Gebiet auf petrochemischer Basis.

Das erste Düngemittelwerk im Rotterdamer Raum wurde 1920 von der "Eerste Nederlandsche Cooperatieve Kunstmestfabriek" (ENCK) auf dem nördlichen Maasufer
in Vlaardingen gebaut.

Das Kapital dieses Unternehmens übernahm 1970 die Central Resources Corp.,
New York, die gleichzeitig ihre bisherigen Tochtergesellschaften Delta Chemie
N.V. und Windmill Fertilizers N.V. mit der ENCK fusionierte und dann in Wind-
mill Holland N.V. umbenannte. Das Vlaardinger Werk setzt folgende Rohstoffe ein [2]:

Rohstoffe	Herkunft
Natrium und Kalisalze	Frankreich
Rohphosphate	Nordafrika
Kalk	Deutschland
Schwefelsäure	Deutschland
Schwefel	Holland
Salpetersäure	Holland
Ammoniak	Holland

Mit Ausnahme des Ammoniaks, das in Bahnkesselwagen angeliefert wird, gelangen
alle Rohstoffe per Schiff ins Werk. Die Tatsache, daß die sehr transportkostenem-
pfindliche Schwefelsäure aus Deutschland bezogen wird, läßt darauf schließen, daß
die räumlich nächsten Produzenten in Rotterdam, die "Albatros Zwavelsuuren chemische Fabriek" sowie "Ketjen", nicht unbedingt auch die preisgünstigsten sein
müssen, zumal diese zum Konkurrenzunternehmen AKZO gehören.

1) Vgl. oben S.
2) Brief der Windmill Holland N.V. vom 24.5.72

Mit seinen ca. 800 Beschäftigten stellt die Windmill Holland N.V. folgende Produktpalette her [1]:

Produkt	Abnehmer
Phosphorsäure	Eigenverbrauch
Phosphorpentoxid 130.000 to/a	
Dicalciumphosphate	Viehfutterindustrie
Ammoniumphosphate	Viehfutterindustrie
Kalkammonsalpeter	Düngemittelindustrie
Harnstoff	Düngemittel- und Kunststoffindustrie
Mischdünger 150.000 to/a	
Siliciumfluoride	Emailindustrie u. Wasserversorgung

Die Kunstdüngerprodukte werden neben dem Inlandabsatz nach England und Frankreich und in die übrigen EWG-Staaten sowie nach Südamerika, Afrika und Asien exportiert. Auch die Phosphate werden z.T. an Viehfutterindustrien im Ausland geliefert. Nach Angaben des Unternehmens besteht kein Verbund mit anderen Werken.

Im Gegensatz dazu haben sich die beiden auf dem gegenüberliegenden Maasufer in Pernis ansässigen Düngemittelfabriken Albatros und Mekog vor einigen Jahren zur "Verenigde Kunstmest Fabrieken Mekog-Albatros N.V." (VKF) zusammengeschlossen und zwischen ihren Werken ein sinnvolles Verbundnetz eingerichtet.

Die anhaltenden Schwierigkeiten auf dem Stickstoff- und Düngemittelmarkt führten 1971 zu einer weiteren Rationalisierungsmaßnahme.

Zusammen mit der DSM gründete die VKF die "Unie van Kunstmestfabrieken B.V." (UKF), in welche die DSM ihre Düngemittelfabrik in Geleen [2] einbringt und die VKF die Anlagen der Albatros in Pernis und Amsterdam sowie die Mekog-Anlagen in Pernis und Ijmuiden [3]. Das Kapital der UKF befindet sich in Händen von AKZO, DSM, Shell und Hoogovens.

---

1) Brief der Windmill Holland N.V. vom 24.5.72
2) Vgl. oben S.
3) Jaarsverlag 71, a.a.O., S. 54

In Rotterdam-Pernis arbeiten die Werke der Gruppe wie folgt zusammen:

Ammoniaklieferant ist die Ammoniak Unie N V., ein gemeinsam von der Mekog, jetzt UKF, und der BASF gegründetes Ammoniakwerk [1], das sich nördlich des Shell-Gebietes am ersten Petroleumhafen neben den anderen Anlagen der UKF befindet. Aus holländischem Erdgas werden hier jährlich ca. 300.000 to Ammoniak erzeugt, die je zur Hälfte zur Versorgung der beiden Muttergesellschaften dienen.

So werden 150.000 to/a auf dem Wasserweg zur BASF nach Antwerpen geliefert, während die anderen 150.000 to/a durch kurze Rohrleitungen in die heute zur UKF gehörenden Anlagen der "Mekog" und "Albatrossuperfosfatfabriek" gepumpt werden [2].

Die benötigte Schwefelsäure liefert die auf dem gleichen Gelände befindliche ehemalige "Albatros Zwafelsuur en chemische Fabriek" ebenfalls durch kurze Rohrleitungen.

Zusammen mit importierten Phosphaten werden mehrere Kunstdüngerarten produziert, darunter:
- Phosphorpentoxid 120.000 to/a
- Doppelsuperphosphat
- Ammoniumphosphat
- Ammoniumsulfat

Inwieweit die anderen Kunstdüngerfabriken der UKF in diesen Verbund einbezogen sind, konnte nicht ermittelt werden.

2.5.4.2.5. Sonstige Chemiewerke

Im Botlok Gebiet am Sint Laurens Haven befindet sich eine weitere Gruppe von Chemiewerken, die in einem engen Verbund miteinander stehen - die allerdings auch kapitalmäßig miteinander verflochten sind.

---

1) BASF-Geschäftsbericht 1971, S.62
2) Zentrum der chemischen Industrie, o.V., in: Der Hafenkurier, Rotterdam, 23.12.72, S.2

Das erste Werk in diesem Gebiet war eine 1959 unter dem Namen Ketjen-Carbon errichtete Rußfabrik, an deren Kapital sich die amerikanische Cabot Corporation zu 40 % und die Koningliche Zwafelsuurfabrieken Ketjen, heute AKZO, zu 60 % beteiligten.

Rohstoffe sind aromatische Öle aus den USA und Venezuela sowie holländisches Erdgas. Von den erzeugten 46.000 to/a Ruß - begehrter Füllstoff für die Reifen- und Kautschukindustrie - werden 80 % exportiert.

Eine weitere Rußfabrik befindet sich im südlichen Botlekgebiet. Mit einer Kapazität von 50.000 to/a ist die 1960 gegründete amerikanische "Continental Columbian Carbon Nederland N.V." (51 % Continental Carbon - 49 % Columbian Carbon) etwas größer als die Ketjen-Carbon.

Im Jahre 1960 wurde die N.V. Titaandioxydfabriek Tiofine von der N.V. Billiton Maatschappij, der Albatros Zwafelsuur und der Chemischen Fabrieken Albacid N.V., einer gemeinsamen Tochtergesellschaft der Albatros Superfosfatfabrieken N.V. und der amerikanischen Cyprus Mines Corporation, gegründet und 1962 in Betrieb genommen [1].

Im Jahre 1965 schied die Cyprus Mines aus und die American Cyanamid Corp. erwarb 50 % des Kapitals, 27,5 % hält Billiton und 22,5 % die AKZO-Gruppe [2].

Die nach dem Sulfatverfahren arbeitende Titandioxidfabrik deckte in den ersten Jahren ihren verfahrensbedingt sehr hohen Schwefelsäurebedarf - für eine Tonne Titandioxid benötigt man u.a. 4 Tonnen Schwefelsäure - bei einer ihrer Gründungsgesellschaften, der Albatros Schwefelsäurefabrik in Pernis.

Seit Inbetriebnahme einer von Ketjen zwischen der Rußfabrik und dem Titandioxidwerk Tiofine erbauten Schwefelsäurefabrik (300.000 to/a) im November 1966 bezieht Tiofine ihre Schwefelsäure durch eine kurze Rohrleitung von Ketjen [3].

1) Rotterdam Chemie Zentrum, a.a.O., S. 13
2) Europa Chemie Nr. 15/1972, S. 294-295
3) Rotterdam Chemie Zentrum, S. 13

Bei einer inzwischen auf 30.000 to/a erweiterten Titandioxid-Kapazität [1] werden ca. 120.000 to/a Schwefelsäure zum Aufschluß der Ilmenit-Erze (ca. 80.000 to/a) benötigt, die kostengünstig direkt vom Seeschiff ins Werk gelöscht werden können.

Ebenfalls von Ketjen durch eine Rohrleitung mit Schwefelsäure versorgt wird die 1967 von der American Cynamid Corp., dem Mehrheitsaktionär der Tiofine, neben Ketjen erbaute Acrylamid- und Polyacrylamidfabrik der Cyanamid N.V., Botlek. Die anfängliche Kapazität von 4.000 to/a Acrylamid (auf Acrylnitrilbasis) sollte bis Ende 1971 erheblich erweitert werden [2].

Die Produktion wird in Europa und Südafrika abgesetzt, wobei Acrylamid vorwiegend zu Flockungsmitteln für den Bergbau und die Abwässerindustrie weiterverarbeitet wird [3].

Die Rohstoffversorgung der Ketjen-Schwefelsäurefabrik erfolgt durch eine kurze Rohrleitung mit flüssigem Schwefel direkt von der benachbarten Nederlands Zwavel Overslag Bedrijf.

Von dem Kraftwerk der Schwefelsäurefabrik verlaufen Rohrleitungen zur Ketjen-Carbon, die Dampf bezieht und Kondensat wieder abgibt.

Ebenfalls mit Dampf, aber auch mit Kühlwasser von Ketjen versorgt wird die direkt benachbarte Lufttrennanlage der 50 %igen AKZO-Tochter Cryoton. Das 1965 gegründete Werk liefert einen größten Teil seines Sauerstoffes durch eine Rohrleitung an die Äthylenoxidfabrik der Shell Chemie N.V. in Pernis. Auch andere Werke im Botlek-Gebiet beziehen Sauerstoff und Stickstoff durch ein Leitungssystem der Cryoton [4]. Nähere Angaben über dieses Rohrleitungsnetz, an das auch die Air Products Anlage in Rozenburg angeschlossen sein könnte, waren nicht erhältlich.

---

1) Chemische Industrie, Dezember 1970, S.819
2) Chemische Industrie, Nr.6/1971, S.390
3) Ebenda
4) Rotterdam Chemie Zentrum, a.a.O., S. 14

Die Aluminiumchemie ist in Rotterdam durch zwei Unternehmen vertreten.

Südwestlich der ICI am Seine Haven betreibt die Aluminium Company of America (Alcoa) eine Tonerdefabrik. Durch die Möglichkeit, den von Übersee bezogenen Bauxit direkt ins Werk löschen zu können, genießt das Werk gewisse Standortvorteile. Über den Absatz des hier erzeugten Aluminiumoxids ist nichts bekannt.

Seit Mitte 1966 ist im östlichen Botlek-Gebiet die Aluminium en Chemie Rotterdam, eine 100 %ige Alusuisse-Tochter, in Betrieb, die hier Kohlenstoffanoden (1971=240.000 to)[1] für die Aluminiumhütten der Alusuisse in Europa herstellt. Die hier hergestellte Anodenmenge reicht für eine Aluminiumerzeugung von ca. 430.000 to/a[2] und ist damit für die Versorgung aller Alusuisse Hütten, die 1971 nur 415.000 to Rohaluminium erzeugten[3], voll ausreichend. Die Rohstoffversorgung mit Pech und Petrolkoks erfolgt größtenteils durch Schiffe[4] von konzerneigenen Kalzinieranlagen in den USA und in Italien[5].

Abschließend sollen noch zwei kleinere Spezialchemiekalienhersteller erwähnt werden.

Die am Chemie Haven in Botlek liegende amerikanische Gesellschaft Milchem Nederland N.V. stellt Lignolsulfonate her, die in zahlreichen Industrieprozessen als Stabilisatoren für Öl-in-Wasser-Emulsionen (z.B. Hilfsflüssigkeit bei Erdölbohrungen) verwendet werden. Rohstoffe sind reine Ligninsorten von Nadelhölzern, die per Schiff aus Skandinavien angeliefert werden[6].

Halb chemischer, halb metallurgischer Betrieb ist das seit 1966 südlich der ICI in Botlek befindliche Werk der Climax Molybdenum N.V. Aus eigenen Gruben in Colorado/USA wird Molybdänerz mit Seeschiffen ins Werk gebracht und hier zu 7.000 to/a Molybdänoxid und seit Mitte 1972 auch zu 2.000 to/a Ammoniummolybdat verarbeitet[7]. Diese Stoffe werden hauptsächlich für Katalysatoren in chemischen Prozessen benötigt.

1) Zentrum der Chemischen Industrie, in: Der Hafenkurier, 23.12.1971, S.2
2) Walde, Hermann: Elektrische Stoffumsetzungen in Chemie und Metallurgie in Energiewirtschaftlicher Sicht, Düsseldorf, o.J., S.39-40
3) Alusuisse Geschäftsbericht 1971, S.6
4) Rotterdam Chemie Zentrum, a.a.O., S.19
5) Alusuisse Geschäftsbericht 1971, S.10
6) Rotterdam Chemie Zentrum, a.a.O., S.17
7) Chemische Industrie, Nr.7/1971, S.473

2.5.4.2.6. Tanklager- und Chemiehandelsgesellschaften

Einen nicht unwesentlichen Faktor zur Entwicklung und Selbstverstärkung der chemischen Industrie in einem bestimmten Raum stellen - obwohl nicht zu den produzierenden Betrieben gehörig - die Tanklager- und Chemiehandelsgesellschaften dar.
Im Rotterdamer Hafengebiet sind besonders viele Gesellschaften dieser Art vertreten.

Tanklagergesellschaften

Ökonomisch gesehen können Tanklagergesellschaften mehrere Funktionen erfüllen:

- Ankauf, Lagerung und Verkauf von Mineralöl und Mineralölprodukten auf
  eigene Rechnung
- Langfristige Vermietung von Tankraum an Raffinerien
- Kurz- und mittelfristige Lagerung von Mineralölprodukten, flüssigen Chemi-
  kalien und Abfallsäuren
- Betreiben von Rohrleitungen zwischen den Tanklagern und angeschlossenen
  Raffinerien sowie Aufarbeitung von Mischprodukten in kleinen Destillations-
  anlagen.

Das mit Abstand größte Unternehmen dieser Art in Rotterdam und gleichzeitig die
größte unabhängige Tanklager-Gesellschaft der Welt ist die Paktank N.V., eine
Tochter der Pakhoed Holding, welche aus der Fusion der mehr als hundertjährigen
Tanklagergesellschaft Pakhuismeesteren mit der Blawhœd hervorging [2]. Diese Ge-
sellschaft unterhält im Rotterdamer Hafengebiet sechs große Tanklager mit einer
Gesamtkapazität von über 3,5 Mio cbm.

Neben einer engen Zusammenarbeit mit den lokalen Raffinerien unterhält Paktank
auch intensive Geschäftsbeziehungen zu Rohölabnehmern im Ausland.

---

1) Chemische Industrie, Nr.7/1971, S.473
2) Petroleum Times, Thorton Heath, Surrey, Sonderdruck, 5.12.71, o.S.

So war es für die Union Kraftstoff AG in Wesseling bedeutend kostengünstiger, langfristig von Paktank Tankraum im Europoort zu mieten und von dort Rohöl durch die RRP nach Wesseling zu pumpen (1971 = 1,0 Mio to) [1], als selbst im Europoort ein kleines Tanklager zu bauen und zu unterhalten [2].

Seit April 1972 besteht ein ähnlicher Vertrag mit der zur amerikanischen Occidental Oil Gruppe gehörenden Raffinerie Belge de Pétroles in Antwerpen, für die Paktank den Umschlag, die Lagerung und das Einpumpen in die von Rotterdam nach Antwerpen führende R.A.P.L. Rohölleitung übernimmt.

Im Rotterdamer Hafengebiet unterhält Paktank ein Rohrleitungsnetz mit einer Gesamtlänge von über 65 km, das gegen Gebühr anderen Gesellschaften zum Transport zur Verfügung steht [3]. So wird im Auftrag der DSM Naphtha und Heizöl von Rotterdamer Raffinerien (Shell) und Paktank-Lagern zur DSM-Pumptstation auf dem Botlek-Gelände der Esso gepumpt, von wo der Weitertransport durch die DSM-eigene Rohrleitung zu den Hauptwerken der DSM in Limburg erfolgt.

Zwischen der Chevron Raffinerie Pernis und der Esso Raffinerie Botlek betreibt Paktank eine Raffineriegas-Leitung [4], die vermutlich zur zusätzlichen Versorgung der Aromaten-Anlage der Esso Chemie mit aromatischen Kohlenwasserstoffen von Chevron dient.

Von der Gesamtlagerkapazität der Paktank werden ca. 10 % für den Umschlag von Chemikalien benötigt, von denen der Gesamtumschlag ca. 1 Mio to/a beträgt [5]. Von dieser Menge werden 70 %, also 700.000 to/a, in die Bundesrepublik Deutschland weiter befördert, während 300.000 to/a in andere Länder exportiert werden [6].

---

1) Union Rheinische Braunkohlen Kraftstoff AG, Geschäftsbericht 1971, S.7
2) Petroleum Times, a.a.O., 5.11.71, o.S.
3) Paktank N.V. in 1971, Rotterdam, Mai 1972, Engl.PR-Broschüre
4) Ebenda
5) Brief der Paktank N.V. vom 29.6.1972
6) Ebenda

Neben Petrochemikalien werden flüssiger Schwefel, Phosphorsäure, Latices, tierische und pflanzliche Öle etc. gelagert. In ihrem Tanklager "Botlek" betreibt Paktank außerdem eine kleine Destillationsanlage.

Seit neuestem übernimmt Pakhoed (Paktank) auch den Straßentransport von Ölprodukten. Die BP erhofft sich durch Auflösung ihrer eigenen Transportabteilung und durch die Übertragung der Transporte auf ein solches Spezialunternehmen eine merkliche Kosteneinsparung, da sich durch den großen Fuhrpark einer solchen Gesellschaft wesentliche Rationalisierungserfolge erzielen lassen [1].

Während sich Paktank auf eine Zusammenarbeit mit den lokalen Produzenten spezialisiert hat, ist die Nieuwe Matex N.V. - mit einer Gesamtkapazität von 1,6 Mio cbm die zweitgrößte Tanklagergesellschaft in Rotterdam - eine reine Import/Export-Gesellschaft. Ihre gesamten Bezugsmengen erhält sie aus dem Ausland (90 % per Schiff) [2]. Ebenso wie Paktank exportiert Nieuwe Matex den überwiegenden Teil (80 %) ihrer eingelagerten Chemieprodukte in die Bundesrepublik Deutschland (960.000 to/a) - nach Holland und Belgien dagegen nur je 2,5 % [3]. Von ihren drei Lägern steht das Lager Botlek mit seinen 250.000 cbm ausschließlich für Chemieprodukte zur Verfügung. Zusätzlich zu den eingelagerten 800.000 to/a kommt noch ein Direktumschlag von Seeschiffen in Binnenschiffe von 400.000 to/a [4]. Diese insgesamt 1,2 Mio to/a Chemikalien setzen sich aus 65 bis 70 verschiedenen Produkten zusammen, die Rotterdam zu 60 % mit See- und Binnenschiffen und zu 40 % auf dem Landweg verlassen.

Neben diesen beiden großen Unternehmen und drei kleineren Tanklagergesellschaften [5] hat sich ein weiteres Unternehmen ganz auf die Lagerung und den Vertrieb von petrochemischen Flüssigkeiten spezialisiert. Die N.V. Nederlandse Benzol Maatschappij (25 % Hoogovens) vertreibt von ihrem Lager im Botlek-Gebiet

1) Hafenkonzern übernimmt für Ölgesellschaften LKW-Transporte, in: Handelsblatt vom 7.2.73
2) Brief der Nieuwe Matex vom 23.6.72
3) Ebenda
4) Ebenda
5) Vgl. European storage terminals, in: European Chemical News, May 26,1972, S.63

Benzol, Toluol und zahlreiche andere organische Lösungsmittel für die Farben-, Lack-, Kunststoff- und pharmazeutische Industrie in die Benelux-Länder [1].

Wegen dieser dazwischengeschalteten Handelsgesellschaften lassen sich in sehr vielen Fällen die bezugs- und absatzräumlichen Verflechtungen zwischen Produzenten und Weiterverarbeitern nicht weiterverfolgen.

Chemiehandelsgesellschaften

Bei den Chemiehandelsgesellschaften im Rotterdamer Hafen handelt es sich meist um größere Umschlags- und Lagereinrichtungen von ausländischen Chemieunternehmen, die hier noch keine Produktion betreiben. Wie das Beispiel der DOW Chemical zeigt, können solche Lagerbetriebe aber die Vorstufe eines Produktionsbetriebes sein. Die meisten dieser Gesellschaften sind im Botlek-Gebiet ansässig.

So importiert die Borax N.V. von ihrer Muttergesellschaft aus den USA Borate, die dann von Rotterdam an europäische Weiterverarbeiter geliefert werden [2].

Der italienische Chemiekonzern Montecatini Edison S.P.A. unterhält ebenso im Botlek-Gebiet ein Vertriebszentrum [3]. Ein direkter Verbund einer Handelsgesellschaft mit nachgeschalteten Verarbeitern scheit nur im Fall der bereits erwähnten Nederlandse Zwavel Overslag Bedrijf zu bestehen, die flüssigen Schwefel durch eine Rohrleitung an die Ketjen Schwefelsäurefabrik pumpt.

1) Rotterdam Chemie Zentrum, a.a.O., S.15
2) Brief der Borax N.V. vom 16.6.1972
3) Brief der Montecatini Edison S.P.A. vom 18.5.1972

2.5.4.3. Die zukünftige Entwicklung - Ansiedlungen in der weiteren
Umgebung Rotterdams

Der stürmische Aufschwung Rotterdams zu einem der wichtigsten Chemiezentren ist
in den letzten Jahren merklich abgeflacht. Diese Entwicklung scheint folgende Ursachen zu haben: Die begehrtesten Grundstücke sind bereits bebaut oder reserviert,
und das noch freie Gelände im Europoort-Gebiet will man für andere Industriezweige reservieren.

Auch auf dem Nordufer des Neuen Wasserweges sind die weiteren Ausbaumöglich-
keiten wegen der Ortschaften Schiedam, Vlaardingen, Maassluis und Hoek van
Holland nur gering [1]. Außerdem soll hier wegen der östlich in der Hauptwindrich-
tung liegenden Wohngebiete eine weitere Industrialisierung nicht zugelassen werden [2].

Die Befürchtungen bezüglich einer weiteren Luftverschmutzung haben auch das
große auf der Maasflakte geplante Hochofenwerk von Hoesch und Hoogovens endgültig scheitern lassen.

Gegen weitere Chemieansiedlungen scheint zum einen die Bevölkerung Rotterdams
zu sein, die eine zu hohe Umweltbelastung befürchtet, zum anderen gehen die
Bemühungen der Rotterdamer Hafenverwaltung dahin, das augenblickliche Überge-
wicht der chemischen Industrie durch die Ansiedlung anderer Industriezweige, besonders solcher, die den für einen Hafen lukrativen Stückgutumschlag erhöhen,
wieder auszugleichen. Hinzu kommt, daß der Arbeitsmarkt für Chemiefacharbeiter
in diesem Raum schon stark angespannt ist.

Für Neuansiedlungen von Chemiewerken werden daher mehr und mehr Standorte
außerhalb des Ballungsgebietes von Rotterdam gewählt. Für die Zukunft scheint
sich eine Auffüllung des relativ leeren Küstenraumes zwischen Rotterdam und Antwerpen abzuzeichnen.

---

1) Düsterloh, D.: 1973, a.a.O., S. 105
2) Ebenda

Schon heute heben sich einige Standorte deutlich als Kristallisationspunkte der chemischen Industrie ab.

Das nur knapp 15 km südöstlich von Rotterdam gelegene Dordrecht beherbergt neben anderen Industriezweigen auch mehrere Chemieunternehmen, darunter ein 1963 in Betrieb gegangenes großes Werk des amerikanischen Konzerns Du Pont. Mit 1.500 Beschäftigten werden hier Acrylfasern (30.000 to/a), "Teflon" (2.000 to/a) sowie seit 1973 Polyacetal (25.000 to/a) und Polyacetalharze [1] hergestellt [2].

Ca. 12 km südöstlich von Dordrecht, am Hollandsch Diep, ist bei Moerdijk seit 1973 das erwähnte neue Petrochemiewerk der Shell Nederland Chemie N.V. in Betrieb. Auf Basis einer Schwerölcrackanlage erzeugt man hier folgende Produkte [3]:

- 450.000 to/a Äthylen
- 300.000 to/a Propylen
- 400.000 to/a Benzine
- 150.000 to/a Dieselöl
- 110.000 to/a Butadien
- 120.000 to/a Äthylenoxid
- 75.000 to/a Äthylenglycol

Den für die Erzeugung des Äthylenoxids notwendigen Sauerstoff bezieht Shell durch das Rohrleitungsnetz der französischen L'Air Liquide, die dazu eine von Maubeuge über Mons nach Antwerpen führende Leitung bis Moerdijk verlängerte [4] (siehe Karte 11).

Weitere Chemiestandorte sind Breda mit einem großen Kunststoffwerk von Hoechst (130.000 to/a Polystyrol) [5], sowie Bergen op Zoom, 14 km nördlich des Antwerpener

1) Chemische Industrie, Nr. 10, 1970, S. 669
2) Brief der Du Pont De Nemours (Deutschland) GmbH vom 14.4.72
3) Jaarsverlag 1971, a.a.O., S. 51/52
4) Chemische Industrie, Nr. 3, 1971, S. 169
5) Hoechst AG, Geschäftsbericht 1971, S. 61

Hafengebiets, wo sich auf einem neu erschlossenen Industriegelände westlich der Stadt mehrere kleine Chemiefabriken niedergelassen haben, wie die AKZO-Tochter "Kunstharsfabriek Synthese N.V." (6.000 to/a Acrylharze sowie andere Harze) und die "General Electric Plastics N.V." mit Kapazitäten von 20.000 to/a Polyphenylenoxid und 10.000 to/a Polycarbonat [1][2].

Nur 12 km südwestlich von Bergen op Zoom soll in Krabbendijke ein großes Petrochemiewerk entstehen.

Sowohl Dordrecht und Moerdijk als auch Bergen op Zoom und Krabbendijke liegen transportkostengünstig an der Binnenschiffahrtstraße Antwerpen-Rhein/Rotterdam und haben direkten Autobahnanschluß.

Westlich dieser "Chemiekette" Rotterdam-Antwerpen schließen sich die Chemiestandorte Vlissingen und Terneuzen mit der Genter Kanalzone an.

1) Chemische Industrie, Nr.10, 1970, S.685
2) Jaarsverlag 1971, a.a.O., S.41

2.5.5. <u>Der Raum Amsterdam - Ijmuiden</u>

Im Gegensatz zu Rotterdam und Antwerpen hat sich der Großraum Amsterdam bisher noch nicht zu einem größeren Chemiezentrum entwickelt.

Dabei würden sich die westlich der bisherigen Amsterdamer Hafenanlagen im Gebiet zwischen Ruigoord und Sloterdijk neu aufgeschwemmten Industriegelände und ausgehobenen Hafenbecken gut als Standort für Import/Export orientierte Chemieunternehmen eignen.

Einige in Sorge um den Umweltschutz äußert empfindliche Einwohnergruppen von Amsterdam treffen jedoch seit Jahren eine gründliche Auslese der ansiedlungswilligen Unternehmen.

Erst 1970 wurde auf Grund von Umweltschutzprotesten dem Unternehmen Rhône-Progil untersagt, in Amsterdam eine Schwefelkohlenstoff-Fabrik zu errichten.

Daraufhin wurde die Anlage im ansiedlungsfreundlicheren Antwerpen gebaut.

Als einzige neuere Chemieansiedlung produziert seit 1965 die Marbon Europe, eine Tochtergesellschaft des amerikanischen Borg-Warner Konzerns, auf dem neuen Industriegelände mit 532 Beschäftigten ABS-Kunststoffe, Harze und Latices, die von hier in alle EWG-Länder, den Nahen Osten und nach Afrika exportiert werden [1].

Ein seit vielen Jahren von dem niederländischen Chemieunternehmen Albatros im Amsterdamer Hafen betriebenes Düngemittelwerk gehört heute zu der 1971 gegründeten "Unie van Kunstmestfabrieken B.V." (UKF). In dieser Gesellschaft sind aus Rationalisierungsgründen die Düngemittelwerke der "Verenigde Kunstmest Fabrieken Mekog-Albatros NV" (40 % Shell, 40 % AKZO, 20 % Hoogovens) und der DSM in Geleen zusammengefaßt [2].

---

1) Briefliche Angaben der Marbon-Deutschland vom 16.1.1973
2) Jaarverslag 71, a.a.O., S. 54

So gehört auch das Düngemittelwerk der ehemaligen Mekog in Ijmuiden zu dieser
Gesellschaft. Dieses früher Koksofengas der Kokerei des Hoogovens Hüttenwerkes
in Ijmuiden für die Ammoniakerzeugung einsetzende Düngemittelwerk hat Anfang
1971 eine auf Erdgasbasis arbeitende neue Ammoniakanlage (250.000 to/a) in Betrieb genommen und die alten Anlagen stillgelegt.

Ob von Ijmuiden aus auch das Amsterdamer Werk mit Stickstoff beliefert wird, war
nicht feststellbar.

Die beiden in Amsterdam ansässigen Raffinerien sind bisher noch ohne Bedeutung
für die chemische Industrie.

Zum einen handelt es sich um eine ältere Bitumenanlage (0,3 Mio to/a) der 'NV
Asfalt en Chemische Fabriek Smid & Hollander', und zum anderen um eine 1968
auf dem neu erschlossenen Industriegelände westlich von Amsterdam in Betrieb genommene Raffinerie der Mobil Oil, deren Kapazität zur Zeit von 4 auf 6 Mio to/a
erweitert wird [1].

Wegen der ungenügenden Fahrwassertiefe des Nordseekanals für Großtanker erfolgt
die Rohölversorgung von Rotterdam aus durch eine Rohölleitung (NPM).

Ohne größere Bedeutung ist eine kleine Schmieröl- und Versuchsraffinerie, die
sich neben dem Shell-Hochhaus in der Amsterdamer Stadtmitte am Kanal befindet.

Trotz umfangreicher Geländereserven - die Kanalzone ist von der Mobil Oil
Raffinerie in Amsterdam bis zu einer Zellstoff-Fabrik am östlichen Stadtrand Ijmuidens
mit Ausnahme einer kleinen Zuckerraffinerie bei Ruigoord industriefrei - scheint
sich eine ähnliche Entwicklung wie in Rotterdam oder Gent in diesem Raum nicht
zu wiederholen.

---

1) Jaarverslag 71, a.a.O., S. 47

2.5.6. Der Raum Delfzijl

Die chemische Industrie in Delfzijl basiert sowohl auf den reichen Salzlagerstätten der Provinz Groningen als auch auf den hier vorhandenen riesigen Erdgasvorkommen, die eine konkurrenzlos preiswerte Energieerzeugung ermöglichen und seit neuestem auch als Rohstoffgrundlage für petrochemische Werke dienen.

Die 1951 bei Winschoten entdeckten reichen Salzlagerstätten veranlaßten die N.V. Koninklijke Nederlandse Zoutindustrie (KNZ) 1954 zusammen mit anderen Chemie-unternehmen die "N.V. Nederlandse Soda-Industrie" zu gründen [1].

Zwar beutete die KNZ bereits seit Jahrzehnten in Boekelo und Hengelo umfang-reiche Salzlager aus [2,3], jedoch war an diesen Standorten die Errichtung einer Sodafabrik aus Gründen des Umweltschutzes nicht möglich. Die bei der Sodafabri-kation in großen Mengen als Nebenprodukt anfallende Calciumchloridlauge konnte wegen der negativen Folgen nicht in die Wasserläufe eingeleitet werden, und ein Abtransport hätte zu hohe Kosten verursacht.

Bei den Salzlagerstätten in Groningen dagegen bot sich die Möglichkeit, einen Standort in Küstennähe zu wählen und die Abwässer in die hier ohnehin Brack-wasser führende Ems zu leiten [4].

Die Wahl fiel auf die kleine Hafenstadt Delfzijl, da hier die anderen für die Soda-fabrikation benötigten Rohstoffe Kalkstein und Koks transportkostengünstig per Schiff angeliefert werden konnten.

Das benötigte Salz wird in Form von Salzsole durch eine 28 km lange Rohrleitung von Winschoten nach Delfzijl gepumpt.

Die 1957 in Betrieb genommene Sodafabrik wurde noch im gleichen Jahr durch eine Chlor-Alkali-Elektrolyse ergänzt, der 1959 eine Salzfabrik und 1961 eine Natrium-sulfatanlage folgten.

---

1) AKZO by the sea, Broschüre der AKZO Zout Chemie, Hengelo, Juli 1971, S.2
2) A few facts about salt, Broschüre der KNZ
3) AKZO - eine neue internationale Unternehmensgruppe, Arnheim, April 1971, S.13
4) AKZO by the sea, a.a.O., S. 1 f.

Östlich neben diesen Anlagen der KNZ, die sich auf einem aufgeschwemmten, neuerschlossenen Gelände südöstlich von Delfzijl neben der Einmündung des Eems-Kanals befinden, baute 1964 die Petrochemie AKU N.V. Anlagen zur Erzeugung von Dimethylterephthalat (DM) und Terephthalsäure. Seit der 1969 erfolgten Fusion der KNZ mit der AKU gehört das nun "Petrochemie Delfzijl N.V." genannte Werk organisatorisch und wirtschaftlich zu dem AKZO-Komplex Delfzijl ("Locatie Delfzijl van de AKZO Zout Chemie divisie")[1].

Seit 1966 befindet sich östlich der Chemieanlagen eine große Aluminiumhütte (1971 = 93.000 to Aluminium) - die Aluminium Delfzijl N.V., an der die Alusuisse zu einem drittel beteiligt ist[2]. Standortentscheidend dürften hier die sehr günstigen Energiekosten gewesen sein.

Während die Aluminiumhütte den Strom fremd bezieht, erzeugt die benachbarte AKZO ihre Energie in eigenen Kraftwerksanlagen, die früher mit Schweröl und seit 1968 auf Erdgasbasis arbeiten[3].

In den letzten Jahren wurde der AKZO-Werkskomplex stetig ergänzt und erweitert, so 1968 durch eine Methylaminanlage, 1969 durch eine Diaphragm-Elektrolyse, 1970 durch Anlagen zur Erzeugung chlorierter Kohlenwasserstoffe und 1972 wurde schließlich eine dritte Salzfabrik in Betrieb genommen.

Mitte 1973 lief eine zusammen mit der DSM erbaute Methanol-Fabrik an, die auf Erdgasbasis arbeitet und eine Kapazität von 330.000 to/a Methanol besitzt.

Anfang 1973 ging ein mittelgroßes Petrochemiewerk der Upjohn Polymer N.V. in Betrieb, das 44.500 to/a Isocyanate erzeugt[4].

---

1) AKZO by the sea, a.a.O., S.20
2) Alusuisse Geschäftsbericht 1969, S.14
3) AKZO by the sea, a.a.O., S.29
4) Chemische Industrie, Nr.9, 1971, S.565

Es befindet sich ca. 600 m südwestlich der Methanol-Fabrik und hat im Gegensatz zu den vorgenannten Werken keine n direkten Schiffsanschluß.

Die Hafenanlagen des AKZO-Komplexes sind für Seeschiffe bis zu einem Tiefgang von 8,50 m (ca. 10.000 to Tragfähigkeit) zugänglich [1].

Um in Zukunft auch Möglichkeiten zur Ansiedlung von solchen Großindustrien zu schaffen, die auf Zufahrten für tiefgehende Schiffe angewiesen sind, hat man mit dem Bau des Eemshafenprojektes begonnen [2].

Auf einem nördlich von Delfzijl bei Bierum gelegenen Gelände hat man die Eindeichung und Aufschwemmung von Industriegelände sowie den Bau eines Hafens für Seeschiffe bis zu einem Tiefgang von 11 m (40.000 to Tragfähigkeit) in Angriff genommen.

Die erste industrielle Gründung im Eemshafengebiet ist ein 600 MW Erdgaskraftwerk der Elektrizitätsbetriebe Groningen und Drenthe. Standortentscheidend war in diesem Fall jedoch nicht die Zugänglichkeit für Seeschiffe, sondern der hohe Kühlwasserbedarf.

Im folgenden soll der sinnvolle technische Verbund zwischen den einzelnen Werkskomplexen, die mittlerweile mit Ausnahme der Aluminiumhütte und der Isocyanat-Fabrik alle im AKZO-Konzern aufgegangen sind, kurz beschrieben werden (siehe Übersicht 24).

Der Hauptrohstoff ist Salzsole, die aus Winschoten und Zuidwending durch eine 28 km lange Rohrleitung nach Delfzijl gepumpt wird.

---

1) Ein neuer niederländischer Hafen bei Delfzijl, in: Hansa - Zentralorgan für Schiffahrt, Schiffbau, Hafen, 109.Jahrg., April 1972, S.717
2) Ein neuer niederländischer Hafen bei Delfzijl, a.a.O., S.717-719

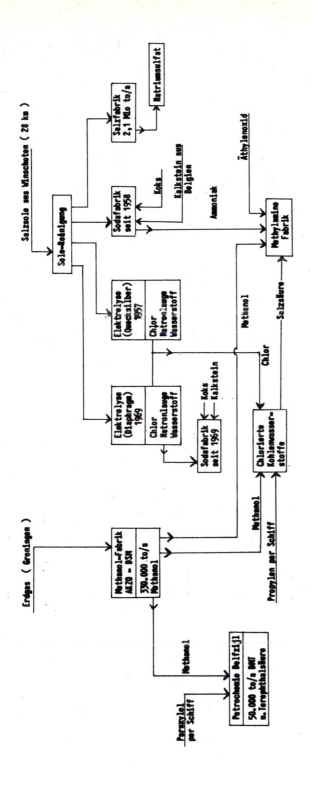

Übersicht 24 : Schematisierter innerbetrieblicher Verbund der
AKZO - Anlagen in Delfzijl

Hier wird die Sole gereinigt und drei Salzfabriken, zwei Elektrolyseanlagen sowie der älteren von beiden Sodafabriken zugeführt, wo unter Zugabe von mit Schiffen herantransportiertem Koks und belgischem Kalkstein Soda erzeugt wird.

Abnehmer sind Glasfabriken, Papiermühlen, die Waschmittel-, metallurgische sowie die chemische Industrie.

Die anfallende Calciumchloridlauge sowie das entstehende Kalkwasser werden durch eine 700 m lange Abwasserrohrleitung in die Emsmündung geleitet.

Die den Salzfabriken zugeleitete Salzsole wird zu 2,1 Mio to/a (1972) Salz verarbeitet. Während die AKZO in Hengelo auch Tafelsalz herstellt, wird in Delfzijl ausschließlich Industrie- und Straßensalz erzeugt, das überwiegend mit Schiffen an Großabnehmer im In- und Ausland abgesetzt wird.

Der Dampfbedarf der Soda- und Salzfabriken wird von einem eigenen Erdgaskraftwerk (1971 = 100 MW) gedeckt, das außerdem die energieintensiven Elektrolyseanlagen sowie die DMT-Fabrik mit Strom versorgt.

Die gereinigte Sole enthält neben dem Natriumchlorid (= Kochsalz) auch Beimengungen von Natriumsulfat, das in zwei gesonderten Anlagen konzentriert und dann an Färbereien sowie an Papier-, Glas- und Rayonfabriken abgesetzt wird.

In der älteren, mit Quecksilber-Kathoden ausgerüsteten Chlor-Alkali-Elektrolyse wird die gereinigte Sole in Chlor, Ätznatronlauge und Wasserstoff aufgespalten.

Die Ätznatronlauge wird teils flüssig in Tankschiffen oder Straßentankwagen an industrielle Abnehmer abgesetzt, und teils wird sie zu festem Ätznatron verdampft und dann in Fässern oder Säcken verpackt exportiert.

Die 1969 in Betrieb gegangene Diaphragm-Elektrolyse hat neben einem geringeren spezifischen Energieverbrauch den Vorteil, daß die neben Chlor und Wasserstoff anfallende Natronlauge in einer zweiten Sodafabrik eingesetzt werden kann, wo nach einem neuen Verfahren unter Zugabe von Kohlendioxid Soda erzeugt wird.

Der in den Elektrolysen erzeugte Wasserstoff wird vorwiegend als Brennstoff für einige Betriebsanlagen verbraucht, während ein großer Teil des Chlors als Rohstoff in den Anlagen der benachbarten Organischen Chemiefabrik eingesetzt wird, wo es zur Chlorierung von Kohlenwasserstoffen dient.

Der andere Teil des Chlors - die Gesamterzeugung betrug 1972 180.000 to - verläßt den Raum Delfzijl und wird an die verschiedensten Industrien geliefert.

Seit Mitte 1973 wird Methanol, einer der Hauptrohstoffe der drei Petrochemieanlagen der AKZO Delfzijl, hier in einer eigenen Anlage aus Erdgas erzeugt.

Die gemeinsam mit den Holländischen Staatszechen (DSM) errichtete Anlage von 330.000 to/a Methanol versorgt auch die Formaldehyd-Anlage der DSM im limburgischen Beek.

Einer der Hauptabnehmer von Methanol in Delfzijl ist die Methylaminanlage der AKZO, wo unter Zugabe von Ammoniak, das von der Sodafabrik bezogen wird, mono-, di- und tri-Methylamin erzeugt wird.

Der Abtransport erfolgt meist in Kesselwagen an andere Chemiefabriken, wie z.B. an die UCB in Gent.

Im gleichen Komplex wird auch noch Choline-Chlorid, ein Hühnerfuttermittelzusatz, hergestellt.

Die Rohstoffe sind tri-Methylamin, fremd bezogenes Äthylenoxid sowie Salzsäure, die von den benachbarten Kohlenwasserstoff-Chlorierungsanlagen bezogen wird.

Letztere setzen zum einen Chlor der Chlor-Alkali-Elektrolysen ein, zum anderen in Schiffen bezogenes Propylen sowie Methanol der benachbarten Methanolanlage.

Das Produktionsprogramm umfaßt Tetrachlorkohlenstoff, Perchloräthylen, Methylchlorid, Methylenchlorid, Chloroform sowie Salzsäure.

Der dritte Methanolverbraucher ist die Petrochemie Delfzijl.

In kleinen Küstentankern bezogenes Paraxylol wird hier zunächst zu Terephthalsäure oxidiert, die anschließend zu Pulver kristallisiert wird.

Während ein kleiner Teil der Erzeugung direkt an Weiterverarbeiter in der Lack-, Kunststoff- und Klebstoffindustrie geliefert wird, dient der weitaus größte Teil der Terephthalsäure zusammen mit 55.000 to/a Methanol zur Erzeugung von Dimethyl-terephthalat (DMT). Das DMT wiederum wird in anderen AKZO-Fabriken zu Polyester-fasern verarbeitet, so in Emmen zu Terlenka.

Aus diesen Ausführungen wird ersichtlich, wie sinnvoll die verschiedenen Fabriken der AKZO in Delfzijl zusammenarbeiten.

Im Jahre 1971 beschäftigte die AKZO in Delfzijl rund 1.200 Mitarbeiter.

Diese chemische Großanlage sowie der von ihr ausgegangene und inzwischen in Form weiterer Unternehmensansiedlungen Feuer gefangene Initialzündungseffekt hat wesentlich zur Lösung der in diesem Gebiet bestehenden Struktur- und Be-schäftigungsprobleme beigetragen [1].

Der jüngste Ansiedlungserfolg gelang der Gemeinde Delfzijl Anfang 1973.

Auf Grund der Zusage besonders niedriger Strompreise wird die Elektroschmelzwerk Kempten GmbH, eine 100 %ige Tochtergesellschaft der Wacker Chemie GmbH, die sich wiederum zu 50 % im Besitz der Farbwerke Hoechst befindet, in Delfzijl eine Fabrik für die Produktion von Siliciumcarbid errichten [2].

Das Unternehmen besitzt bereits eine Siliciumcarbidfabrik in Grefrath bei Köln, die preiswerten Braunkohlenstrom einsetzt.

---

1) Vgl. Chemische Industrie Nr. 10, 1971, S.663
2) Der Fluß der Investitionen nach Holland wird langsam breiter, in: Handelsblatt vom 26.3.73

Da die AKZO die wachsende Nachfrage nach Vinylchlorid aus ihrem erst 1971
angelaufenen Werk in Rotterdam-Botlek nicht mehr decken kann, plant sie den
Bau einer großen Vinylchloridanlage (300.000 to/a) in Delfzijl [1].

Da es im Norden Hollands noch kein petrochemisches Werk gibt, das den Rohstoff
Äthylen erzeugt, will AKZO vom holländischen Staat Subventionen für die erhöhten Äthylentransportkosten erhalten.

Der Äthylenbedarf von 150.000 bis 200.000 to/a könnte entweder durch eine noch
zu bauende Rohrleitung von Rotterdam nach Delfzijl oder aber durch in Schiffen
bezogenes Äthylen von an der Küste liegenden Petrochemiewerken gedeckt werden.

Um den Chlorbedarf der neuen Fabrik zu decken, soll gleichzeitig eine weitere
Chlor-Alkali-Elektrolyse mit einer Chlorkapazität von 200.000 to/a erbaut werden.

Auch in Zukunft wird der Standort Delfzijl für chemische Betriebe noch wesentliche
Anreize zu bieten haben - allerdings zum Nachteil des östlich gegenüberliegenden
deutschen Gebietes um Emden.

---

[1] AKZO-Großprojekt für 350 Mill. Gulden - neue petrochemische Anlagen im
Norden, in: Handelsblatt vom 9.4.1973

2.5.7. Der Raum Unterelbe - Hamburg

In jüngster Zeit haben der Raum Unterelbe, speziell die Standorte Stade und Brunsbüttel, sowie die Hansestadt Hamburg durch spektakuläre Ansiedlungserfolge von
Industrieunternehmen Schlagzeilen gemacht.

Einige dieser neuen Unternehmen gehören zur Großchemie und unterstreichen damit die schon mehrere Jahrzehnte alte Stellung des Unterelberaums und speziell
Hamburgs als Standort der Mineralölverarbeitung und der chemischen Industrie.

2.5.7.1. Raffinerien und Chemiewerke in Hamburg

Im Gegensatz zum Raum Unterelbe ist in Hamburg kein neues Werk der Großchemie
errichtet worden. Dennoch ist Hamburg als ehemals bedeutendstes Zentrum der
Mineralölverarbeitung und als Standort mehrerer Spezialchemikalienhersteller ein
wichtiges Glied in der Verarbeitungskette der chemischen Industrie.

Die Struktur und das Produktionsprogramm der chemischen Industrie in Hamburg
wurden maßgeblich durch den Überseehafen der Stadt beeinflußt.

Auf dem hier alteingesessenen Drogenhandel beruhen nicht nur einige Werke der
pharmazeutischen und kosmetischen Industrie, sondern auch ein Großteil der dort
ansässigen Lack- und Farbwarenproduktion [1].

"Die wichtigsten Rohstoffe für diese Sparte sind die aus Übersee kommenden Harze,
Kopale, Pflanzenöle u.a., auch wenn diese Produkte heute z.T. durch synthetisch
hergestellte Stoffe ersetzt werden können" [2].

Wegen des umfangreichen Spezialitätenprogramms an ätherischen Ölen, Riechstoffen,
Essenzen und Aromen soll auf die zahlreichen Klein- und Mittelbetriebe (20 bis
50 Beschäftigte) nicht näher eingegangen werden.

---

1) Schall, H.: 1959, a.a.O., S.28
2) Ebenda

Von größerer Bedeutung sind mehrere Glycerin-Stearin- und Fettsäurefabriken, wie die Aldag in Bergedorf (150 Beschäftigte), die Norddeutschen Glycerin- und Fettsäurewerke in Bergedorf und die Harburger Fettchemie Brinckmann & Mergell GmbH, die alle meist importierte Rohstoffe einsetzen.

Inwieweit hier Verbindungen zu den in Hamburg ansässigen Ölmühlen bestehen, war nicht feststellbar.

Das einzige reine Grundchemikalienwerk ist die 1846 gegründete Chemische Fabrik Billwärder GmbH, die Schwefelkohlenstoff, Chromoxid, Thioharnstoff und Derivate herstellt.

Das erste Mineralöl verarbeitende Werk im Raum Hamburg war eine 1906 in Wedel am Elbufer von der damaligen Deutschen Vacuum Oil Company zu Hamburg, seit 1955 als Mobil Oil AG firmierend, erbaute Schmierölraffinerie [1].

Nach Inbetriebnahme der Bremer Raffinerie dieser Gesellschaft im Jahre 1910 entfiel ein Teil der ursprünglichen Aufgaben, und die Raffinerie wandelte sich zu einem auch heute noch bedeutenden Misch- und Veredelungswerk für Schmieröle und Schmierfette (ca. 300 Sorten) [2]. Die Erzeugung betrug 1971 88.700 to [3].

Im Hamburger Neuhof-Hafen wurden 1918 die Ölwerke Julius Schindler gegründet. Dieses auf die Herstellung aller Arten von Schmierfetten spezialisierte Unternehmen ist nach 1951 zu 99,47 % in das Eigentum der BP Benzin und Petroleum AG übergegangen [4].

Nach Abschluß umfangreicher Erweiterungsarbeiten 1967 hatte das Werk eine Kapazität von 330.000 to/a fertiger Schmieröle und damit das höchste Produktionsvolumen in Europa erreicht [5].

---

1) Oel in der Welt von morgen. N.N., Hrsg. Mineralölwirtschaftsverband Hamburg, Juli 1971, S. 36 und 41
2) Erdöl, Erdgas: Suchen, Gewinnen, Verarbeiten. Hrsg.: Mobil Oil AG, Hamburg, 6. Aufl., 1970, S. 29, 30
3) Oel, 7/72/209
4) Jahrbuch für Bergbau, Energie, 1971, a.a.O., S. 416
5) Cibula, G., Schindler-Raffinerie Neuhof, in: Oel-Zeitschrift für die Mineralölwirtschaft, November 1967, S. 350

Da Schmieröle auf ihrem Herstellungsweg mehrere Verarbeitungsstufen durchlaufen, sind Struktur und Kapazität eines Schmierölwerkes nicht direkt mit jenen von Erdöl-Raffinerien zu vergleichen, die bevorzugt Rohöle auf Kraftstoffe, Heizöle und Bitumen verarbeiten [1]. "Legt man die dort üblichen Vergleichszahlen - nämlich den Jahresdurchsatz an Rohöl - zugrunde, dann entspricht die Produktion an fertigen Schmierölen im Werk Neuhof einer Verarbeitung von nahezu 2,5 Mill. Tonnen Rohöl jährlich" [2].

Das ca. 750 Personen beschäftigende Werk [3] setzt sowohl naphtenbasische Rohöle aus Venezuela ein, die per Tanker bis an die Raffinerie gebracht werden, als auch paraffinbasische Mittelostöle, die jedoch aus technischen Gründen - diese Öle enthalten nur 20 % der benötigten Schmierölbestandteile - in der Hamburger BP Raffinerie zu paraffinbasischen Destillaten aufgearbeitet und von dort nach Neuhof transportiert werden [4].

Die Raffinerie Neuhof arbeitet eng mit der ebenfalls zur Julius Schindler GmbH gehörenden Schmierfettfabrik "Mineralölwerke Peine" in Peine zusammen, die für ihre Produktion von ca. 10.000 to/a Schmierfett [5] hochwertige Grundöle aus Hamburg-Neuhof bezieht [6]. Die ca. 300 hergestellten Ölsorten werden zu 60 % an BP-Gesellschaften in Europa und Übersee sowie an den deutschen Großhandel geliefert.

Die in Hamburg-Harburg liegenden Raffinerien der Esso und Shell wurden beide 1928 als Bitumenwerke von den Gesellschaften Ebano Asphalt Werke (Esso) und Rhenania-Ossag Mineralölwerk AG (seit 1925 in Shell-Besitz) erbaut [7].

1) Cibula, G., a.a.O., S. 350
2) Ebenda, S.350
3) Brief der Oelwerke Julius Schindler vom 26.5.1972
4) Cibula, G., a.a.O., S.350
5) Jahrbuch für Bergbau, Energie, 1971, a.a.O., S.416
6) Cibula, G., a.a.O., S.350
7) Oel in der Welt von morgen, a.a.O., S.40

Die erste größere Raffinerie, die vor allem Benzin und Dieselöl herstellte, wurde 1935 von der Eurotank in Hamburg-Finckenwerder errichtet. Sie ging 1948 auf die Olex über, einer ehemaligen DEA-Tochter, die jedoch 1931 von der Vorläuferin der heutigen BP aufgekauft worden war [1].

Mit dem Ausbau der drei Raffinerien BP, Esso und Shell entwickelte sich Hamburg Anfang der fünfziger Jahre zum deutschen Raffinerie-Schwerpunkt, der es bis zur bekannten Binnenwanderung der Raffinerien ab 1958 blieb. In Bezug auf die Rohölversorgung hat sich die ehemals günstige Lage am seeschifftiefen Wasser eher in ihr Gegenteil verkehrt, da Hamburg bzw. der in Finkenwerder liegende Petroleumhafen, von dem aus die Raffinerien durch eine Rohrleitung mit Rohöl versorgt werden, nur für Tanker bis maximal 80.000 tdw zugänglich ist.

Der Transport mit Tankern dieser Größe ist weit kostspieliger als mit Tankern von 250.000 tdw, die Rotterdam und bald auch Wilhelmshaven anlaufen können. Abhilfe soll hier die geplante Norddeutsche Ölleitung von Wilhelmshaven nach Hamburg schaffen [2], die dann auch eine gemeinsam von Veba und Union Kraftstoff an der Unterelbe geplante Raffinerie versorgen soll.

Die chemiewirtschaftlich relevanten Daten der drei großen Raffinerien, von denen die Esso erst im Oktober 1972 von 3,6 auf 5,5 Mio to/a erweitert wurde [3], sind aus Tabelle 9 ersichtlich:

---

1) Oel in der Welt von morgen, a.a.O., S.38 und 41
2) Vgl. auch: Busse, C.-H : Industriegeographische Wandlungen an der Unterelbe, in: Geographisches Taschenbuch 1970-1972, Wiesbaden 1972, S.118
3) Esso-Raffinerie Hamburg auf 5,5 Mill. Tonnen erweitert, in: Handelsblatt vom 17.10.1972

Tabelle 9: Hauptdaten der drei großen Mineralölraffinerien in Hamburg

	Esso [1]	Shell	BP [2]
Jahr der Inbetriebnahme	1929	1929	1935
Rohölkapazität (in Mio to/a)	5,5	4,3	5,1
Bitumenanlage	ca. 550.000 to/a	320.000 to/a	ca. 400.000 to/a
Chemiebenzin		ja	ja
Schmieröldestillation	ca. 110.000 to/a	ja	ca. 400.000 to/a
Schwefel	15.000 to/a		15.000 to/a

Quelle: - 1) Die Esso Raffinerien, Faltblatt der Esso AG, Hamburg
        - 2) Taues, W.; Arends, G.: Erweiterung der BP-Raffinerie Hamburg-
                Finkenwerder, in: Erdöl und Kohle, Erdgas, Petrochemie, Nr. 8,
                1966, S. 575-578

Während die Esso direkt auf ihrem Werksgelände Anlagen zur Schmieröl- und
Schmierfettherstellung betreibt, werden die Schmieröldestillate der BP-Raffinerie
- wie erwähnt - an die Ölwerke Julius Schindler geliefert und die Schmieröldestillate der Shell-Raffinerie [1] in dem Shell-Schmieröl- und Fettwerk Grasbrook
weiterverarbeitet. Der Antransport von der 2,5 km südlich gelegenen Shell-Raffinerie erfolgt durch Leichter [2].

Ebenfalls in Hamburg-Grasbrook befindet sich eine Schmierölraffinerie der Deutschen Texaco AG - das Mineralölwerk Grasbrook. Dieses bereits vor der Jahrhundertwende verkehrsgünstig im Hamburger Freihafen erbaute Werk besitzt nach seiner 1969 erfolgten Erweiterung eine Destillateinsatzkapazität von 400.000 to/a
und übertrifft somit noch die Schindler Raffinerie.

---

1) Vgl. Kuhl, H. J.: Shell Raffinerie Hamburg, in: Oel-Zeitschrift für die Mineral-
    ölwirtschaft, Nr. 1/1967, S. 16-19
2) Jahrbuch für Bergbau, Energie, 1971, a.a.O., S. 397

Rohstoffmäßig steht das Werk im Verbund mit der Texaco Raffinerie Heide, wo die erforderlichen Destillate produziert und dann über Rohrleitungen nach Brunsbüttel- koog und von dort mit Küstentankern zum Werk Grasbrook transportiert werden [1] (ca. 400.000 to/a). Das Werk stellt etwa 500 verschiedene Sorten an Schmierölen und verwandten Produkten wie Vaselinen her, mit denen Texaco den europäischen und afrikanischen Markt versorgt [2].

Ein weiterer wichtiger Mineralölverarbeiter ist die 1898 in Hamburg-Wilhelmsburg als Teerkocherei gegründete Firma Johann Haltermann. Sie erweiterte sich "im Laufe der Jahre um Anlagen zur Benzol-Aufbereitung, Phenol-Gewinnung, Rein- naphthalinerzeugung, Mineralöl-Verarbeitung und Spezialbenzin-Destillation" [3].

Heute liegt der Produktionsschwerpunkt in der Herstellung von aliphatischen und aromatischen Kohlenwasserstoffen als Rohstoffe und Lösungsmittel für diverse Zweige der chemischen Industrie [4]. Daneben befaßt sich das Unternehmen in zunehmendem Maße mit der Lohnverarbeitung von Zwischenprodukten für die chemische und Mineralölindustrie [5].

Daß für eine solche Lohndestillation z.B. zur Deckung von Bedarfsspitzen oder zur Überbrückung von Produktionsengpässen anderer Unternehmen durchaus ein Bedarf besteht, zeigen die von Haltermann 1965 in Speyer in Betrieb genommene Spezial- raffinerie und eine ähnliche, in Antwerpen-Kallo im Bau befindliche Anlage. Das etwa 200 Mitarbeiter beschäftigende Hamburger Werk setzt sowohl Rohstoffe der nahegelegenen Großraffinerien als auch importierte Rohstoffe ein, die fast alle in Schiffen bis ans Werk transportiert werden [6].

---

1) Geistert, W.; Krämer, U.: Die DEA Schmierölraffinerie in Hamburg, in: EKEP, 23. Jg., Nr. 5, 1970, S. 281
2) Ebenda, S. 281 ff.
3) Johann Haltermann, PR-Broschüre, o.J., o.S.
4) Brief der Firma Johann Haltermann vom 25.2.1972
5) Ebenda
6) Ebenda

Die ebenfalls in Hamburg-Wilhelmsburg liegende Arco Raffinerie GmbH (100 % Atlantic Richfield Company, New York)[1] steht in einem gewissen Verbund mit den zahlreichen Schmierölfabriken in Hamburg. Die dort anfallenden paraffinischen Rückstände werden von der Arco erst entölt, dann raffiniert und auf zahlreiche Spezialprodukte wie Paraffinwachse verarbeitet[2].

Trotz des in Hamburg infolge der zahlreichen Raffinerien umfangreichen Angebots an petrochemischen Rohstoffen hat sich in diesem Raum noch kein größeres Petrochemiewerk niedergelassen.

Einige der in Hamburg ansässigen Spezialchemikalien-Hersteller, die petrochemische Stoffe einsetzen, beziehen diese von weiter entfernten Werken.

Zu erwähnen sind hier das 771 Mitarbeiter beschäftigende Werk der Reichold Albert Chemie, einer 100 %-igen Hoechst-Tochter, das Lackrohstoffe und Kunstharze herstellt, sowie die 1961 aus einem anderen Werk entstandene Niederlassung der Th. Goldschmidt AG Essen, die in Hamburg Metallseifen und Alhydharze herstellt[3]. Die Anlagen wurden allerdings am 1.10.1972 von der Firma "Ernst Jäger, Fabrik chemischer Rohstoffe GmbH" in Düsseldorf übernommen, die seit 10 Jahren einen bedeutenden Teil der in Hamburg hergestellten Kunstharze bezieht[4].

Ohne rohstoffmäßigen Kontakt zu den Raffinerien ist auch die 1967 in Hamburg-Harburg in Betrieb gegangene Rußfabrik der Columbian Carbon Deutschland GmbH, obwohl sich einige Schweröle gut zur Rußfabrikation eignen.

Das Werk setzt holländisches, über die Brigitta-Leitung bezogenes Erdgas ein und erzeugt daraus 18.000 to/a Ruß, der als Grundstoff an die Gummi- und Farbenindustrie geliefert wird[5]. Es ist zu vermuten, daß ein wesentlicher Teil der Erzeugung an die in Harburg ansässige Phoenix Gummiwerke AG geliefert wird.

---

1) Jahrbuch für Bergbau, Energie, 1971, a.a.O., S.388
2) Brief der Arco Raffinerie GmbH, Hamburg, vom 17.5.1972
3) Goldschmidt informiert, 4/71, Nr.17, Sonderausgabe, S.5
4) Europachemie, Nr.19/1972, S.373
5) Busse, C.-H., Geogr. Taschenbuch, a.a.O., S.118

Ein sowohl zur chemischen als auch zur NE-Metallindustrie gehörendes Unternehmen ist die in Hamburg ansässige Norddeutsche Affinerie (40 % Degussa, 40 %
Metallgesellschaft, 20 % The British Metal Corp.Ltd., London) [1]. Das Werk, das
"über zwei Drittel der westdeutschen Kupfererzeugung bestreitet und darüberhinaus
als Blei- und auch als Edelmetallhütte von Bedeutung ist" [2], erzeugt mit seinen
fast 3.000 Beschäftigten auch in größerem Umfang Metallchemikalien, Schwefelsäure (150.000 to/a) sowie Pflanzenschutz- und Schädlingsbekämpfungsmittel [3].

Ein Verbund mit anderen Chemiewerken scheint nicht zu bestehen.

Obwohl nicht zur chemischen Industrie gehörend, so soll doch das 1971/72 in Betrieb genommene kombinierte Aluminiumwerk der Reynolds Aluminium Hamburg GmbH
erwähnt werden [4], da die für das Aluminiumschmelzwerk benötigte Tonerde (ca.
50.000 to/a) ab 1973 von der dann in Betrieb gehenden Aluminium Oxid Stade GmbH,
an der Reynolds zu 50 % beteiligt ist, geliefert wird. Die Reynolds Anlagen liegen
neben dem 1968 von der Korf-Gruppe gegründeten Elektrostahlwerk im neuen Hamburger Hafenerweiterungsgebiet. Diese beiden Unternehmen sowie die Kupferelektro-
lyse der Norddeutschen Affinerie zählen zu den größten Stromverbrauchern Hamburgs.

2.5.7.2. Chemieansiedlungen im Raum Unterelbe

Die jüngste industrielle Entwicklung des Raumes Unterelbe von Stade bis Brunsbüttel, insbesondere die Ansiedlung einiger chemischer Großunternehmen, ist zwar
schon von zwei Autoren [5][6] ausführlich beschrieben worden, der Vollständigkeit
halber sollen jedoch die wesentlichsten Zusammenhänge, ergänzt durch neuere
Daten, nochmals wiedergegeben werden.

---

1) Jahrbuch für Bergbau, Energie, 1971, a.a.O., S.503
2) Busse, C.-H., Geogr. Taschenbuch, a.a.O., S.120
3) Degussa Geschäftsbericht, 1970/71, S.32
4) Busse, C.-H., Geogr. Taschenbuch, a.a.O., S.120
5) Ebenda, S 1 ff.
6) Thomas, Wilfried: Die Standortdynamik des Wirtschaftsraumes Unterelbe/Stade
   (Erster Teil), in: Neues Archiv für Niedersachsen, Bd.20, Heft 4, Göttingen,
   Dez. 1971, S.285-304

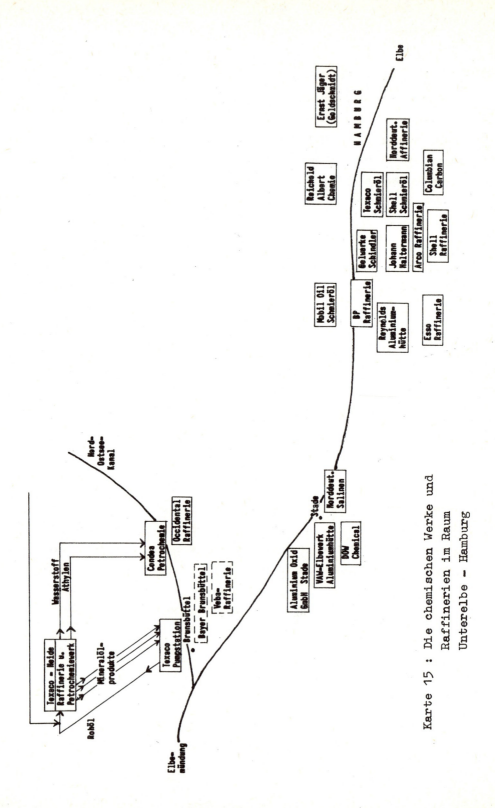

Karte 15 : Die chemischen Werke und
Raffinerien im Raum
Unterelbe – Hamburg

"Abgesetzt von den im engeren Stadtraum von Stade teilweise seit alters her vorhandenen Industriebetrieben (Leder-, Holz-, Gummi- und chemische Industrie,
Werft) wurde im letzten Weltkrieg aus Gründen des Luftschutzes von den Hamburger
Mineralölwerken Ernst Jung auf Stadersand ein Großtanklager erbaut. Da sich das
Elbe-Fahrwasser hier sehr stark dem südlichen Ufer nähert, konnte mit einem be-
triebseigenen Ausleger das direkte Löschen auch von tiefgehenden Tankern unmittelbar aus der Fahrrinne heraus ermöglicht werden. Während des Krieges wurden hier
auch Treibstoffe für die Kriegsmarine eingelagert; heute dient die Anlage mit über
150.000 m^3 Fassungsvermögen der Lagerung und teilweisen Weiterverarbeitung der
verschiedenen Flüssigkeiten der Mineralöl-, chemischen und Nahrungsmittelindustrie.
Der Weitertransport erfolgt per Schiff, Bahn und Tankwagen. - Die hier vorhandene
Lagerungskapazität für Öl war für die Norddeutschen Kraftwerke AG neben anderen Standortfaktoren - wie das Vorhandensein von Kühlwasser und die Lage im
Verbundnetz - ein Gesichtspunkt, um 1957 mit dem Bau des Kraftwerkes Schilling
auf Ölbasis zu beginnen.

Seit 1964 gibt das Kraftwerk Dampf in einer Menge von 15 to/Stunde (36 atm.,
440° C) an den dritten auf Stadersand ansässigen Industriebetrieb, an die Saline
der Norddeutschen Salinen GmbH ab. - Dieses Werk, das seit 1966 zu 90 % der
N.V. Koninklijke Nederlandse Zoutindustrie (KNZ), Hengelo (und damit der AKZO)
gehört, setzt die Tradition der Siedesalzgewinnung auf der Grundlage eines
permischen Salzdomes in Stade fort.

Die Saline wurde nach 1961 errichtet, im Juni 1971 wurde eine zweite Ausbaustufe eingeweiht; mit einer Kapazität von über 300.000 jato ist sie die größte in
der Bundesrepublik. Die Gesellschaft bestreitet etwa die Hälfte der westdeutschen
Siedesalz-Produktion. Der Standort am Elbufer wurde auch wegen der hier vorhandenen Vorlademöglichkeiten in größere Küstenmotorschiffe gewählt, da die Produktion zum großen Teil - bes. als Industriesalz - nach Skandinavien geht. Der Kette
der zwischenbetrieblichen Zusammenarbeit auf Stadersand wird durch die Tatsache,
daß der vom Kraftwerk bezogene Dampf nach Abkühlung in der Saline wieder an das
Kraftwerk zurückgeleitet wird, ein weiteres Glied hinzugefügt" [1].

---

1) Busse, C.-H.: Industriegeographische Wandlungen an der Unterelbe, a.a.O.,
   S.122

Durch den 1967 erfolgten Beschluß der Hamburger Elektrizitätswerke (HEW) und
der Norddeutschen Kraftwerke (NWK) in Stade neben dem 375 MW Öl/Kohle Kraftwerk Schilling ein Kernkraftwerk von 662 MW zu bauen, wurde der Raum Stade als
Standort für energieintensive Fertigungsverfahren interessant.

So ging Stade bei den Standortüberlegungen des amerikanischen Chemiekonzerns
DOW-Chemical für ein neues Werk am seeschifftiefen Wasser gegenüber dem holländischen Mitbewerber Delfzijl im Oktober 1968 als Sieger hervor. Allerdings war
die ursprünglich vorgesehene Energieversorgung durch das Kernkraftwerk für DOW
nicht ausschlaggebend: Eine nach Ansicht der DOW zu hohe Strompreisforderung
der NWK und der hohe Dampfbedarf des Werkes führten dazu [1], daß DOW beschloß, auf der Basis des ohnehin für die Produktion benötigten Erdgases, das durch
eine Zweigleitung der vom Dollart-Ems-Gebiet nach Hamburg verlaufenden Brigitta-
Erdgasleitung bezogen wird, zwei eigene Kraftwerke von 90 MW zu bauen [2].
Standortentscheidend waren vielmehr:

- die umfangreichen Salzvorkommen als Rohstoff für die geplante Chlor-Alkali-
  Elektrolyse,
- das vorhandene Produktentanklager,
- die günstige Lage des 400 ha Grundstückes am Fahrwasser der Elbe
  (Bützflether Sand),
- Hilfen des Landes Niedersachsen durch den Bau einer Anlegebrücke für zwei
  65.000 tdw Schiffe in Höhe von 140 Mio DM [3],
- Investitions-Finanzierungshilfen des Bundes in Höhe von 15 % [4].

Bei einem Gesamtinvestitionsplan von 1,2 Mrd. DM werden hier in der ersten In-
vestitionsstufe (440 Mio DM) eine große Chlor-Alkali-Elektrolyse sowie Anlagen
zur Erzeugung von Epichlorhydrin, Glyzerin, Propylenglykol, Lösungsmitteln und

1) Busse, C.-H., a.a.O., S. 123
2) Industrie- und Handelskammer des Regierungsbezirks Stade, Information Nr. 4,
   1971, S. 3
3) Deutsche Zeitung Christ und Welt vom 19.5.72, S. 22
4) Standort Nord - Wohin mit dem Betrieb? Wegweiser für Industrieansiedlungen
   zwischen Ostsee und Unterelbe. Hrsg.: Handelskammer Flensburg, Hamburg,
   Kiel, Lübeck, Lüneburg, Stade, 1972, S. 133

anderen Produkten errichtet. Die ersten Anlagen wurden bereits 1972 in Betrieb genommen. Bis zur Ergänzung des Stader Werkes durch eine Crack-Anlage zur Erzeugung von Äthylen und anderen Olefinen wird das für die Epichlorhydrin- und Glyzerinfertigung benötigte Propylen von dem DOW-Werk Terneuzen geliefert [1].

Es ist zu vermuten, daß das DOW-Werk Stade neben einem intensiven Export auch mit den DOW-Werken in Greffern (Baden-Baden), Drusenheim (Elsaß) und Rotterdam-Botlek zusammenarbeiten wird. Gleichzeitig mit der Inbetriebnahme der Stader Anlagen verlegte die DOW-Chemical GmbH den Sitz ihrer Verwaltung von Frankfurt nach Stade [2].

Das große Elektroenergieangebot auf Stadersand war neben den beschriebenen Förderungsmaßnahmen der wesentliche Grund für die sich im Bundesbesitz [3] befindliche Vereinigte Aluminium Werke AG (VAW), im Mai 1968 den Bau einer großen Aluminiumhütte auf dem Bützflether Sand zu beschließen.

Die Aufspülungsarbeiten auf dem 150 ha Gelände der VAW-Elbewerk GmbH waren 1970 abgeschlossen [4]. Die erste Baustufe mit einer Kapazität von 60.000 to/a Hüttenaluminium wird 1973 in Betrieb genommen, die spätere Endkapazität soll 240.000 to/a betragen [5].

Um die Versorgung der Hütte mit dem Rohstoff Tonerde sicherzustellen, beschlossen die VAW und der amerikanische Reynolds Konzern, der im Hamburger Hafen seit 1972 ein kombiniertes Aluminiumschmelz-, -walz- und -verarbeitungswerk mit einer Kapazität von 100.000 to/a betreibt, auf dem Stader Gelände der VAW gemeinsam ein Tonerde-Werk zu bauen [6].

Kurze Zeit vorher hatte bereits der französische Konzern Pechiney Interesse am Bau eines Tonerde-Werkes in Stade bekundet - seine Wahl fiel jedoch auf Dünkirchen [7].

---

1) Chemische Industrie, Nr.8/1970, S.523
2) Handelsblatt vom 17.1.1972
3) Wer gehört zu Wem? Commerzbank 1971, S.646 u. S.648
4) VAW Geschäftsbericht, 1970, S.11
5) VAW Geschäftsbericht, 1970, S.11
6) Busse, C.-H., a.a.O., S.120 u.124
7) Ebenda, S.124

Die Kapazität der Aluminium Oxid Stade GmbH wird in der ersten Ausbaustufe, die 1973 rechtzeitig zur Versorgung des Elbe-Werkes in Betrieb gehen kann[1], 700.000 to/a Tonerde betragen. Die Planung ist auf eine Endkapazität von 2,1 Mio to/a ausgelegt. Das Werk wird ausschließlich australischen Bauxit einsetzen[2], der direkt vom Seeschiff über die zur Hälfte DOW und VAW zur Verfügung stehende neue Anlegebrücke ins Werk gelöscht werden kann (für 700.000 to/a Tonerde werden etwa 1,8 Mio to Bauxit benötigt).

Ein weiterer Standortvorteil liegt darin, daß die für die Bauxitaufbereitung notwendige Natronlauge (ca. 20.000 to/a) aus der benachbarten Chlor-Alkali-Elektrolyse der DOW Chemie bezogen werden kann.

Das Tonerdewerk wird nicht nur die Reynoldshütte in Hamburg und die unmittelbar benachbarte VAW-Hütte versorgen, sondern auch noch große Mengen Aluminiumoxid (Tonerde) exportieren.

Neben Tonerde wird die VAW-Hütte noch Petrolkoksanoden und Elektrodenmassen in größeren Mengen beziehen (bei 60.000 to/a Hüttenaluminium ca. 30.000 to/a)[3].

Der für die Schmelzflußelektrolyse benötigte und nur in Grönland natürlich vorkommende Kryolith wird von der VAW synthetisch hergestellt[4]. Die notwendigen Rohstoffe Flußsäure und Aluminiumfluorid werden von der VAW Flußspatchemie GmbH, Stulln, bezogen, die im Naabtal nördlich Schwandorf einen eigenen Flußspatabbau betreibt[5]. Zur Deckung des wachsenden zukünftigen Bedarfs werden von der VAW in Südwest- und Südafrika erworbene Flußspatgruben beitragen[6].

Inzwischen wurden in der Öffentlichkeit Stimmen laut, daß es sich bei dem Stader VAW-Projekt angesichts des weltweiten Aluminiumüberangebots um eine "gigantische Fehlinvestition"[7] handeln könnte[8].

1) VAW Geschäftsbericht 1971, S. 11
2) Ebenda, S. 10
3) Walde, H.: Elektrische Stoffumsetzungen in Chemie und Metallurgie in energiewirtschaftlicher Sicht, Düsseldorf, o. J., S. 37
4) 50ᵉ Anniversaire des VAW 1917-1967, S. 24
5) VAW Geschäftsbericht 1970, S. 14
6) VAW Geschäftsbericht 1970, S. 11 u. 1971, S. 15
7) Die Welt vom 26.4.1972
8) Vgl. auch: Aluminiumhütten büßten Glanz ein. In: Handelsblatt v. 13.9.1972; Starker Umsatz-Rückgang bei VAW. In: Handelsblatt v. 19.9.1972

Durch die Ansiedlung dieser drei großen Industriebetriebe sowie der Kraftwerkser-
weiterung werden ohne Berücksichtigung der Erweiterungsbauten weit über 1.000
Arbeitsplätze geschaffen. Nimmt man die Sekundäreffekte sowie die Ausbaupläne
bis 1975 hinzu, nach denen allein DOW über 1.000 Mitarbeiter beschäftigen wird [1],
so wird ersichtlich, daß sich der bislang niedrige Industriebesatz des Regierungsbezirkes Stade von 45,3 (im Vergleich: Niedersachsen 109,2; Bundesrepublik 136,3 -
alle Stand Juli 1969) erfreulich erhöhen wird [2].

Etwa 37 km elbabwärts befindet sich bei Brunsbüttel ein weiterer Schwerpunkt der
Industrieansiedlung Unterelbe. Um die Jahrhundertwende brachten die mit der Er-
öffnung des Nord-Ostsee-Kanals verbundenen Folgewirkungen einen ersten Auf-
schwung. Schon in der Vergangenheit haben Betriebe der Kali- und Petrochemie die
Standortvorteile der Gabelung zweier bedeutender Schiffahrtswege genutzt [3].
Die hier produzierende kleine Phosphatfabrik Rhenania gehört über die Kali-Chemie
AG zur Solvay-Gruppe.

Die erste Vorläuferin der petrochemischen Werke in diesem Raum war eine 1928
von der damaligen Mineralöl- und Asphaltwerke AG (Mawag) in Ostermoor bei
Brunsbüttel gegründete Raffinerie [4]. In den am Nord-Ostsee-Kanal gelegenen Anlagen wurden aus schwerem venezuelanischen und mexikanischen Rohölen Bitumen,
Schmieröle und Bunkerheizöle hergestellt [5]. Heute gehört die Raffinerie der
Occidental Oel GmbH [6], an der die amerikanische Occidental Petroleum Corp.
maßgeblich beteiligt ist. Bei einer Durchsatzkapazität von 550.000 to/a wird vorzugsweise Bitumen erzeugt.

Das heutige Zentrum der Petrochemie in Schleswig-Holstein bildet die 30 km nördlich Brunsbüttel bei Hemmingstedt gelegene Raffinerie Heide.

---

1) Busse, C.-H., a.a.O., S.123
2) Die Industrie- und Handelskammer des Regierungsbezirkes Stade, Informationen
   Nr.5, 1970, S.4
3) Busse, C.-H., a.a.O., S. 125
4) Oel in der Welt von morgen, Hrsg.: Mineralölwirtschaftsverband e.V.,
   Hamburg, Juli 71, S.40
5) Oel in der Welt von morgen, a.a.O., S. 40
6) Jahrbuch für Bergbau, Energie, Mineralöl und Chemie, 1971, a.a.O., S.415

Die zwischen den Weltkriegen von der DEA für den Einsatz von an Ort und Stelle
gefördertem Erdöl gebaute Raffinerie wurde nach dem Krieg von 0,7 Mio to/a
auf eine Durchsatzkapazität von jetzt 3,5 Mio to/a ausgebaut und wird nach Abschluß der Erweiterungsarbeiten 1973 5,2 Mio to/a Rohöl durchsetzen [1].

Heute gehört die Raffinerie zur Deutschen Texaco AG, die 1966 die DEA zu 97 %
übernahm [2]. Auch heute noch setzt die Raffinerie große Mengen deutschen Rohöls
ein (1972 = 980.000) [3], die zum überwiegenden Teil aus eigenen Feldern in Osthol-
stein durch eine 90 km lange Rohrleitung nach Heide gepumpt werden [4,5]. Kleinere
Mengen werden in Kesselwagen angefahren [6]. Importierte Rohöle werden der Raffinerie durch eine 32 km lange 10-Zoll-Rohölleitung von Brunsbüttel aus zugeführt,
die jedoch wegen des wachsenden Rohölbedarfs in Kürze durch eine 18-Zoll-Lei-
tung ersetzt wird [7].

Da die Raffinerie auf einer ausgedehnten Salzlagerstätte liegt, wurde Mitte 1972
mit der Ausspülung mehrerer Kavernen zur Rohölspeicherung in einer Tiefe von
700-1.100 m in der Formation des Rotliegend-Salzes begonnen, um so die Vorrats-
haltung im Interesse der Sicherung der Versorgung weiter zu erhöhen [8].

Die entstehende Sole wird durch die vorhandene Abwasserleitung der Raffinerie in
die Nordsee geleitet [9].

Auf dem 138 ha großen Raffineriegelände befinden sich auch umfangreiche petrochemische Anlagen mit folgenden Kapazitäten [10]:

---

1) Texaco erweitert Raffinerie Heide, in: Handelsblatt vom 22.10.1972
2) Oel in der Welt von morgen, a.a.O., S.52
3) Oel-Zeitschrift für die Mineralölwirtschaft, Februar 1972, S.53
4) Jahrbuch für Bergbau, Energie, Mineralöl und Chemie 1971, a.a.O., S.432
5) Vgl. auch: Erdöl-Weltatlas, Hrsg., Esso AG, Hamburg, Herbst 1966, S.19
6) Erdöl, Broschüre der Deutschen Texaco AG, Hamburg, Herbst 1971, S.47
7) Texaco erweitert Raffinerie Heide, in: Handelsblatt vom 22.10.1971
8) Oel-Zeitschrift f.d.Mineralölwirtschaft, Nr. 1/1972, S.25
9) Oel, Nr.1/1972, S.25
10) Oel, Nr.2/1972, S.39

- 75.000 to/a Äthylen

- 50.000 to/a Propylen

- 18.000 to/a Benzol

- 53.000 to/a Toluol

- 12.000 to/a Ortho-Xylol

- 35.000 to/a Meta- und Para-Xylolgemisch

- 10.000 to/a Äthylbenzol

An chemiewirtschaftlich relevanten Produkten fallen außerdem noch Wasserstoff, C_4-Mischkohlenwasserstoffe, Schwefel und ein Spezialschweröl für die Rußerzeugung an.

Der Abtransport der Raffinerie- und Chemieprodukte erfolgt zu über 50 % durch Rohrleitungen nach Brunsbüttel [1].

Sechs Produktenleitungen - bald wird als siebte die zu klein gewordene ehemalige Rohölleitung hinzukommen - transportieren schweres Heizöl (geheizt), leichtes Heizöl, Vergaserkraftstoffe und Schmieröldestillate zur Verladeanlage Brunsbüttel, wo sie auf Tanker umgeschlagen werden.

Zwei weitere Produktenleitungen versorgen die in Brunsbüttel ansässige Condea Petrochemie GmbH von Hemmingstedt aus mit Äthylen und Wasserstoff.

Dieses am Nordufer des Nord-Ostsee-Kanals gelegene petrochemische Werk wurde 1961 gemeinsam von der amerikanischen Continental Oil Company und der DEA gegründet.

Mit einer Belegschaft von 290 Mitarbeitern werden hier 65.000 to/a Fettalkohole, die für die Herstellung von oberflächenaktiven Derivaten in Wasch- und Reinigungsmitteln und als Weichmacher für PVC dienen, sowie 10.000 to/a Aluminiumoxidhydrate für Katalysatoren hergestellt [2].

---

1) Nach Unterlagen der Deutschen Texaco AG
2) Briefliche Angaben der Condea GmbH vom 19.4.1972

Ein enger Verbund der Texaco-Raffinerie Heide besteht auch mit dem zur gleichen Gesellschaft gehörenden Mineralölwerk Grasbrook im Hamburger Hafen.

Aus naphthenbasischen venezolanischen und paraffinbasischen deutschen Rohölen werden in den Vakuum-Anlagen von Heide Schmieröldestillate gewonnen (ca. 400.000 to/a), die dann durch oben erwähnte Rohrleitungen nach Brunsbüttel und von dort mit Tankschiffen ins Hamburger Mineralölwerk zur Weiterverarbeitung transportiert werden [1].

Inwieweit von Heide auch die kleine Fettfabrik der Texaco in Kiel (12.000 to/a technische Fette) mit Rohstoffen versorgt wird, konnte nicht ermittelt werden.

Da der größte Teil der Rohstoffe und auch der Fertigprodukte der Raffinerie Heide den Weg über Brunsbüttel nimmt, ergaben sich neben der erwähnten Condea- Ansiedlung weitere positive Folgewirkungen.

"Der zunehmende Ölempfang hatte bereits 1959 zum Bau eines neuen Ölhafens geführt. Zur Deckung des ständig steigenden Mineralölbedarfs und wegen der Anlieferung des Öls in größeren Schiffseinheiten und schließlich um in einem wichtigen Wirtschaftsförderungsgebiet Schleswig-Holsteins weitere Industrieansiedlungen zu initiieren, wurde 1965 mit den Bauarbeiten für einen Großschiffhafen an der Elbe, etwa 2,5 km oberhalb der Einfahrt zum Nord-Ostsee-Kanal, begonnen. Bei einem Kostenaufwand von insgesamt etwa 100 Mill. DM wurde unter der Regie des Landes ein mit Straßen- und Gleisanschlüssen versehener Hafen in Angriff genommen, in dem bei 14 m Tiefe mehrere Tanker und Massengutfrachter löschen können" [2].

Die im Juli 1967 in Betrieb genommenen Anlagen wurden inzwischen nochmals vergrößert [3] und sind für Schiffe von 140.000 tdw zugänglich, während Hamburg nur Schiffe bis maximal 80.000 tdw aufnehmen kann [4].

---

1) Nach Unterlagen der Texaco AG
2) Busse, C.-H.: Industriegeographische Wandlungen an der Unterelbe, 1972, a.a.O., S.125
3) Bei Brunsbüttel soll eine Stadt für 20.000 Einwohner entstehen, in: Die Welt vom 20.6.1972
4) Karte: Erdölraffinerien-Leitungen-Petrochemie, Niedersächsisches Amt für Bodenforschung, in: Jahrbuch für Bergbau, Energie, Mineralöl und Chemie 1971, a.a.O., S.

Um die Attraktivität des Raumes Brunsbüttel weiter zu steigern, beschlossen die HEW und die NWK östlich der Einmündung des Nord-Ostsee-Kanals in die Unterelbe ein weiteres Kernkraftwerk von 770 MW zu errichten (200 Beschäftigte) [1]. Neben diesen Anlagen wird ein Spitzenkraftwerk von 240 MW auf der Grundlage von leichtem Heizöl erbaut, so daß in Brunsbüttel ab 1974 insgesamt 1010 MW zur Verfügung stehen werden [2].

"Diese Maßnahmen waren dann mit ausschlaggebend, als im April 1970 die Entscheidung fiel, daß die Farbenfabriken Bayer AG, Leverkusen, in Brunsbüttel das sechste Zweigwerk des Konzerns bauen wollen. Nach einer Prüfung von 17 Standorten in Europa hat sich der Konzern vor allem aus folgenden Gründen für Brunsbüttel ausgesprochen: die Nachbarschaft zum neuen Elbetiefwasserhafen und zum Nord-Ostsee-Kanal, das im Bau befindliche Atomkraftwerk, das in der Umgebung vorhandene Arbeitskräftereservoir und die langfristigen Verkehrsplanungen für den Unterelberaum. Es darf angenommen werden, daß bei der Standortwahl auch die in Brunsbüttel als eines übergeordneten Schwerpunktes erzielbare 20 %ige Investitionshilfe aus den Förderfonds des Bundes und des Landes nicht uninteressant war" [3].

Auf einer Fläche von 375 ha soll laut Plan bis 1976 ein Chemiewerk für die Produktion von synthetischen Fasern, Pflanzenschutzmitteln, synthetischem Kautschuk und Schaumgummi sowie eine Chlor-Alkali-Elektrolyse mit einer Gesamtbelegschaft von 5.000 Mitarbeitern entstehen [4].

Wegen der unbefriedigenden Ertragslage in der chemischen Industrie ist es laut Bayer jedoch fraglich, ob am Baubeginn für die erste Stufe (300 Mio DM) 1973 festgehalten werden kann [5].

---

1) Busse, C.-H., 1972, a.a.O., S.117
2) Ebenda
3) Ebenda, S. 126
4) Ein Projekt der Superlative, in: Deutsche Zeitung / Christ und Welt vom 10.12.71, S.4
5) Auf der Talsohle liegt ein Haufen Geröll, in: Die Welt vom 28.4.72

Innerhalb weniger Jahre hat sich der Unterelberaum aufgrund einiger weniger Großinvestitionen zu einem äußerst dynamischen und zukunftsträchtigen Chemiezentrum mit allen Vorzügen der seeschifftiefen und küstennahen Lage entwickelt.

Allerdings hat mittlerweile ein scharfer Wettbewerb unter allen geeigneten deutschen Nordseestandorten um ansiedlungswillige Großindustrien eingesetzt, so daß die augenblickliche Spitzenstellung des Unterelberaums nicht unangefochten bleiben muß.

2.5.8. Sonstige Standorte an der deutschen Nordseeküste

Knapp 60 km westlich von Stade befindet sich in Nordenham am linken Weserufer seit einigen Jahren ein Titandioxidwerk der Kronos Titan-GmbH.

Dieses Unternehmen betreibt bereits seit 1927 ein damals gemeinsam mit der IG Farbenindustrie AG auf dem Gelände des Bayer Werkes Leverkusen erbautes Titandioxidwerk, das jedoch inzwischen völlig zugebaut wurde und keinerlei Erweiterungsmöglichkeiten mehr bietet.

Da eine Produktionserweiterung somit nur an anderer Stelle vorgenommen werden konnte, entschied man sich für einen Küstenstandort am seeschifftiefen Fahrwasser.

Die beiden Hauptrohstoffe, Titanerz und Schwefelsäure, konnten so transportkostengünstig per Schiff direkt ins Werk gelangen, die Beseitigung der anfallenden Abfallsäure bereitete keine Probleme und die Arbeitsmarktlage schien auch günstiger zu sein.

Der anfängliche Plan, das neue Werk in Wilhelmshaven zu bauen, wurde durch eine Bürgerinitiative zu Fall gebracht [1]. Daraufhin wich man nach Nordenham aus, wo die Stadt Industrieansiedlungen gegenüber aufgeschlossen und bei der Beschaffung und Erschließung von Gelände hilfsbereit war.

Das heute 320 Mitarbeiter beschäftigende Werk importiert 100.000 to/a Ilmeniterz aus einer südnorwegischen Erzgrube, das ebenso wie 150.000 to/a Schwefelsäure aus Homberg/Ndrh. in Schiffen am werkseigenen Pier in Blexen angeliefert wird.

Die anderen Rohstoffe, wie 5.000 to/a Eisenschrott von Blechverarbeitern im Raum Oldenburg, 3.000 to/a Wasserglas von Henkel aus Düsseldorf und 1.400 to/a Aluminiumsulfat aus Ludwigshafen (Giulini) gelangen mit der Bundesbahn oder in Straßenfahrzeugen ins Werk [2].

---

1) Prognos AG, Basel 1967: Untersuchung über die Möglichkeit zur Intensivierung des Seegüterverkehrs und zur Ansiedlung von hafengebundener Industrie in Wilhelmshaven, S.99
2) Briefliche Angaben der Kronos Titan-GmbH vom 2.1.1973

Die Produktion umfaßt 36.000 to/a Titandioxid in acht verschiedenen Weißpigment-
typen, die zu 60 % an Weiterverarbeiter im Inland abgesetzt werden. Eigentümli-
cherweise ist der nach Übersee exportierte Anteil des im Binnenland liegenden Werkes Leverkusen mit 38 % an der Gesamtproduktion erheblich höher als der des Werkes Nordenham mit nur 28 % Überseeexport.

An weiteren Großbetrieben besitzt Nordenham noch eine Bleihütte der Preussag,
die erst kürzlich modernisiert und vergrößert wurde (130.000 to/a), sowie seit
Mitte 1972 eine neue Zinkelektrolyse (100.000 to/a), die ebenfalls mehrheitlich
der Preussag gehört [1].

Über das ebenfalls in Nordenham produzierende kleine Düngemittelwerk der Guano
Werke AG waren keine Angaben erhältlich.

Durch den geplanten Bau eines 1.300 MW Kernkraftwerkes der NWK und Preussen-
elektra in Esenshamm [2] südlich von Nordenham könnte dieser Raum für weitere
energieintensive Industrien an Anziehungskraft gewinnen.

Ein Standort mit einer ähnlichen Dynamik wie Stade dürfte Wilhelmshaven werden.

Jahrelang nur als Einspeisungspunkt der NWO [3] und damit als bedeutendster deutscher Ölhafen bekannt, machte Wilhelmshaven 1971 Schlagzeilen, als die Alusuisse
bekannt gab, dort eine Chlor-Alkali-Elektrolyse zu bauen [4].

Die Anlagen der Alusuisse Atlantik gingen Anfang 1973 in Betrieb und erzeugen
115.000 to/a Chlor und 130.000 to/a Natronlauge [5], wobei letztere zur Versorgung
der konzerneigenen Tonerdewerke wie z.B. des Martinswerkes in Bergheim/Erft,
beitragen.

---

1) Neue Zinkhütte in Nordenham, in: Handelsblatt vom 16.5.1972
2) Pressenotiz der NWK vom 15.3.1971
3) Vgl. Holzhausen, H.: Die Nord-West-Oelleitung, in: Oel-Zeitschrift f.d.
   Mineralölw., Nr.9, 1972, S.242-246
4) Wiborg, K.: Wilhelmshavens Standort-Trümpfe stechen, in: FAZ vom 23.9.1971
5) Chemische Industrie, April 1973, S.229

Das für die Elektrolyse benötigte Salz wird zunächst in Schiffen aus Holland geliefert (1972 = 200.000 to/a), jedoch sucht Alusuisse bei Wilhelmshaven in eigenen
Konzessionsgebieten nach Salz.

Eine Verdopplung der Anlagen und damit des Salzverbrauches auf 400.000 to/a
ist geplant.

Der Bau eines ebenfalls geplanten Tonerdewerkes von 1 Mio to/a in Wilhelmshaven
wurde allerdings vorerst verschoben - wohl auch im Hinblick auf die überdimen-
sionierten Anlagen der VAW in Stade.

Der am 30. Mai 1972 zwischen der Mobil Oil AG und dem Land Niedersachsen
sowie der Stadt Wilhelmshaven vereinbarte Ansiedlungsvertrag für den Bau einer
Raffinerie von 8 Mio to/a Durchsatzkapazität auf einem zunächst 200 ha großen
Gelände auf dem Voslapper Watt nördlich der Stadt mit Baubeginn 1973 [1] dürfte
Wilhelmshaven auch als Standort für petrochemische Weiterverarbeiter interessant
machen.

"Da die Großraffinerie Wilhelmshaven künftig den gesamten Bedarf der Mobil Oil
im nordwestdeutschen Raum decken wird, ist die Umwandlung der Raffinerie Bremen
in ein Großumschlagslager beabsichtigt" [2]. Ein erheblicher Teil der Produktion der
Wilhelmshavener Raffinerie soll dann über dieses Lager Bremen umgeschlagen werden [3]. Von der Wilhelmshavener Produktion sollen etwa 30 % exportiert werden,
insbesondere nach Skandinavien und Schottland [4].

In einem 1967 veröffentlichten Gutachten der Prognos AG [5] war einer weiteren
Küstenraffinerie in Wilhelmshaven "keine reale Chance" eingeräumt worden, da

---

1) Oel-Zeitschrift f.d. Mineralölw., Nr. 6, 1972, S. 178, 179
2) Ebenda, S. 179
3) Ebenda
4) Mobil Oil will bis zum Jahre 1977 rund 1,5 Mrd. DM investieren, in:
   Handelsblatt vom 7.7.1972
5) Prognos AG, Basel 1967, a.a.O., S. 154

man glaubte, der Export an Mineralölerzeugnissen könne von den vorhandenen Küsten-
raffinerien in Hamburg, Emden und Rotterdam bewältigt werden. Die Verfasser des
Gutachtens hatten jedoch nicht berücksichtigt, daß jede Mineralölgesellschaft be-
müht ist, in allen Marktregionen vertreten zu sein. Da die Mobil Oil bisher nur
in Amsterdam und mit einer veralteten Anlage in Bremen an der Küste vertreten war,
kam für sie durchaus der Standort Wilhelmshaven in Frage.

Die bisherigen Nachteile Wilhelmshavens auf dem Gebiet der Energieversorgung [1]
dürften durch die Pläne der Veba AG, in Wilhelmshaven ein 700 MW Kraftwerk
auf der Basis von preiswerter Importkohle aus Afrika und Polen zu bauen, gemildert
werden [2].

Allerdings darf nicht übersehen werden, daß die jüngsten Ansiedlungserfolge in
Wilhelmshaven durch umfangreiche finanzielle Vorleistungen des Landes Nieder-
sachsen erkauft wurden. Mit Inbetriebnahme der Alusuisse Anlagen wurde die erste
Stufe einer neuen, bis ans tiefe Fahrwasser hineinreichenden Verladebrücke für
Supertrockenfrachter fertiggestellt [3].

Neben diesem 100 Millionen DM Objekt verpflichtete sich das Land, ca. 1.600 ha
des Voslapper Watts aufzuschließen - eine Investition von 160 Mio DM [4].

Daneben entstanden Mindererlöse bei den Landabgaben an die Alusuisse für rund
12 Mio DM [5]. "Dazu werden noch Investitionszulagen und Zinszuschüsse für
das Alusuisse-Projekt kommen, die in Wilhelmshaven 20 % der Investitionen betragen" [6].

---

1) Prognos AG, Basel 1967, a.a.O., S.164
2) Leichte Schatten über der Veba, in: Handelsblatt vom 30.6.1972
3) Wiborg, K.: 1971, a.a.O.
4) Ebenda
5) Ebenda
6) Ebenda

Im Vergleich zu Nordenham und Wilhelmshaven wirkte Emden mit seiner 1960 in Betrieb genommenen Raffinerie der Erdölwerke Frisia AG [1] (2,4 Mio to/a Durchsatzkapazität), die sich zuletzt zu 98 % im Besitz der Gulf Oil befand, bisher etwas zurückgeblieben.

Trotz guter Binnenschiffsverbindung über den Dortmund-Ems-Kanal ins Rhein-Ruhr-Gebiet hat sich bisher kein Chemieunternehmen hier angesiedelt.

Emden hat auch unter der Nähe des nur wenige Kilometer westlich auf dem holländischen Emsufer gelegenen Delfzijl zu leiden, wo der Chemiekomplex der AKZO Fühlungsvorteile bietet und wo das dort geförderte Groninger Erdgas eine überaus günstige Energiepreisgestaltung ermöglicht.

Allerdings könnte sich Emden nach dem Mitte 1973 erfolgten Aufkauf der Frisia Raffinerie durch die Veba Chemie AG [2] doch noch zu einem Petrochemiezentrum entwickeln, da die Veba Chemie bei einem endgültigen Scheitern des Projektes Orsoy vermutlich die Emdener Anlagen erheblich erweitern wird.

Weitere Attraktivität wird Emden durch die Mitte 1973 getroffene Entscheidung des Ekofisk-Konsortiums erlangen, das im gleichnamigen Nordseefeld gefundene Erdgas durch eine 420 km lange Rohrleitung (36 Zoll) in Emden anzulanden und dort außerdem eine Spaltanlage für die Abtrennung der im Erdgas enthaltenen schweren Kohlenwasserstoffe zu errichten, falls dies technisch und wirtschaftlich sinnvoll erscheint [3].

---

1) Vgl. Heneka, H.: Frisia-Raffinerie Emden, in: Oel-Z.f.d.M., Nr.1, 1968, Sonderdruck
2) Veba und Gulf sind sich über Frisia einig, in: Handelsblatt vom 31.7.1973
3) Petrochemie in Emden noch Zukunftsmusik, in: Handelsblatt vom 20.6.73

2.5.9. Der Standortwandel vom Binnenland zum seeschifftiefen Wasser

Seit Ende der fünfziger Jahre läßt sich ein immer stärker werdender Trend beobachten, Erweiterungen oder Neuansiedlungen bestimmter Chemiewerke nicht mehr im Binnenland, sondern an der Küste oder anderen seeschifftiefen Fahrwassern zu errichten.

Dieser aufgrund betriebswirtschaftlicher Kostenüberlegungen und seit einigen Jahren auch aus Gründen des Umweltschutzes in Gang gekommene Standortwandel ist in der Regel vom Produktionsprogramm der betreffenden Werke abhängig.

Es lassen sich grob drei Gruppen von Chemiewerken unterscheiden, bei denen ein Küstenstandort erhebliche Vorteile gegenüber einer Produktion im Binnenland bietet:

1. Werke, die vorwiegend überseeische Rohstoffe in großen Mengen einsetzen, wie Bauxit, Phosphate und Titandioxidrohstoffe.

2. Werke, die aufgrund ihrer Produktionsverfahren einen besonders hohen Anfall an teilweise schädlichen Abfallstoffen haben. Hierzu gehören fast alle Werke der Gruppe 1 und zusätzlich einige Sodafabriken.

3. Werke, die als Haupt- oder Nebenprodukt Düngemittel für Abnehmer in Übersee erzeugen.

Bei den Werken der Gruppe 1 stellen die Transportkosten einschließlich der Umschlagskosten einen entscheiden Kostenfaktor dar. Es bedarf hier keiner genauen Kostenanalyse, um festzustellen, daß der Bauxittransport zu einem Tonerdewerk in Lünen oder Bergheim durch den in Rotterdam notwendigen Umschlag auf Binnenschiffe und den anschließenden Transport rheinaufwärts teurer ist, als eine Direktlöschung in ein am seeschifftiefen Wasser liegendes Tonerdewerk, wie in Stade oder Rotterdam. Allerdings ist wegen des sehr wärmeenergieintensiven Fertigungsverfahrens ein kostengünstiges Betreiben von Tonerdewerken nur an Standorten mit preisgünstigem Brennstoffbezug möglich, was bislang in Deutschland nur im Ruhr-revier (VAW-Lünen), im rheinischen Braunkohlengebiet (Martinswerk Bergheim) und im oberpfälzer Braunkohlengebiet bei Schwandorf (VAW) gegeben war. Erst das preisgünstige Erdgasangebot in Küstennähe ermöglichte den Bau von Tonerdewerken am seeschifftiefen Wasser.

Bei dem Transport überseeischer Ilmenit- oder Rutilerze zu einem bei Mülhausen im Elsaß liegenden Titandioxidwerk im Vergleich zu einem in der Genter Kanal-zone, in Nordenham oder in Rotterdam liegenden Titandioxidwerk wird der Trans-portkostenunterschied noch krasser.

Schon die Titandioxidproduktion im Bayer Werk Uerdingen/Ndrh. ist gegenüber derjenigen im Bayer Werk Antwerpen mit zusätzlichen Transport- und Umschlags-kosten in Höhe von DM 10,- pro Tonne Rohstoff belastet, die sich bei Niedrig-wasser des Rheines noch durch Frachtkostenzuschläge erhöhen [1].

Bei Titandioxid handelt es sich um ein hochwertiges Produkt, das eine relativ hohe Transportkostenbelastung verträgt und somit nicht absatzorientiert produziert werden muß.

Bei der Phosphatverarbeitung ergeben sich bezogen auf das Endprodukt noch höhere Frachtkostenbelastungen für einen Binnenstandort, da je nach Verfahren der vier-bis achtfache Rohphosphatmenge für die Erzeugung von Phosphor oder Phosphorsäure benötigt wird [2].

Bei den Werken der Gruppe 2 zeichnet sich ebenfalls die Phosphatverarbeitung durch einen besonders hohen Anteil an bisher kaum verwertbaren Reststoffen aus.

---

1) Nach mündlichen Angaben der Bayer AG Leverkusen vom 13.2.1973
2) Walde, H.: Elektrische Stoffumsetzungen in Chemie und Metallurgie in energie-wirtschaftlicher Sicht, Düsseldorf, o.J., S.151 sowie mündliche Angaben der Knapsack AG

Bei der Erzeugung von Phosphorsäure nach dem Naßverfahren durch Aufschluß der Phosphate mit Schwefelsäure fällt bezogen auf eine Tonne Phosphorsäure in der Regel die vier- bis fünffache Menge an Abfallgips an [1].

Die zwangsläufig entstehenden Abtransport- und Deponierungskosten belasten naturgemäß das Betriebsergebnis.

Nicht immer sind Unternehmen in der glücklichen Lage wie die Knapsack AG bei Köln, die ihre Abfallgipsmengen schadlos und kostengünstig in benachbarte ausgekohlte Tagebaue verfüllen kann.

Bei einem Küstenstandort ist eine verdünnte Einleitung ins Meer oder schadlose Verkippung des Abfallgipses möglich.

Inzwischen scheint das Problem der Abfallgipsbeseitigung jedoch auch für Binnenstandorte mit ungeeigneten Deponien gelöst zu sein: Der Abfallgips wird aufbereitet und anschließend zu Bauplatten verarbeitet.

Während die in Ludwigshafen ansässige Gebr. Giulini GmbH ihren Gips sowie den der Firma Joh. A. Benckiser in Ladenburg, der dort bei der Citronensäureherstellung in ebenfalls erheblichen Mengen anfällt [2], in eigener Regie verarbeitet, werden die bei der DSM in Geleen anfallenden 400.000 to/a Abfallgips ab 1975 von einem neuen Zweigwerk der Rigips Baustoffwerke GmbH zu 25 Mio qm Bauplatten verarbeitet [3].

Die bei der Herstellung von elementarem Phosphor in der fast achtfachen Menge anfallende Schlacke stellt bei dem einzigen im Binnenland des Untersuchungsgebietes liegenden Werk dieser Art, der Knapsack AG bei Köln, kein Problem dar, da sie entweder schadlos in ausgekohlte Tagebaue verkippt oder bei Bedarf für den Straßenbau verwendet werden kann.

---

1) Förster, H.J.: Verwertung von Abfallgipsen nach dem Giulini Verfahren, in: Chemische Industrie, Juli 1972, S.438 f.
2) Europa Chemie, Nr.5, 1971, S.6
3) Rigips baut in Holland gemeinsam mit Staatsmijnen, in: Handelsblatt vom 2.2.73

Bei dem an der Küste in Vlissingen liegenden Werk dieser Art stellt der Schlackenanfall jedoch einen willkommenen Zusatznutzen dar, da die Schlacke von den
Holländern als begehrtes Material zur Landgewinnung abgenommen wird.

Bei der Herstellung von Tonerde aus Bauxit nach dem üblichen Bayer-Verfahren
fallen je Tonne Tonerde (Aluminiumoxid) ca. 1,5 to Rotschlamm an, ein bisher
kaum verwertbares Abfallprodukt. Bei im Binnenland liegenden Werken entstehen
dadurch relativ hohe Abtransport- und Deponierungskosten.

Eine Ausnahme bildet das in Bergheim liegende Martinswerk, das den Rotschlamm
kostengünstig per Rohrleitung in einen ausgekohlten eigenen Braunkohlentagebau
verfüllt.

Bei Küstenstandorten dagegen ist eine gefahrlose Verkippung in der offenen See
möglich.

Auch die Titandioxidproduktion zählt zur "Schmutzchemie". Je nach Verfahren
fallen entweder chlorhaltige Rückstände oder aber eine schwefelsäurehaltige Dünnsäure in erheblichen Mengen an.

Bei Binnenstandorten werden die Abfallsäuren mit Spezialschiffen zur Küste transportiert und dann in der offenen See verquirlt.

Ein Küstenstandort hat hier den Vorteil eingesparter Binnenschifffstransportkosten.

Entgegen der allgemein verbreiteten Ansicht, Abfallstoffeinleitungen oder -ver-
kippungen in die offene See seien auf jeden Fall schädlich und führten zwangsläufig
zu einer Beeinträchtigung der Meeresfauna und des Fischbestandes, haben jüngste
Untersuchungen in den USA bei New York [1] und in der Nordsee nordwestlich von
Helgoland [2] das Gegenteil bewiesen.

---

1) Where the Blues are running, in: Sunday-Newark News Magazine, vom 29.8.1965
2) Schwefelsäure als Komposthaufen - überraschende Ergebnisse eines Kolloquiums
   "Abwässer in Küstennähe", in: Handelsblatt vom 2.5.1972

Die Einleitung von Dünnsäure eines Titandioxidwerkes sowie die Deponie von Rotschlamm einer Tonerdefabrik nordwestlich der "Weißen Bank" beeinflußten die Meeresfauna äußerst positiv und führten zu einer erstaunlichen Zunahme der biologischen Besiedlung. Anscheinend sorgen die Dünnsäure und der Rotschlamm als "Spurendüngung" im Meerwasser für eine Intensivierung des Bodenlebens, was wiederum einen erhöhten Fischbestand nach sich zieht.

Auch die Langzeitwirkungen solcher Abfallstoffverkippungen sind äußerst positiv.

So bringt die National Lead Company, ein bedeutender Titandioxidhersteller, seit 1948 täglich 3.000 to verdünnter 20 %iger Schwefelsäure mit gelöstem Eisensulfat in ein Seegebiet 15 Meilen östlich von Long Branch in der New Yorker Bucht. Seit Jahren gehören die "Säuregründe" zu den mit Abstand besten Fischereigebieten, während vor Beginn der Säureverklappung der Fischbestand hier unbedeutend war und die behördliche Erlaubnis für die Säureverschiffung sogar nur unter Berufung darauf erteilt wurde, daß das zum Ablassen ausersehene Seegebiet gar kein Fischereigrund sei.

Bei den zur dritten Gruppe gehörenden Werken muß man zwischen reinen Düngemittelfabriken und solchen petrochemischen Anlagen unterscheiden, die einen hohen Zwangsanfall an dem Düngemittel Ammonsulfat haben.

Während bei der Herstellung von Acrylnitril nur ca. 15 % Ammonsulfat anfallen, die meist problemlos im Nahraum abgesetzt werden können, fällt bei der Erzeugung von Caprolactam Ammonsulfat in der viereinhalbfachen Menge an. Der Absatz derartig großer Mengen ist in der Regel nur durch einen Export in überseeische Agrarländer möglich.

Da bei einem im Binnenland liegenden Werk dieser Art, wie Bayer Dormagen oder DSM in Geleen, zusätzliche Transport- und Umschlagskosten bis zur Seeschiffverladung entstehen, ergeben sich bei einer Lage am seeschifftiefen Wasser entsprechende Kosteneinsparungen. So haben Bayer und BASF größere Caprolactam-Anlagen in Antwerpen errichtet.

Reine Düngemittelwerke – die Harnstofferzeugung ausgenommen – zeichnen sich
in der Regel zum einen durch einen mengenintensiven Einsatz von aus Übersee bezogenen Phosphaten aus und gehören damit zur oben beschriebenen Gruppe eins,
zum anderen setzen sie einen großen Teil ihrer in Massen produzierten Düngemittel
in überseeischen Ländern ab, so daß auch hier eine Lage am seeschifftiefen Wasser
oft erhebliche Kostenvorteile bietet.

Seit einigen Jahren werden auch Petrochemiewerke in zunehmendem Maß an Standorten mit seeschifftiefem Fahrwasser errichtet.

Solche Anlagen gehören in der Regel jedoch nicht zu einer der oben beschriebenen
drei Gruppen, da sie nicht auf einen Tiefwasseranschluß, sondern auf das Vorhandensein von Mineralölraffinerien als Rohstofflieferanten angewiesen sind.

Liegen solche Raffinerien oder Raffinerieballungen an der Küste, wie in Rotterdam
oder Antwerpen, so sucht die Petrochemie ebenfalls dort ihren Standort.

Befinden sich die Raffinerien dagegen im Binnenland, wie im Rhein-Ruhr-Gebiet
oder im Raum Ingolstadt, dann rückt die Petrochemie gleichfalls in die Nähe der
binnenländischen Rohstofflieferanten.

3. Zusammenfassung und Ergebnis der Arbeit

Im industrialisierten Kernraum des nordwestlichen Mitteleuropa hat die chemische Industrie innerhalb des gesamten Industriesystems eine führende Position eingenommen.

Die Untersuchung zeigt, daß sich die bevorzugten Chemiestandorte nicht mit den hochindustrialisierten Ballungsgebieten decken müssen.

Zwar hatte sich die chemische Industrie früher meist in den Räumen höchster industrieller Ballung niedergelassen, da sie dort die besten Wachtumsvoraussetzungen fand [1], jedoch sind in den letzten Jahren auch bedeutende Chemiezentren in sonst nur schwach industrialisierten Räumen entstanden.

Wie aus der Karte 16 über die bedeutenden Chemiezentren im nordwestlichen Mitteleuropa ersichtlich ist, handelt es sich bei diesen peripheren Agglomerationen sowohl um Neuansiedlungen am seeschifftiefen Wasser, wie an der deutschen Nordseeküste, als auch um Chemiezentren mit besonderen Standortgegebenheiten, wie die beiden alten, auf dem preiswerten Energieangebot von Wasserkraftwerken entstandenen Chemiezentren am Hochrhein und in Oberbayern, oder wie das durch regionale Förderungsmaßnahmen induzierte Chemiezentrum im Raffinerieschwerpunkt bei Ingolstadt, oder aber das auf Erdgas- und Salzvorkommen entstandene Chemiezentrum im niederländischen Delfzijl.

Der Standortwandel der chemischen Industrie beruht zum einen auf dem Rohstoffwechsel von der Kohle zu petrochemischen Einsatzstoffen, wodurch die bis dahin auf carbochemischer Grundlage arbeitenden Chemiewerke nicht mehr auf Standorte in Kohlenrevieren angewiesen waren, sondern in die Nähe von Mineralölverarbeitungszentren rücken konnten.

---

1) Böllhoff, F.: Die wirtschaftliche Bedeutung der chemischen Industrie in sektoraler und regionaler Hinsicht, Deutsches Übersee-Institut, Probleme der Weltwirtschaft, Hrsg. Andreas Predöhl, Münster 1968, S.126

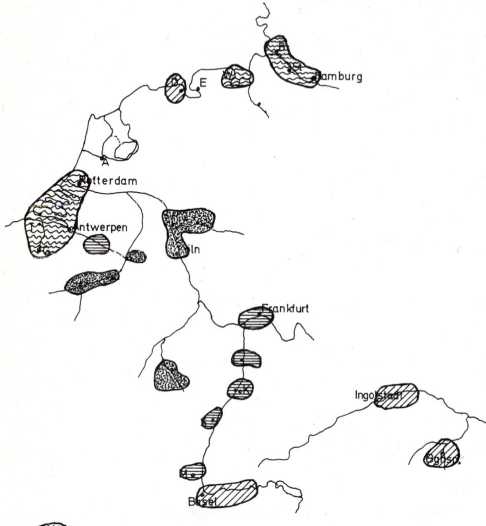

= Chemiezentren mit seeschifftiefem Fahrwasser

= Chemiezentren an bedeutenden Binnenwasserstraßen

= Chemiezentren in Kohlenrevieren

= Chemiezentren mit besonderen Standortgegebenheiten

Karte 16 : Bedeutende Chemiezentren im nordwestlichen
Mitteleuropa

Entsprechend den bedeutenden Raffineriestandorten entstanden Petrochemiezentren sowohl an der Küste, wie in Rotterdam, Antwerpen und Heide/Brunsbüttel, als auch im Binnenland in den Kohlenrevieren, an bedeutenden Binnenwasserstraßen und in Gebieten ohne Schiffsanschluß.

Zum anderen läßt sich ein ständig zunehmender Standortwandel bestimmter chemischer Werke vom Binnenland zum seeschifftiefen Wasser beobachten. Dabei handelt es sich um Werke mit einem entweder hohen Rohstoffanteil überseeischer Gewichtsverlustmaterialien, oder einem großen Exportanteil an Massenchemikalien wie Düngemitteln, sowie um Werke mit einem hohen Anfall an Abfallstoffen.

Diese Standortwandlungen werden überlagert durch teils starke Einflüsse direkter und indirekter staatlicher Maßnahmen.

So wurden die neueren Chemiestandorte an der deutschen Nordseeküste und im belgischen Binnenland erst durch die im Rahmen der regionalen Strukturförderung angebotenen umfangreichen Investitions- und Finanzierungshilfen sowie durch größere infrastrukturelle Vorleistungen der betreffenden Länder und Gemeinden möglich.

Für amerikanische und in der Vergangenheit auch für englische Chemieunternehmen war es reizvoll, durch neue Zweigwerke in der EWG deren Zollbarrieren zu umgehen, wodurch die mitteleuropäischen Chemiezentren eine weitere Verstärkung erfuhren.

Von zunehmender Bedeutung für Chemieansiedlungen sind die noch unterschiedlichen Umweltschutzgesetze der einzelnen nordwesteuropäischen Staaten - als besonders großzügig gilt hier Frankreich - sowie die unterschiedlich auf Chemieansiedlungen reagierenden Bevölkerungen.

Während in Belgien eine industriefreundliche Grundstimmung herrscht, sind in den Ballungsgebieten der Niederlande und der Bundesrepublik Deutschland Erweiterungen oder Neuansiedlungen chemischer Werke teils nur gegen den erbitterten Widerstand protestierender Bevölkerungsteile möglich und teils schon nicht mehr durchführbar.

Einen wesentlichen Einflußfaktor stellt auch die unterschiedliche Energiepolitik der nordwesteuropäischen Staaten dar.

Die im Gegensatz zu den Benelux-Staaten in der Bundesrepublik Deutschland praktizierte hohe Heizölbesteuerung benachteiligt die chemische Industrie als größten industriellen Stromverbraucher sehr.

Zwar ist der Einsatz von Schweröl als petrochemischer Rohstoff steuerfrei, die Verfeuerung in werkseigenen Wärmekraftwerken unterliegt jedoch der Steuerpflicht.

Um die bei der Herstellung der augenblicklichen Hauptrohstoffe der petrochemischen Industrie, Leichtbenzin und Naphtha, in den Raffinerien zwangsläufig anfallenden größeren Mengen an Heizöl vom deutschen Markt fernzuhalten, erfolgt die Versorgung der an der Rheinschiene liegenden größten deutschen Petrochemiewerke zu einem wesentlichen Teil durch die RMR-Produktenleitung von Rotterdamer Raffinerien aus.

Die günstigen niederländischen Energiepreise waren bereits mehrfach standortentscheidender Faktor bei der Neuansiedlung von Chemiewerken mit energieintensivem Fertigungsverfahren.

Die Analyse der einzelnen Chemiezentren ergab, daß eine Agglomeration chemischer Werke allein noch nicht ausreicht, um Fühlungsvorteile entstehen zu lassen und diese gegenseitig auszunutzen.

In vielen Fällen besitzen benachbarte Werke konkurrierender Unternehmen ein fast identisches Produktionsprogramm und produzieren isoliert nebeneinander her.

Die Standortidentität ist dann lediglich Folge des Bestrebens, die an dem betreffenden Ort gegebenen Standortvorteile ebenfalls auszunutzen.

In der Regel ist der Ausnutzungsgrad von Fühlungsvorteilen - vorausgesetzt, die Produktionsprogramme erlauben eine Zusammenarbeit - um so größer, je enger die jeweiligen Unternehmen finanziell verflochten oder durch gemeinsame Tochtergesellschaften miteinander verbunden sind.

Ein besonders intensiver und sinnvoller Verbund besteht im Rhein-Ruhr-Gebiet, wo ein bereits aus den dreißiger Jahren stammendes Spezialrohrleitungsnetz ständig erweitert und verfeinert wurde. Der hier sehr hohe Ausnutzungsgrad von Fühlungsvorteilen beruht sowohl auf den kapitalmäßigen Verflechtungen einiger Unternehmen als auch auf einer historisch gewachsenen guten Zusammenarbeit zwischen den hier ansässigen älteren Chemiewerken.

Neuansiedlungen großer Chemiewerke im Rhein-Ruhr-Gebiet könnten durch einen sinnvollen Einbau in das hier vorhandene Verbundsystem erhebliche ökonomische Vorteile genießen, jedoch stoßen Erweiterungs- und Neuansiedlungspläne hier wie in anderen großen Chemieballungsräumen zunehmend auf den Widerstand der Bevölkerung.

Die zukünftige Entwicklung der chemischen Industrie im nordwestlichen Mitteleuropa wird daher von einer Stagnation bei den großen Zentren und von einem vermehrten Ausbau kleinerer Chemiezentren in bisher noch schwach industrialisierten Räumen sowohl an der Küste als auch im Binnenland gekennzeichnet sein.

ANHANG

Verzeichnis der wichtigsten in der Arbeit erwähnten Chemikalien und Fachausdrücke

Aceton
wichtiges Lösungsmittel in der Lackindustrie und in der chemischen Industrie, Vorprodukt für die Herstellung von Methacrylaten.
Aceton wurde früher aus Essigsäure hergestellt, heute fällt es zwangsläufig bei der Phenolerzeugung aus Cumol an.

Acetylen
farbloser, brennbarer Kohlenwasserstoff. Früher aus Calciumcarbid gewonnen, war es jahrzehntelang das Hauptausgangsprodukt der organischen Chemie. Heute petrochemische Gewinnung und abnehmende Bedeutung.

Acetaldehyd
Vorprodukt zur Herstellung von Essigsäure, Essigsäure-anhydrid, Maleinsäure usw. Früher carbochemisch aus Acetylen erzeugt, gewinnt man Acetaldehyd seit 1960 petrochemisch durch Direktoxidation von Äthylen.

Acrylnitril
Vorprodukt für die Herstellung von Kunstfasern (Poly-acrylfasern) und Kunststoffen. Wird zusammen mit Buta-dien und Styrol zu ABS-Kunststoffen verarbeitet. Herstellung früher carbochemisch aus Acetylen, heute aus petrochemischem Propylen, Sauerstoff, Ammoniak und Schwefelsäure unter Anfall von Blausäure und Ammonsulfat.

Adipinsäure
Von Bedeutung für die Weiterverarbeitung zu Hexamethylen-diammoniumadipat, gleich Nylonsalz, das Vorprodukt für "Nylon" Polyamidfasern.
Rohstoffe sind Cyclohexanol und Sauerstoff.

Aluminiumoxid
Tonerde, siehe dort

Aluminiumsulfat
Flockungsmittel für die Wasseraufbereitung, Hilfsstoff in der Papierindustrie
Herstellung aus Tonerde und Schwefelsäure

Ammoniak
Wichtiger Grundstoff zur Herstellung stickstoffhaltiger Düngemittel, Salpetersäure und Harnstoff. A. wird nach dem Haber-Bosch-Verfahren aus Luftstickstoff und Wasser-stoff, den früher ein carbochemisch erzeugtes Wasserglas lieferte, hergestellt.
Heutiger Rohstoff ist Erdgas oder Leichtbenzin. Das zwangs-läufig mitanfallende Kohlendioxid wird meist zusammen mit Ammoniak zu Harnstoff verarbeitet. Aus Ammoniak und Sal-petersäure gewinnt man Ammoniumnitrat (Ammonsalpeter).

Ammonsulfat	Düngemittel, das zwangsläufig in großen Mengen bei der Produktion von Caprolactam und in kleinen Mengen bei der von Acrylnitril anfällt.
Anilin	dient als wichtiger Ausgangsstoff zur Herstellung von Arzneimitteln, von Anilinfarbstoffen (Teerfarbstoffen) und vielen anderen Verbindungen. Anilin wird durch Reduktion von Nitrobenzol erzeugt, wozu große Mengen an minderwertigen Eisenerzen erforderlich sind.
Aromaten	ringförmige Kohlenwasserstoffe, die sich durch hohe Oktanzahl und die Bereitschaft auszeichnen, sich mit anderen Stoffen zu verbinden. Wichtige Aromaten sind Benzol, Toluol, Xylol, Naphthalin.
Äthanol	Äthylalkohol, äußerst vielseitige Verwendung für Ester und Weichmacher, als Lösungsmittel; Anwendung in der Textil-, Leder-, Papier- und Kunststoffindustrie; bedeutend in der Lackindustrie sowie für kosmetische und medizinische Zwecke. Der Vertrieb im Inland erfolgt ausschließlich über die Bundesmonopolverwaltung für Branntwein in Offenbach. Die Herstellung geschieht durch Hydratisierung von Äthylen.
Äthylenbenzol	Vorprodukt für Styrol, das zu dem Kunststoff Polystyrol polymerisiert wird. Rohstoffe sind Äthylen und Benzol.
Äthylen	Als zur Zeit bedeutendstes organisches Grundprodukt dient es u.a. zur Herstellung von Kunststoffen wie Polyäthylen, Polyvinylchlorid und Polystyrol, außerdem Verarbeitung zu Äthylenoxid und Äthylenglykol sowie zu Äthanol und Acetaldehyd. Äthylen wurde früher carbochemisch aus Koksofengas hergestellt. Heute erzeugt man es in Steam-Crackern aus Leichtbenzin oder Naphtha unter Zwangsanfall von Propylen, butadien- und butylenhaltigen Gasen (C4-Gemisch), Pyrolysebenzin und Wasserstoff. Teilweise stellt man Äthylen auch direkt aus Rohöl her (BASF).

Äthylenglykol	Frostschutzmittel und Veresterungskomponente für Polyesterfasern. Wird aus Äthylenoxid hergestellt.
Äthylenoxid	Vorprodukt für Äthylenglykol, dient außerdem zur Herstellung von Lösungsmitteln und Waschrohstoffen. Rohstoffe sind Äthylen und Sauerstoff.
Benzol	einfachster aromatischer Kohlenwasserstoff; wichtiges organisches Grundprodukt. Verarbeitung mit Äthylen zu Äthylbenzol, mit Propylen zu Cumol, mit Sauerstoff zu Maleinsäureanhydrid, ferner zu Cyclohexan u.a. Benzol fällt als Nebenprodukt in Kokereien an, wird heute jedoch vorwiegend petrochemisch durch Aufarbeitung von Pyrolysebenzin in einer Aromatenanlage gewonnen.
Blausäure	Cyanwasserstoff, Ausgangsstoff der Cyan- und Cyanidchemie. Früher aus carbochemischem Acetylen hergestellt, erzeugt man Blausäure heute aus Erdgas (Methan) und Ammoniak unter Anfall von Wasserstoff. Blausäure fällt auch bei der Produktion von Acrylnitril an.
Butadien	ungesättigter Kohlenwasserstoff, der zur Herstellung von synthetischem Kautschuk und Kunststoffen dient.
Caprolactam	Vorprodukt für die Herstellung von Polyamidfasern (Nylon 6 oder Perlon) und von Durethan-Kunststoffen. Rohstoffe sind Schwefel, Ammoniak und Cyclohexan. Das Kuppelprodukt Ammonsulfat fällt in 4-5 facher Menge des Caprolactams an.
Chlor	wichtiges chemisches Grundprodukt, zur Chlorierung von Kohlenwasserstoffen (z.B. Tetrachlorkohlenstoff, Vinylchlorid), Bleichmittel für die Zellstoff-, Papier- und Textilindustrie, zur Wasseraufbereitung. Chlor wird durch Elektrolyse von Steinsalz oder Sole unter Zwangsanfall von Natronlauge und Wasserstoff gewonnen.
Cumol	farblose Flüssigkeit, die als Ausgangsprodukt zur großtechnischen Herstellung von Phenol und Aceton dient. Rohstoffe für Cumol sind Benzol und Propylen.
Cyanwasserstoff	Blausäure, siehe dort

Cyclohexan	farblose Flüssigkeit zur Herstellung von Caprolactam. Lösungsmittel zur Herstellung von Druckfarben, Lacken, Klebstoffen und Insektiziden. Rohstoff ist Benzol.
Cyclohexanol	dient zur Entparafinnierung von Mineralöl, als Hochsieder und Verlaufmittel in Lacken, als Komponente spezieller Seifen, Schuhcremes, Bohnerwachse usw.; als Veresterungsmittel für Weichmacher und als Vorprodukt für Adipinsäure. Hergestellt wird Cyclohexanol durch Hydrierung von Phenol.
Diisocyanate	wichtige Vorprodukte zur Herstellung von Polyurethanen. MDI = Diphenyl-Methan-Diisocyanat. Rohstoffe sind Salpetersäure, Anilin und Formaldehyd. TDI = Toluol-Diisocyanat. Hauptrohstoff ist Toluol.
Dimethylterephthalat	DMT, wichtiger Rohstoff für die Herstellung von Polyester und Polyesterfasern (Trevira, Diolen, Terylene, Terlenka usw.). Herstellung aus Paraxylol über Terephthalsäure.
Essigsäure	dient zur Herstellung von Lösungsmitteln (Aceton) und Kunststoffen. Anwendung in der chemischen und pharmazeutischen Industrie, der Kunstseiden-, Gummi-, Lebensmittel-, Leder-, Textil-, Film- und Fotoindustrie, in Färbereien. Rohstoff ist Acetaldehyd.
Essigsäureanhydrid	dient zur Herstellung von Celluloseacetat und als Acetylierungsmittel in der pharmazeutischen, chemischen und Farbstoffindustrie. Rohstoff ist Acetaldehyd.
Formaldehyd	wichtiges Vorprodukt für Kunststoffe und Kunstharze (durch Kondensation mit Phenol), Harzleime (mit Harnstoff), Desinfektionsmittel. Durch Oxidation von Formaldehyd entsteht Ameisensäure. Die Herstellung von Formaldehyd erfolgt durch Dehydrierung von Methanol.
Glykol	Äthylenglykol, siehe dort
Harnstoff	Stickstoffdüngemittel, Vorprodukt für Kunststoffe und Leime, Futtermittelzusatz. Rohstoffe sind Ammoniak und Kohlensäure.

Isopropanol — niedrigsiedender Alkohol, der nicht wie Äthylalkohol (Äthanol) der Steuerpflicht unterliegt. Verwendung in der kosmetischen-, pharmazeutischen-, Lack- und Farbenindustrie, als Treibstoffzusatz gegen Vergaservereisung, in der chemischen Industrie bei der Herstellung von Aceton, Estern und Weichmachern von Bedeutung.
Rohstoff ist Propylen.

Kalkammonsalpeter — Calciumammoniumnitrat, Stickstoffdünger

Kunstfasern — siehe Polyacryl-, Polyamid-, Polyesterfasern

Maleinsäureanhydrid — (MSA) großtechnische Verwendung für Polyester-, Alkydharz- und Papierleimherstellung. Rohstoff für zahlreiche chemische Synthesen und von zunehmender Bedeutung bei der Oberflächenbehandlung von Aluminium. Herstellung je nach Verfahren aus Orthoxylol oder aus Benzol.

Methanol — Methylalkohol, auch Holzgeist genannt nach seinem Vorkommen in den Destillationsprodukten des Holzes. Er ist im Gegensatz zum Äthylalkohol giftig. Methanol wird in großen Mengen als Lösungsmittel sowie vor allem zur Herstellung von Formaldehyd benötigt.
Methanol gewinnt man aus Erdgas oder Synthesegas, wobei letzteres aus Raffineriegas, Leichtbenzin oder Schweröl erzeugt werden kann.

Olefine — ungesättigte Kohlenwasserstoffe, die aufgrund ihrer Doppelbindungen leicht mit anderen Stoffen reagieren und daher willkommene Rohstoffe der Petrochemie sind, wie Äthylen, Propylen, Butylen usw.

Orthoxylol — siehe Xylol

Paraffine — gesättigte Kohlenwasserstoffe mit Einfachbindungen, wie Methan, Äthan, Propan, Butan usw.
Bei geradkettigen Kohlenstoff-Atomen spricht man von Normal oder N-Paraffinen, bei verzweigten Ketten von Iso-Paraffinen.

Paraxylol — siehe Xylol

Phenol	farblose Kristallmasse, die in großen Mengen zur Herstellung von Kunststoffen (mit Formaldehyd zu "Bakelit"), als Vorprodukt von Cyclohexanol sowie für Heilmittel und Farbstoffsynthesen Verwendung findet. Phenole bilden sich bei der Destillation von Stein- und Braunkohle sowie von Holz. Die großtechnische Herstellung erfolgt meist aus Cumol und Sauerstoff, wobei Aceton anfällt, oder aus Toluol über Benzoesäure.
Phthalsäureanhydrid	(PSA) schuppiges Material, das zur Herstellung von Phthalat-Weichmachern, Polyestern und Alkydharzen sowie als Heißhärter für Epoxidharze eingesetzt wird. Früher durch Oxidation von carbochemischem Naphthalin gewonnen, stellt man es heute durch Oxidation von petrochemischem Orthoxylol her.
Phosphor	gelber Phosphor dient zur Herstellung von Phosphorpentoxid (Gastrocknungs- und Dehydrationsmittel) und thermischer Phosphorsäure, sowie zur Weiterverarbeitung auf roten Phosphor. Letzterer ist Rohstoff für die Zündholz- und pyrotechnische Industrie. Phosphor wird ferner in großen Mengen zur Herstellung von Waschmittelrohstoffen benötigt. Die sehr rohstoff- und energieintensive Erzeugung von Phosphor erfolgt im Elektroofen aus Rohphosphat, Quarzsand und Koks unter Zwangsanfall von großen Schlackemengen und von Ferrophosphor.
Phosphorsäure	wichtiger Rohstoff in der chemischen Industrie, speziell bei der Düngemittel herstellung; wichtiges Mittel zur Oberflächenbehandlung von Metallen. Während die hochwertige thermische Phosphorsäure aus elementarem Phosphor hergestellt wird, gewinnt man Naßphosphorsäure durch den Aufschluß von Phosphaten mit Schwefelsäure unter Anfall von großen Mengen Abfallgips.
Polyacrylnitrilfaser	durch Polymerisation von Acrylnitril gewonnene vollsynthetische Faser (Dralon, Orlon, Acrilan, Dolan, Redon).
Polyamidfaser	vollsynthetische Faser, die entweder durch Polykondensation von Adipinsäure und Hexamethylendiamin entsteht (Nylon), oder durch Polykondensation von Caprolactam gewonnen wird (Nylon 6 oder Perlon).

Polyäther	Zusammen mit Diisocyanaten ist es der Hauptrohstoff für Polyurethane. Herstellung aus Propylenoxid.
Polyäthylen	vielseitig verwendbarer Kunststoff, der durch Polymerisation von Äthylen gewonnen wird. (Folien aller Art, geblasene Hohlkörper wie Flaschen und andere Verpackungsbehälter, Spritzgußartikel, Flaschenkästen, Rohre, Mülltonnen usw.) Man unterscheidet Hochdruck-Polyäthylen von niedriger Dichte und Niederdruckpolyäthylen von hoher Dichte und Steifheit sowie guter Wärme- und Chemikalienbeständigkeit.
Polyester	Kunststoffe, die aus zweiwertigen Alokoholen und zweiwertigen Säuren unter vielfacher Veresterung entstehen.
Polyesterfaser	vollsynthetische Faser aus Dimethylterephthalat und Äthylenglykol (Trevira, Diolen, Terylene, Dracon, Terlenka).
Polymerisation	die Zusammenlagerung von Teilchen einer Kohlenwasserstoffverbindung zu großen, zu Makromolekülen, z.B. Äthylen zu dem Kunststoff Polyäthylen.
Polypropylen	Kunststoff, der in seinen Eigenschaften dem Niederdruck-Polyäthylen ähnelt.
Polyurethane	Oberbegriff für nach dem Diisocyanat-Polyaddidionsverfahren aufgebaute makromolekulare vielseitige Kunststoffe und Lackrohstoffe. Besonders bekannt sind Polyurethan Hart- und Weichschäume sowie Polyurethan-Lacke. Hauptrohstoffe sind Polyäther und Diisocyanate.
Polyvinylchlorid	schon aus den dreißiger Jahren bekannter bedeutender Kunststoff für die mannigfaltigsten Anwendungen. Wird als Weich-PVC für Folien u.a., als Hart-PVC für Rohre, Platten, Profile, Fußbodenbeläge, Hohlkörper u.a. verwendet. Rohstoff ist monomeres Vinylchlorid.

Propylen	wichtiges Olefin, das zwangsläufig bei der Äthylen-herstellung im Steam-Cracker anfällt. Dient als Rohstoff für Polypropylen, Cumol, Acrylnitril, Isopren, Iso-propanol, Oxo-Alkohole, Propylenoxid u.a.
Propylenoxid	Vorprodukt für Polyäther
Pyrolysebenzin	zwangsläufig bei der Äthylenerzeugung anfallendes, sehr aromatenreiches Benzin, das dem Superkraftstoff zur Er-höhung der Oktanzahlen beigemischt oder in einer Aroma-tenanlage zu Benzol, Toluol und Xylolen aufgearbeitet wird.
Salpetersäure	wichtiger anorganischer Grundstoff zur Erzeugung von Nitraten; Rohstoff für Sprengstoffe, Düngemittel, Farb-stoffe; Löse- und Trennmittel in der Metallurgie. Herstellung durch Oxidation von Ammoniak.
Schwefelsäure	äußerst wichtiger anorganischer Roh- und Hilfsstoff der chemischen Industrie. Herstellung entweder aus Pyrit nach dem Kontaktverfahren oder direkt aus elementarem Schwefel. Kapazitätsangaben meist in Schwefeltrioxid (SO_3), das zu-sammen mit Wasser Schwefelsäure liefert.
Schwefelkohlenstoff	Roh- und Hilfsstoff der chemischen Industrie, speziell für die Chemiefaserherstellung auf Zellulosebasis, für die Folienherstellung (Cellophan) und für Insektizide und Pflanzenschutzmittel. Rohstoffe sind Methan (Erdgas) und Schwefel, Nebenprodukt ist Schwefelwasserstoff.
Silicone	chemische Verbindungen, die als tragendes Grundgerüst Ketten und Netzwerke aus Silicium- und Sauerstoffatomen enthalten. Mit Hilfe von Polymerisationsmethoden werden die ver-schiedensten Makromoleküle aufgebaut. Hauptgruppen sind Siliconöle, Siliconharze und Silicon-kautschuk sowie Dichtungsmassen. Silicon-Kunststoffe sind außerordentlich hitze- und witterungsbeständig. Man unterscheidet Methylchlorsilane und Phenylchlorsilane.

Soda	Natriumcarbonat, wird zur Glasherstellung, zur Wasser-enthärtung, in der Seifenindustrie und für Wasch- und Reinigungsmittel sowie für viele Chemikalien (Wasserglas) verwendet.
	Herstellung nach dem Solvay-Verfahren durch Einleiten von Ammoniak und Kohlendioxid in eine gesättigte Koch-salzlösung und anschließende Kalzinierung (Erhitzung). Als Nebenprodukt fällt Calciumchlorid an.
Steam-Cracker	Anlage, in der leichte Benzinfraktionen wie Leichtbenzin und Naphtha mit erheblichen Wasserdampfmengen in einem Ofen auf sehr hohe Temperaturen erhitzt werden. Dabei geraten die Moleküle in so starke Schwingungen, daß sie auseinander brechen. Durch anschließende Trennung er-hält man Äthylen, Propylen, ein Butylen/Butadien-Gemisch (C4-Schnitt), Pyrolysebenzin (Crackbenzin) und Pyrolyserückstandsöl.
	Das Verhältnis der einzelnen Produkte ist in Grenzen variierbar.
Styrol	ungesättigter Kohlenwasserstoff, der sich leicht zu wich-tigen Kunststoffen (Polystyrol u.a.) polymerisieren läßt. Besonders bekannt ist das aufgeschäumte Polystyrol, Styro-por, das zu 98 % aus Luft besteht und als Isolier- und Verpackungsmaterial große Bedeutung besitzt.
	Styrol wird durch Dehydrierung von Äthylenbenzol hergestellt.
Titandioxid	wichtigstes und intensivstes Weißpigment für die Farben-, Kunststoff-, Email- und Papierindustrie zur Erreichung intensiver weißer Farben.
	Herstellung entweder nach dem Chloridverfahren aus Rutil-erzen und Chlor oder nach dem Sulfatverfahren aus Ilmeniterzen und Schwefelsäure unter Anfall von Dünn-säure und Schlacke.
Toluol	Methylbenzol, wichtiger, aus Steinkohlenteer oder Erdöl gewinnbarer aromatischer Kohlenwasserstoff.
	Dient als Rohstoff für Arzneimittel, Sprengstoffe (Trinitro-toluol = TNT), Phenol, Diisocyanate, als Treibstoffzusatz u.a.

Tonerde	Aluminiumoxid, die wichtigste Aluminiumverbindung und zugleich Ausgangsmaterial zur Herstellung des Metalles selbst, sowie Rohstoff für zahlreiche Aluminiumverbindungen, wie Alaun, Aluminiumsulfat, Natriumaluminat u.a. Herstellung nach dem Bayer-Verfahren aus Bauxit und Natronlauge unter großem Wärme- und Wasserverbrauch und unter Anfall von großen Mengen Rotschlamm.
Vinylchlorid	Vorprodukt für die Herstellung des Kunststoffes Polyvinylchlorid (PVC). Früher carbochemisch aus Acetylen und Salzsäure hergestellt, wird es heute aus Äthylen und Chlor gewonnen.
Wasserglas	sirupartige Flüssigkeit zur Herstellung von Kitt, Kieselsäuren, Silicaten und zur Konservierung. Herstellung durch Schmelzen von Soda mit Quarzsand.
Wasserstoffsuperoxid	Aktivsauerstoffverbindung, die als faserschonendes Bleichmittel sowie für Desinfektions- und Oxidationszwecke sowie als Vorprodukt für Natriumperborat eingesetzt wird. Herstellung nach dem Anthrachinonverfahren aus Wasserstoff und Luftsauerstoff.
Xylole	Dimethylbenzole, aromatische Kohlenwasserstoffe, die aus Steinkohlenteer oder Erdöl gewinnbar sind. Metha-Xylol geht in den Treibstoffsektor. Ortho-Xylol dient zur Herstellung von Phthalsäureanhydrid, wo es Naphthalin verdrängt hat. Para-Xylol ist Hauptrohstoff für die Herstellung von Terephthalsäure und Dimethylterephthalat (für Polyesterfasern und -filme)
Zellulose	Cellulose, Gerüstsubstanz fast aller Pflanzen. Durch Aufschluß von vorwiegend Holz gewinnt man reine Zellulose und Zellstoff. Weiterverarbeitung zu Papier, in abnehmendem Maße zu Zellwolle und zu einem beachtlichen Teil chemische Umwandlung zu Zelluloseäther, Acetylcellulose und Folgeprodukten.

Tabellenverzeichnis

Übersichtenverzeichnis

Verzeichnis der Abkürzungen

ARG	Äthylen-Rohrleitungs-GmbH & Co. KG
CWH	Chemische Werke Hüls AG
DMT	Dimethylterephthalat
DSM	Dutch States Mines, Holländische Staatszechen
EC	Erdölchemie GmbH
EKEP	Erdöl und Kohle, Erdgas, Petrochemie; Zeitschrift
ICI	Imperial Chemical Industries
NWO	Nord-West Oelleitung
PVC	Polyvinylchlorid
ROW	Rheinische Olefinwerke GmbH
RMR	Rhein - Main - Rohrleitung
RRP	Rotterdam - Rhein - Pipeline
UK	Union Rheinische Braunkohlen Kraftstoff AG
VAW	Vereinigte Aluminiumwerke AG

Literaturverzeichnis

Bücher

Behrens, K.C.; Geßner, H.-J.; Schultze, J.J.	Wasserversorgung und Umweltschutz in der Chemischen Industrie - Beispiel BASF, in: Veröffentlichungen der Akademie für Raumforschung und Landesplanung, Forschungs- und Sitzungsberichte, Band 79, Hannover 1973
Boesch, H.	Weltwirtschaftsgeographie, Braunschweig 1966
Böllhoff, F.	Die wirtschaftliche Bedeutung der chemischen Industrie in sektoraler und regionaler Hinsicht, Deutsches Übersee-Institut, Probleme der Weltwirtschaft, Hrsg. Andreas Predöhl, Münster 1968
Broich, F.	Die Petrochemie des Rhein-Ruhr-Gebietes, in: Jahrbuch für Bergbau, Energie, Mineralöl und Chemie 1968, Essen 1968, S.13-55
Busse, C.-H.	Industriegeographische Wandlungen an der Unterelbe, in: Geographisches Taschenbuch 1970-1972, Wiesbaden 1972, S.115-133
Economisch Technologisch Institut in Limburg	Kurze Beschreibung von Südlimburg, Vergünstigungen für neue Gründungen und Umschulung, Finanzierungsmöglichkeiten, Februar 1968, o.O.
Europäische Gemeinschaft für Kohle und Stahl, Hohe Behörde	Untersuchung über die Wirtschaftsentwicklung der Gebiete Charleroi, Centre und Borinage, in: Regional- und Wirtschaftspolitische Studienreihe, 2.Entwicklungs- und Umstellungsprogramme, Baden-Baden u. Bonn 1962
Franck, H.-G.; Collin, G.	Steinkohlenteer - Chemie, Technologie und Verwendung, Berlin, Heidelberg 1968
Freiesleben, W.	Im Wandel gewachsen. Der Weg der Wacker Chemie 1914-1964, Wiesbaden 1964
Gaffron, H.-J.	Antwerpen und sein Hinterland, Diss.Köln 1964
Geipel, R.	Industriegeographie als Einführung in die Arbeitswelt, Braunschweig 1969
Klug, C.	Hürth, wie es war, wie es wurde, Köln, o.J.
Mineralölwirtschaftsverband e.V.	Oel in der Welt von morgen, 2.Auflg., Hamburg Juli 1971

Müller, Heiko	Die Bedeutung der europäischen Küsten als Standorte der Mineralölraffinerien, Diss. Köln 1971
Müller, J. Heinz	Probleme der Wirtschaftsstruktur des Saarlandes, Hrsg. Europäische Gemeinschaft für Kohle und Stahl - Hohe Behörde, Band 33, Luxemburg 1967
Nabokoff, N.	Belgischer Nationaler Bericht - Die industrielle Umstellung in der Borinage (1959-1960), in: Regional- und Wirtschaftspolitische Studienreihe, Hrsg. Europäische Gemeinschaft für Kohle und Stahl - Hohe Behörde, Baden-Baden u. Bonn, o. J.
Nagel, D.	Die ökonomische Bedeutung der Mineralölpipelines, Hrsg. Deutsche Shell AG, Hamburg, Dezember 1968
Nellner, W.	Die Entwicklung der inneren Struktur und Verflechtung in Ballungsgebieten - dargestellt am Beispiel der Rhein-Neckar-Agglomeration, in: Veröffentlichungen der Akademie für Raumforschung und Landesplanung, Band 4, Hannover 1969
Niebelschütz, W. von	Knapsack, Bonn 1957
Obst, E.	Allgemeine Wirtschafts- und Verkehrsgeographie, 3. Auflg., Berlin 1965
Otremba, E.	Allgemeine Agrar- und Industriegeographie, in: Erde und Weltwirtschaft, Band 3, Hrsg. Lütgens, R., 2. Auflg., Stuttgart 1960
ders.	Der Wirtschaftsraum - seine geographischen Grundlagen und Probleme, in: Erde und Weltwirtschaft, Band 1, Hrsg. Lütgens, R., 2. Auflg., Stuttgart 1969
Pinnow, H.	Werksgeschichte - Bayer Werke 1863 - 1938, IG Farbenindustrie AG, München 1938
Prognos AG	Untersuchung über die Möglichkeit zur Intensivierung des Seegüterverkehrs und zur Ansiedlung von hafengebundener Industrie in Wilhelmshaven, Basel 1967
Reykers, H.	Handbuch des Landkreises Köln, Köln 1957

Ried, H.   Vom Montandreieck zur Saar-Lor-Lux-Industrieregion,
                             Frankfurt 1972

Riffel, E.   Die Mineralölwirtschaft der Bundesrepublik Deutschland,
                             in: Geographisches Taschenbuch 1970-1972, Wiesbaden
                             1972, S.79-101

Riffel, E.   Mineralölfernleitungen im Oberrheingebiet und in
                             Bayern, Hrsg. Bundesforschungsanstalt für Landeskunde
                             und Raumordnung, Band 195, Bonn-Bad Godesberg 1970

Ris, K.M.   Leverkusen, Großgemeinde - Agglomeration-Stadt,
                             Remagen 1967

Rühmann, P.   Die regionale Wirtschaftspolitik Belgiens, in: Kieler
                             Studien, Band 93, Forschungsberichte des Instituts für
                             Weltwirtschaft an der Universität Kiel, Hrsg.
                             Erich Schneider, Tübingen 1968

Schaefer, W.   Hochrhein-Landschafts- und Siedlungsveränderung im
                             Zeitalter der Industrialisierung, in: Forschungen zur
                             deutschen Landeskunde, Band 157, Bad Godesberg 1966

Schall, H.   Die chemische Industrie Deutschlands unter besonderer
                             Berücksichtigung der Standortfrage, in: Nürnberger Wirt-
                             schafts- und Sozialgeographische Arbeiten, Hrsg.
                             Weigt, E., Band 2, Nürnberg 1959

ders.   Der Raum Ingolstadt als neuer Raffineriestandort, in:
                             Nürnberger Wirtschafts- und Sozialgeographische Arbeiten,
                             Hrsg. Weigt, E., Band 5, Angewandte Geographie, Fest-
                             schrift für Professor Dr.Erwin Scheu, Nürnberg 1966,
                             S.179-191

Schuhmacher, H.   50 Jahre Schweizerische Sodafabrik Zurzach, Zürich 1964

Thomas, W.   Die Standortdynamik des Wirtschaftsraumes Unterelbe-
                             Stade (Erster Teil), in: Neues Archiv für Niedersachsen,
                             Band 20, Heft 4, Göttingen Dezember 1971, S.285-304

Vogt, A.   Chemie und Petrochemie im Kölner Raum, Köln 1970

Walde, H.   Elektrische Stoffumsetzungen in Chemie und Metallurgie
                             in energiewirtschaftlicher Sicht, Düsseldorf o.J.

Zitka, H.-R.   Die wirtschaftlichen Veränderungen im bayerischen Raum
                             zwischen Inn und Salzach, München 1959

Wissenschaftliche Abhandlungen, Zeitschriftenaufsätze

Baldauf, H.J.   Rohöl für die Saarberg-Gruppe, in: Schacht und Heim, Werkszeitung der Saarbergwerke AG, 13.Jrg., Heft 3, 1967, S.15 f.

Bley, W.   Fragen der Heizölkennzeichnung, in: Oel-Zeitschrift für die Mineralölwirtschaft, Nr.8, 1972, S.222-224

Brüdern, P.   Fertigproduktenpipelines, in: Erdöl und Kohle, Erdgas, Petrochemie, 22.Jhrg., Nr. 2, 1969, S.89-95

Cibula, G.   Schindler - Raffinerie Neuhof, in: Oel - Z.f.d.M., November 1967, S.350 f.

Collin, G.;   Ergebnisse und Probleme der Steinkohlenteerchemie,
Zander, M.   in: Erdöl und Kohle, Erdgas, Petrochemie, Nr.6, 1972, S.308

Dürrfeld, W.   Vom Hydrierwerk zu Raffinerie und Petrochemie. Die Entwicklung der Scholven-Chemie AG in den letzten 10 Jahren, in: Erdöl und Kohle, Erdgas, Petrochemie, Nr.1, 1965, S.19-24

Düsterloh, D.   Rotterdam und Antwerpen, in: Zeitschrift für Wirtschaftsgeographie, Heft 4, 1973, S.97-119

Förster, H.-J.   Verwertung von Abfallgipsen nach dem Giulini-Verfahren, in: Chemische Industrie, Nr.7, 1972, S.438 f.

Geistert, W.;   Die DEA Schmierölraffinerie in Hamburg, in: Erdöl und
Krämer, U.   Kohle, Erdgas, Petrochemie, Nr.5, 1970, S.281 f.

Heneka, H.   Frisia-Raffinerie Emden, in: Oel-Z.f.d.M., Nr.1, 1968, Sonderdruck

Henkel, P.   Unser Beitrag zum Umweltschutz, in: Bayer Berichte, Heft 27, 1971, S.30

Henze, G.-W.   Die Mineralölwirtschaft in den Benelux-Ländern im Jahre 1970, in: ANEP 1971, S.113

Herber, F.   Was steht dahinter? Sonderdruck aus: Frankfurt - lebendige Stadt, Heft 2, 1966

Hohenschutz, H.   Erdgas für die BASF, in: BASF Information Nr.8, 1968, S.4

Holzhausen, H.	Die Nord-West-Oelleitung, in: Oel-Z.f.d.M., Nr.9, 1972, S.242-246
Horn, O.	Eine Partnerschaft mit Zukunft, in: Oel - Z.f.d.M., Nr.2, 1964, S.47-50
Huisken, W.	BP-Raffinerie in Bayern, in: Oel - Z.f.d.M., Nr.7, 1967, S.210-214
Isting, Chr.	Verbund von Chemiewerken durch Pipelines, in: Haus der Technik - Vortragsveröffentlichungen, Heft 154, "Rohrleitungstechnik in der chemischen Industrie, S.70-86, Essen 1969
Isting, Chr.	Pipelines now play important Role in Petrochemical Transport, in: World Petroleum, April 1970, S.38-44
Jacobsen, H.	Die erweiterte Shell-Raffinerie Godorf, in: Erdöl und Kohle, Nr.5, 1968, S.269-275
Jung, H.	Konzentration und Abrundung im Chemie-Bereich der Veba. Die Entwicklung der Scholven-Chemie AG - jetzt Veba-Chemie AG - seit 1964, in: Erdöl und Kohle, Erdgas,, Petrochemie, Nr.10, 1969, S.609-612
Kaupper, A.	Hüls - Produktionsschema, Sonderdruck aus: Der Licht-bogen Nr.163, Hauszeitschrift der Hüls-Gesellschaften
Kaupper, A.; Bülow, B., von	Ausbau der Chemischen Werke Hüls AG seit 1960, in: Erdöl und Kohle, Erdgas, Petrochemie, Nr.6, 1971, S.395 f.
Kersting, A.	Antwerpen - das 5.Bayer Werk, in: Bayer Berichte, Heft 23, 1969, S.8-13
Klein, J.; Reckmann, H.	50 Jahre Titandioxidpigment - Industrie, Sonderdruck aus: Farbe und Lack, 73.Jhrg., Nr.5, 1967
Knopf, H.-J.	Scholven-Chemie AG - Raffinerie und Petrochemie im Verbund, in: Oel-Z.f.d.M., Nr.2, 1968, S.38 f.
Kranig, L.E.	Der Ausbau der Caltex-Raffinerie in Raunheim, in: Erdöl und Kohle, Erdgas, Petrochemie, Nr.12, 1970, S.795 f.

Kuhl, H.-J.   Shell Raffinerie Hamburg, in: Oel - Z.f.d.M., Nr.1,
                               1967, S.16-19

ders.   Aromatenanlage Godorf, in: Oel - Z.f.d.M., Nr.8,
                               1970, S.240

Lobenwein, H.-K.   Vom Standort der BASF, Heft 1, 1963, S.36

Müller von Blumencron,H.; Der erste Schritt zu einem westeuropäischen Äthylenver-
Steinrötter, H.   bundnetz, in: Erdöl und Kohle, Erdgas, Petrochemie,
                               Nr.5, 1969, S.292-293

Neumann, H.   Die Erdölraffinerie Mannheim, in: Erdöl und Kohle,
                               Erdgas, Petrochemie, Nr.6, 1965, S.436-440

Repenning, K.   Petrochemie in Deutschland, in: Oel - Z.f.d.M., Nr.2,
                               1969, S.34-37

ders.   Propylen - Erzeugung und -Verbrauch analysiert, in:
                               Oel - Z.f.d.M., Nr.11, 1968, S.355

Riffel, E.   Die Mineralölindustrie am Oberrhein, in: Geographische
                               Rundschau, Nr.2, 1973, S.64-73

Roser, O.   Die Rheinischen Olefinwerke in Wesseling, in: Erdöl
                               und Kohle, Nr.1, 1956, S.13-16

Ruir, E.V.   Le développement de la pétrochimie en Belgique, in:
                               Industrie Chimique Belge, Nr.3, 1968

Schaefer, M.   Die Saarland-Raffinerie, in: Erdöl und Kohle, Erdgas,
                               Petrochemie, Nr.6, 1968, S.331

Schmeling, F.   Die neue Esso Raffinerie Köln, in: Erdöl und Kohle, Nr.1,
                               1960, S.23-27

Schneider, K.W.   Ungebrochenes Wachstum - Ausbau der deutschen Petro-
                               chemie folgt weltweitem Trend, in: Oel - Z.f.d.M.,
                               Nr.1, 1965, S.45

ders.   Bedeutung und Probleme der Petrochemie, in: Oel -
                               Z.f.d.M., Nr.12, 1969, S.390-394

Schulze-Bentrop, R.   Die neueste Entwicklung des Werkes Wesseling der Union
                             Rheinische Braunkohlen Kraftstoff AG, in: Erdöl und
                             Kohle, Erdgas, Petrochemie, Nr.8, 1969, S.471 f.

Siebert, M.   Die Mobil Raffinerie Wörth, in: Erdöl und Kohle, Erdgas,
                             Petrochemie, Nr.1, 1971, S.27-31

Staiger, F.   Mineralölindustrie und Petrochemie, in: Oel - Z.f.d.M.,
                             Nr.2, 1964, S.42-46

Strüven, O.W.   Chemie in der Saarberg-Gruppe, in: Saarbrücker Berg-
                             mannskalender 1968, S.13-24

Taues, W.;   Erweiterung der BP Raffinerie Hamburg Finkenwerder,
Arends, G.   in: Erdöl und Kohle, Erdgas, Petrochemie, Nr.8,
                             1966, S.575-578

Thies, W.   Die Kunststoff-Produktion bei Hoechst, in: Oel - Z.f.d.
                             M., Nr.11, 1968, S.356 f.

Urban, W.   Wiederaufbau und Ausbau deutscher Mineralölwerke.
                             Die Betriebe der Scholven-Chemie AG, in: Erdöl und
                             Kohle, Nr.5, 1954, S.293-296

Van den Daele, G.   Der Genter Hafen muß für Schiffe von 125.000 Tonnen
                             zugänglich gemacht werden, in: Gent arbeitet, März
                             1972, Nr.17

Van de Wal, G.   Pipelines in Antwerp's Port and Industrial Zone, in:
                             Hinterland, Vierteljahresheft des Hafens Antwerpen,
                             Nr.20, 1971

Vogel, F.   Übernationale Kooperation im Dreiländereck, in:
                             Handelsblatt vom 2.5.72

Wauters, L.   Balanced distribution theme of industrial incentives, in:
                             Chemscope, European Chemical News, 31.3.72, S.18-22

Zöfelt, B.   Das Werk Horst der Gelsenberg AG, in: Erdöl und Kohle,
                             Erdgas, Petrochemie, Nr.11, 1971, S.686 f.

Zürn, G.   Petrolkokserzeugung bei Gelsenberg, in: Oel -
                             Z.f.d.M., Nr.7, 1972, S.184

Meldungen und Aufsätze ohne Verfasserangaben in Zeitschriften

Atomwirtschaft, Atomtechnik, Nr.3, 1973, S.130 u. 134

European Chemical News, Chemscope, 31.3.1972

European Chemical News, 26.5.1972, S.58 und S.63

Gent arbeitet, Vierteljahresheft der Stadt und des Hafendienstes, Gent, März
      1972, Nr.17

Hansa, Zentralorgan für Schiffahrt, Schiffbau, Hafen, 109.Jhrg., Nr.7, 1972,
      S.527: Auslandshäfen berichten

Hansa, Zentralorgan für Schiffahrt, Schiffbau, Hafen, 109.Jhrg., Nr.4, 1972,
      S.717-719: Ein neuer niederländischer Hafen bei Delfzijl

Hinterland, Heft 11, 1962, Vierteljahreszeitschrift des Hafens Antwerpen

Industrie- und Handelskammer Freiburg o.J.

Industrie- und Handelskammer für die Pfalz, Jahresbericht 1971, Heft 7, 1972

Industrie- und Handelskammer des Regierungsbezirks Stade, Information Nr.4,
      1971, Nr.5, 1970

La Belgique à L'age de la Chimie, Brüssel, Oktober 1971, S.16-21

Mitteilungen der Industrie- und Handelskammer Frankfurt am Main, Nr.6
      vom 15.3.71

Mitteilungen der Industrie- und Handelskammer Mannheim, Jahresbericht 1971

2 M Bulletin Antwerpen, Heft III, 1971

Petroleum Press Service, Juli 1972, S.266

Petroleum Press Service, März 1972, S.107

Petroleum Times, Thornton Heath, Surrey, Sonderdruck, 5.12.71

Rotterdam-Europort-Delta, Sonderausgabe: Rotterdam Chemiezentrum, 1968

WID - Energiewirtschaft; Nr. 37, 1972, S. 5-7: Schweiz befürchtet Engpässe
in der Stromversorgung

WID - Energiewirtschaft; Nr. 10, 1973, S. 2-4: Ab 1975 Stromengpässe in der
Schweiz?

Wirtschaftswoche - Der Volkswirt, Nr. 3, 28.7.72: Wirtschaftsraum Rhein-Main

Wirtschaftswoche - Der Volkswirt, Nr. 14, 30.3.73, S. 65: Onkel Timms Hütte

Chemische Industrie:

- Nr. 8, 1970, S. 523
- Nr. 9, 1970, S. 559
- Nr. 10, 1970, S. 669, 687, 685
- Nr. 12, 1970, S. 819, S. 850
- Nr. 3, 1971, S. 169
- Nr. 6, 1971, S. 390
- Nr. 7, 1971, S. 441, S. 473, S. 485
- Nr. 8, 1971, S. 502
- Nr. 9, 1971, S. 565
- Nr. 11, 1971, S. 746
- Nr. 12, 1971, S. 812
- Nr. 7, 1972, S. 429 f.: Was nicht im Geschäftsbericht der Lonza steht
- Nr. 8, 1972, S. 469, S. 493, S. 494, S. 504
- Nr. 9, 1972, S. 574, S. 590
- Nr. 10, 1972, S. 655
- Nr. 3, 1973, S. 117: Veba-Chemie übernimmt Victor-Beteiligung von Klöckner
- Nr. 3, 1973, S. 162
- Nr. 4, 1973, S. 215, S. 229

Erdöl und Kohle, Erdgas, Petrochemie:
- Nr. 9, 1970, S. 625
- Nr. 4, 1971, S. 267, S. 269

- Nr. 6, 1971, S.433, S.438
- Nr. 8, 1971, S.559
- Nr. 3, 1972, S.168, S.169
- Nr. 5, 1972, S.295
- Nr. 1, 1973, S.52

Europa-Chemie:
- Nr. 2, 1972, S.29
- Nr. 3, 1972, S.49
- Nr. 8, 1972, S.155
- Nr. 15, 1972, S.294,295
- Nr. 17, 1972, S.334, S.338
- Nr. 19, 1972, S.373, S.382
- Nr. 20, 1972, S.404, S. 406
- Nr. 1, 1973, S. 10
- Nr. 3, 1973, S.48

Oel-Zeitschrift für die Mineralölwirtschaft:
- Nr. 7, 1967, S.211
- Nr. 2, 1968, S.40: BP-Raffinerie Rotterdam
- Nr. 8, 1969, S.273
- Nr. 9, 1971, S.641
- Nr. 1, 1972, S.25
- Nr. 2, 1972, S.38
- Nr. 3, 1972, S.59
- Nr. 5, 1972, S.146 f.
- Nr. 6, 1972, S.178 f.
- Nr. 8, 1972, S.237
- Nr. 9, 1972, S.242: Marathon Burghausen heute
- Nr. 9, 1972, S.265

Meldungen und Aufsätze in Tageszeitungen

Blick durch die Wirtschaft, Frankfurter Zeitung vom 15.5.72

Der Hafenkurier Rotterdam, 18.12.69, S.10

Der Hafenkurier Rotterdam, 23.12.71, S.2

Deutsche Zeitung, Christ und Welt vom 10.12.1971, S.4: Ein Projekt der Superlative

Deutsche Zeitung, Christ und Welt vom 19.5.1972, S.22

Donaukurier, Sonderbeilage Oktober 1964: Die blau-weiße Raffinerie an der Donau

FAZ vom 4.7.1967

FAZ vom 23.9.1971: Wilhelmshavens Standort-Trümpfe stechen

Handelsblatt - Deutsche Wirtschaftszeitung:

- 11.6.71:   Große Ausbaupläne bei der Veba

- 30.7.71:   Veba Projekt am Niederrhein bleibt umkämpft

- 14.10.71: Veba kämpft weiter um Orsoy

- 5.11.71:   Antwerpen verteidigt seine Schlüsselstellung im Erzumschlag

- 5.11.71;   Mehr Industrie und Hafenanlagen - Antwerpen baut linkes Scheldeufer aus

- 13.11.71: Tests der Pipeline Rotterdam-Antwerpen bald beendet

- 26.11.71: Neues Bayer-Werk am linken Scheldeufer

- 8.12.71:   Starke Aufwärtsentwicklung bei Hoechst Holland

- 10.12.71: Hoechst in Vlissingen - ein "gesunder" Betrieb

- 28.12.71: Standortwahl wird zur Standortqual: Modell Orsoy

- 25.1.72:   Das Tauziehen um den Baalhoek-Kanal ist beendet

- 14.3.72:   Weiterer Ausbau der Folienwerke Saar

- 28.3.72:   Größere Kapazität für Pipeline Rotterdam-Antwerpen

17.4.72:   Guano-Werke verlassen Verlustzone

- 25.4.72:   BP mit dickem Rotstift an die Kosten

- 27.4.72:   Neugliederung der Saarlor-Chemie perfekt

- 2.5.72:   Seegüterumschlag in Zeebrügge überschritt 10 Mio to Grenze

- 2.5.72:   Schwefelsäure als Komposthaufen - überraschende Ergebnisse eines
             Kolloquiums: Abwässer in Küstennähe

- 2.5.72:   Entwicklungslinien der Baseler Chemie

- 15.5.72:   Texaco plant in Bayern neue Raffinerie

- 15.5.72:   Veba-Chemie will das Investitionstempo drosseln

- 16.5.72:   Neue Zinkhütte in Nordenham

- 24.5.72:   Salzdetfurth büßt für Fehlschlag in den USA - ein traditionsreicher Name verschwindet

- 24.5.72:   Concordiaberg auf dem Weg zum Chemieunternehmen

- 29.5.72:   Chemische Bereinigung der Aluminiumverluste bei Giulini

- 30.5.72:   Chemie spielt im Antwerpener Hafen eine wichtige Rolle

- 19.6.72:   ENI und Veba auf Ölpfad Hand in Hand

- 20.6.72:   Antwerpener Hafenarbeiter leben in gesicherten Verhältnissen

- 21.6.72:   Rütgers weiter gut beschäftigt

- 29.6.72:   Deutsche Texaco rechnet mit höheren Ölverlusten

- 30.6.72:   Leichte Schatten über der Veba

- 6.7.72:   Töchter der Deutschen Shell mußten Dividende verdienen

- 7-7.72:   Mobil Oil will bis zum Jahre 1977 rund 1,5 Mrd. DM investieren

- 10.7.72:   Polnische Firma baut in Duisburg Schwefelsäureanlage

- 18.7.72:   Noch in diesem Jahr läuft in Ingolstadt die Petrochemie an

- 24.8.72:   Im Ölgeschäft zapfte die Esso weiter rote Zahlen

- 24.8.72:   Du Pont Deutschland setzte fast 700 Mill. DM um

- 13.9.72:   Aluminiumhütten büßten Glanz ein

- 19.9.72:   Starker Umsatzrückgang bei VAW

- 17.10.72:   Elsaß wirbt um neue Industrien

- 17.10.72:   Texaco entschied sich für Standort Kelheim

- 22.10.72:   Texaco erweitert Raffinerie Heide

- 13.11.72:   Ruhr-Schwefelsäure stellt Produktion ein

- 14.11.72:   Esso modernisiert Raffinerie Antwerpen

- 21.11.72:   Provinz bremst einen Welthafen - Hafenerweiterungen an der Schelde haben ihren Preis

- 21.11.72:   Antwerpens beste Hafenkunden sitzen an Rhein und Ruhr

- 2.2.73:   Rigips baut in Holland gemeinsam mit Staatsmijnen

- 7.2.73:   Hafenkonzern übernimmt für Ölgesellschaften LKW-Transporte

- 21.2.73:   Holländische Staatszechen ziehen Nutzen aus der Diversifizierung

- 12.3.73:   Französischer Protest gegen Antwerpener Pläne-

- 26.3.73:   Der Fluß der Investitionen nach Holland wird langsam breiter

- 9.4.73:   AKZO-Großprojekt für 350 Mill. Gulden - neue petrochemische
Anlagen im Norden

- 17.5.73:   Wintershall hat besser verdient

- 4.6.73:   Saar-Kanalisierung jetzt definitiv

- 20.6.73:   Petrochemie in Emden noch Zukunftsmusik

- 31.7.73:   Veba und Gulf sind sich über Frisia einig

- 3.8.73:   Saarberg will in diesem Jahr die Verlusttöchter stopfen

Die WELT:

- 30.6.70:   Vielseitigkeit schützt Shell vor roten Zahlen

- 28.4.72:   Auf der Talsohle liegt ein Haufen Geröll

- 20.6.72:   Bei Brunsbüttel soll eine Stadt für 20.000 Einwohner entstehen

- 13.7.73:   Giulini will mehr Geld aus Abfällen machen

Geschäftsberichte

Alusuisse 1969, 1970, 1971

BASF 1970, 1971

Bayer 1969, 1970, 1971, 1972

Chemische Werke Hüls 1971

Ciba-Geigy 1971

Degussa 1970/71

Deutsche Shell 1971

Farbwerke Hoechst 1969, 1970, 1971, 1972

Gelsenberg 1970, 1971

ICI 1971

Ruhrchemie 1970/71

Rütgerswerke 1971

Sandoz 1971

S.B.A.P.C.M. 1970

Société de Prayon 1971, 1972

Solvay & Cie 1970, 1971

Thann et Mulhouse 1970

Union Kraftstoff 1971

VAW 1970, 1971

Veba-Chemie 1971

Wintershall 1970, 1971

Werkszeitschriften, Veröffentlichungen von Unternehmen

AKZO : - AKZO by the sea, Hengelo Juli 1971
        - AKZO - eine internationale Unternehmensgruppe, Arnheim 1971
        - A few facts about salt, KNZ Hengelo, April 1970
        - Products and companies of the AKZO group, Februar 1971

BASF: Werk und Umwelt, 1972

Bayer Berichte Nr.21, 1969; Nr.29, 1972

CdF-Chimie, Nr.823, 19.6.1971

Deutsche Texaco AG: Firmenkundlicher Bericht, 1.9.1971

DOW Chemical: Elements

Dynamit Nobel: Werkszeitschrift Juni 1965 - 100 Jahre Dynamit Nobel

DSM - Industrial activities, Edition August 1970

Erdöl - Deutsche Texaco AG, Hamburg, Herbst 1971

Erdöl, Erdgas: Suchen, gewinnen, verarbeiten, Hrsg. Mobil Oil AG, Hamburg,
        6. Aufl. 1970

Erdöl-Weltatlas, Hrg. Esso AG, Hamburg Herbst 1966

Esso Chemie NV - The Hague

Farbenpost Hoechst, Januar 1972

Feldmühle Chronik, o.O., 1935

Goldschmidt informiert, Nr.17, 4/1971, Sonderausgabe

ICI Production Centres

Paktank NV in 1971, Rotterdam Mai 1972

PWA-Börsenprospekt 1970

Schacht und Heim, Heft 4/5, 1969, S.11:Zwei neue Werke an der Mosel

Schacht und Heim, Heft 4/5, 1969: Saarlor-Chemie, ein Brückenschlag

Süd-Chemie AG

Mündliche und schriftliche Auskünfte folgender Unternehmen wurden in der Arbeit
verwertet:

AKZO Zout Chemie NV, Hengelo

Albatros NV, Antwerpen

Alusuisse Deutschland GmbH, Konstanz

Amoco Chemicals Europe, Genf

Amoco Deutschland GmbH, Düsseldorf

Aral AG, Bochum

Arco Raffinerie GmbH, Hamburg

ASED, Brüssel

BASF, Ludwigshafen

Bayer AG, Leverkusen

Bayer NV, Antwerpen

Bayernwerk AG, München

Belgochim SA, Feluy

Benckiser Knapsack GmbH, Ladenburg

Borax NV, Rotterdam

BP Benzin und Petroleum AG, Hamburg

Caltex Deutschland GmbH, Raunheim

Carbochimique SA, Tertre

Carbosulf GmbH, Köln

Chemische Fabrik Uetikon, Uetikon

Chemische Fabrik Wesseling, Wesseling

Chemische Fabrik Weyl AG, Mannheim

Chemische Industrie Rijnmond NV, Rotterdam

Chemisch-Technische Werke AG, Muttenz-Basel

Chemische Werke Hüls AG, Marl

Chevron Oil Belgium NV, Brüssel

Chevron Petroleum Maatschappij Nederland NV, Rotterdam

CIAGO NV, Arnheim

Ciba-Geigy AG, Grenzach

Ciba-Geigy AG, Basel

Cokeries du Marly, Brüssel

Condea GmbH, Brunsbüttel

Degussa, Frankfurt

Deutsche BP und California, Hamburg

Deutsche Marathon Petroleum GmbH, Burghausen

Deutsche Rhodiaceta A G, Freiburg

Deutsche Shell AG, Hamburg

Deutsche Solvay-Werke GmbH, Solingen

Deutsche Texaco AG, Hamburg

Deutsche Texaco AG, Werk Moers-Meerbeck

Deutsche Total GmbH, Düsseldorf

DOW Chemical GmbH, Bützfleth

DOW Chemical Europe SA, Zürich

DSM, Heerlen

Du Pont de Nemours GmbH, Düsseldorf

Duval Sales International SA, Brüssel

Dynamit Nobel AG, Rheinfelden, Lülsdorf und Troisdorf

Engrais Rosier NV, Moustier

Enka Glanzstoff AG, Kelsterbach

Erdölchemie GmbH, Köln-Worringen

Erdölraffinerie Ingolstadt

Erdölraffinerie Mannheim

Erdölraffinerie Neustadt

Esso AG, Hamburg

Esso Belgium NV, Antwerpen

Esso Chemie NV, Den Haag

Esso Nederland NV, Den Haag

Farbwerke Hoechst AG, Frankfurt

Folienwerke Saar GmbH, Wellesweiler

Forges de Clabecq, Vilvorde

Gebrüder Giulini GmbH, Ludwigshafen

Gelsenberg AG, Essen

Gematex NV, Antwerpen

Gewerkschaft Erdölraffinerie Deurag-Nerag

Gewerkschaft Victor Chemische Werke, Castrop-Rauxel

Gist & Spiritusfabrieken Bruggemann, Gent

Th. Goldschmidt AG, Essen

Guano Werke AG, Hamburg

Harnstoff- und Düngemittelwerke Saar-Lothringen GmbH, Besch

Havenbehandelingen NV, Antwerpen

Henkel & Cie., Düsseldorf

Hercules NV, Den Haag

E. Holtzmann & Cie AG, Weisenbachfabrik, Karlsruhe

Hooker Chemical SA, Brüssel

ICI Europe Limited, Brüssel

Isar-Rakoll Chemie GmbH, München

Johann Haltermann, Hamburg

Joh. A. Benckiser GmbH, Ludwigshafen

Knapsack AG, Knapsack bei Köln

Koepp AG, Oestrich

Konsortium Rhein-Main-Rohrleitung, Hamburg

Kronos - Titan GmbH, Leverkusen und Nordenham

Kronos NV, Brüssel

L'Air Liquide Belge SA, Lüttich

La Metallo - Chimique, Brüssel

Limburgse Vinyl Maatschappij NV, Brüssel

Lonza Werke GmbH, Weil

Lummerzheim & Co., Gent

Marbon Deutschland, Bielefeld

Martinswerk GmbH, Bergheim

Matthes & Weber GmbH, Duisburg

Messer Griesheim GmbH, Düsseldorf

Metallgesellschaft AG, Frankfurt

Metallurgie Hoboken-Overpelt, Hoboken

M & T International NV, Den Haag

Mobil Oil AG, Hamburg

Monsanto Europe SA, Antwerpen

Monsanto Europe, SA, Brüssel

Montecatini Edison S.p.A., Rotterdam

Nieuwe Matex NV, Rotterdam

Noord Natie SV, Antwerpen

Nordwestdeutsche Kraftwerke AG, Hamburg

Oberrheinische Mineralölwerke GmbH, Karlsruhe

Occidental Oel GmbH, Düsseldorf

Oelwerke Noury & van der Lande, Emmerich

Oelwerke Germania, Emmerich

Oelwerke Julius Schindler GmbH, Hamburg

Oxirane Chemie Nederland, Rotterdam

Paktank NV, Rotterdam

Papierwerke Waldhof-Aschaffenburg AG, Raubling

Petrochim NV, Antwerpen

Petrofina SA, Brüssel

Phenolchemie GmbH, Gladbeck

Phillips Petroleum International GmbH, Frankfurt

Pigment Chemie GmbH, Homberg

Polycarbona Chemie GmbH, Homberg

Polymer Corporation, La Wantzenau

Polyolefins NV, Antwerpen

PRB, Brüssel

Produits Chimiques de Tessenderloo, Brüssel

Produits Chimiques du Limbourg, Brüssel

Rheinische Olefinwerke GmbH, Wesseling

Rhein-Main-Rohrleitungstransportgesellschaft mbH, Rodenkirchen

Rhone-Progil, Paris

Ruhrchemie AG, Oberhausen

Rütgerswerke AG, Duisburg

Saarbergwerke AG, Saarbrücken

Sachtleben Chemie GmbH, Köln

S.A.D.A.C.E.M., Gent

Sandoz, AG, Basel

Säurefabrik Schweizerhall, Schweizerhall

Schering AG, Bergkamen

Schwäbische Zellstoff AG, Ehingen

Schweizerische Sodafabrik , Zurzach

Shell Raffinerie Gent

SIBP NV, Antwerpen

Société Belge de L'Azote et des Produits Chimiques du Marly, Ougrée

Société Chimique de Selzaete, Zelzate

Société Chimique des Charbonnages

Société de la Raffinerie de Lorraine, Hauconcourt

Solvay & Cie, Brüssel

Süd-Chemie AG, München

Süddeutsche Chemiefaser AG, Kelheim

Süddeutsche Kalkstickstoffwerke AG, Trostberg

Thann et Mulhouse, Thann

UCB, Brüssel

Ugine Kuhlmann, Rieme

Union Kraftstoff AG, Wesseling

VAW AG, Bonn

Veba-Chemie AG, Gelsenkirchen

Vereinigte Schweizerische Rheinsalinen, Schweizerhalle

Vodelingenplaat NV, Rotterdam

Wacker Chemie GmbH, München und Köln

Windmill Holland NV, Vlaardingen

Wintershall AG, Kassel

Auskünfte von Verbänden und sonstigen Stellen

Fachverband Kohlechemie, Essen

Federation des Industries Chimiques de Belgique, Brüssel

Havenbedrijf der Gemeente Rotterdam

Stadtverwaltung und Hafendirektion von Antwerpen

Verband der Chemischen Industrie e.V., Frankfurt

Vereniging van de Nederlandse Chemische Industrie, S'-Gravenhage

Statistiken, Jahrbücher

- ANEP 1971

- Die Industrie in Nordrhein-Westfalen 1968, hrsg. vom Statistischen Landesamt
        Nordrhein-Westfalen, Düsseldorf 1969, in: Beiträge zur Statistik
        des Landes Nordrhein-Westfalen, Heft 248

- Jaarverslag 71, Vereniging van de Nederlandse Chemische Industrie

- Jahrbuch für Bergbau, Energie, Mineralöl und Chemie 1971, Essen 1971

- Jahresbericht 1970 der Industrie- und Handelskammer, Wiesbaden

- Standort Nord - wohin mit dem Betrieb? Wegweiser für Industrieansiedlungen
        zwischen Ostsee und Unterelbe, Hrsg. Handelskammer Flensburg,
        Hamburg, Kiel, Lübeck, Lüneburg, Stade, 1972

- Wer gehört zu wem? Commerzbank, 9. Auflg. 1971